日中両国の学徒と兵士

小林一美
Kobayashi Kazumi

集広舎

日中両国の学徒と兵士

目次

まえがき

小林一美

私はこの狭い日本に住み、外国のどこにも住んだことがない。そんな人間に、地球を鳥のように見たり軽々と飛び回ったりしたように世界史を語ることはできない。長い間「世界史教師」として生きてきたが、その資格があるであろうか？　これが悩みだった。私という生命体は、一九三七年七月に信州諏訪の山中に生まれ、この土地で育てられ、また人間形成も、ここで基本がつくられた。青年期になって東京にでた。以後、今日に至るまで、約六〇年間、東京・名古屋・横浜というごく狭い地方にしか住んだことがない。

というわけで、いつか、「虫の目」で見、「手」で触るように感じられる、自分の身近にあり、身の丈に合った歴史、縁ある土地や人びとや事績に根差した論文、いや歴史的エッセイでもぜひ書いてみたいと思ってきた。本書は、一応そうした思いがつのってできた初めての身辺から発した論評文集である。

歴史を見る目は、長期的、全面的、法則的、抽象的であると同時に、短期的、個別的、現実的、具体的な観察によるものであらねばならないと、青年時代から思って来た。もっと端的に言えば「鳥の目」で見ると同時に、「虫の目」で見るべきである、ということになる。前者は、大鷹のように世界・自然を観察する目であり、より遠方に、より広く地の果てまで眺める力である。後者は、虫のように地面すれすれに飛び、また水面の中まで潜ったり、水面を漂ったりして、世界・自然を細かく見る力である。つまり、一方は望遠鏡で覗き、一方は顕微鏡で見るのである。要するに鳥にもなれず、虫にもなれない人間には望遠鏡と顕微鏡の「二つの目」、つまり複眼が必要だということである。

鳥には、国境も領土も主権もなく、陸も海も簡単に越えて行く。虫は、地を這い、水に潜り、地中に潜み、人間には見えない深くて微細な世界に多様に棲み分けて暮らそうとする。しかも、鳥は虫も花も木もないと生きられないのである。また、虫も花も木も風に乗り、鳥の身体に付いて異郷、異域の地にまで飛ぶのである。

このような理屈をもって歴史を見て来たつもりであるが、実際には、高校でも大学でも「世界史の教師」として、やはり全世界史＝全人類史を、一〇〇年・一〇〇〇年単位で論じるようになった。まあ偉そうに言えば、理論や法則や哲学的に、古今東西の歴史を考えることが中心になる。世界史を論じる学識がなくても、「世界史講義」は、ヘーゲル、マルクス、レーニン、ウィットフォーゲル、マックス・ヴェーバー、オーラーステインの歴史理論や文明文化論、西洋と東洋の比較、政治社会史と精神宗教史、帝国と国民国家、郡県制と封建制、上部構造と下部構造等々の比較――等々の大テーマを基礎にし、人間の歴史を抽象化・定式化・比較化して把握する、ということになった。かくして、世界史をますます理論的に、法則的に、一般化することになった。しかしながら、大鷹になれず土鳩ていどであり、どうも長い間落ち着かないのであった。

以下の四篇は、自分の身辺から始まる、故郷信州、とりわけ諏訪の近現代史、それに一応私の専門である中国近現代史、日中関係史、そして大学時代からお世話になって来た先輩諸兄の昭和史について書いたものである。歴史の研究論文という堅ぐるしいものではなく、いわば土鳩が見た身近な歴史評論といったものであろうか。

第一部は、わが故郷信州・諏訪の人々の歴史の一端を再構成したものである。自分が生を受け、政治や社会に目覚めた故郷――信州、諏訪の近現代史を個別具体的に、現実の個々人の人生に寄り添って、再発見しようと試みた。わが生誕の地である八ヶ岳南麓は、先祖・親類縁者が代々数百年間も暮らし続けた土地である。また、私個人についていえば、高校時代に上諏訪の丘にある学校で、初めて反戦平和、反権力、自主独立の精神を注入された。この思想的な洗礼をうけて、心は初めて世界に広がった。ギリシャ・ローマへの憧れ、フランス革命・ロシア革命・中国革命への讃嘆、キリスト教世界への興味は、高校世界史から一気に高まった。当時の学友会長の岩垂・矢島両氏やクラスにいた玉木君のアジ演説は、いまでもよく覚えている。世界は、狭い八ケ岳南麓から、全世界に飛翔した。一応「世界史」を一周したことにして、改めて故郷の歴史へと回帰したいと思った。この信州、特に諏訪人の思想的な、歴史的な「根源」（反戦反権力の系譜）を再発見し、再構成しようと思った。

この作業の中で、次々とわが故郷の新しい姿が現れ、知らなかった人物が登場し、いかに自分がその恩恵を受けながらも、気がつかなかったか、無知蒙昧であったかと大いに反省を迫られた。人間を世界史に抽象化し、発展段階に分類し、発展段階論に法則化するだけでなく、より一層、個々人を具体的に、現実的に、個別的に認識する努力を欠かしてはならないと、大いに反省した。わが父方の叔父は、華北戦線に輜重兵として五年間もいた。父は台湾に飛行場整備兵として二年もいた。わが母方の一族から、満州移民で行った者は、一〇人以上もいる。母方の叔父は、黒竜江省木蘭県の分村で現地の中国人住民に襲撃されて命を落とした。親戚には満蒙開拓青少年義勇軍に入った者もいる。いったいこうしたことはどうして起こったのか、なぜなぜ？　このような身近な信州諏訪から始まる昭和史を詳細に眺め、書きたいのである。

第二部は、日中戦争への関心である。これまでは、国家体制論、日中国家社会比較論、戦争論を、上からの「鳥の目」だけで、比較史的に論じてきた。今度は、初めて「日本兵士」（初年兵・上等兵「田辺利宏」）の日記『夜の春雷』によって、彼を通じて、日中戦争を「虫の目」で見ようと思った。こうして初めて、わが身に引き付けて「日中戦争を観る」試みができたのである。田辺兵士は、目的地も知らず、作戦地図も日程表もなく、ただひたすら毒ガス作戦の訓練をやらされた。「討伐」にでると、泥や雪の大地を転げ歩き、敵に発砲し、食い物を奪い、家を焼き、死者を埋め、あてどなくあの広大な中国大陸を這いまわる、一人の兵士となった。彼は、目に映るもの、心に感じるところを、古兵や下士官に見つからないように、約二年弱にもわたって日記に密かに書き綴った。この記録は、まさに「蟻の記録」である。このインテリ文学青年、詩情に溢れた才能豊かな一青年は、いったい何を見、何をやらされ、何を感じたのか。彼の日記と二〇数篇の従軍詩は、まさに最高度の「虫の目」で見た日中戦争の記録である。この『夜の春雷』は、私が何回も読み、何回も感嘆した作品だった。この優れた戦争詩を分析し、中国人にも知ってもらおうと考え、数年前から、感想文を書きはじめ、有名な詩は中国人留学生に漢詩に翻訳してもらったので、これも入れて第二部とした。これは、私が八〇歳にもなって書いた、初めての「日中戦争」に関する評伝である。

第三部は、同じ故郷の先輩・御園一子さんからお借りした鈴木英夫の『趙君瑛の日記』に大いに触発され、以来、さまざまな関係書や史料を数年かかって集め、読み、さらに中国の友人の廖梅先生に調べて頂いた結果をまとめたものである。また鈴木英夫、岡村俊彦両軍医の「従軍日記」、いやこの「看護隊医師のカルテ」によって、戦争のリアルで悲惨きわまる現実を知り、さらにまた中国江西省南昌市出身の「日本留学生」の苦悶苦闘、悲劇的運命を知り、ぜひ多くの人に紹介し、読んでもらおうと思って書いた。

軍医ほど戦争の矛盾を集中的且つ極限的に生きる存在はない。彼らは本来「人間の病気やけがを治す」職業である。その彼らが、銃を持ち戦場に出るのである。軍医は、戦死者の始末をやり、戦傷者や戦病者を助ける任務であるが、中国人から見れば、単なる侵略軍の一員である。また軍医が、兵士の病気を治すのも、傷者を治すのも、また健康な兵士を新品に仕立てて、さらに戦争をやらせるためでもある。時には、自軍の余命いくばくもない重傷兵士に、モルヒネを打って殺すことさえしたのだった。人を殺す兵士を治療してまた兵士として復活させる軍医ほど、この矛盾に悩まされた人々はいまい。また、彼らほど戦場記録を克明に記録した人々もまたいなかった。鈴木・岡村両軍医の戦陣日記は、まさに「戦争カルテ」なのである。本書では、彼らの従軍日記という克明な「戦争のカルテ」を、できるだけ多く、摘録紹介させていただいた。彼らほど、日中戦争の具体的な「証言者」はいない。私の論評やまとめよりも、彼らの記した「戦場カルテ」をできるだけたくさん摘録した方が、歴史的な価値がある。戦争がどんなものかよくわかる。

鈴木英夫は、当時最高の教養をもち、また北原白秋門下の歌人であり、更に臨床医学の専門家であったから、江西省南昌市内で、『趙君瑛日記』『張家・謝家書簡』を発見し、「鳥の目」（さらには、顕微鏡の目をもって）で、廃墟のなかから宝石を「発見」することができたのである。同じく、同師団の看護兵として鈴木と行動を共にした岡村俊彦軍医の従軍日記『榾火《ほだび》』も、鈴木の従軍日記『戦陣秘帖』と並ぶ克明な「戦場カルテ」としての価値を持っている。

私は、一九八〇年代から、中国人の友人や留学生と沢山知り合うようになった。彼らとの関係を通じて、初めて中国人の目でも、日本や世界を見たり感じたりすることができるようになった。たいへん新鮮で、また大変嬉しいことであった。中国人一般ではなく、同じこの世に生きる個々の具体的な新しい人間の目の獲得であった。こうした過程を経て、私は中国人が具体的且つ普遍的な存在となった。しかし、鈴木は、日中戦争中、敵陣営・敵国人の中に「知人」「友人」を、さらには「恋人」のように思える若き女性さえ発見したのであるから、私の比ではない。

一九三〇年代、日本に留学していた多くの中国人青年は、日本の大陸侵略に抗議して帰国した。その中には、奈良女高師や旧制帝大に在学していた留学生が沢山いた。彼ら彼女らの中には、「特高」（特別高等警察）から逮捕されて激しい拷問をうけた後、帰国した人もいた。彼ら彼女らは、帰国した後、どのような人生を辿ったのか、日中戦争、国共内戦を生き延びたであろうか？　もし生きぬいたら、中華人民共和国成立後、彼ら彼女らをどのような「運命」が待ち受けていたのであろうか？　私は、この数年間、こうしたことをどうしても知りたいと思った。この第三部を読めば、その結末の幾つかを知ることができるだろう。

第四部は、私が大学に入った一九五七年以降、直接お教えを受けたり、ご援助を賜ったりした人々の記録である。ここでは、御園喜博、小島晋治、坂本健彦の三氏を中心にして、彼らが生きた戦中戦後の時代の特徴や彼らの人生軌跡を記録にとどめようとした。

坂本氏は、陸師海兵などの兵学校出身者ではないが、同じ軍国主義時代を過ごした人であり、ここに入れた。

近年、私が身近に接した人、著書を愛読した人、強く記憶に残る人、等々のことをできるだけ文章で書き残すようにしてきた。人生は、一般にはかなく、大多数の人はあっという間に亡くなり、あっという間に忘れ去られる。一〇年、二〇年も、名が伝わる人は、ごく稀である。いつの時代にも、人々は「歴史を忘れるな！」と言うが、それは「人間というものは、すぐ歴史を忘れるものだからだ！」。

私は、本書を書く段階まで、信州・諏訪の先人である伊藤千代子、有賀勝、柴草要、山田国広、河村卓、小尾俊人等々や、それに中国の日本留学生達のことをあまり詳しく知らなかったし、南昌の人など全く知らなかった。命懸けで横暴な国家権力や侵略戦争と闘った伊藤千代子と有賀勝のことも全く知らなかった。色々調べて行くうちに、芋ずる式に、彼ら彼女らが突然のように現れたのである。この数年は興奮の日々であり、厭きることがなかった。それにしても、戦前の日本人は、よく言えば純な心をもっていたが、悪く言えば世界をほとんど知らなかった。これは今だから言えることであり、当時自分が生きていたら果たしてどうか？　彼らは誠実に真剣に世の不正に立ち向かい、実に過酷な悪戦苦闘をくりかえして死んだのだと言わざるを得ない。彼ら彼女らが真面目に生き、勇敢に死んだがゆえに、数十年後にこの本を書こうという情熱が湧いたのである。

本書は、昭和の日中戦争の時代、治安維持法による弾圧の時代、悪戦苦闘した個々の日本人の歴史を発掘し、また当時日本に留学生として来た中国人青年男女の過酷な運命を個別具体的に発掘、発見して詳しく記録に残そうとしたものである。そして彼ら彼女らの悲劇的運命や勇気やらを通じて、日中関係の未来、人類の未来、世界の未来への展望の糧にしたいと試みたものである。

二〇一八年盛夏　筆者

第一部　治安維持法と十五年戦争時代、悪戦苦闘した人々

――旧制松高寮歌、松高生への治安維持法による弾圧、獄中死した大学生有賀勝・伊藤千代子、長野県教員赤化事件、山田国広、浅野晃、塩沢富美子、満州移民、若月俊一等の苦闘、日本留学中国人学生たちへの弾圧、みすず書房の創業者小尾俊人の出発――

私は一九五七年に故郷の八ヶ岳南麓を出てから、すでにおよそ六〇年過ぎた。その間に、東京・名古屋・東京・横浜と移り住んだ。すっかりよそ者になったが、しかし信州諏訪に毎年行き、望郷の旅を重ねてきた。私は、生活・共有林・水利の三つの共同体を基礎に、清濁併せ呑む山村を小宇宙として子供時代を過ごし、将来はこの生家を継ぎ、家と村のために尽くすことを当然の責任、名誉とするように育った。しかし以後、この責任を放棄して都会で一生を過ごしてしまった。日本軍が南京大虐殺をやった一九三七年に生まれ、小学校の三年生迄、父は二年間戦争（国内、台湾の飛行場整備兵）に行っており、家にいなかった。父戦死を想定した祖父から、私は後継ぎとして徹底的に教育された。しかし、八ヶ岳南麓山中の山民兼農民の長男としての責務を果たさなかった自責の念は、今でも強烈に残っている。生家は東京在住の末弟夫婦が継いだが、別荘扱いになって誰も住んでいない。

昨年（二〇一五年）夏は、軽井沢・松本・諏訪と一〇日間ほどまわった。軽井沢高原では、学生時代から親しんだ中村真一郎（一九一八〜一九九七年）の著書『全ての人は過ぎて行く』（水声社）を入手して夢中になり、二晩で読了した。以後、その妻・佐岐えりぬの随筆『軽井沢発・作家の行列』（マガジンハウス刊）も読んだ。この才気溢れる博覧強記の、碩学ご夫妻の軽井沢交友録は戦中戦後の日本の知の水準、知の交流が如何ほどのもので

あったか、その最高水準を示しているように思った。

私も若き日からその作品を愛読して来た作者、そして氏がこの軽井沢で交友をくり返した多くの文人たちが、ほとんどこの世をさり、すでに皆忘れ去られていることを知り、人の世の無常と亡き人びとへの哀惜の情にしばしひたった。

私と九七歳の母は、妻信子の運転で軽井沢に二泊し、それから安曇野に出て三泊し、松本を経て上諏訪に入り、故上島武先輩（高校の先輩、ソ連・ロシア史研究者）と会って高校時代のこと、長野県教員赤化事件の中心人物・山田国広氏のこと、ロシアのこと、マックス・ヴェーバーのことなどを語りあった。しかし、この老トロツキー研究者は、ヴェーバーに関心をもったことはほとんどないと言って、私を驚かした。私は、それから蓼科高原に行き一週間を過ごした。ここでは小・中・高校時代からの旧友坂本昭氏（三菱重工、アメリカ溶接学会賞二度受賞）ご夫妻と例年のごとく歓談した。

旧制松本高校の寮歌

松本では、もう三回ほど訪れたことがある、「縣《あがた》の森《もり》」の旧制松本高校の記念校舎などをみて、荻上悦子著『春寂寥』（長野日報社刊）という分厚い本と、『北杜夫と松本』という、氏の沢山の写真がある冊子と、CD「松本高校寮歌集」を四枚買った。CDは学兄久保田文次・多田狷介両氏に各一枚を贈り、もう一枚は上海に住む廖梅女史に贈った。日本で廃れた寮歌を中国の人々に宣伝したかった。旧制高校の「バンカラ」が性に合わない繊細な多田氏には、あるいは迷惑だったかもしれない。わが業界（東洋史学）には、宮崎市定という偉大な先学がおられるが、氏は旧制飯山中学を卒業し、松高初代の卒業生である。

久保田文次氏は、筆者と同じ諏訪清陵高校（旧制諏訪中学の後身）の一年先輩、また大学も同じ史学科の先輩であり、さらに又、寮歌愛好者（「寮歌迷」、今や絶滅危惧種となった）の大先輩でもある。先日、二〇一七年四月三〇日、神田の学士会館でおこなった、昨年出た中国文化大革命の本の御祝の席で、松高寮歌「春寂寥」「夕暮るる」や哀愁を帯びた旧制三校寮歌の一つ「行春哀歌」の話が出たが、その翌日、久保田大兄より、次のようなメールがきた。

小林一美様

ウィキペディアで「行春哀歌」の作詞者矢野峰人《ほうじん》は、三高→京大英文→台北帝大→東京都立大・総長→東洋大・総長の経歴だが、氏の「行春哀歌」の件には言及なし。但し、ネットの「行春哀歌」の項には、三高同窓会副会長山本修二(元、京大教授)の文章が紹介引用されていて、以下のようにある。当時の寮歌の多くが「悲嘆慷慨」調であったのに対して「低唱微吟」調がフレッシュであった。「クラスのコムパの時に歌おうとすると、作者の矢野君から注文があって全員右手に酒盃を持って、それに酒をなみなみと注いで、そのままの姿勢で歌うことになったが」とのこと。「恩師・同窓生の追悼の催しなどに歌われ、鎮魂歌としての性格ももっている」とのことであります。文次

この「行春哀歌」(大正二年)は、当時、惜別の歌、鎮魂の歌としても、全国的に広まったという。

(1)静かに来たれ懐かしき、友よ憂いの手を取らん、曇りて光る汝が瞳《まみ》に、消えゆく若き日は嘆く。

(2)われらが影をうかべたる、黄金《こがね》の盃《つき》の美酒《うまざけ》は、見よ音もなくしたたりて、におえるしずくつきんとす。

(3)げにもえ分かぬ春愁の、もつれてとけぬなやみかな、君が無言のほほえみも、見はてぬ夢のなごりなれ。

(4)かくも静かに去りゆくか、ふたつなき日のこのいのち、うえたる暇もひそびそと、薄るるかげのさみしさや。

（５）ああ青春は今かゆく、暮るるにはやき若き日の、うたげの庭の花むしろ、足音もなき「時」の舞。
（６）友よわれらが美《よ》き夢の、去りゆく影を見やりつつ、離別《わかれ》の酒を酌《く》みかわし、わかれのうたにほほえまん。

我々の高校時代は、昭和二〇年代後半であり、敗戦直後の絶対的窮乏化の時代、大学などの情報は極めて少なかった。東京さえ一度も行ったことがなかった。クラス会で寮歌を歌って、幾つかの大学のイメージを無理やり思い描いたものであった。

松高寮歌「春寂寥」は、数ある全国の寮歌――全部数えると万単位だというが、今、三〇〇〇曲は歌詞・曲ともに残っている。『全国旧制高等学校寮歌名曲選』（ことのは会編、春秋社）に一四〇曲収録されている――の中でも、出色の寮歌であると私は思っている。

この寮歌の作曲者「浜徳太郎」については、北杜夫の『どくとるマンボウ青春記』に、寮歌の作曲のためだけに、在学期間ギリギリの六年間在学したとある。ということは、計画的に一学年ごとに落第し、それを三年連続しなければならないということになる。浜は、松高寮歌集のＣＤにもある「夕暮るる」、「雲にうそぶく」等も作曲している。なお、この「夕暮るる」の寮歌の作詩者は、伊那出身の工藤友恵で一九二二年に諏訪中学から松高に進んだ浜の友人だった。浜は、東京帝大文学部に進み、日本大学芸術学部、昭和女子大学の教授になり、日本クラシックカー・クラブの創設者になったということである。荻上悦子氏は、「偉大なる道楽芸術家として銘記すべき人である」と評している。また、戦争中に作られた寮歌の中に「遠征」という歌がある。この歌は、戦時中の高校生たちの気持ちをよく示している、と思う。

私の母校の前身である諏訪中学から松高に入った人には次の人々がいる。東京天文台長になった古畑正秋、共産党議員で有名な弁護士でもあった林百郎、医学者で広島大学と名古屋大学の両大学で学長になった飯島宗一、火山学者として活躍した諏訪彰など、その数は非常に多い。大正末年、富士見高原には正木不如丘の結核療養所「高原病院」ができており、また岩波茂雄、古島一雄、犬養毅、小川平吉などが早くに別荘を持ち、内外の著名人が訪れたので、大都会のニュースが諏訪盆地一帯に直通で入った。こうしたこともあり、諏訪は積極進取の気風溢れる土地であった。

まず、私が好きな松高寮歌「春寂寥」の歌詞を最初に紹介しておこう。

松本高等学校寮歌、吉田実作詞・浜徳太郎作曲、大正九年

1
春寂寥《せきりよう》の　洛陽に
昔を偲ぶ　唐人《からびと》の
傷《いた》める心　今日は我
小さき胸に　懐《いだ》きつつ
木《こ》の花蔭に　さすらえば
あわれ悲し　逝《ゆ》く春の
一片《ひとひら》毎に　落《ち》る涙

2
岸辺の緑　夏木立《こだち》
榎《えのき》葉蔭《ばかげ》の　まどろみに
夕暮さそう　蜩《ひぐらし》の
果敢《はか》なき運命《さだめ》　呪《のろ》いては
命の流れ　影あせて
あわれ淋し　水の面《も》に
黄昏《たそがれ》そむる　雲の色

3
秋揺落《ようらく》の　風立ちて
今宵《こよい》は結ぶ　露の夢
さめては清し　窓の月
光をこうる　虫の声
一息《ひといき》毎に　巡《めぐ》り行く
あわれ寒し　村時雨《むらしぐれ》
落葉の心　人知るや

4
嵐は山に　落ち果てぬ
静けき夜半の　雪崩《ゆきなだ》れ
榾《ほだ》の火赤く　さゆらげば
身を打ち寄する　白壁に
冬を昨日《きのう》の　春の色
あわれ床しき　友どちが
あかぬまどいの　もの語り

浜徳太郎は、諏訪郡湊村（現在、岡谷市）に生まれ、旧制諏訪中学をでて、全国で九番目に出来た松本高校の一期生である。ということは、東洋史学の泰斗・宮崎市定（京大名誉教授、飯山の出身）先生と同期だったと思う。インターネット上のある文章で、浜は諏訪中学第二〇回生で、同じ湊村の出身の小口太郎・第一六回生・「琵琶湖周航の歌」の作詞者とは、縁戚関係だったと書いてあったと記憶している。旧制諏訪中学の校歌は、二つある。第一校歌は「東に高き」で伊藤長七の作詞であり、第二校歌は「あゝ博浪の槌とりて」（中国古代、暴君「秦の始皇帝」を博郎沙で待ちかまえ、鉄槌を投げつけて殺そうとした張良の故事にちなむ歌詞）で中島喜久平の作詞である。伊藤長七は諏訪中学の卒業生。氏は、旧制府立五中（後の小石川高校）の初代校長。戦争中、ある教師が生徒を殴った。生徒が抗議に校長室に行ったところ、伊藤校長は即日その教師を罷免したそうである。この話は、当時五中の在学生だった孫文研究者として有名な藤井昇三氏にお聞きした。寮歌なるものに興味がある方は、グーグルで「松高寮歌　緑咲香澄」と書いて検索すれば、その他の寮歌も含めて沢山聴くことができる。

長野県諏訪地方の左翼の伝統――「百郎サー」（林百郎）のこと

著書『春寂寥』には、「林百郎」（一九一二〜一九九二年）のことが載っていた。百郎は、昭和二〇年代、私が落合小学校・中学校時代によく耳にした名前である。共産党の候補者として、長野県第三区・諏訪上伊那地区からしばしば衆議院議員に当選した。私の両親は八ヶ岳南麓の大地を耕す百姓で自民党支持者だった。自民党の応援団である我が家の大人や部落の人々には、百郎は、「半ば嫌悪、半ば畏怖すべき人物」だった。私の父は、百郎と同期に諏訪中学に入学した。百郎は、確か一番で入学したが、アカだったので勉強をあまりしなかったせいか、試験ごとに順位を下げていったと、父は語っていた。私の父は、農家を継ぐ長男だったので諏訪中学を途中で辞めて、新設校の諏訪郡南部実家中学、今の富士見高校の前身校に転校した。この学校は小尾喜作が存続に尽力し、立て直した旧制中学であり、地元の優秀な人材を育てた。

小尾喜作は、全国に名高い信州教育を代表する人物の一人で、晩年には同郷の友人であった岩波茂雄が創立した岩波書店に顧問格で勤めた。その関係で小尾俊人(「みすず書房」創立者、喜作と同じ諏訪郡茅野の上古田の出身)は、岩波茂雄の紹介を受けて、東京神田の古書店「羽田書店」に勤め、敗戦直後に「みすず書房」を立ち上げた。小尾俊人については、後に詳しく記すことにする。

私の祖父の實平は、小尾喜作と長野師範で一緒だった。私は、子供の時に祖父からしばしば「喜作さあ」のことを聞かされたが、その頃は子どもで何の関心もなくみんな忘れてしまった。

林百郎の話に戻ろう。荻上悦子の著書によれば、百郎は松高時代に左翼活動に没頭して、治安維持法に引っかけられて逮捕された。著書には、次のように書いてある。「一九三一年松高入学。在学中にマルクス主義を研究、言論集会に参加、自由を主張し軍事教育反対などの活動によって『第三次松高事件』で逮捕された。約一年間の未決拘留後、懲役二年、執行猶予四年の判決を他のメンバー四人とともに受け、退学処分となる」。百郎のような懲役刑の判決を受けた人間は、戦前は帝国大学に進学することはほぼ不可能であり、彼は中央大学法科を出て弁護士となり、有名な人権派弁護士となって松川事件、辰野事件などに携わった。百郎は、敗戦直後の一九四六年に日本共産党に入党し、以後三六歳で代議士になってから九回当選し、七回落選した。私の記憶では、氏は国会での舌鋒が鋭かったが、自民党議員からはしばしば「豆鉄砲」などと揶揄された。

百郎については、次の思い出を書いておきたいと思う。昭和二〇年代、私が小学校だか、中学校の頃、私の母方の一族が住む隣村・富士見村では、多くの人が衆議院選挙では「百郎に入れろ」と騒いでいるとか、耳にしたことがある。これは後で調べると昭和二四年の第一回の普通選挙の時のことだった。

その理由は、戦時中、富士見村の一〇〇〇人を超える人々が、満州の黒竜江省木蘭県に入植して富士見分村を作った。昭和大恐慌と農村ファッシズム運動が富士見村を直撃した結果であった。行った先の満州では、敗戦直後に現地の中国人数百、数千人から半年にわたって連続的に襲撃を受けた。私の母方の叔父河角忠平は、その時、分村の防衛隊長で、しばしば窓から外を窺っていたところ、猟銃で額を撃ち抜かれて即死した。富士見分村の日本人が、あわや全滅するという時、三人が決死隊となって橇で包囲を突破して、二、三〇キロ離れたところにいた林彪麾下の八路軍の騎馬隊数十人に救助を頼み、彼らを連れて来た。この騎馬隊の救出（八路軍兵士たちは、襲撃の中心的人物を殺したという）によって多くの人びとが助かった。だから、戦後引き上げて来た人びとは、共産党に恩を返すべきだということで大いに「百郎さあ」を支援しているという噂でもちきりだった。私は、まだ子供であったが、この話を今でも鮮明に覚えている。この騒ぎで、私は初めて「林百郎」、「八路軍」、「林彪」の名を覚えた。

昭和の大恐慌、養蚕製糸業の壊滅的打撃が信州を直撃

大正時代の比較的自由で安定していた時代、大正七年に諏訪郡富士見村に生まれた母によれば、富士見小学校の五年生の時、つまり一九二九年（昭和四）頃、繭の値段が大暴落し、諏訪の企業、銀行、農業が大打撃を受けた。そのため、楽しみにしていた修学旅行は、中止になり、やっと高等小学校に二年間行かせてもらったが、後はダメ。父親が、「カネコ（我が母の名前）や。可哀そうだが、これ以上学校にはやれない。繭が暴落して金がないのだ。その代り、上諏訪にある高隆寺に、冬の間だけ裁縫と行儀作法を習いに行かせてやる」といった。母は、この寺に冬だけ三ヵ月間泊まりこみで、三年間ほど行かせてもらい、行儀作法、裁縫、言葉使いを学んだという。母は、後に多くの人びとの前でも平気で挨拶ができるようになったが、ここで受けた教育の御蔭であった、と想像する。

『諏訪の近現代史』（諏訪教育会編）によると、昭和五年（一九三〇）に世界恐慌の波は日本に波及し、物価は暴落し、企業は倒産し、失業者は増大し、農村の窮乏は諏訪郡一帯を直撃した。岡谷製糸業を中心に展開していた諏訪の経済、農産業は壊滅的な打撃を受けた。農民運動、労働運動、社会主義運動も激発するようになる。当時

は、帝大を卒業しても職がなく、東京や京都の帝大に行っていた学生も、職を求めて信州の小学校の先生になることも珍しいことではなかった。また、今のように誰でも高校に行き、大学に行くような時代では全くなく、旧制中学や高等小学校を卒業して、農家を継いで農村に残る優秀な青年が沢山いた。彼等は、小学校の先生などを中心にして、政治、経済、社会、哲学、思想を論じるようなグループを各地に作った。

当時の信州の小学校は、村立学校が大部分であり、村の予算から教師に給料が支払われていた。しかし、村や町の財政は急迫し、税収が六〇パーセントにまで低下する事態が一般化した。小学校に弁当をもって行けない小学校の生徒、いや小学校にも行かせてもらえない生徒が続出した。

大正末の金融恐慌から、諏訪にも社会主義思想、農民運動、青年団運動が始まり、多くの民衆運動が起こるようになった。それが、昭和の恐慌期にはいると爆発的に発展した。労働争議、政党運動が盛んになり、昭和三年（一九二八）二月には、諏訪中学の校舎で、「三郡連合青年研究会」が開かれ、三〇〇名が集まった。この集会を危険視した警察は、一〇数名の警察官を入れて監視し、弁士中止を叫んで威圧し、四月には左傾分子一〇数名を検挙した。この頃から、官憲の民衆運動、選挙運動、農民運動、青年や教員の研究会運動等々への、徹底的な弾圧が始まった。中央では、五・一五事件、大陸では、関東軍の中国侵略のための謀略、あの満州事変につづく満州国の創設、等々のように、日本は数年間で全く違うファシズム体制の国に転換し、憲兵や特別高等警察がすぐ人を逮捕し、拷問し、投獄する「治安維持法」体制に転換したのであった。国家体制の変革が、あっという間に進行したことに驚く。

長野県では、そうした国家社会の転換の総仕上げが、一九三三年（昭和八）の「二・四事件」（御上が付けた名称では「長野県教員赤化事件」）といわれる、大思想弾圧事件であった。これからも、世界が激動期に入れば日本も一瞬の間、まあ四、五年の間に大転換する危険があると考えるべきであろう。

松高生に対する「治安維持法」による、五回の思想弾圧

松高は、先に記したように、一九一九年(大正八)、全国で九番目の高等学校として創立された。一学年四クラス・各四〇人、理科二クラス・文科二クラス、合計一六〇人定員だった。長野県唯一の高校である。この頃、九つの高校卒業生全部あわせても、二〇〇〇人足らずで、大多数が東京帝大、京都帝大に簡単に合格することができた。だから、当時は高校生になることが最大の難関だった。高校生はエリート中のエリートだった。

戦前の学制は、一般に小学校六年、希望者だけの高等小学校二年、中学五年、高校三年、大学三年であったから、高校生の年齢は一〇代後半であった。中学四年で高校に合格するものもあった。しかも、旧制高校は、学校の数も定員数もごく少数、全国どこからでも受験できるのであったから、一、二年の浪人は普通であった。

松高生は、一九三〇年から四五年まで、治安維持法による弾圧を五回受けた。松高に社会主義理論を持ち込んだ最初の人は、戦後社会党で活躍した岡田宗司だと言われる。一九二〇年代から三〇年代まで、マルクスを読み、社会主義を研究する読書会が盛んに開かれた。といっても、本格的な共産党組織の創設を明確に掲げる政党活動ではなく、多分に青年の正義感とロマンチシズムに満ちたものだった。しかし、信州では「松高生」は、最高の知識人集団だったので、警察権力は彼らを監視し、少しでも「赤」がかっていると判断すれば、酷い弾圧を加えた。多くの松高生が「治安維持法違反」の容疑で逮捕投獄された。著書『春寂寥』には、そうして青春を失った多くの高校生の略伝がある。弾圧の回数とその犠牲者の多さには改めて驚かされる。

そこで、著書『春寂寥』に記載されている約三三〇名の内、左翼人士、思想弾圧を受けた人々の一覧表を作ってみた。松高は敗戦後の一九四五年頃まで存続し、一回生から、三〇回生までの生徒を世に送りだした。松高の卒業生は、過半数が進学し、とりわけ東京帝大に進学した人が多数を占めた。また、著書『春寂寥』には、台湾人の林秋江(松高から東京帝大医学部卒)、朝鮮人の学生二人、宋範儀(京城中学卒、松高四一年卒、寮歌「雪の筑摩野」の作詞者、東京帝大文学部に進学、三年生の時、行方不明となる)、柳志萬(京城中学卒、松高三九年入学、四人の

一年生と立山縦走に挑み、悪天候によって彼のみ絶命した）が紹介されている。

以下、松高在学中、あるいは、大学進学後に思想犯として弾圧された学生とその略伝である。紹介する内容は、著書『春寂寥』の記載文の、摘録略伝である。

青柳盛雄

長野県生まれ、一九二五年入学、この年、「治安維持法」制定。東京帝大入学後に、松高先輩からの影響を受け、布施辰治の弁護士事務所に所属して、以後、思想弾圧事件の弁護士として活躍。共産党に入党。自分も、治安維持法違反で逮捕され、懲役二年・執行猶予二年、弁護士資格剥奪五年の弾圧をうけたが、ひるまなかった。戦後は、自由法曹団の再建に尽力し、「わが青春に悔いなし」と語った。

布施杜生

東京生まれ、一九三二年入学、反権力で有名な布施辰治の長男。父親の逮捕と共に学生運動に入り、逮捕。文学にも目覚め、京都帝大哲学科に入学、中野重治、野間宏と知り合う。田邊元教授に嘱望される。「日本共産主義者団」に加入し、「京大ケルン」を結成し逮捕される。種々の苦悶を抱えて退学。妻子と共に生活困窮するも、詩歌・小説などの創作に励む。またしても治安維持法違反で逮捕され、非転向を貫き、京都拘置所で栄養失調により死去した。野間宏は、僕など及びもつかない能力と精神をもっていた人物だった、と語っている。

細野武男

岐阜県生まれ、一九三〇年入学、「日本共産主義団・松高班」を結成し、三二年の「第二次松高事件」で逮捕。東京帝大卒業後、石橋湛山、末川博教授に思想的な影響を受けた。戦後、末川博を慕って立命館大学に行き、その後、同大学の学長を歴任した。

林百郎

長野県生まれ、一九三一年、諏訪中学在学中からマルクス主義に心酔、自由主義や反軍活動で、「第三次松高事件」により逮捕。約一年の未決拘留の後、他の四人のメンバーと共に、懲役二年、執行猶予四年に処せられ、退学処分となる。この頃は、「社会主義」と言う言葉がある著書は、直ちに発売禁止となったという。戦後、長野県を地盤にして共産党の国会議員として活躍した。

佐藤太郎

東京生まれ、一九三六年入学、母親の影響で、松高時代から「心情的左翼」となる。第四次松高事件で逮捕、懲役二年、執行猶予三年の判決。東京帝大に進むも、またまた第五次「松高事件」に連動して逮捕、四年の実刑判決、控訴。林百郎の尽力により中途保釈で出獄。以後、五年の病床生活を続けたが、その後もさまざまな悲運に襲われた。悲劇的な一生だったという。

尾崎盛光

東京生まれ、一九三六年入学、読書会活動により、一年生の時、治安維持法違反の疑いで逮捕。この第四次「松高事件」で懲役二年・執行猶予三年、半年間の獄中生活を送る。東京帝大卒業後、小松製作所で、戦後最初のストライキを指導、退職後、東大の文学部事務局へ。ここの事務長として一九六九年の東大闘争の解決に奔走したという。

大橋周治

東京生まれ、一九三六年入学、東京帝大入学後、学生運動に共鳴、卒業後に、治安維持法違反で逮捕、戦後は大学で教えた。著書『戦時下学生の抵抗運動』を著した。

宮内裕

東京生まれ、一九三八年入学、社会科学研究会を組織、第五次「松高事件」で逮捕され、三年生の春に退学、立命館大学に入り、後に京大教授。刑法学を学び、人権の確立に尽力した。

山崎宏

長野県生まれ、一九三二年入学、二年生の時、第三次「松高事件」（二七人が検挙）が起きる。盛んな救援運動を行い検挙される。学校側の処分で、一ヶ月の停学処分。東京帝大哲学科に進学、一九四〇年病死した。

中川英夫

長野県生まれ、諏訪中卒、一九三六年、マルクス主義の本を読み、自由主義を主張。三八年検挙されたが起訴猶予。東京帝大で「資本論」の研究などをやり、保護観察処分に。戦後、「諏訪無線」を興す。

上村独

鹿児島県生まれ、一九三六年入学、四〇年の第五次「松高事件」で宮内裕・塩原昇・川原真純らとともに逮捕。独房にいる間に「依願退学」処分になる。この事件は、全くのでっち上げ事件だったと言われている。四四年、華中で戦死。

久保速雄

長野県生まれ、一九二九年入学、松高社研を組織、三〇年の第一次「松高事件」で一五人が検挙され、彼は懲役二年・執行猶予三年、放校処分となる。徴兵、戦後は故郷の村上村の「共産党村長」として全国に有名になった。記録集『松高社研の実態と回想——県の森の良心』に詳しい。

新山泰

山に憧れ、一九三八年入学、四〇年の第五次「松高事件」で検挙、退学にならず。後に東京帝大文学部へ。松高事件で共に検挙された川原真純と宮内裕は放校処分になり、川原はすぐ死去し、宮内裕も手ひどい挫折をバネとして道を切り開こうとしたが、ドイツで客死した。新山は、戦後、横須賀高校校長となる。

小池浩

長野県生まれ、長野中卒、一九三八年入学、三九年の第四次「松高事件」で、先輩の尾崎盛光、佐藤太郎らが逮捕された時に、関連して検挙さる。その後、「空想部落」と称して自炊する読書集団を作ったが、三九年九月一日、一斉検挙された。この事件は、ただマルクス、レーニンの本を読んだだけで弾圧された思想弾圧事件であった。小池、上村独、塩原昇、宮内昇、川原真純は起訴され、一一月まで長野刑務所の独房に入れられた。彼らが全く知らないうちに、「依願退学」の処分になっていた。戦後、ある寮歌祭の際に、小池が、「五人の内、塩原は獄死同様の衰死、上村は戦死、宮内は留学先のドイツで客死、川原も昨年亡くなり、私一人のみが生き残り、問いかける術もなくなった」と語ったという。この第五次「松高事件」は、「東京帝大グループと共に、戦前学生運動の最殿軍《しんがり》となったもので、松高青春史にとって必ずしも不名誉なことではない」(須田四郎・一八回生の言)。

若月俊一

東京生まれ、一九二七年入学、東京府立一中、松高時代に文芸部に籍を置く。「真理などという普遍なものはありえない。それは、結局はブルジョアイデオロギーの所産にすぎないのだ」と悟る。東京帝大医学部に入るも、治安維持法違反で逮捕。卒業後、農村医療を志して、佐久病院に赴任し、信州の農村医療に生涯をささげた。長野県農村医療の最大の恩人である。若月の書いた数冊の本は、中国語に訳されて、中国へも影響を与えているといわれる(略伝に岩波新書、南木佳士『信州に上医あり』がある――小林注記)。

岡田宗司

東京・開成中卒、山に憧れ、一九二〇年入学、中学時代から左翼思想をもち、学校をたびたび非難し、騒動の中心となる。レーニンの英訳本『国家と革命』などを松高に持ち込み、「松高に左翼思想を芽生えさせた人物」といわれる。東大在学中、田中美知太郎、野呂栄太郎、それに松高出身の高山洋吉など七人が加わり、毎週一回『哲学の貧困』などを読んだという。東大・新人会のリーダー、雑誌『労農』の編集委員、弁護士、社会党の国会議員の道を歩んだ。

松本規純

長野県生まれ、大町中卒、一九三九年入学、「空想部落」に参加、社会主義文献を読み、松高左翼グループの一員となる。四〇年、検挙され、留置場生活三ヶ月で釈放され、学校から一週間の停学処分、他の四人は退学となった。事件の影響は大きかったが先生方の尽力によって卒業し、長崎医大に進んだ。

塩原昇

長野県生まれ、飯田中卒、一九三八年入学、四〇年九月一日、早朝九名逮捕。第五次「松高事件」の犠牲者の一人。「空想部落」に参加していたため『ロシア・スキー術』という本まで押収されるという、もはや考えることさえままならない時代だった。「長くても一ヶ月もすれば釈放されると信じていた」が、川原、宮内、小池、塩原、上村は四ヶ月後に長野刑務所に護送された。出所したのは、逮捕されてから一年四ヶ月も後のことだった。五人は、高校を「依願退学」になっていた。塩原は出所後、農村に入り、開墾などに打ち込むが、病気悪化して死亡した。ドイツ語の手塚教授が、黒板に「空へと伸びし　蒲公英折れし痛ましき」と書いて、「惜しい人を亡くしましたね」（飯島宗一記）と言って、その死を惜しんだという。

河原広三

長野中学を首席で卒業、一九二四年入学、卒業後、東京帝大の哲学科に入り、カント、ヘーゲルを学ぶ。大学卒業後は、長野の実家に帰り、家業の書籍商を継ぐ。一九三三年二月四日、自宅で哲学の学習塾を開いていたところ、「長野県教員赤化事件」に連累して逮捕。未決拘留中、長野・市ヶ谷・小菅、再び長野の刑務所へとたらいまわしにされ、三年間の獄中生活を送った。戦後は、山間僻地の中学・高校の教員をやりながら、ヘーゲル哲学に没頭、六年の歳月を投じて、ライフワーク『弁証法と現実性の哲学』全四五〇頁を完成させた（河原は、次の河村卓と一緒に諏訪郡永明小学校（現在は茅野市）に来ていたことがる——小林）。

河村卓

長野県生まれ・長野中卒、一九二三年入学、二回の休学を経て京都帝大文学部卒。在学中、二回休学して代用教員などで糊口をしのいだ。就職難の時代で、大学卒業後に、上諏訪の高嶋小学校で教師をしていた松高・京大の先輩の唐木順三（三回生、伊那出身）から、諏訪郡茅野にある永明小学校を紹介されて哲学書を持ち赴任した。ここで哲学研究会を組織し、社会科学の勉強を始めた。世界恐慌が長野県の農村にまで押し寄せ、生徒・父兄は貧困にあえいでいた。ここで校長や県の教育行政を批判して有名になった。彼は、一年しか永明におらず、すぐ上田小学校に移ったが、ここで「二・四事件」が起き、「長野県教員赤化の指導者」と目されて逮捕。懲役三年の実刑を受けた。彼の活動が、この「赤化事件」の端緒となったともいわれる（河村卓は、一九三六年に出所したが、それ以後の苦難の人生の概略は、山田国広『夜明けの嵐――一共産党員の痛憤の手記――』（甲陽書房）の七〇〜七一頁を参照されたい――小林）。

以上二〇名

上記した二〇名の中に入っている若月俊一について、若干触れておきたい。

若月俊一（東京生まれ）は、長野県の農村医療に尽力し、全国的に有名になった佐久総合病院の院長である。彼は、松高時代にマルクス主義の洗礼を受け、東京帝大医学部に入学して、治安維持法違反の罪で検挙され、一年余の長期拘留を受けた。当時、このような「危険人物」を受け入れる病院は東京にはなく、主任教授の世話で、やっと赤字続きでほとんど医者がいない佐久の小さな農村病院を紹介してもらった。若月俊一については、南木佳士著『信州に上医あり』（岩波新書）が詳しい。

私の母は、昭和二〇年代から三〇年代にかけて地元の婦人会長として、若月先生の講演を度々聴き、大いに感銘を受けたと語っている。松本まで富士見・落合等の農村婦人をつれてそのご講演を拝聴しに行った。母の話によると、若月先生は、講演の途中にしばしば休憩時間を入れ、「皆さん、便所に行ってください。女性は、尿道炎になりやすい。我慢してはダメですよ」とよく言った、という。若月先生については、また後で触れる。

諏訪中央病院（茅野市）の今井澄（東大医学部学生、元東大全共闘幹部、安田講堂防衛隊長）、鎌田實（東京医科歯科大学内科、元全共闘学生）両医師が、一九七〇年代以降、長野県の貧困にあえぐ山村の農村医療に生涯を捧げた動機には、先陣としてこの道を切り開いた、若月俊一の先駆的業績が影響している。鎌田医師は、チェルノヴイリの原発事故の被害者を救援するために、日本から九〇回以上の医療救援隊をおくり、またイラク戦争の被害者の医療救援運動も行っている。その活動は、世界的規模に達した。しかし、彼が東京医科歯科大学を卒業した時、卒業生約三〇〇名の内、貧しい山間僻地の農村医療に身を投じたのは、彼以外に一人もいなかったそうである。

日本の運命が懸かっていた一九二八年
——治安維持法、特別高等警察、第一回普通選挙、三・一五事件が焦点を結んだ年——

日本近代の歴史において、一九二八年はきわめて重要な年になった。この時代、日本では一九二三年の関東大震災で関東一帯が壊滅的な打撃を受け、都市も農村も不況に悩んでいた。男尊女卑の風潮は未だ猛威を振るっており、もちろん女性には参政権など全くなかった。政府は、国民の世論に推されて、一九二五年に男子普通選挙を行うことを約束したが、同時に治安維持法を制定し、「国体の変更」、「私有財産制度を否認する」団体・個人にたいしては、最高一〇年の刑を科すことを決定した。そして同時に国民の思想を取り締まる「特別高等警察」（略称「特高《とっこう》」）を設置して、一九二二年に生まれたばかりで、まだ党員も少ない日本共産党や労働・農民運動の徹底的な取り締まりを「普通選挙の約束」と抱き合わせで行った。さらに、二八年の選挙の時には、「治安維持法の最高刑を一〇年から、死刑」にまで強化した。二八年、第一回男子普通選挙にあたり、諏訪出身の藤森成吉が労農党から立候補し、山本懸蔵は北海道から立候補した。諏訪には、東京から多くの著名人が駆けつけた。その中には、岩波茂雄、三木清、森戸辰男、大塚金之助、林房雄、川崎なつ、三宅雪嶺、奥むめを等々、錚々たる人々がいた。藤森は落選したが、諏訪郡では第二位でよく善戦したといわれた。この時、後に出てくる浅野晃、伊藤千代子も応援に諏訪に行った。この左翼陣営の躍進に驚いた権力は、これ以後、徹底的な弾圧を始めた。こうして、昭和のファシズム体制が確立してゆくのである。以上は、藤田廣登『時代の証言者　伊藤千代子』（学習の友社）による。

「治安維持法の下、一九二五年（大正一四）から一九四五年（昭和二〇）の間に七万人以上が逮捕され、その一〇パーセントが起訴された」（『文化評論』一九七六年臨時増刊号）。当時の植民地の朝鮮半島では、この思想弾圧法は、民族の独立運動の弾圧に用いられた。そして、満州国にも及んでいった。

以後、この法案によって、日本国内では、二万三〇〇〇人以上が検挙された。小林多喜二、野呂栄太郎、岩田義道、市川正一、横浜事件被疑者四名の獄死に見られるように、量刑としては軽くても、拷問や虐待で命を落とした者が多数存在する。日本共産党発行の文化評論一九七六年臨時増刊号では、一九六人が取調べ中の拷問・私刑によって死亡し、更に一五〇三人が獄中で病死したと記述されている。さらに、外地ではこの限りではなく、朝鮮では四五人が死刑執行されている。それ以外の刑罰も、外地での方が重い傾向にあったという。

（Wikipedia、その他、関係著書を参考）

長野県教員赤化事件――「二・四事件」・国家権力のフレーム・アップ

信濃毎日新聞社は、昭和八年（一九三三）九月一五日「大号外」を出した。第一面の冒頭に次のような大見出しと内容が書かれていた。

戦慄！　教育赤化の全貌　共産党系全線に弾圧　起訴七七名に達す

教員のみにて実に二九名

教育界未曾有の大不祥事「二・四事件」

県下で検挙された者六〇〇名、党員二七名、共青団員四三名、この内起訴された者七七（内、女三名）、その影響下にあった者教員総数は二〇八名、関係学校総数六六校、教員で送検された者一八一名、その内起訴収容された者二九名（内、女一名）。

教科書を巧みに逆用し、教壇の神聖を汚す。反戦、反宗教闘争の意識を注入。

児童自治会の組織十余に上がる　全教労部の行動。

これが、世を震撼させた「長野県教員赤化事件」の全貌を伝えた新聞の第一声であった。

長野県教員赤化事件の概要

一九三三年二月四日以降、長野県において、長野県特別高等警察は、北安曇郡を除き三市一五郡で、六〇〇余人を拘束した。関係学校は六六校、教員は一二九人。内八三人を送検し、二九人を起訴。彼等の猛烈な拷問により、内二八人が転向した。しかし、この内の一三人が二年から三年の実刑判決をうけることとなった。各種の処分を受けた校長は五八人にも及んだ。教員は皆「全協一般使用人組合労働対策部」か「新興教育同盟準備会」に属するメンバーだった。

当時、長野県は全国一の教育県として有名だった。また、左翼的労働運動、共産党活動も特に激しかった。その為、国家権力は、この長野県の教員を中心に大弾圧を加えて、全国民に警鐘を鳴らそうと考えた。その見せしめ第一号に長野県の教師を選んだ。教育界、言論界から、国家社会を批判する勢力を一掃し、国家のファシズム体制を完成させようとしたのである。国家は、更にまた長野県を有名な赤い教育県から、満蒙開拓団、満蒙開拓青少年義勇軍を送り出す最大の満州移民県にしようとも計画した。こうして長野県は、最大の満州移民を送り出す、国策模範県へと一大転換をしいられた。

この大事件について、前掲の『諏訪の近現代史』（諏訪教育会編、頁五三〇）は、次のように書いてある。「農村恐慌の深刻な影響が学童にも顕著に現われてくると、青年教師の間に、その原因と打開策を真剣且つ社会科学的に考えようとする動きが起こってきた。こうした青年教師たちは、秘密読書会をもって根を広げつつ戦闘的な新興教育運動を推進し、全教傘下の教育労働者組合（教労）を組織した。こうして、運動が共産党の影響下に反体制的な社会運動へと拡大するきざしをみせたとき、官憲はこれを治安維持法違反として弾圧したのである。それが昭和八年（一九三三）二月四日に始まる二・四事件である。これは社会運動史上まれにみる徹底的大弾圧事件であった」、「この日、松本、上諏訪、伊那、飯田警察署を動員して、八六人を検挙」し、以後引きつづいてあらゆる組織、分野の活動家を「六か月間に六〇八人」検挙した。この内、教員関係者は、「被検挙者一三八人、送局八一人、起訴二九人であった。諏訪郡の教員は被検挙者四九名、起訴一四名」であった。

教員赤化事件の源流、永明小学校の教員たち

私は、山田国広の『夜明け前の闇』という本を、若い時に読んだ記憶がある。山田氏は、私が六年間通った落合小学校の先生をやっている最中に逮捕された。彼は日頃学校の授業が終わると、四キロ離れた富士見小学校に駆けて行き、同志の先生方といろいろ相談した。永明小学校の先生方から始まった反戦思想は、諏訪郡下の多くの学校の教師に広まった。

そこでインターネットで調べると、次のような解説が出て来た。

二《にい》・四《よんじ》事件《けん》は、昭和八年、一九三三年二月四日から半年あまりの間に、長野県で多数の学校教員などが治安維持法違反として検挙された事件。一般には「長野県教員赤化事件」と言われている。弾圧の対象となったのは、県内の日本共産党、日本共産青年同盟、日本プロレタリア文化連盟関係団体や、労働組合、農

民組合など広範囲に及んだが、特に日本労働組合全国協議会（全協）や新興教育同盟準備会の傘下にあった教員組合員への弾圧は大規模で、全検挙者六〇八名のうち二三〇名が教員であった。このため、この事件は長野県「教員赤化事件」、「左翼教員事件」などとも呼称された。四月までに検挙された教員のうち二八名が起訴され、このうち一三名が有罪となって服役した。また、検挙された教員のうち、一一五名が何らかの行政処分を受け、懲戒免職や諭旨退職によって教壇から追われた者も三三名にのぼった。この事件を契機に、全国各地で同様の弾圧が行なわれ、一九三三年一二月までに岩手県、福島県、群馬県、茨城県、福岡県、青森県、兵庫県、熊本県、沖縄県で多数の教員が検挙され、「教員赤化事件」ないし「赤化教員事件」は、長野県の事件に限定せず、全国における一連の事件を指す総称として用いられるようになった。

(Wikipedia)

「長野県教員赤化事件」が起こった昭和八年（一九三三）、私の母は富士見村松目にいた少女のころの思い出を次のように語っている。ある先生（？）が富士見駅前の警察分署で毎日殴られて、ヒイヒイいう声が前の道まで聞こえたと。母によると、富士見村松目の家ではこの話でもちきりで、大変なことが起こっていると思った。その先生が誰であるかは、もう忘れたが、「ミコシバ、ヤマダ、チケンジ」という名をかすかに覚えている、と言っている。

私は、どうしたわけか知らないが、「ミコシバ先生」という名を母から高校生の頃聴いた記憶があるが、もう詳しくは覚えていない。しかし、後で記すように本名は「柴草要」である。

私の父の親友であった神戸部落の小林寛司氏が、私の父を訪ねて来た。ちょっと見ると、かなり顔が太っているように見えた。「お前、かなり太ったな！」というと、「馬鹿こけ、警察で殴られて顔がむくんでいるのだ」といったそうだ。「長野県教員赤化事件」の煽りを受けて、富士見村の元気のよい左翼シンパの農村青年達も多数警察に引っ張られて、激しく殴られたのであろう。私が小・中学校と九年間通った落合村立落合学校には、昔、山田国広という先生がいたことが後に分かった。グーグルで山田国広を検索すると、次のような記事が見つかった。

山田国広《やまだくにひろ》(一九〇七～一九八七年)は、左翼の政治運動家。長野県諏訪郡上諏訪町(現諏訪市)生まれ。一九二四年長野県立諏訪中学校(現長野県諏訪清陵高等学校)卒。永明小学校代用教員。日本共産党に入り、一九三三年検挙(長野県教員赤化事件)。三四年下獄。三六年釈放。三七年上京、思想犯保護団体帝国更新会に入り、のちその事務員となる。四二年頃から東京の目黒、蒲田などの町工場の徒弟教育の仕事に従事、戦時中はそれらの工場舎監、青年学校の事務をとる。四四年諏訪に疎開し工場に勤務、敗戦を迎える。四六年から六一年まで民主化運動に従事。党内闘争で共産党を除名され、文筆をもって訴える。代表作に『夜明け前の闇』(理論社、一九六四年)、『夜明けの嵐』(甲陽書房、一九七〇年)がある。(Wikipedia)

この記事を見ると、山田の人生は紆余曲折に満ちており、戦時中の思想犯だった人物の、その後の人生の複雑さを感じずにはおられない。山田は、戦後、上諏訪市内で映画館・オデオン座に勤めており、今年(二〇一七年八月)入手した氏の『夜明けの嵐——一共産党員の痛憤の手記——』(まなぶ書房)によると、ここには一〇年間雇われ、党員として活動していたらしい。私は、清陵在学中にしばしばここで映画を観た。たしか、全校生徒が一日、全館を借りきってアメリカ映画『風と共に去りぬ』を観たことがある。この日の早朝、信濃境駅からの通学列車に乗ってオデオン座(いや、都座かもしれない)に入ると、全館清陵生で満員。最前列の真中だけ少し空いており、首を九〇度まげて夢中になって眺め、興味津々、この四時間を耐え抜いたことを思い出す。この時、私は、山田氏が上諏訪で映画館に勤めていることは全く知らなかった。

若き日の山田氏が、落合小学校の教師として逮捕された昭和八年は、世界大恐慌が日本にも及び、長野県の養蚕製糸業を直撃している最中だった。この年は同時に、最初の「満州移民計画」の第一歩が画策された年でもあった。上記の、赤化事件でつかまって大いに殴られた「小林寛司サー」も、後に満州移民となって黒竜江省に行き、敗戦後生きて帰った。

教員赤化事件までの農村の社会主義運動は御上の弾圧によって挫折して、満州に理想の農村共同体を創ろうという運動が取って代わった。白樺派や左翼の農本主義は換骨奪胎されて、中国侵略の道具である「満州移民運動」――満州に真の農村共同体、農民の互助共同体村を創ろう！――という「農民ファシズム運動」に転轍されてゆくのである。転轍手は橘孝三郎、権藤成卿、加藤完治である。まさに、この昭和八年の「長野県教員赤化事件」が転換点となった。

長野県の「教員赤化」の始まりは、諏訪郡茅野の永明村立永明小学校の先生方の活動からだ、とよく言われた。しかし、いったい永明小学校にどの様な先生方が集まって、何をしていたのか、実はこれまでよく知らなかった。それで、今年（二〇一六年）、古書店から二冊の本を入手した。一冊は、この事件で逮捕された経歴のある村山英治の『大草原の夢――近代信濃の物語――』（新宿書房、一九八六年）である。本書は帯に「幕末から太平洋戦争までの近代信州の民衆運動の記録と自らの個人史を重ねあわせ雄大なスケールで描く長編歴史小説」とあるが、戦争の時代、連続する悲劇に翻弄された波乱万丈の、ノンフィクション作品であった。

この書によれば、永明小学校には、当時の小学校では想像できないような高学歴の哲学青年が次々と集まっていた。大正一五年に東京外国語専門学校（現在の東京外語大学）出の藤田福二（労農党党員、のち永明小学校を去ってから共産党員となる）がいる。彼は、永明小学校に代用教員として勤めていた山田国広、柴草要らと、マルクス主義研究会を始めた。藤田が永明を去ると、後任に石川秀雄がきた。石川は、京都帝大哲学科卒、就職口がなく、唐木順三の紹介で永明小学校に来た。石川は、山田、柴草、藤原晃（長野師範卒）らと唯物論研究会を開いた。この石川が親の扶養の都合で永明を去ると、今度は河村卓（松高左翼として紹介した人物）が来た。河村は長野中学から、旧制松本高校に入り、京都帝大哲学科卒業で、やはり就職口がなく、唐木の紹介で永明小学校に来たのだった。河村は、昭和五、六年の間、ここでマルクスの「資本論研究会」などを主催して、多くの同志を獲得した。若き日の羽仁五郎も、この小学校にきて裁縫室で話をしたという。ちなみに、私は大学生時代の一九六〇年代に、羽仁五郎ファンで、氏の講演を数回聴いた。早稲田大学まで拝聴に行ったこともある。

唐木順三は、伊那の出身で、松本高校、京都帝大の哲学科を出たが、やはり就職口がなく、このころ上諏訪の高嶋小学校の教師をしており、つぎつぎと京大哲学科出身の後輩に小学校教師の就職口を紹介していた。唐木は、戦後、著名な文芸評論家となり、松高の同窓生の古田晁、臼井吉見などと一緒に「筑摩書房」を創建した。また、『唐木順三全集』（筑摩書房）が発刊されるような有名な評論家になった。

この京都帝大出身の河村卓の思想、知識、個性あふれる活動が、長野県全体の小学校教員に大きな影響を与えたようである。永明小学校の教員の県や郡の教育行政への反抗的な活動が激化すると、当局は危険人物の分散のために、何人もの先生を永明小学校から信州各地の小学校に転勤、移動させた。それで、山田国広は諏訪郡の南端にある落合小学校へ、柴草要は小尾喜作が校長をしていた、同じく南諏訪の「諏訪南部実家中学」（略称、「実中」、現在の富士見高校）の教員となって、諏訪郡富士見村に行った。校長の小尾喜作は、柴草の思想を知らず、その誠実な教員としての人柄、能力を高く評価して柴草を拾った。

同じく永明小学校の教師であった藤原晃は、戦後、自伝『八十年の軌跡――良心の火は燃えて――』（ほおずき書籍、一九八六年）を上梓したが、この中で永明小学校時代の様子を詳しく書いている。

当時、長野県の農村は繭の暴落、製糸業の急激な衰退、こうした昭和農村恐慌のただ中に投げ込まれた。大正時代の自由主義、自然主義、人道主義、ロマン主義の洗礼を受けていた長野県下の若き教員達には、東京や京都から就職難で信州の山中の小学校に糊口をしのぐためにやってきた知識人たちの影響力は圧倒的だった。特に、諏訪において、京都帝大哲学科を出た気鋭の「哲学青年、社会主義思想家」が与えた影響は強烈だった。

永明小に来た藤原晃は、師範学校時代の同級生、小松俊蔵、下条新一朗、京都帝大経済学部卒の石川秀雄を知った。藤原は、この石川の学識を尊敬し、彼を中心に皆で一緒に読書会を開いた。読書会では、高嶋小学校にいた唐木順三の『文学評価の基準に就ての基礎的覚書』、三木清の『社会と自然』・『社会科学の予備概念』・『唯物史観と現代の意識』、三木と羽仁五郎等が発刊した『新興科学の旗の下に』に書かれた諸論文を読んだ。彼らは、一九二九年(昭和四)、唐木を通じて京大にいた三木清を初めて上諏訪に招き「哲学講演会」を開いた(前掲の『八十年の軌跡――良心の火は燃えて――』頁一三九〜一四〇)。これが、「諏訪哲学会」の初めであろう、と思われる。

それから何回も諏訪に来た三木清は、「信州農村青年を馬鹿にしてはいけない。彼らには難解な話をしなければいけない。分かり安い話をすると〝われわれのような馬鹿な人間に分かる話ならありがたくない。分からない難しい話をしてほしい〟といわれて、びっくりした」と語ったということである(この話は、昔何かの本で読んだ記憶がある)。このころ新鋭の哲学者として有名だった三木は、後に戦時中投獄され、昭和二〇年八月末、敗戦の直後に獄中で病死した。この時、日本には八月一五日の「天皇の敗戦宣言」を聞いて、直ちに牢獄に駆けつけて彼を助け出す人は誰もいなかった。

獄中死した有賀勝(諏訪中学・旧制一高・東京帝大)の抵抗

私が、「有賀勝」の名前を知ったのは、『諏訪清陵高校同窓会報』三二号の「反戦思想で獄死した」大秀才という記事によってである。「同窓会名簿」を見ると、有賀は諏訪中学に大正八年(一九一九)入学、第二五回生、全一五九人中の一人として記されている。ただ、「出身地・朝日、東大(文)、故」とあるだけである。この学年は、秀才が多く、東京帝大に一四人が入学している。前期の山田国広もこの学年である。また、有賀勝と親友であった今井博人（岡谷市）は、旧制一高、帝大に進んだが、逮捕され中退になった。戦争を生き延びて、信濃毎日新聞に勤めた。終生、有賀勝の悲惨な生涯を忘れなかったという。

私は、有賀勝の記事が、山岸一章著『革命と青春——日本共産党員の群像——』（新日本選書、一九七〇年、新日本出版社）に載っていることを知った。これを入手して見ると、「大戦中、夫妻ともに獄死した有賀勝と芳枝さんの愛と闘い」（頁二四七〜二九〇）という一章があった。以下これによって、有賀勝のことを少し紹介しておこう。

有賀は、一九〇六年（明治三九）、長野県上伊那郡朝日村（現・辰野市）に、造り酒屋もしている農家に生まれた。旧制諏訪中学に入学し、卒業まで首席で通し、一七科目の平均点数は九三点、一一〇人中一番と記されているという。藤森成吉以来の秀才と謳われた。

ちなみに、藤森成吉（一八九二〜一九七七年）は、上諏訪出身、諏訪中学卒、旧制一高で芥川龍之介、久米正雄、土屋文明（一高、東京帝大卒、アララギ派の中心人物、後に諏訪高女の校長）と同期、東京帝大独文卒、プロレタリア作家、大杉栄の影響で日本社会主義同盟に関係、自ら労働生活を体験、その記録「狼へ」を『改造』に掲載し、また大正一五年、『新潮』に戯曲「礫茂左衛門」を発表した。昭和二年、「何が彼女をさふさせたか」を発表し、それが好評を博して、時の流行語となった。昭和三年（一九二八）、「全日本無産者芸術連盟（ナップ）」に参加、日本プロレタリア作家同盟の初代委員長となり、プロレタリア文学運動との関わりを深める。同年、一九二八年の第一回男子普通選挙に「労農党」から、南信地区に立候補して、善戦したが落選した。のち、ソヴィエトに憧れ世界文学者会議に出席、帰国後検挙され転向したが、戦後は再びプロレタリア作家に戻った。

今、手元に古ぼけた小さなＢ５版の藤森成吉の戯曲『蜂起』という古書がある。これは昭和五年（日本評論社、全二〇六頁、一九三〇年刊）の粗末で小さな本である。この本には、「日本プロレタリア傑作選集」の宣伝があり、そこには「葉山嘉樹、林房雄、平林たい子、片岡鉄平、小林多喜二、村山知義、徳永直」など、藤森を入れて一二人の作品名が広告欄に記されている。小林多喜二の作品は『不在地主』、平林たい子の作品は『敷設列車』である。

有賀勝は、東京帝大では美学美術史学科に入ったが、在学中からマルクス主義の実践活動に入り、卒業後は自ら労働者になり、労働運動を指導し、日本共産党に入党。以後しばしば検挙されたが、信念を曲げなかった。一九三三年に検挙され、懲役二年・執行猶予五年の判決を受けた。出所した後、肉体労働者になって活動を継続していたが、一九四〇年七月、妻の芳枝と共に検挙された。『革命と青春』には、彼の最後について次のように記されている。

「有賀勝は、一高時代はボート部やマラソンの選手で、検挙されるまで肉体労働をしていた頑健な体をもっていました。しかし戦時下の刑務所で栄養失調にさせられる結果になって、四年数か月の獄中生活を送った後、一九四四年（昭和一九）一月三〇日、豊多摩刑務所で獄死しました。享年三八歳でした」。

妻の芳枝さんは、「検挙されてから一年半後、未決で入獄していた巣鴨刑務所で重体になって、東京市立深川病院に入院してから数日目の、一九四三年（昭和一八）一月二六日に亡くなりました」という悲惨な生涯を辿ったという。諏訪中学の同窓会名簿を見ると、有賀勝の同年・第二五回生一五八人中、中学卒業生の七・八割程度が上級学校に進学している。この学年には、先に記した、有賀勝を終生援助した同期生・今井博人（岡谷出身、西洋史の泰斗となった今井登志喜の舎弟、一高卒、帝大中退）や前掲の山田国広がいる。有賀勝は、一九一九年に諏訪中学に入学して、五年間同校にいたから、中学卒業は一九二四年である。

諏訪地方の、大正末から昭和初年までの反戦的左翼学生たち

この有賀勝や平林たい子（戦前から戦後まで、プロレタリア作家として活躍）を調べて行くと、伊藤千代子（一九〇五〜一九二九年）という女性の名が出てきた。たい子と千代子と、この有賀勝とは、同じ諏訪の空気を吸っていた同時代人である。同じ真志野に生まれたたい子と千代子は、小学校時代から一緒に学び、ともに同じ

一九一八年に諏訪高女（諏訪女子高等学校の略）に入学した。たい子は、諏訪高女に首席で入学し、千代子は四年後の卒業式には総代をつとめたという。有賀勝は彼女たちより一歳年下であった。諏訪中学と諏訪高女は、ともに諏訪盆地の高台に位置し、距離も一キロ足らずに過ぎない。たい子は、諏訪高女時代から左翼思想に心酔し、堺利彦に手紙を書いたりしたことで、当時から異端児として有名であった。たい子、千代子、有賀勝を包みこむ時代の潮流が当時の信州・諏訪盆地に燃え盛っていたのである。有賀勝は、一九一九年に諏訪中学に入学し、五味智英は、一九二二年に同校に入学している。有賀勝と五味智英は、中学で一年間、一緒だったはずである。後に東大教授・万葉集研究の泰斗となった五味は、中学時代の思い出の記に、ある卒業生が「自由登壇の談論会で、〝この清水ヶ丘に共産主義の嵐が吹き荒れている限り、自分は清水ヶ丘に帰ってくることはない〟」と母校との決別宣言をした、と書いている。おそらく、四年先輩の有賀や山田や今井たちが、学内で大いに左翼的言辞を放っていたのであろう。この話は、私が高校卒業直後に何かの本で読んだ五味智英の文章に書いてあった（この話の続きは、また後に詳しく述べる）。

ここまで書いて、この話はおしまいにしようとした。が、念のため、インターネットで「伊藤千代子」と入力してみた。すると驚くなかれ、関係書籍が沢山出てきた。これらの本には、私が全く知らない話がいっぱい書いてある。

それらの書物とは、東栄蔵『伊藤千代子の死』（未来社、一九七九年）、同『信州異端の近代女性たち』（信濃毎日新聞社、二〇〇二年）、同『信州の近代文学を探る』（信濃毎日新聞社、二〇〇七年、この書には伊藤千代子の獄中書簡、浅野晃の「手記」が収録されている）、藤田廣登『時代の証言者　伊藤千代子』（学習の友社、二〇〇五年）、藤森明『こころざしいまに生きて――伊藤千代子の生涯とその時代』（学習の友社、一九九五年）、塩沢富美子『野呂栄太郎とともに』（未来社、一九八六年）、原菊枝『女子党員獄中記』（復刻版）、葛城誉子『イエローローズ』（工房アノニマ、一九九八年）等々。イヤハヤ驚いた。

私は、一九三七年に、この諏訪郡下の山村（現、富士見町落合）に生まれたのに、この年齢（ちなみに小生は一九歳で上京し、今年、七九歳）になるまで、伊藤千代子さんという人物を全く知らなかった。

それで上記の書物全部をアマゾンによって半月足らずで取り寄せて、一〇日間で一応読了した。古書は、今安くて、合計一万五〇〇〇円程度である。なかには価格一円という本もあった。代金は、送料だけ。なんという安さ、なんという便利さであることか。しかし、本当に書物が二束三文となった、書物を馬鹿にした時代が来ているのだと半ば茫然、しかし、すぐ大いに感激したのである。

先日の新聞によれば、京都市のある公立図書館が、京大の有名教授だった博学の桑原武夫氏の遺族が寄贈した蔵書約一万冊を、全部廃棄処分にしたという、驚くべき事件を報じていた。我が家の近所に、二〇年前は三軒あった本屋・古本屋も全滅した。「神・紙」を怖れぬ嘆かわしい時代になったものであるが、しかし、古書籍が自宅にいて簡単に入手できるのは、杖付きの末期老人には実に有り難いことである。なお、最後に、どのサイトを見てもなかった『イエローローズ』を、ついに著者の葛城誉子さんから頂戴できて、ここに必要書が全部そろったのである。

葛城さんは、わが故郷の落合小・中学校時代の二学年上の方であった。大変成績が良く、また美しい方で憧れていた先輩である。卒業以来お会いしたことがない。彼女の小学校時代の担任であった御園一子さんが住所を知っておられ、連絡してくださり、葛城さんから一冊頂戴した。ほんとうに奇しき御縁である。この本については、後で詳しく触れる。

さて、旧制三高を経て東京帝大法科三年に在学中の浅野晃が、卒業しても全く就職ができない時代、学費稼ぎも兼ねて気まぐれに諏訪中学の英語教師として赴任し、約一〇ヶ月いたのは、大正一三年（一九二三）五月からであった。彼は、在学中に一時休学して教師になって働き、生活資金を稼ぐつもりであった。浅野は、生徒に左翼思想を吹き込み、在校生だった有賀勝や五味智英らに大きな影響を与えた。

山田国広『夜明けの嵐』（頁一六六～一六七）に次のようにある。

浅野晃を諏訪に誘ったのは、諏訪にいた日展彫刻家の小沢重武であり、彼は諏訪地区の革新運動の草分けで、戦前労農党の諏訪の活動家はほとんどこの人の世話を受けていた。ルル社という印刷所を経営していて、そこに先進的な活動家を受け入れて世話をしていた。この小沢さんの存在は忘れられない。諏訪中学校の英語教師で当時の中学生に大きな思想的な影響を与えた浅野晃は、この小沢重武さんの従弟の小沢正元氏の紹介で諏訪中学に就職した。だから浅野晃と小沢重武の親交も深かった。

この山田の証言によって、浅野晃がなぜ諏訪中学に来たのかという、私の長年の疑問は解けた。浅野の諏訪中学の短期教員時代のことについて、東栄蔵『伊藤千代子の死』（未来社、頁二六）に実に興味深いことが書いてある。

「浅野は、一九二三（大正一三）年五月初めから翌一九二四（大正一四）年二月まで、土田耕平も住んだことがある地蔵寺に下宿した」、「諏訪中学での浅野は、三年生の英語の授業を受け持ったが、冬でも素足のままの質実剛健な中学生とともに、みずからも素足に藁草履で過し、テキストには左翼の文献を使い、また授業のなかでは、岡谷の製糸工場の女工哀史をみよと言ったりしたので、若い中学生たちに共感をよんだ」という。浅野が教えた学級には、五味智英（一高、帝大卒、後に帝大教授、万葉集研究の権威となった）、小尾啝雄（東京高師、東京文理科大学卒、戦後東京都教育長となり、学区制を設けて府立一中＝日比谷高校等々の伝統ある都立中学を皆絶滅した。理想主義者として有名。文教大学初代学長）、藤森正夫（東京帝大医学部卒、埼玉癌センター総長）、村上多喜男（日本共産党幹部）など、さまざまな個性と才能をもった生徒がいた。浅野の社会主義的な思想の側面を最もみずみずしく受け止めた生徒は、村上多喜男であったといわれている。村上は後に「日本共産党東京市委員長として活躍したが、一九三三（昭和八）年に逮捕され、懲役一五年の刑で服役中、腸結核が悪化して、一九四〇（昭和一五）年に三一歳の若さで死去した」。この村上は、浅野の転向を「党への裏切り」として糾弾していたという。

浅野が担当したのは、諏訪中学の三年生の英語であるが、この時の三年生は、二八回生・一九二三年入学組・二〇三名であった。今、同窓会名簿から拾ってみると、東京帝大卒は一四名、他の帝大を含めると一七名。東京文理科大学三名、早慶九名、医学部進学者は一三名であり、大学・専門学校に約八割の生徒が進学している。当時は、長野県でも屈指の名門中学であったことが分かる。

私は、諏訪中学の後身「諏訪清陵高校」に、昭和二八年から三一年まで在学しており、高校から数百メートル坂道を登ったところにある地蔵寺、更にその上、約二百メートルのところにある諏訪二葉高校の横にある道をしばしば走っていた。当時、体育の時間はいつもマラソンで、この地蔵寺の前を通り、旧制諏訪高女、現・二葉高校の上の道をなお数百メートル走って、約三〇分間で折り返していた。諏中・地蔵寺・高女の三者はきわめて近いのである。

諏中の教師・浅野先生は、地蔵寺に下宿しているのであるから、このことは諏訪高女にいた伊藤千代子の耳にも入っていたのではないだろうか。或いは、会ったこともあったのではないか。そうでないと、千代子が仙台の学校から東京女子大に編入学し、「社会（諸）科学研究会」を立ち上げたのであるが、この千代子たちの研究会に、指導者として浅野晃が現れて、すぐ千代子を「マルクス研究会」に引き込み、しかも彼女を共産党の秘密のオルグ活動にまで引き入れ、さらに又、たちまち地下結婚へというのは、あまりにも短期間、よく話が出来過ぎている。

仙台から東京に出てきたばかりの千代子を、浅野が共産党の学習組織に直接引き入れた、と言っている人物については、また後で語ろう。

伊藤千代子の、小学校時代からの親友で諏訪高女時代を一緒に過ごし、またライバルでもあった平林たい子

（一九〇五〜一九七二年）は、信州諏訪郡中洲村に生まれた。辞書等によると、本名は平林タイ。一九二二年県立諏訪高等女学校卒業後、社会主義運動を志して上京。電話交換手、女給などを転々としながらアナキストグループに近づいたが、一九二三年の関東大震災を機とする左翼弾圧で検挙された。釈放後、中国大陸、朝鮮を放浪した。その間の経緯を書いた『施療室にて』（一九二七年）や『大阪朝日新聞』の懸賞当選作『嘲る』（一九二六年）で認められ、「文芸戦線派」の代表的な作家としてナップ派と対立。その後、文戦派から去り、ナップに間接的に協力した。たい子は、高女に首席で合格し、在学中に堺利彦に手紙を出して知り合い、あらゆる権威に叛逆するという、最先端をゆく破天荒の左翼生徒であり、またその過激な言動で高女時代から有名だったといわれる。

私は、一〇年ほど前に、中国上海の復旦大学に蔵書を寄贈したが、その中に、諏訪出身でプロレタリア文学を代表する作家『平林たい子全集』を神田から購入し、その梱包のまま入れておいた。本は全く読まなかったが、この故郷の先輩作家に、ちょっぴり敬意を表したいと思ったからである。いつか中国人学生が読むかもしれない。

村上多喜男（一九三〇年代、日本共産党幹部）の悲劇的な最期

諏訪中学の生徒だった村上多喜雄について付記しておきたい。私が高校時代、父から聞いた話では、「戦前、諏中のある学生は、大秀才で、一高に入ったが、すぐ共産党にはいり、日共党員の朝鮮人を射殺して牢獄で死んだ」という話だった。なにかおどろおどろした、奇怪で陰湿な話だなと感じながら聞いていた記憶がある。左翼的言辞を吐く、高校生の私の前途に危険を感じ、父が警告したのであろう。今回、七九歳の、この歳になって村上殺人事件の概要を、初めて知った。

ウィキペディアによると、この殺人事件の実行犯は「村上多喜男」であり、彼は、一九三二年（昭和七）八月、朝鮮人党員・尹基協をスパイだとして上野公園で射殺。直ぐ逮捕され、一審では無期懲役、二審では転向して、懲役一五年の判決を受けた。この命令は、党の最高幹部・飯塚盈延の命令によるものであり、それを受けたのが共産党・東京市委員会の委員長の村上だった。彼は、ピストルで尹を射殺したのだった。しかし、実は飯塚こそが、特高（特別高等警察の略称。政治・思想弾圧専門の警察で略称は「特高」・トッコウ）から送りこまれていたスパイMであったと、今日では言われている、らしい。当時、日本共産党には沢山の朝鮮人労働者が入っており、日本人党員より遥かに実践部隊として戦闘的だったという。当時、日共の組織は大打撃をうけ、党内には特高から放たれたスパイがたくさん入り込んでおり、幹部たちが疑心暗鬼に陥り、リンチ事件が多数起こっていた。この当時、いわゆる「ミヤケン（宮本顕治）のリンチ殺人事件」も、起こっている。村上は、初め無期懲役、控訴して懲役一五年の実刑が確定したが、獄中で結核に罹り、昭和一五年に獄中死した。その時は、村上は獄中で射殺事件は誤りだったと語ったという。しかし、裁判のなかでも詳しい真相は明らかにならなかった、と言われている。

五味智英（東大教授、「万葉集」研究者）、諏訪中学時代の回想記――「A先生のこと」
――浅野晃、有賀勝、村上喜久雄らの思い出――

五味智英は、諏訪中学に一九二二年から二七年まで在籍した。彼は三年生の時に一年間、浅野晃の授業や会話から大きな影響を受けた。彼は、昭和二四年（一九四九）に、当時を思い出して次のような回想記を母校の校友会誌に寄せた。三年生の時の日々の思い出である。

「自然科学に対するものとして社会科学の名をはじめて教えられたのは、若い英語のA先生（浅野晃を指す――引用者）だった。中学生たちはファウンテンリーダーの時間を楽しみに、A先生に話をせがみさえした。懐中時計を手に持って鎖をブンブン振り廻しながら、先生は社会科学の話をし、世の中の観方を教え、時々学校当局を皮肉りさえされた。先生の若い情熱と信念とは中学生たちを分けもなく掴まえた。理屈の好きな、批評に長けた諏訪人に対して、先生の話は訴える所が大きかった。――反抗年齢に達したばかりの中学生にとって、先生の皮肉や批判は実に痛快であった。溜り水は堰を切られ、うごめきは竟に求めるものを捜し当てた。先生は一個年で退職されたけれども、四年・五年と学年の進むと共に、先生の残してくれた波紋は大きくなって行き、また先生も時々諏訪に来て、街の人々や中学生たちを刺激して行かれた」（批判精神に富んだ生徒たちは、運動部の横暴を抑え込み、教師に授業の充実を要求し、談論会を開催して自由に発言し、既成秩序を批判した）。こうして、「卒業後同級生のある者は上級学校に進み、赤化の名の下に学校を追われ、或者は獄死し、或者は教員赤化事件に連座し、或者は入露（ロシアに脱出――引用者）して消息を絶ち、又或者は戦争中も志を変えず、今共産党の相当の地位にいる。――清水が丘に五年を送った者にとっては、高校はさして珍しい所ではなかった。丘には小型ながら高校が在り、自覚があり、自治が在った。しかも高校の自治がともすれば放縦に流れようとするのに対し、丘の自治には多くのリゴリストの掲げる法火があかあかと輝いて居た。狭かったかもしれない。しかし清冽であった。あらゆる打算と掣肘を離れて、ただまことなるものを求め、まことなるものに感動する時期をもち得ることは、一生の幸福の最大なるものである。若さと自治とは、打算を無視せしめ掣肘を拒ましめた。A先生について行った者も、反撥した者も、共になつかしみ得るのは、清陵のこの清冽な自治である。私自身はA先生について行かなかった方であるが、あの魂を揺さぶられるような日々の感銘と苦悩を思う時、あのころの自分自身をかきいだき懐かしさを覚える。目を閉じれば、唯物史観の真理たることを絶叫する友の姿、唯心論を高唱して唯物史観がこの丘に栄える限り再び此処を訪れないと断言した人の顔、共産党宣言を読む声、まざまざと甦って昨日の事の如くである。今憶へば稚なく隙だらけであったけれど、飽迄真剣であり、純であった。――（後略）」（刊行委員会編『清陵八十年』頁二六七〜七七一、一九八一年）

諏訪中学の生徒たちをマルクス主義が大いにとらえた時代は、まさに五味智英が在校した時代とその直後、つまり一九二〇年代の後半であった。

一九二三年の関東大震災による首都圏の壊滅、朝鮮人数千人の虐殺（他に中国人二〇〇人、大杉栄・伊藤野枝らの虐殺）があった。しかし、ロシア革命の影響などによる左翼思想の蔓延に対して、国家権力は、男子のみの普通選挙の実施を約束する立場に追い込まれた。危機を感じた権力は、選挙実施の前の一九二五年、治安維持法を制定して弾圧に転じた。一九二八年の第一回の普通選挙の際、諏訪中学の大先輩の藤森成吉が長野県から労農党候補として立候補し大いに善戦した。同時に政府もまた治安維持法の最高刑を死刑にし、同年から翌年の二九年に共産党や労農運動への大弾圧を行った。こうして、五味智英が語っているように、激闘の時代が過ぎて行ったのである。この二九年には、獄中の伊藤千代子は狂い死にし、A先生（浅野晃）は転向した。以後、有賀勝と村上は獄中死し、山田国広は、長野県教員赤化事件で逮捕された。

「昭和八年県民を震撼させた教員赤化事件で、諏訪中学出身の教員が一〇名検挙されているが、浅野に直接教わった二八回生が四人、浅野と同じ時に在学していた二九回生が二名、三〇回生が一名を占めている」（『清陵八十年史』頁一五三）。教員赤化事件で中心人物とされた藤田福二は二一回生で、五味智英よりも、一年上級である。藤田は、東京外国語学校卒業後、二年間永明小学校に居り、マルクス主義を同僚に講じて、多くの同調者を組織したが、「藤田は昭和三年藤森成吉が労農党から立候補した時、教職をやめてその選挙運動を行い、その後は労農党信越オルグとして活動していたが、三・一五事件（昭和三年、共産党弾圧）で検挙されている」（『清陵八十年史』頁一五二）。その後の藤田の生涯は不明である。誰か調べてほしいものである。

この『清陵八〇年史』には、「左傾と噂された諏訪中学校」（頁一五二〜一五三）という小節がある。昭和初年の世界恐慌はたちまち製糸工業地帯であった岡谷・諏訪一帯を呑みこみ、製糸工場が次々と倒産、休業、閉鎖する事態となった。諏訪中学の生徒にも、授業料が支払えなくなって退学、休学する生徒が続出した。また、受験人数も激減し、最高時には四〇〇名内外が普通なのに三三〇名にまで激減し、また高校に進学する生徒も激減した。大学が出たけれど就職口はなく、東大、京大等の帝大卒業生が長野県の小学校に職を求める時代、しかもその小学校の先生の給料もまた、寄付の名で一割もカットされる時代であった。浅野晃自身が、旧制三高から東京帝大に入ったのに、一年間、諏訪中学に来ていたのである。このような時代背景、しかも製糸工場地帯であった岡谷は、アメリカ向け生糸輸出が大不況でダメになると、全国のどこよりも早く大不況の最先端地帯に陥ったのである。

こうした時代背景、諏訪・岡谷一帯の地方の特質が、諏訪中学の「赤化」を生みだす、経済的社会的背景だった。かくして、地元の新聞「南信日日新聞」に、「諏訪中学出身の一高生三名、不穏文書撒布事件で除名停学処分」（昭和四年三月一七日）、「諏訪中学から主義者三人」（昭和六年三月八日）、「毛嫌いされる諏訪中学生　思想方面に兎角の評」（昭和六年三月三一日）といった報道がなされていたという（『清陵八十年史』頁一五二～一五三）。

それにしても、五味智英が書いた文章にある「入露」、つまり社会主義ロシアに憧れて日本から亡命していった人物とは誰か、又この人物はその後どうなったのか、大いに気になる。誰か知っている人があったら、ぜひ教えてほしい。他の箇所にも書いたが、北海道の寺島儀蔵は、治安維持法で投獄されて、出所後に単身ロシアに亡命して二〇年間も、ラーゲリに投じられた。諏訪中学の「入露」した先輩の運命は大いに気になる。ちなみに、この有賀勝から五味智英のころまでの、諏訪中学の卒業生の進学率の高さには驚く。この頃、毎年、卒業生二〇〇人前後なのに東京・京都等の帝大にまで進学した人は、一〇数名にも達していた。諏訪一帯の人々の向学心の強烈な様がよく分かる。多くの左翼学生を生んだこと、きわめて高い進学率を誇ったこと、この二つは実は同種同根の関係にあったのであろう。

伊藤千代子（諏訪高女卒）、東京女子大学在学中に治安維持法で検挙、獄中死

諏訪教育会編の『諏訪の近現代史』(昭和六一年、頁五六〇)に、次のように記されている。

「伊藤千代子は、諏訪高女で卒業生総代。東京女子大学在学中マルクス主義研究グループにあって、党からのオルグ浅野晃と昭和二年に結婚、入党。党幹部の一人で信越オルグを命ぜられた河合悦三のハウスキーパーとして、復従妹の平林せんを斡旋。三・一五事件で逮捕され、獄中で浅野の転向を知らされて発狂。四年九月死去、二四歳。諏訪高女時代の校長土屋文明は彼女を憶う歌を『アララギ』昭和一〇年一一月号に発表。同級生平林たい子は彼女の小説化を意図していたが果たさずに終わる」。

上記の文では、伊藤千代子の発狂は、浅野晃の転向声明が原因であるというが、インターネットのある文章では「拘禁性精神病」ともある。

なお、上記文中にある「ハウスキーパー」とは、男性党員と一緒に生活する女性党員・シンパの女性のことであり、国家権力は共産党員などの権威、威信を貶めるために、彼等は非道徳でデタラメな連中であり、「性生活も乱れ切っている、不届至極な連中だ」と大宣伝し、国民も大いにそれを信じた。千代子も、親類縁者たちから激しく非難中傷されたことであろう。千代子の葬式の日、近所の人々は遠くから覗いていたという。かくいう私も「ハウスキーパー」という言葉を聞けば、いまでもいささか嫌悪感が湧くのである。私の幼少時代、平林たい子と聞けば、かなり性の乱脈者、アバズレ女を想像したものだった。たい子は、ハウスキーパーではなかったが、男出入りが激しく、故郷諏訪では、戦時中、大いに危険で且つふしだらな、穢れた存在として嫌われていた。戦後、たい子は女流作家として超有名になり、作品の一つ『地底の歌』は映画にもなった。

「伊藤千代子は一九〇五年(明治三八)七月二一日、ここ諏訪の南真志野の農家に生まれ、幼くして母と死別、湖南小学校から中洲小学校へと転校し、祖父母の援助で諏訪高等女学校(現・諏訪二葉高校)に学び、高嶋小学校の代用教員の後、仙台尚絅女学校から東京女子大へとすすんだ。千代子は常に生活に苦しむ人々に心をよせ、世の中の矛盾と不公平さを許せず、学内で『資本論』を学ぶなど、社会科学研究会で中心的に活動した。郷里では初の普通選挙をたたかう革新候補の藤森成吉を支援、岡谷での歴史的大争議であった山一林組の製糸工女らを激励し、社会変革の道にすすんだ。一九二八年(昭和三)二月、千代子は日本共産党に入党。三月一五日の治安維持法による弾圧で逮捕され、市ヶ谷刑務所に投獄された。千代子は獄中での拷問や虐待にも屈せず、同志を励ましたたかい続けたが、ついに倒れ、一九二九年九月二四日、二四歳の若さで短い生涯を閉じた。千代子の死後、女学校時代の恩師でアララギ派の歌人・土屋文明は暴圧下のきびしい言論統制の中の一九三五年、教え子伊藤千代子の崇高な生涯を悼み歌に詠んだ。千代子のこころざしは今も多くの人々に受け継がれ、生きている」(「伊藤千代子を顕彰する会」の会報の記事)。

伊藤千代子の顕彰記念碑には、諏訪高女時代の恩師・土屋文明が一九三五年に詠んだ追悼歌が、三首刻まれている。

まをとめのただ素直にて行きにしを囚えられ獄に死にき五年がほどに
こころざしつつたふれしをとめよ新しき光の中におきて思はむ
高き世をただめざすをとめらここに見れば伊藤千代子がことぞかなしき

千代子は、初恋にも敗れ、諏訪高女卒業後に、高嶋小学校に二年勤め、学資金を貯めて仙台の学校に一年間入学した。ここで英語を猛勉強し、翌年、一九二五年、編入試験を受けて東京女子大学英語専攻部二年に転学した。この草創期の大学には社会学科があり、森戸辰夫、大内兵衛、矢内原忠雄、古在由重など社会科学の錚々たる教授がいたこともあったという。また、英語専攻部には、ベーベルの婦人論を講ずる「川崎まつ」もいた。こうした伝統の中で、千代子は、生まれたばかりの「社会諸科学研究会」に入った。これには、日本女子大、東京女高師、津田英語塾などの学生が来ていた。学校の公認をえるため、社会「諸」科学という「諸」の字が入れてあった。千代子は、すぐリーダーとなり、さらに学外のマルクス主義学習会にも参加した。

そこには、東京帝大の学生も多く参加し、マルクスやエンゲルスの『フォイエルバッハ論』、『反デューリング論』、『賃労働と資本』、『共産党宣言』、『資本論』、それにレーニンの『帝国主義論』、『国家と革命』、『唯物弁証法』などを学習した。この二、三年前の一九二二年、日本共産党が結成されており、東京で労働運動、農民運動が澎湃と湧き起こっていた。関東大震災の大打撃をはさんで、東京の各大学にも、読書会がたくさん生まれ、反帝国主義、反独占資本主義などの理論の学習会が熱風のように学生間に広まった。東大・早稲田・中大、さらには東京女子大、日本女子大の先鋭な意識を持った学生達が結集し、彼等・彼女等はたちまち、この生まれたばかりの日本共産党、日本労農党と接触し、「学生連合会」を結成し、学外秘密の活動にも参加するようになった。

千代子は女子大の「社研」のリーダーをへて、浅野晃と愛し合う仲になり、一九二八年に日本共産党に入党し、結婚し同棲した。非合法活動下の故、入籍なし。党の地下活動に邁進。逮捕により、同居は約半年で終わった。先にも記したように、この一九二八年、第一回男子普通選挙が実施され、日本労農党の候補者として、諏訪出身の藤森成吉が立候補した。農村恐慌により、岡谷製糸工業地帯でも大争議が巻き起こっていた。こうした状況の中で千代子はたちまち本格的な活動家に変身した。ところが、同年「三・一五事件」の大弾圧があり、三月、二人は逮捕された。同棲生活はたったの半年足らずだった。そして翌年八月、浅野の転向声明があり、また心身の極度の疲労のため、拘禁性精神病が悪化し、九月、市ヶ谷の牢獄から松沢病院に移され、約一ヶ月入院の後、急性肺炎で死去した。千代子は、拘禁される以前に中国の共産党同志たちが、一九二七年の蔣介石による大弾圧、大虐殺を受けた時の奮闘を知り、「支那の同志たちの闘魂に学ぼう」と言っていたが、そのとおりに獄中で闘って死去したのである。ちなみに、この選挙で落選した藤森は、一九三〇年にウクライナのハリコフで開かれた「国際革命作家会議」に勝本清一郎と共に参加している（高杉一郎『征きて還りし兵の記録』頁二九七）。ヨーロッパにおける藤森成吉については、加藤哲郎著『ワイマール期ベルリンの日本人』（岩波書店、二〇〇八年）に詳しい。

千代子の夫・浅野晃は、逮捕された年に、親友で且つ同志であった水野茂夫らと共に、獄中で日本共産党の綱領に反対し、「君主制」維持を主張し、党中央に反対した。共産党は、直ちに水野・浅野らを「解党派」として除名した。浅野らの「転向」を聞いた千代子は、茫然自失して忽ち錯乱、精神異常を伺わせる態度をとるようになった。浅野は、千代子への精神的打撃を怖れて、検事に千代子には知らせないようにと願ったが、たちまちこの転向は検事から千代子に伝わった。千代子は、衝撃をうけて錯乱した。また獄中で拷問や侮辱を受けつづけ、次第に「拘禁性精神異常」の状態になり大声を上げたり、便器に首を突っ込んだりするようになった。夫浅野の「党への裏切り」は、妻で同志でもある「千代子への裏切り」でもあった。

千代子の死の直前の九月一五日、浅野は一日間の保釈を得て、母と共に松沢病院に彼女を見舞った。千代子は、たびたび獄中に見舞いに行っていた浅野の母のところに来た。それで晃が「千代、わかるか僕だよ」と呼んだ。「しばらく私を見ていた千代子は急に母の方へ向いて首をふってみせた。子供がよくするいやいやだった。そのとき二人の刑事が、無遠慮な声で何事かを話しあった。千代子はぼんやり私らを見つめていた。そして仲間の群れに逃げ込んでしまった。いくら母が呼んでも、二度とこちらへ戻って来なかった。仕方なしに私らは立ち去った。振り返ってみると、彼女は皆に交って、無邪気に笑いこけていた」（東栄蔵著『信州異端の近代女性たち』頁四五）。千代子は、あれほど愛していた夫に嫌悪の情しか湧かなかったのである。

私が読んだ前掲の数冊の書物の中で、次に記す二人が逮捕される直前のエピソードは、忘れがたい。

千代子は、一九二八年三月の卒業式を控えて学費以外に謝恩会、同窓会等々への出費が重なるため、祖父母に一〇円を送ってくれるように依頼した。やっとその金が届くと、夫・浅野は、「その金を私にくれ」と言った。その時、北海道の小樽・札幌地区から「労農党」の候補者として、共産党の同志・山本懸蔵が立候補していた。しかし、彼には北海道に行く資金がなく、病気もあって東京にいた。浅野は、山本にこの金を与えて早く北海道に送りたかった。「多くを言わなくても千代子には事情は呑みこめたはずである。けれども彼女にとっては、思いがけない衝撃だった。再度学費を請求することはできない相談だから、この金を私に渡すことは卒業を断念することを意味していた。意識下では私もそのことに思い及んでいたものの、卒業なんて名目はどうでもいいじゃないかという気持ちが先立っていた。千代子はさすがに泣いていた。ものの二、三分も泣いていたろうか。私には長い時間だった。涙を収めた彼女は、しいて笑顔を作ろうとしたが駄目だった。硬ばった声で、よく分かったから使って下さいとその金を渡した」。浅野は、すぐ山本のところにとんで行き、その金を渡した。その夜、上野から発った山本は、落選して東京に帰ってきた。山本は、当時、身体が衰弱しており、「三・一五事件」の大量逮捕を特高から猶予されており、その後、秘密のルートを辿って夫婦でソ連に逃亡したが、一九三八年、スターリンの大粛清で銃殺された。この粛清事件は今日、当時モスクワにいた野坂参三が「山本は日本のスパイだ」と、ソ連の秘密警察に密告したためということになっている。戦後日本共産党の最大の英雄・野坂参三は、このため党を永久除名された。ソ連崩壊の後、多くのアルヒーフが公開され、野坂参三が山本をスパイとして密告し、その為野坂の変節が明らかになったのである。山本の最後については、小林峻一・加藤昭著『闇の男――野坂参三の百年』（文藝春秋、一九九三年）を見られたい。

千代子の金で北海道に行った山本の選挙運動を大いに支援した人々の中に、地元の寺島兄弟がいた。弟の寺島儀蔵は、まだ少年であったが兄を助けて、病身の山本の世話をした。その後落選した山本はソ連への亡命に成功して、三・一五事件での逮捕を免れた。寺島儀蔵は、逮捕されて約六年余の獄中生活を送ったが、出獄後の一九三五年に全く独りで樺太から国境線を越えてソ連に亡命し、モスクワに送られ、そこで山本に再会した。ところが、山本はスターリンの大粛清で銃殺され、寺島も日本のスパイと見なされて死刑判決をうけた。しかし、寺島は処刑されず、その後スターリン体制下で想像を絶する過酷な「ラーゲリ生活」を二〇年間も続ける運命が待っていた。詳しくは、彼の回想録である『長い旅の記録』（中公文庫、上下）を見られたい。私はごく最近、この寺島の回想録を読み驚嘆した。もし、千代子が山本懸蔵の北海道行きの旅費を出すことを拒否していたら、以後の山本や寺島の運命はかなり違ったものになったであろう。ところで、この山本も逮捕される前に、日本人同志国崎定洞（元東大医学部助教授）を密告していたという。その為、国崎は一九三七年、日本のスパイとして銃殺された。藤森成吉も、ベルリンからモスクワの訪問を何度も山本に頼んだが、インテリ嫌いの山本から承諾を得られなかった。もし藤森もモスクワに行っていたら処刑の運命が待っていたことであろう。

これほどまでの犠牲を払った千代子が、翌年の夏、夫の転向を聞かされたのだ。浅野は「天皇制の維持」と「党のソ連からの決別」を主張して、獄中から水野の解党宣言に同調した。千代子は、夫が党を裏切った行為からどれほどのショックを受けたことか、想像を絶するものがある。千代子は、子どもの時に父を失い、またすぐ母を失って、両親とも養子だったから直接血を引かない祖父母に育てられたのであった。この老いた祖父母を裏切り、世間から指弾される「シュギシャ（主義者）」「アカ（赤）」となり、大学の卒業証書さえ見せられない。しかも、祖父母から最後の学費一〇円を騙し取ったという結果になった。しかも、悲惨な運命に多くの大学の後輩たちを巻き込んだ、等々自分を責め苛んだに違いない。

千代子は、一年五ヶ月近く過酷な拷問、虐待、罵倒を浴びて衰弱しきっていた。同じく独房にいた原菊枝は、千代子が髪は抜け、リンパ腺炎・リューマチは悪化し、月経も全く止まっていたと証言している（原菊枝『女子党員獄中記』）。

たった二畳の蜘蛛の巣だらけの小部屋、日は射さず、蚤とシラミの猛攻撃、食事は乞食以下、冬は冷蔵庫、夏は蒸し風呂のごとき毎日が一年半も続いていたのだった。獄中でも、差し入れてもらったカントの哲学書や語学書を原書で一心に読んだという。その結末が、一九二九年七月に聞かされた「夫の裏切り」であった。虚弱体質の千代子は、身体的衰弱に加えて精神的な大打撃をうけた。

千代子と同じ獄中に二年いた原菊枝の証言『女子党員獄中記』

上記のように、獄中の千代子の姿を詳しく後世に伝えたのは、原菊枝である。原菊枝の『女子党員獄中記』(一九三〇年刊)という本があることは、東栄蔵の本で知ったが、この獄中記は、すぐ発禁処分になったため、今では幻の貴重本だとのこと。入手を諦めていたが、念のためにアマゾンで検索してみた。驚いたことに、三冊ほど出品があるらしい。いそいで一番安い一二〇〇円のを注文した。昭和五年の古書とも思えないほど、保存状態が好い。

原菊枝は、この『女子党員獄中記』(昭和五年一二月一五日発行、発行者和田利彦、発行書・春陽社)の中で、二年間の独房生活の、惨憺たる非人間的な扱い、地獄のような状況を克明に記している。監房内の狭さ、汚さ、毎朝、シラミを三〇匹づつとっても一向にへらない布団、痒くてたまらない皮膚、下着の不潔さ、犬猫にも劣る食事の量と質、職員たちの人間の仕業とは思われないさまざまな嫌がらせ、一〇日も二〇日も一切の本を取り上げる懲罰の酷さ、夏冬襲い来る如何ともしようのない暑さ・寒さ等々。

まず、原菊枝とはいかなる人物なのか、東栄蔵氏の著書によって紹介する。

「原菊枝は、千代子と同じ明治三六(一九〇三)年に新潟県の小学校の校長の娘に生まれ、女学校卒業後は農民組合の活動家だった兄の協力者になり、やがて入党して東京で活動していた。そして三・一五事件で逮捕され、市ヶ谷刑務所の千代子の独房の近くに収監され、獄中でともにたたかった同志である。菊枝は千代子の死後間もなく、五年の執行猶予で保釈になって出獄した。出獄後に労農救援会の難波英夫のすすめで『女子党員獄中記』(全一七八頁)を書き、昭和五(一九三〇)年一二月一五日に春陽堂から刊行した。が、約三週間で内務省警保局から発売禁止処分にされ押収されたため、〝幻の書〟と言われていた。(ちなみに菊枝は、後に結婚して岩田姓になるが、結核で昭和二一年(一九四六)四月、四二歳で亡くなった)」(『信州異端の近代女性たち』頁六〇~六一)。

東は、千代子に関する重要な記述を、同書から五ページにわたって引用・紹介している。私もこの『獄中記』

のなかの、特に注目すべき証言を少し紹介しよう。

獄中の千代子の日々――原菊枝の証言――

・「私が来た時には、あの塀の向い側は、草茫々として、くずれかけた塀の缺けがゴロゴロして、それはそれはとても淋しかったのよ！　私達が、最初に監房と監房で連絡した時に、千代子さんはつくづくと思い出して、淋しそうに当時のことを話した。もう千代子さんが、逝くなってから丁度一年だ。――この人が狂い出して逝くなった時には恋人を失った位に私は淋しくて堪らなかった。だから、私は、千代子さんの房の近くではあったし、知っている範囲に於て、思い出を語る場合には、きっと語らなければならない一つとして頭に残ってゐるのだ」。（千代子さんが、逮捕された日、彼女は駒込のある同志の家に連絡しに行った。ところが、この家には警察がすでに張り込んでいた。彼女は、とっさにそれを感じて逃げ出したが、二、三人に追われて、ついに捕まった。電車で護送される途中に、片手に手錠を掛けられていたが、自由になる片手で二通の秘密の連絡メモ用紙を見つからないように裂いて下に隠した。残った一通は、便所に行きたいと強く言ってそこで捨てた。そして市ヶ谷の監獄に拘留された――以上は概略）。「千代子さんは何時も真面目に党の事を考え、勇敢に戦った。だから警察でも、殴られたり、蹴られたり、頭の毛を引っぱられたり、指の間に鉛筆を挟んで拷問されたりした。そして市ヶ谷に送られて間も無く、発熱してしばらく起き上がることが出来なくなってしまった。明けても暮れても熱が引かなくて、十日位殆んど寝てばかり居られたようだった。長い間警察は入浴させないので、体には一ぱい小さな吹き出ものが出て、そのためにもしばらくの間は困って居られたようだ。千代子さんは一方から見れば、デリケートな感覚の所有者であった。（彼女は、一日三〇分の庭の散歩や、秘密の通信で次のように知らせて来た）。よく刑務所へ来た時の夕方の暮れを思い出された。草が、ボウボウと茂ってね、軒下に二、三羽の雀が、チュウチュウと淋しそうに鳴いてゐるばかりで、人の影も見えないのよ、此処へ連れられて来ても、誰が何処に入ってゐるやら、話声一つきこえないし、唯赤い着物を著た囚人が一人出て居て、私をすっ裸にさせてから青い着物を持って来て着せた。私は本当に唯一人ぼっちに放り込まれたと云う気持ちがした。今になってみれば隣りから隣り迄、人がぎっちり詰まっている事もわかって、相当賑やかな声もするのに、……。それに私の室は、私が入る前、幾年もの間、物置にも使っていたのを、だんだん同志が入って来て、監房が足りなくなって、あわてて中の道具を出して、その代りに私を詰め込んだらしいので、蜘蛛の巣がいっぱいかかってゐる。ご不浄の板を上げてみれば、この中も塵と蜘蛛の巣で、足などとても踏み込めそうでない。取締りを呼ぼうと思っても、何しろ、取締りのゐる事務室から遠く離れてゐて、並大抵の声では、とてもきこえない。羽目板の厚さが何寸あるか分からない程厚くて密閉されてゐるのだから、いくら呼んでも一寸もきこえる筈もない。自分で掃除をしようと思っても、水もなし、雑巾もなし、ほうきもなし、こうなると、まったく口惜しいやら、淋しいやらで、涙が流れてくる。と当時を思い出して淋しく笑って居られた。此処で始めてお菓子の購入が許された時も、千代子さんの所へは、取締りが、教えに行かなかったそうだ。何しろ物置の一番奥の房へ入れられてゐるのであるから、何事があっても、一人取り残される危険が多分にある。（千代子さんは、私が病気になった時には、自分が病気になった時よりも、心配してくれた）。だから神経衰弱がひどくなってからも、その時の事が、ポット頭に浮かび上がって来たのであろう、取締りを呼びつけて、菊枝さんの病気は悪いのだから、早く心臓を冷やしてやってください。早くですよ。早く！とせき込んで頼んで居られた。私達同志は、狂っても尚ほ同志を思うこの心に、皆涙を流してしまった。（中略）千代子さんの監房における生活振りは、実に輝けるものだ。何故つて、千代子さんは、多くの外に働く同志の事、そして中に同じく入ってゐる金銭にも、衣服にも困っている多くの同志のことを考えて、決して自分丈の生活の満足を計るような事はしなかった。誰々が困っている、誰々は本がない、と敏感に頭を動かして、凡て全て自分のものを、その方に入れるように努めておられた。（中略）千代子さんの体は弱かった。

一年経った頃には、頸部の淋巴腺が、四ッも五ッも大きくなって上に現われて来た。医者に診てもらったら、水銀軟膏を少しくれた。どうするのかと云ったら、そのはれ上がった上に塗り込んで、殺菌するのだと云った。（中略）こんな風に体がだんだん悪くなっても、医者はいつも大した事ではないと云って病名さえ明らかにしらせないようにしてゐた。裁判所でも、元気がいいから大丈夫だと幾度保釈願ひを出しても、突き返して取り合わない」。（中略。千代子の一層の衰弱は、一九二八年の冬頃から激しくなった。菊枝は次のように言う）。「千代子さんは明けて一月、二月頃は体がずっと衰弱してきて、月経が殆んどなくなって、私はとうとう中性になったと、千代子さんはそれでも元気で居られたが、その当時から、どうも頭が悪くなって物忘れをして仕方がない。語学のほうも一日休むとすぐやり直しをしなければならなくなるし、カントの『実践理性批判』を買ってみたけれど一寸も分からない。なんべん熟読しても分からないから、もう宅下げてしまった」、「私が出たら、きっとあなたを出してあげるから待っていらっしゃい、という話で、本当にそうなるのかと思ってゐたら、私の方が先に保釈になってしまった。諏訪の湖水に帰りたいと繰り返した千代子さんはもう一年をあの土の下に眠ってゐる。寒くなったら諏訪の温泉に行こうと語った当時の千代子さんが思い出される」（以上、頁一六三〜一七四）。

・「もう一つこの寒さに向って来る頃に淋しい思い出がある。それは、一人の同志が極度の神経衰弱にかかった事だ。何も驚くことはないのだが、割合に体質の弱い女性が、牢獄に打ち込まれて種々の変化が精神的にも肉体的にも来る事は当然だが、然し一方から云えば、共産党員とも云われる人間は、一年や半年では、決して極度の精神的変質は起こさないものだ、と英雄主義的に考えてゐたイデオロギーを根っこから覆されたことだ。……（夫・浅野の裏切りを聞き）伊藤さんは憤慨の余り、一日、監房の中をグルグル歩き廻って、顔を真赤にほてらせて居たそうだ。……ところが又この彼女が翌年の夏になって、狂ってしまった。何と云う驚きだろう。そして何という淋しいことだろう。然も是が今問題になっている解党派の意見書を見てからと云うので、是をきいた同志の憤慨は、一通りではない。こんなに長い拘留の為に、心身共に弱っている時に、今それ程必要もない、つまらない、論文を読ませて、狂わせるとは、全《まる》で奴らの戦術にうまうまと乗ったようなものだ。発狂させて殺した解党派と検事局の仕業だと明らかにそう云う攻撃の声が監房の隅々からきこえてくる」（頁七六〜七七）。

・「先にも書いたけれども、私の親友の伊藤さんが、よく御不浄の蓋を起こして、それを踏み台にして窓から外を覗くと自然の美しさにつくづく感嘆の声を漏らしてゐられた。小さい声で、Ｋさん、Ｋさんと呼ぶ声がきこえる。ツト立って私も御不浄の板を立てて乗って外を見る。まあ、綺麗だ事、あの鮮やかな山蕗の葉と、春先に燃え出た山蕗を五分も十分も、取り締まりの足音がきこえる迄眺めて居られたが、懲罰などになると、この自然が尚一層友人のように懐かしく感ずる」（頁九七）。

原菊枝によると、千代子は、警察では殴られ、蹴られ、髪の毛をひっぱられ、指の間に鉛筆を挟んで握られ、各種各様の拷問、嫌がらせ、獣のような扱いを受け続けた。独房は、それまで物置だった三畳の狭い部屋、「蜘蛛の巣がいっぱいかかっている。ご不浄の板を上げて見れば、この中もゴミと蜘蛛の巣で、足などとても踏み込めそうでもない。取り締まりを呼ぼうと思っても、余りにも遠く、また独房の板が厚く、密閉されていて、声が届かない。自分で掃除しようと思っても、水もなし、雑巾もなし、ほうきもなし」だったというのである。

こうした話は、独房を伝って同志たちの壁越しのヒソヒソ話で一週間も、一ヶ月間もかかって伝えられたり、また、運動中に庭の地面に指で書いて、少しずつ伝えられたりしたのである。当時、人々が直接大声で話しあうことはまったくできなかった。

夫・浅野晃が、党の幹部で友人でもあった水野茂夫の「獄中転向」に同調を表明したのは、一九二九年の六月ころであったらしい。千代子がそれを知ったのは、七月であり、千代子はそれから急速に体力気力を喪失し、「拘禁性精神病」が激しく発症したようである。千代子は獄中から浅野の母（義母）に沢山の手紙を書いたが、最後の手紙の日付は、「七月二九日」であり、その手紙には、今までとは打って変わって、冷静さを失った一文があり、「もう理屈が嫌になってしまいました」云々と書いてあった、という。

もう一つ、「狂った千代子」に触れているのは、渡辺政之輔の内縁の妻・丹野セツの証言である、という。私は、この証言を読んでいない。東の紹介文によって書く。「ある日、突然、監房の中で、たれか、〝天皇陛下万歳！〟と叫びました。あ、発狂したな、と思い、たれかを知りたくても、私の房は一ばんはずれにあって、何も見えないのです。……私はトントンと板壁をたたき、合図をして、「今のはたれ！」とききますと、「伊藤千代子さん」というのです。伊藤千代子さんは浅野晃の奥さんです。……浅野が解党派になったことを調べ室できいて、そのショックで発狂してしまったのです。本当に伊藤さんはかわいそうでした……」（東栄蔵『信州異端の近代女性たち』頁四六～四七）。

千代子が「天皇陛下万歳」と、突然叫んだのには、間違いなく次の理由があるであろう。水野・浅野たちは、日本共産党の党是である「天皇制打倒」を取り下げ、「天皇制擁護」を打ち出して、共産党の「解党」を宣言したのだ。このことを検察官たちは、「千代子に言い」、浅野たちの「主張こそ正しい」と、千代子に猛攻撃を加えたのだろう。心身ともに衰弱の極限にいた千代子は、頭が混乱し、精神錯乱をおこし、ついに元に戻ることができず、「天皇陛下万歳」とか、「もう理屈が嫌になりました」などと口走り、本格的な「精神異常状態」に陥ったのであろう。その極度の体の衰弱ぶり、異常状態に驚いた（？）刑務所職員たちは責任逃れのため、八月初め、急遽、千代子を松沢病院に入れたが、時すでに遅く、その月の二四日に急性肺炎を併発して死んだ。

◇補足

「拘禁性精神病」には、今でも病院で「拘束」された患者がよくなる。私の母も、昨年（二〇一六年夏）肺炎で一〇日間入院した。個室内のトイレがわからず、夜中に廊下をさ迷っていたところを見つかり、高熱もあって看護師たちに大声をあげていろいろ抵抗したらしい。九七歳でもあり、「認知症」の気ありと判断されたらしく、個室のベッドに一週間「拘束」された。それから毎夜、「ここは恐ろしいところで、毎晩、女が殺しにくる」と悪夢にとり憑れてしまった。二年経った今でも、あの後「一ヶ月拘束されていたら、完全に気が狂っていたに違いない」とその「恐怖」を語り続けている。私は毎日病院に通ったが、そんなことは全く言わなかった。退院後に聞くと「鬼嫁のような女に殺すと脅されており、恐くてとても人には言えなかった」という。私がいくら、それは幻覚に過ぎないといっても、まったく効き目がない。ある看護師によると、入院患者には極めて多い幻覚性病気で、ベルトでの拘束が一ヶ月も続くと、本物の痴呆状態になることも多いという。

千代子は一人離れた独房に一年六ヶ月も入れられて孤立し、人と話すこともできず、夫には裏切られ、監獄の職員から、毎日のように無視され、嫌がらせを受け、罵倒され、病気になっても治療してもらえなかった。こうした同じ状況下で、体調不良や病気になり「拘禁性精神病」になった治安維持法逮捕者は多いという。二年も拘束されていた原菊枝は、「投獄された女性一六人のうち四人が発狂した」と書いている（前掲書）。

千代子の入院中の話は、藤田（筆名・小口）廣登『時代の証言者、伊藤千代子』（頁一一八〜一三二）に詳しい。藤田は、戦後、松沢病院を訪ねて、千代子を診察していた医師の秋元波留夫に会い、すでに故人となっていた医師・野村章恒の「診療記録」を入手し、また、秋元から、当時の種々の状況を聞いた。藤田の調査の結論は、次のようなものである。

「まず気づくことは、千代子が病院を刑務所の延長として徹底的に抵抗する姿である。それとは対照的に、義母すてさん（浅野晃の母親）に寄せる千代子の親愛の情」、この「義母との対話は相当よくまとまりおる」とある。信頼できない者とはたたかうが、信頼すべき者とは普通に付き合える関係もあり、両者が混在していたらしい。藤田は言う。「担当医師がこの点にさえ気づいてくれていれば、千代子の病状悪化を事前に食い止めえたのである」と。

肋膜を患ったことがある千代子は、裸になって騒いだりしたというから、一切暖房のない独房で厳冬の冬を過ごし、さぞ辛かったであろう。また食事や医者の出す薬を拒絶したりして、心身共に自ら痛めつけていたのであろう。それが、今度は夏の猛暑に襲われてもうもたなかったのだろう。

松沢病院に入れられた千代子は、「九月一日、高熱を発する、同五日、錆色の痰を喀血、九月八日、義母面会」。恐らく直後の一五日、この義母（浅野の母）と一緒に、浅野晃は千代子に会いに行ったのであろう。義母の呼ぶ声を聴いた千代子は、にこにこして近づいてきたが、晃が声をかけると、びっくりして晃をしげしげと見つめて、仲間のところに駆けこんで、二人がいくら呼んでももう戻って来なかった。そして、突然、二四日に「死亡通知」がくるのである。上記の千代子の浅野晃に対する拒絶の態度については、浅野自身が、戦後に東栄蔵に直接、千代子の精神異常の原因は、「自分の責任だと認めていた」ということである。

転向して出獄を許された浅野と水野は、北海道の各地をさ迷いあるいた。以後、浅野は昭和一〇年ころから旧制三高時代の心情であった「日本浪漫派」に回帰していった。「転向」した浅野は、戦後、立正大学の教師になったが、もはや彼を顧みる党関係者はいなかった。上記の話は、戦後に東栄蔵が、田園調布に住む浅野を何回か訪ねて直接聞いたり、千代子との手紙など関係資料をもらって書いたものであり、きわめて信憑性が高い（東栄蔵『信州異端の近代女性たち』頁三六〜三九）。

塩沢富美子――女子大時代の千代子の回想

後に、野呂栄太郎の妻となった塩沢富美子は、東京女子大の社研の先輩で四歳年上の伊藤千代子について、次のように語っている。

「(女子大で)彼女は何かと私に話しかけ、学校公認の社会諸科学研究会とは別に、マルクス主義の研究会を作ろうとさそってくれた。そして私たち新入学生数人がそれに参加した。伊藤千代子の、いつも和服で紺の袴をつけたほっそりした姿、信州人特有の白い肌に、赤い頬のひきしまった顔は、むしろ無口で淋しげでもあった。学生間の彼女に対する信頼感は大きかった。彼女は英専の四年生だった」(『野呂栄太郎とともに』頁四八)。彼女の頬は、カリンの花のように淡い紅色だったのであろう。

土屋文明は、一九三八年(昭和一三)、「いきおひて吾言ひしことかへりみつ何が残るといふものもなし」と詠み、諏訪高女時代に情熱を込めて話したことどもが、教え子の千代子ひとりの命さえ救う力がなかったことを嘆いた。土屋文明は、二九歳で諏訪高女の教員となって赴任した。その時、すでに妻があった。千代子は、土屋の家にいつも行き、土屋夫妻に英語を教えてもらった。

ここまで書いてきて、私は、大学時代からの友・多田狷介氏の御尊父が戦時中、治安維持法違反で捕らえられ、未決のまま二年以上も留置されていたこと、また御尊父が詠んだ、「駅につづく街並み秋の日をあびて悲しきまでに道ますぐなり」という歌を思い出した。

◇補足

千代子の顕彰碑文「伊藤千代子がこと」。以下、「千代子顕彰会」の会報・二〇〇五年の記事による。

「土屋文明が九三歳の時、塩沢富美子に書いて渡した自筆の三首は塩沢富美子の部屋を飾っていたが、その後日本共産党中央委員会へ寄贈された。こうした歴史経過を考慮して、党中央の配慮もあり、また三首を碑文の一部として刻むについて、遺族のご理解も得られ、晴れて「伊藤千代子顕彰碑」の一角を飾ることになった」。《伊藤千代子生誕百年記念事業の一環として、碑文は土屋直筆のものに代えられた》。

まをとめのただ素直にて行きにしを囚へられ獄に死にき五年がほどに
こころざしつつたふれし少女よ新しき光の中におきておもはむ
高き世をただめざす少女等ここに見れば 伊藤千代子がことぞかなしき

土屋文明は、昭和三〇年（一九五五）、『青南集』の「諏訪を過ぎて」に次の歌三首を詠んだ。

訴ふと川を渡りし少女等の歎きの数も水の上の霧
清き生《よ》を紅葉づる山にかくせれば道に会はさむ真処女もなく
少女等は七緒を貫ける真珠《しらたま》の 散りのまにまに吾老いにけり

葛城誉子著『イエローローズ』が記す、諏訪高女時代の千代子のこと

伊藤千代子の小学校時代と諏訪高女時代のことについて、最も詳しいのは『イエローローズ』である。これは葛城さんが、「母上の〝葛城よ資子〟が千代子からもらい大切に保管してきた、手紙二一通、ハガキ二六葉」の、その大部分を直接、引用紹介しながら書いた小説である。小説といっても、千代子が一五歳から二一歳までの間に著者の母上に送り続けた手紙とハガキに基づいた実録的小説であり、資料的価値はきわめて高い。千代子関連の資料をそのまま出版して下さればとも思う。さて、この本に、「よ資子」の本名は〝よ志子〟であると書いてある。しかし、本書では、小説中の「よ資子」を用いる。

千代子は、中金子から諏訪高女まで、しばしば徒歩通学したが、その時のことを葛城さんの母上に送ったハガキに次のように書いている。

「庭いっぱいの菜の花が咲いて、蛙がぬるい光の中に鳴きつづけて居ます。本を前に広げながらうつらうつらとして居ます。(ねむってはいないけれど)急に家に帰りました。当分ここから厭になるまで通うつもりです。家の前からすぐ田圃に出て二十丁、赤沼の葉桜のトンネルを二、三丁、六斗川の堤に沿って五、六丁、そうして街を突っ切って学校に着きます。名もない道辺の草に朝の光がキラキラ照るのも快く視られます。また。五月八日」。

この手紙を見ただけでも、感性豊かな人、詩情あふれる文章を書く夢見る女学生だったことがわかる。

私は、この一帯の地理を少しは知っているが、中金子から、六斗川を越えてぎっしり連なる田んぼの中を諏訪高女まで通学するのは大変なことで、片道四キロから五キロ位はあるかと思う。このような遠距離徒歩通学は、当時はそう珍しいことではなかった。しかし、雨や雪の降る季節には通学は無理であり、町中に下宿するのが普通であった。千代子も上諏訪の町に部屋を借りていたという。五年間もこうして学校生活を送った。卒業後に、高嶋小学校で二年間、代用教員をした後、小学校時代の恩師との恋にも敗れ、仙台の学校に行った。

以下の歌六首は、彼女が仙台の学校で英語を学んでいた時に、葛城誉子の母親に送った手紙に記されていたものである。私は、千代子の歌を、この本で初めて知ったのでここに転記しておきたい。

異境の都の秋のかなしさに山にのぼりて一日なぐさむ
信濃なる古里の山に教え子を思い出す日は泣かまく思う
山と山　谷から谷へと吹く風は原始の人の吹く息かと思う
友と二人すすきの山に分け入れば向いの谷を時雨すぎゆく
はるばると信濃より来し梨の実の皮むく指をしみじみとみき
八が岳下吹く風に日の暮れる野にカマ持てふ祖父をおもえり

こうした歌を読むと、土屋文明が千代子の死を悼んで、「書き残し死にゆきし人の数十首、おもいきや跣足《はだし》にて遊びし中のひとりぞ」を想起する。千代子は人を恋い、人をよく気づかう豊かな心をもっていたようだ。早くに両親を失い、祖母に引き取られた悲しみを奥に秘めて、幼児のような純な心のままに、ひたすらまっすぐに進む人だったようである。

仙台の学校に一年いて東京女子大の二年級に転学するが、すぐ浅野晃に出会った。東京で浅野に千代子を引きあわせたのは、諏訪高女出身で千代子と同期の一四回生・卒業生八九名の中の一人「今井ゆき江」（私が著者に問い合わしたところ、実名とのこと）であったという。葛城は、この今井ゆき江に会った時、彼女が話したことを次のように小説イエローローズに書いている。

若くして亡くなった兄は社会主義の思想に共感している帝大生であった。私は、その兄の世話をするため上京していた。ここへ千代子さんが私を尋ねてやってきた。

「大正一五年の春、私の家で社会主義研究会を開きました。講師として、帝大出の浅野晃が『共産党宣言』を、小沢正元がローザルクセンブルグの社会運動史を講義するような、そんな会でしたの。この会に私がお誘いしたのです」、「研究会は一年足らずで解散したのですが、私が伊藤さんを社会主義運動に引き込んだことになりました。その後、浅野晃さんの結婚相手に伊藤さんを推薦もしました」、「昭和三年に大きな社会主義者の弾圧があって、三・一五事件といいますよ。間もなく私の家にも杉並警察のデカが八人もやって来て、家を取り囲みました。……伊藤千代子さんの部屋を調べさせろ、というのでした」。

この時、千代子の部屋から、警察は、「政治経済情勢に関する日本共産党のテーゼ（草案）」（昭和三年押第四四二号ノ二九〇九、伊藤千代子方押収。みすず書房『現代史資料（一四巻）』所収）という重要書類を発見した。ちなみに、みすず書房を創業し、この『現代史資料』を刊行した小尾俊人の生家は、千代子の生家と同じ諏訪郡下にあり、両家は数キロ離れている。

また、千代子が発狂状態になって松沢病院に緊急入院させられてから、今井ゆき江は、二度ほど見舞いに行った。その時のことを、今井は次のように語ったという。

「信頼しきっていた夫の浅野晃さんが獄中で変節書を上申し、それを読んだその夜からおかしくなったと聞きました。彼女は火の燃えさかる野原に置き去りにされたのです。収容された松沢病院へは二度ばかりお見舞いにゆきました。千代子さんの精神はもう正常に戻っていて、私がたれかすぐわかりました。まわりの精神病者を抱いては『かわいそうに、かわいそうに……』と涙ぐんで、私がもっていった食べものもみんな『さ、お上がりなさい』とあげてしまうのですよ。そんな人でした。しかし、ああいう病気はよくなったり悪くなったりが激しいとか。悪くなると裸になりたがって、着物をみんな脱いでしまうので困ると聞かされました。そのせいもあったでしょうね、風邪から肺炎を引き起こして、病院で亡くなりました」。

さて、この今井ゆき江の兄とは、誰であろうか。諏訪清陵高校の同窓会名簿を見ると、浅野晃が諏訪中学に来た頃、諏訪中学に在籍していた今井姓の生徒の中で最も可能性がある人は、今井博人（一九一九年入学の二五回生、有賀勝と同期で岡谷出身）であろう。このころ、諏訪中学から一高・帝大に行ったもので、左翼運動に関心のあるものも多数いたであろう。なかなか確定できなかったが、山田国広『夜明けの嵐』（甲陽書房、一九七〇年）を読んでいると、この人物は今井博人であると確信した。

山田が、一九六七年の年末、出たばかりの『夜明けの闇』（理論社刊、自費出版書）の販売に苦心惨憺していた時、今井氏から温かい言葉と手を差し伸べて頂き、横浜の家に泊めてもらったことがあったという。この山田書に、今井氏は諏訪中学、旧制の一高・東京帝大へと進んだ秀才であったが、帝大在学中に逮捕されたことがあった、と記されており、今井ゆき江の兄は博人以外にいないことがわかった。博人氏は、戦後は信濃毎日新聞社学芸部長を歴任した。山田が、一夜横浜の家に泊めてもらった時、氏自身は病い篤く自宅に戻らなかったという。

一九六七年末頃、この時の病気で亡くなったのではなかろうか。葛城と今井ゆき江が会ったのは、これから遥かに後のことである。だから、今井ゆき江は、兄は若くして亡くなったと語ったのであろう。

それにしても、伊藤千代子の手紙やハガキをこんなに多数、葛城さんの御母堂が保存していたとは驚きであった。葛城よ資子と伊藤千代子は、幼いときから本当に仲が良く、信頼しあう仲だったのであろう。また、千代子は、故郷の農家に嫁ぎ、男尊女卑と古い因習の中でその生涯を送る、大多数の幼馴染のために、「女権獲得、男女平等」をめざして奮闘する使命を感じており、自分の真の気持ちをよ資子にだけは伝えておきたい、と切に思ったのではなかろうか。しかし、最後には、やはり男たちに利用され、裏切られた。童女のような穢れなく、一本の道をひたすら目指す性格の千代子には、夫にも、同志たちにも、裏切られてもう発狂する以外に途が残されていなかったのであろう。裏切った者たちは、みな男ばかりであった。彼女は、次のように手紙で書いている。

「女の人が目覚める時、深い深い眠りから、男子の催眠術から、そして、まず自己の自己に対する催眠術から覚める時、どんなにすばらしい新しい世の中が展かれてくることでしょう」（千代子二二歳の手紙）。

塩沢富美子の生涯──『野呂栄太郎とともに』のこと──

千代子の交友関係者、党関係者の顔触れを見れば、驚くほど多くの有名な人物たちが出て来る。女子大時代の「社研」の後輩・塩沢富美子は、野呂栄太郎の妻となり、同じく治安維持法で市ヶ谷の監獄に投じられた。彼女は、市ヶ谷の刑務所内で妊娠中なのに殴る蹴るの暴行を受けたが、ここで一度千代子に窓越しに声を掛けられたことがあったという。それが最後の別れとなった。

塩沢富美子は、一九二八年（昭和三）、特高に逮捕された。

「警視庁特高課警部は十名近い部下をしたがえ二階の畳敷きの大部屋に私をひきすえ、某々と連絡があるだろう、どこで会うのか、言えとつめより、だまっているとまわりにたっている部下に目くばせをする。その男たちは、手に手に竹刀、野球のバットをもって私につめより、「めがねをはずせ！」と叫ぶや、なぐりかかった。倒れると、足でふんづけた。体のところかまわず打撃を加え、苦痛のあまり私に何かしゃべらせようとする。私は某々も誰も知らないと答えつづける。たとえ知っていても言うことはできないのだ。「強情な奴だ」といらだって、益々凶暴さが増す。今までも検挙されるたびに拷問をうけた。しかし今度のようなひどいことはなかった。私は、自分がみごもっていることを言わなかった。この言語に絶する拷問で自分も胎児も殺されると覚悟し、力の限りこれとたたかった。ついに私は気を失った。夕方、留置場にかつぎこまれたのもさだかでなかった。翌朝気がついてみると、大腿部は紫色にはれ上がり、歩くこともできなかった。背中や腕もどうようであったであろう。私を打ちすえる荒々しい物音は下の留置場にまできこえたと語る人がいた。私よりもっとひどい拷問で、多くの人が殺されてきた。中国侵略を企て、共産党を徹底的に破壊しようとしていることが明白だった。数か月ののち、体が悪くなり、警察に迎えにきた実母と弟にひきとられることになった朝、一人の目立たない特高が、つと私の側にきて、『野呂は頑張って最後まで調書をとらせなかった。えらい奴だった』とひとり言のようにつぶやいた。思いがけなく夫のことをきかされ、私は胸がふるえ、涙がにじんできた。そして私は夫が共産主義者として最後まで立派だったことに心が落ち着いた」（頁九三〜九四）。

そして仮釈放の時代が始まった。体重二キロほどの美栄子とつけた女の未熟児を出産し、一九三四年から三七年まで育てたが、その間に懲役一年の判決が出、収監するから、早く入獄せよという催促が矢のようにきた。そして三年後、四歳の子を養母に預けて一年間の刑期に服すため刑務所に出頭し、収監された。そこで、毎日軍服を作る仕事を命じられた。その翌年、「（養母が育てていた）美栄子は風邪をひき、結核となり、兄の病院につれてきて看護されたが、病勢はげしく死んでしまった」という知らせが来た。まだ、今日のように、ストマイもパスもない時代であった。それを聞くと富美子は半狂乱の状態になった。かくして、夫も失い、またその忘れ形見も、あっという間に失った。

富美子の夫の野呂栄太郎（一九〇〇～一九三四年）について、簡単に書いておきたい。

北海道生まれ、幼少に関節炎で片足を失ったが、札幌の中学を成績抜群で卒業し、慶應義塾大学に進み、日本近代経済史を学び、講座派の論客となった。また実践運動にも携わり、共産党に入党して幹部の一人となった。一九三〇年、彼の代表的著作である『日本資本主義発達史』（鉄塔書院）を上梓し、一躍理論家として有名になった。一九三三年（昭和八）一月、肺結核で療養中であったが、三名の中央委員の一人として、指導部の再建に尽力。同年五月三日、党中央は委員長山本正美が逮捕され、産業労働調査所が弾圧され事実上の閉鎖に追い込まれた。野呂は、党中央委員長となり宮本顕治らと再建活動を活発化させる一方、塩沢富美子と結婚（時節柄、入籍はせず、事実婚）。八月一日の国際反戦デーに、ストライキ及びデモ活動を呼びかけるも失敗。八月二三日、産業労働調査所が完全閉鎖。九月六日の国際青年デー、同月一八日の「満州掠奪戦争一周年記念日」と反戦のための行動を矢継ぎ早に指示するもいずれも失敗。一〇月六日、赤色ギャング事件が起き共産党の立場はますます悪化。一一月二日、スパイの手引きで検挙され、一九三四年（昭和九）二月一九日に、品川警察署での拷問により病状が悪化し、北品川病院に移された後、絶命した。

富美子は出獄後、生きる術をさがして、今の東京薬科大学の前身である東京薬学専門学校に入り、卒業後は、東大の伝染病研究所で、結核菌の研究にたずさわった。そして、戦後まで生き延びて東大医学部で医学博士号を取得、また野呂栄太郎の著作の出版に努力し、また婦人解放運動に尽力した。彼女は、第一回世界婦人会議に出席し、また結核菌等の研究のためにヨーロッパのチェコスロバキア、東ドイツに二年間留学した。帰国後も勉学を続け、また名著の誉れ高い『日本資本主義発達史』（復刻版）、『野呂栄太郎全集』、『野呂栄太郎の思い出』の編集、発刊に努めた。また、富美子は、千代子の思い出を前掲書に詳しく書いている。その証言によれば、東京女子大時代にマルクス主義に魅かれていったのは、伊藤千代子の指導、勧誘があったためという。

私は、富美子の生涯については全く知らなかったが、今回、数冊の書物を読んで、彼女のその毅然とした、すがすがしい生涯を知ることができた。富美子は、伊藤千代子の悲運を悼み、多くの短歌を残した（藤森明『こころざしいまに生きて』より）。

花の下に佇みてわが名呼ぶ伊藤千代子を獄窓よりみしが最後となりぬ
きみによりはじめて学びし「資本論」わが一八の春はけわしく
余りにも疾く獄に送られしわれに勇気づけんと君は呼びかく
君と交せし二言三言のその言葉忘れ得ず生きし五〇余年を
年ごとに春先がけてこぶし咲くわが胸の白き花君はかえらじ
身も心もいためつけられただひとり君は逝きけり二十四歳

上記の、塩沢富美子の追悼歌を残したのは、中根志づ子（旧姓・諏訪、諏訪高女卒）である。富美子は、治安維持法で殺されたり、解放運動で犠牲になったりした人々の「遺族の会」である「いしずえ会」の旅行で、千代子の諏訪高女の後輩である中根志づ子を知った。こうして両者は昵懇になった。一九七九年の佐渡旅行の際、志づ子は富美子から上記の歌を書いてもらった。「船中で千代子の話になり、その場で千代子を追憶する歌一一首をノートに書いてくれた」という。それで上記の富美子の千代子追悼歌が、今日まで残ったのである。ちなみに、中根の母親は、私の生家――長野県諏訪郡富士見町（旧、落合村）烏帽子という山村――で生まれた小林ひさ代（長野師範在学中、諏訪の殿様の一族・諏訪頼長と恋愛結婚した）である。ひさ代は、明治時代、私の生家で長女として生まれ、上諏訪の諏訪家に嫁に行き、中根志づ子など三人の子を産んだ。志づ子の兄の彰は火山学者になった。私は、少年時代に何回か家に来た志づ子さんや、彰さんを見かけたことがある。志づ子さんには、大学在学時代、一九六〇年代初めに東京都文京区の日中友好協会の会議で、その娘さん共々お会いしたのが最後で、以後音信不通である。

千代子や富美子たちは「社会科学研究会」で、どのような書物を読んでいたのか

この女子大社研が生まれたのは、一九二五年のことであり、渡辺多恵子、三瓶孝子、伊藤千代子らが中心となり、福本和夫『無産階級の方向転換』、マルクス・エンゲルの『共産党宣言』『空想から科学へ』『賃労働と資本』『フォイエルバッハ論』『反デューリング論』『史的唯物論』『賃労働と資本』、レーニンやスターリンの『帝国主義論』『レーニン主義の基礎』『国家と革命』など、集中的に輪読会などをやったのは、二年足らずであった。当時の労働者階級や農民階級、さらに女性たちの置かれている状況はきわめて劣悪であり、それに心痛める純真な大学生たちにとっては、マルクス・レーニン主義の学説は、諸問題の根本の解決にとって、天から雷光が射し、雷鳴が轟いて一瞬にして神の信託が下ったように感じられたのであった。以上の「研究会テキスト」は、藤田廣登『時代の証言者　伊藤千代子』（学習の友社）による。

今日われわれは、すでにスターリン、毛沢東、ポルポト、金日成の時代の大粛清、強制収容所、人権無視、大餓死事件等々の「負の歴史遺産」を知っている。今や、ロシア革命も中国革命も、完全に色あせてしまった。しかし、マルクス・レーニンの学説、理論とロシア革命が、後進資本主義国や世界の大部分を占めていた植民地・半植民地の人々、この当時の世界では九割の人口を占めていた人々の民族解放運動を大いに鼓舞し、世界人類の反帝国主義・反植民地主義・反ファシズムの闘いにおいて、偉大な役割を果たしたことを忘れるべきではない。まことに残念ながら、これまでの歴史は平和と戦争が絡まり合い、善と悪が絡まり合い、善意から悪が生まれ、悪意から善が生まれるという複雑怪奇な展開を辿って来たのであった。

土屋文明の伊藤千代子弔問歌

諏訪高女の教師を四年やり、たい子や千代子を教えた土屋文明は、はるか後に高女時代を振り返って悲しみつつ懐かしみ、次のような歌も作っていたことを最近知った。

あい共にありし三年のいつの日か柳の絮《わた》のいたくとびにき
われ老いてさらばふ時に告げ来る諏訪の少女のきよき一生を
書き残し死にゆきし人の数十首思いきや跣足《はだし》にて遊びし中の一人ぞ
湖の光る五月のまぼろしに立ち来むとして恋し懐かし
処女《おとめ》なりし君をほのかに思ひいづ淡々しくわりんのその紅も

最初の一首は、土屋の一九三八年作、あとは一九四八年に発表した歌集にある。氏が諏訪高女の教諭時代を回顧して詠んだ歌である。これらは、皆、千代子を思って詠んだ歌ではないだろうか。最後の歌の「くわりん」とは、カリンのことであり、諏訪湖畔に多くあり、春になると淡い赤い花びらをつける、じつに可憐な紅色である。この歌も千代子の姿を思い出して作ったのではないかと思う。なかでも第一首と最後の一首が、土屋の教え子へのほのかな思いと哀惜の情が淡々と描かれており好きな歌である。

地元諏訪の「千代子こころざしの会」の活動と顕彰記念事業

インターネットで、伊藤千代子顕彰記念会を知り、「千代子こころざしの会」会長の三沢実氏に電話し、残っている会誌『今、新しき光の中へ』（第一号、第二号合併号、一九九九年）、『今、新しい光の中へ――伊藤千代子生誕一〇〇年記念事業記録、一九〇五～二〇〇五』（第五号、二〇〇六年）の二冊を頂戴した。これらの会誌には、次のようなことが書かれている。

一九九〇年代後半、諏訪には千代子を顕彰して、再び国家権力が「治安維持法」を振りかざして、人民を弾圧するのを許さない、という顕彰運動が盛り上がった。一九九七年七月、竜雲寺の墓地に「伊藤千代子顕彰碑」が建てられ、その除幕式が開催され、正午からは湖南公民館で「建立祝賀会」が開催された。その前年には、藤森明氏の著書『こころざしいまに生きて』が刊行された記念会が開かれている。それにつづいて顕彰碑が建てられ、千代子の生涯を刻んだ碑文と土屋文明が一九三五年に千代子の死を悼んで作った歌三首が彫り込まれた。さらに、二〇〇五年七月、著名な作家の澤地久枝女史を招いて、千代子生誕一〇〇周年記念の講演会を諏訪市民会館で挙行した。演題は「証言者としての伊藤千代子」と題して話され、聴衆は一〇〇〇人にも達したという。

上記の会誌「記念号」によると、信州では多くの作家、研究者、党活動家、郷土史研究者が千代子に関係する証言者、関係資料を探し続けていたこと、顕彰運動が長く且つじみちに続けられていたことが分かった。私は、生まれ故郷の諏訪で千代子研究、千代子顕彰がこのように長期にわたって行われ、全国的に多くの人々の関心をよんでいることを初めて知った次第。故郷諏訪の人びとに改めて敬意を表したいと思う。

◇補足1

浅野《あさの》晃《あきら》（一九〇一〜一九九〇年）、日本の詩人、国文学者。立正大学文学部教授（立正大学名誉教授）。石川県出身。（ウィキペディア「浅野晃」の項）。一九一九年、東京府立第一中学校（現・都立日比谷高校）、一九二二年に第三高等学校、一九二五年に東京帝国大学法学部を卒業。在学中大宅壮一らと第七次『新思潮』を創刊、一九二三年には新人会に入る。東大経済学部大学院を退学し、野坂参三の産業労働調査所所員。一九二六年に日本共産党に入党、福本イズムの信奉者となった。一九二七年秋、社会運動家伊藤千代子と結婚。一九二八年の三・一五事件では検挙され翌年転向、一九三〇年六月水野成夫らによる「日本共産党労働者派」（いわゆる解党派）の結成に参加したがほどなくしてこの運動は消滅する。その後はショーペンハウアーやフロイトに傾倒し、国粋主義に走った。詩や評論を書き始め、皇道文学確立を主張、大東塾出版部顧問、また同塾系列の新国学協会同人。日本浪曼派に属した。一九五五年、立正大学文学部教授となり、一九七六年の定年まで勤める。一九六四年には詩集『寒色』で第一五回読売文学賞を受賞。一九九〇年、心不全で逝去。三島由紀夫は一九六七年に、浅野が大東亜戦争（太平洋戦争）海戦戦没者を弔った詩集「天と海」に惚れ込み自ら朗読し、レコード録音を行っている。一九七〇年一一月二五日の三島の自決に際して、浅野は追悼回想と詩「哭三島由紀夫」を捧げている。

浅野の主要著作

『帝国主義論の武器を如何に把握すべきか』（叢文閣、一九二七年）、『マルクス的方法の形成「哲学の貧困」に於ける問題の提起と問題の解決』（叢文閣、一九二七年）、『詩歌と民族』（平凡社、一九三六年）、『時代と運命』（白水社、一九三八年）、『青墓の処女』（作品社 作品文庫、一九三八年）、『文化日本論』（作品社 作品文庫、一九三九年）、『岡倉天心論攷』（思潮社、永田書房、一九三九年）、『悲劇と伝統 評論集』（人文書院、一九三九年）、『楠木正成』（ぐろりあ・そさえて、一九四〇年）、『明治の精神』（黄河書院、一九四〇年）、『日本精神史論攷』（文明社、一九四一年）、『浪曼派以後』（協力出版社、一九四一年）、『米英思想批判』（日本思想戦大系 旺文社、一九四三年）、『遠征前後』（日本文林社、一九四四年）、『少年太閤記 地の巻』（玉村吉典絵、金鈴社、一九四四年）、『ジャワ戡定余話』（白水社、一九四四年）、『橘曙覧』（大日本雄弁会講談社、一九四四年）、『大楠公』（大日本翼賛壮年団本部、一九四四年）、『山本元帥』……以下略。

◇補足2　浅野晃とその幹部・水野茂夫らの獄中における「転向声明」（ウィキペディアの記事・水野茂夫）

一九二八の三・一五事件により検挙された共産党の前中央事務局長・水野成夫は、獄中において党の方針に疑問を感じるようになり、一九二九年五月、手記「日本共産党脱党に際して党員諸君に」をまとめ、同じく獄中にある党員・活動家の回覧に付し賛同を求めた。彼は再建された党組織が弾圧により再び壊滅しつつある状況を前に、これを敗北ととらえる「政治的リアリズム」に立脚するべきであり、「日本の状勢に適応せざる戦術の採用」「それを促すコミンテルン盲従主義」「それによる党の大衆よりの孤立」「君主制廃止スローガンの急進主義」「天皇地主寺院等の土地の無償没収スローガンの原理主義」「植民地問題における英米仏と日本の質の混同」の六点を誤りと認めることを主張した。特に君主制廃止は日本の国情に合わないため、コミンテルンとの関係を絶った上でこれを撤回するべきであるとした。水野がこのような声明を発するに至った背景には、一つには、幹部が待合で遊興中に逮捕されるような党の腐敗に対する憂慮があったが、主として、コミンテルンの二七年テーゼによって自分たちが信奉していた福本イズム（福本和夫の革命理論）の方針が頭ごなしに否定され、福本派の幹部が一掃された経緯に由来するものとみられる。共産党分裂をもくろんだ思想検事・平田勲がこれにつけこみ、水野は平田に誘導されて先述の声明を出すに至った。その後、獄中にあった門屋博・浅野晃・河合悦三・南喜一・村尾薩男らの党幹部（さらに一時的なメンバーとして是枝恭二・河合悦三・村山藤四郎ら約三〇名）が水野の声明に同調したが、彼らの多くは福本イズムに影響を受けていた人々であった（福本イズムの提唱者である福本和夫自身が解党派に加入したか否かに関しては異なる見解が存在する）。水野らは三・一五および四・一六事件の公判で統一被告団からの分離を求め、一九三〇年保釈出獄した。そして彼らは「日本共産党労働者派」を正式に結成し中央委員会を組織、共産党に対抗し独自の『赤旗』を機関誌として発行した。しかしその行為は、多くの下部党員からは裏切りとみなされてほとんど支持を得ることができず、党中央も彼らを「解党派」と呼んで除名処分に付した。そして武装メーデー事件により党組織が壊滅した後には党中央再建をめざすグループから強い批判を受けた。これらの結果、解党派に結集した多くのメンバーが自己批判して党に復帰したため活動資金は枯渇し、解党派は一九三三年までに消滅した。「解党派」の運動は政治的には極めて小さな力しか持たなかったが、コミンテルンとの関係断絶と「君主制廃止」綱領の放棄により「天皇制の存在を前提とした共産主義運動」を目指す考え方は、その後の佐野学・鍋山貞親らの転向声明に継承される形となった。ただし君主制の承認を除けば、解党派は基本的にはコミンテルン第六回大会の決定をほぼ支持する立場であり、また日本の満州侵略戦争についても、一応は反対の態度を取っていた点で、後年の佐野・鍋山声明（および彼らによる「一国社会主義」運動）とは大きく異なっている。以上。

なお、水野・浅野を主人公にして、その戦前・戦中・戦後の彼らの心情と動向や時代背景を描いた小説に辻井喬『風の生涯』（上下、新潮社、二〇〇〇年）がある。この小説には、水野・浅野らの転向声明が、伊藤千代子、塩沢富美子、原菊枝たち獄中の女性党員に如何に惨酷な打撃を与えたか、という観点からの叙述は全くない。この小説は、そうした意味で思想的な、歴史的な重厚さに欠けるものと言わざるを得ない。

長谷川テル、中国に渡り日本の中国侵略に反対したエスペランチスト

治安維持法により伊藤千代子は虐殺されたが、この治安維持法が日本人や中国人青年に与えた影響を見ておきたい。一九三二年、奈良女高師の学生であった長谷川テルは、エスペラント語を学び、左翼思想をもつようになって寄宿舎で逮捕され、女高師を退学になった。テルは、一九一二年、山梨県の猿橋に「長谷川照子」として生まれ、父の転勤によって二一年、東京に移転し、二九年に奈良女高師に入学した。ここでエスペラント語を習い、それを通じて奈良一帯の労働運動、農民運動、青年文化運動と関係をもつ。この三二年には、「満州国の建国宣言」、「五・一五事件」、「コミンテルンの日本革命綱領の発表」、「ナチスの台頭」などの事件が、内外で続出したので、奈良にも左翼弾圧の流れが押し寄せて、女高師でも、テルら二名が逮捕され、学校もテルらを退学処分にした。それでテルは、東京に出てエスペラント語を習い、それを通じて反戦平和運動にのめり込んでいった。その中で、東京高等師範の数学科に留学していた中国人留学生の劉仁と知り合い、恋愛結婚。

一九三七年、夫の祖国・中国に渡った。中国では魯迅・郭沫若・田漢・鹿地亘らと知り合い、日本軍の大陸侵

略に反対するために、武漢、重慶に行き、日本の侵略戦争に反対するラジオ放送のアナウンサーになって、内外で有名になった。彼女は、例えば次のような放送をした。

「日本の将兵の皆さん！みなさんは、この戦争は聖戦だと教え込まれ、そう信じているかもしれませんが、はたしてそうでしょうか。ちがいます。この戦争は、大資本家と軍部の野合世帯である軍事ファシストが、自分達の利益のために起こした侵略戦争なのです。日本にいるあなた方の家族は、おなかをすかせて、ひどく苦しんでおります」（高杉一郎『中国の緑の星――長谷川テル反戦の生涯――』頁一四二、朝日新聞社、一九八二年より転載）。

テルは、中国のマドリードと称された重慶に、反戦宣伝活動を行って六年間居たが、日本の敗戦後に東北に夫妻で行った。また、彼女は多くのエスペラント語の文章を書き、中国エスペラント語の歴史にも大きな足跡を残した。彼女は、日中戦争の最中の一九四一年当時、日本の新聞で「嬌声売国奴の正体はこれ、流暢・日本語を操り、怪放送、祖国へ毒ずく、〝赤〟くずれ長谷川照子」と報じられ、売国奴と罵られたが、いまや日本人の良心を中国人に証明する象徴になっている。

しかし、不運にもテル夫婦は、一九四七年に東北で相次いで病にて死亡した。夫妻の墓は、ジャムス市にある。その遺児は、文革にも耐えて生き残った長谷川暁子女士である。彼女は一九八〇年代に日本に来て、中国語の大学教師になった。彼女は、後に回想録『二つの祖国の狭間に生きる――長谷川テルの遺児暁子の半生』（同時代社、二〇一二年）を上梓した。ちなみに、この貴重な回想録の出版に大いに尽力されたのは、岩垂弘氏であった。岩垂氏は筆者小林の諏訪清陵高校時代の学友会長であった。

敗戦後、日本人は長谷川テルの足跡を知り、多くの人が彼女を誇りにするようになった。長谷川テルに関する書物は沢山あるが、とりあえず『長谷川テル――日中戦争下で反戦放送した日本女性』（編集委員会編、せせらぎ出版、二〇〇七年）、長谷川テル『嵐の中のささやき――炎の青春』（高杉一郎訳、新評論、一九八〇年）、長谷川暁子『二つの祖国の狭間に生きる――長谷川テルの遺児暁子の半生』（同時代社、二〇一二年）、『反戦エスペランチスト・長谷川テル作品集』（宮本正男編、亜紀書房、一九七九年）の四冊を挙げておきたい。

京都帝大中国人留学生・李亜農を治安維持法で投獄、拷問

治安維持法違反の名の下での人権蹂躙は、中国人留学生にまで及んだ。ここで、中国人留学生に対する一事例を見ておきたい。それは李亜農という京都帝大の学生である。彼は、中国四川省生れ。第三高等学校卒・京大在学中であり、治安維持法で逮捕され、瀕死の拷問をうけた。

一九二〇年代には、日本にはまだ中国から沢山の留学生が来ていた。李亜農もその一人だった。李のことは、最近頂戴した米濱泰英著『満鉄技術者たちの運命――国共内戦下の逃避行』（オーラル・ヒストリー企画、二〇一七年）に詳しく書かれている。李氏は中国人である。米濱氏の本によって、簡単に紹介する。同じ治安維持法違反で千代子は東京で、李亜農は京都帝大在学中に逮捕され、ともに二年間も監禁拷問をうけた。

李亜農は、一九一六年、一〇歳の時、兄の初梨と共に四川省から日本に来た。兄弟ともまず東京で学んだが、紆余曲折を経て、兄の方は熊本の第五高等学校から、京都帝大の文学部に入った。弟の李亜農は、第三高等学校に一九二四年に入学し、ここを二七年に卒業し、同年京大文学部に進んだ。兄弟ともに、『貧乏物語』、『第二貧乏物語』で有名になった河上肇に強く影響を受けて、マルクス主義に共鳴し、左翼運動に接近していった。これを知った四川省の実家は、直ちに学費送金を止めたので、兄は学業を中断して帰国し、上海の文芸評論界で活躍し、後に延安に行き、捕虜になった日本兵の教育に当たった。

李亜農たち中国人学生は、日本共産党（一九二二年結成）が組織した、学生運動の全国組織である「社会科学連合会」（先に記したように、伊藤千代子や塩野富美子たちが加入した組織）が一九二四年に結成されたのに強い影響を受けて、京大内部に「留日中華社会科学研究会」を結成した。彼らは、読書会を開くほかにビラ作成などをし、二八年には京大内に中国共産党の支部が出来たので、それに参加した。翌二九年七月、彼らは「中華留日反

帝同盟」を結成した。こうして、李亜農は同年八月、日本警察に逮捕された。その後の二年間の未決拘留中のことは、前掲の米濱書をそのまま引用する。

「収監中、彼は度重なる拷問をうけた。鼻から水を注ぎ込まれる拷問では、何度も気を失った。「拷問椅子」（鉄の鋲を敷いた椅子）に正座させられる拷問では、痛さで汗が珠のように滴り落ち、数日間はまっすぐ立つことができなかった。また、壁に向かってお尻を休みなく「口」の字型に動かすよう命じられる拷問（日本軍の発明になる）――これを一、二時間続けさせられると、へとへとになって、自分の汗で水浸しになった床に昏倒してしまうのであった」。

三年も経ち、李は衰弱死するかもしれない状態になったので、友人が保釈願いを出して仮出所を許された。その三日後、李はこっそりと京都から神戸港に渡り、中国に密かに帰国した。李亜農の釈放には、旧制三高時代の恩師・森外三郎校長の警察等への大きな働きかけがあったらしく、李亜農は森校長への感謝の念を終生忘れなかったという。

この帰国によって、一九一六年から三一年まで、足掛け一六年に及んだ彼の日本留学生活は終わった。彼は、帰国後、陳毅将軍が率いる新四軍に入り、活躍。建国後は、中国古代史の専門家になり、上海図書館の再建に尽力し、一九六二年に死去した。彼ほど日本や世界に関する知識と教養をもった人物は中共にはおらず、新国家が誕生して日本と国交が始まれば、きっと初代駐日大使になって日本に来る人物と、彼を知る日本人は皆思っていたということである（米濱前掲書、頁一六九～一七〇、二七九～二八三より）。

治安維持法で逮捕拷問された東京帝大生・朱紹文

朱は、江蘇省鎮江の生まれ、一九三四年秋に日本に来て、翌年、念願の旧制第一高等学校・文甲に合格した。東大の経済学部に入り、大河内一男（後に東大学長となる）の薫陶を受けた。大河内から、「君は中国の将来に役立つ勉強をせよ」と言われたという。だが、時代は〝激動の昭和〟のまっただ中、大学院生だった四四年五月のある早朝、下宿で寝込みを襲われ、憲兵隊に「治安維持法違反」容疑で逮捕される。「（憲兵は）共産党の組織を作っただろうと責めるが、全く覚えがない。容赦なくしないでたたかれ、指の間に鉛筆を挟まれ、骨に食い込むほど握られたよ」、「年末に巣鴨拘置所に移され、検事の調べが続く。独房は畳敷きだったが、食糧難の時代で食事は麦飯と塩水だけで、みるみる衰弱した。恩師、学友らの嘆願で釈放されたが、もはや留学生活は続けられず、四五年三月、やむなく帰国の途についた。

（建国後）復旦大学で教壇に立ち、北京で中国人民銀行の研究職に就く。だが平穏な生活も長続きはしない。今度は政治運動の渦の中に投げ込まれた。五八年、ブルジョア思想を糾弾する毛沢東主導の反右派闘争で批判され、職場を追われる。〝親日的な立場の人間はみなやられた〟が、最後は反党・反革命の罪状までかぶせられた。六六年から一〇年続く文化大革命では、山東省、河南省の農場や工場に労働改造に送られた。結局、数々の冤罪が晴れ、〝国家幹部〟の地位と名誉を回復するのに二一年もかかった。七八年、鄧小平が改革・開放の幕を開く。貴重な西側経済通として政府系シンクタンクの社会科学院教授に迎えられた時は六三歳になっていた」ということである。（加藤千洋「『風』北京から――遥かなる疾風怒濤時代」朝日新聞、二〇〇二年九月一日・朝刊。北京の旧制一高ＯＢ会にて加藤がインタビューしたこの時、朱紹文氏は、八七歳）。

彼が逮捕された時、日本人学生の横山正彦も、同時に逮捕されている。また、ある資料によると、彼は、弟の朱正文や一〇人余の留学生と一緒に出獄した。帰国後は「中国民主建国会」に加入し、中共の政権獲得に尽力した。そして建国後には、「民主建国会中央委員兼北京委員会秘書長」となった。しかしすぐ、前記のような「反右派運動」後の「悲惨な運命」を辿ったのである。

北京大学の日本語教師・陳信徳先生の功績と悲惨な最期

一九六九年八月八日、北京大学の全学大集会で白髪の教師が、突然壇上に呼び出され、「日米反動派のスパイとして逮捕する」と宣告され、手錠をかけられて連行された。その横に立たされていた日本人の妻は、驚愕の余り気を失って卒倒した。逮捕された夫は、翌年、山西省のある牢獄で死んだ。六五歳だった。しかし、その死亡が妻に伝えられたのは、一年以上もたってからであった。

この二人とは、中国における日本語教育の基本を作った陳信徳（一九〇五〜一九七〇年）とその日本人妻・平林美鶴（一九一三年生まれ）であった。陳信徳は、日本植民地時代の台湾の台北市に貧しい牧師の次男として生まれた。旧制中学三年生の時に、家出同然の如くに、京都帝大理学部に在学中の兄・陳能通を頼って京都に来た。一九二八年、苦学しつつ第三高等学校に進学し、ここを卒業後、三三年、京都帝大文学部中国語学中国文学専攻に進学した。ここで若き倉石武四郎、吉川幸次郎などの薫陶を受け、更に大学院に進学し、「中国古典音楽」を研究した。

一九三七年、京都で知り合った陳と美鶴は結婚した。美鶴は丹後半島に生まれ、赤十字で看護師をやっていたという。新婚早々、二人は北京に渡った。しかし、この年、盧溝橋事件に発する日中戦争が始まり、混乱の中で「北京中央放送局」が創られたので、その社員となり、華北放送協会の会長の随員としてしばしば日本にも来ることができた。然し、ここの仕事もなくなり、日本ビクターの北京支社の仕事をやり、中国古典音楽と一緒に伝統的な演劇を深く知ることができた。このころ、妻と一緒に伝統戯曲を沢山聴いたり観たりした。ところが、一九四五年の日本の敗戦、連合国の日本占領、さらに中国では国共内戦が始まり、どこにも動きが取れなくなった。北京での生活は混乱と困窮を極めた。台湾に帰ろうとしたが、京大をでて故郷の学校の校長をやっていた兄の陳能通が、国民党の独裁的支配に反対する台湾人への大弾圧、いわゆる「二・二八事件」（有名な映画『悲情城市』を見られたい）で処刑されたことを知る。親は危険だから台湾に来るなと言い、また帰りたくても国共内戦が最終段階に来ていて、台湾に帰る方策もない。仕方がないので、陳と妻は、養鶏を始めて三年間、なんとか食いつないだ。何ごとにも凝り性の信徳は、養鶏にも熱心で二〇〇羽にも増やし、当時卵も高価に売れて、なんとか食っていたという。

日本の敗戦後も、北京にとどまっていた日本人はかなり多数にのぼり、なかでも今西春秋（満州語の研究者、北京大学教授、帰国後に天理大教授となる）と陳信徳は、近所に住んでいたから親しかった。一九四九年、今西は友人の山口隆一（京大で考古学を学ぶ。一九三八年青島市にわたり、船舶会社に入り、北京へ。日本敗戦後、一時、アメリカや蔣介石の情報機関との交渉もあった。中共政権下では、日中貿易をやろうとしていた。実際、日本の消防車を北京の消防局に輸入して売った実績もあった。彼が、中共政権の転覆のために、日本敗戦後も、北京にとどまって謀略を企てた物的証拠は何もない）と家で酒盛りをしようとしたが、今西の家には蔵書がいっぱいあり、家が狭くて困ったので、そばの陳の家に場所を移した。それまで陳は山口と会ったことはなかった。しかし、三人とも京都帝大の卒業生で、学究の徒だったから、今西は山口を連れて、陳の家に場所を移したのである。正にその席上で、山口は中国共産党の公安警察に連行された。山口は「一九五〇年一〇月一日の国慶節の日に、毛沢東を暗殺する謀略を企らんだ」国際スパイ団の一員とされ、一九五一年八月一七日に処刑された。当日、イタリア人のアントニオ・リーヴァ（天津生れ、母国で空軍に入る。後中国に来て、蔣介石政権に武器を売りつけていた人物）と日本人の山口隆一は、ジープの上に立たされて、北京市街中心部を引き回されて沢山の市民に見世物にされた後、天橋近くで公開銃殺された。この事件は人民日報やラジオで全国民に大々的に宣伝された。

陳信徳は、一九四九年頃から、今西の手伝いで北京大学の東方語言研究室で学生に日本語を教え始め、その関係で大学の日本語教材を作ったり、日本語の文法を研究したりした。同時に「日本語教材用読本」も作成するようになった。ところが、この今西もまた五一年に逮捕され、三年間の獄中生活を送った後、一九五四年に日本に送還された。こうした交友関係によって、陳信徳も警戒対象人物になった。しかし、公安の四年間にわたる慎重な調査、審査をへて、五六年に「陳は問題ナシ」ということになり、本格的に北京大学で日本語教育に取り組むことになった。

陳信徳は、一九五七年から日本語教研室の主任、講師にもなり、多忙を極める生活になったが、毎朝、午前四時には起床して、講義用の日本語教材と文法の研究に取り組み、『現代日語実用語法』（北京商務印書館、五八年。氏の死後の七二年に香港で出版、さらに八〇年代に、商務印書館から再版が出た）、『科技日語自習読本』（北京商務印書館、一九六一年。同書の新編が七二年に出版）、『日語教科書』（北京大学東方語言学部日本語科の教科書三巻が、六〇年代前半に出版）等々の業績をあげた。これらの教本は、中国全土津々浦々にまで読者を得て、ある本などは版数を重ね、数十万部に達したものもあるという。まさに、中国における日本語研究と教育及びその普及の立役者の地位に立ったのである。ところが、思わぬ悲運に見舞われることになる。一九六六年、あの「文革」が始まったのである。彼は台湾・日本・中国と渡ってきた経歴からいっても、また日本人との深い交友関係・家庭環境からいっても、共産党の、以後の残酷非道の政治運動に巻き込まれるのは当然なことだと、今だから言えるが、当時は、この夫妻はもとより、誰も全く予想だにしなかった。

一九六六年夏、文革の嵐が北京大学を襲い、陳夫妻の家にも紅衛兵が来た。家の中にあるものは、根こそぎ打ち壊され、果ては夫が革のベルトで殴打されるのを阻止しようとした妻もまた殴打された。特に、何の気なしにしまって忘れていた古い「日の丸」の旗が室内から出てきたことは、「日本帝国主義」の「特務」として中国に潜伏していた証拠であると疑われた。戦時中、日本人のいる家にはどこにも「日の丸」はあった。もし本物の「スパイ」なら、こんな旗はとっくの昔に処分していただろう。また、「国際スパイ」として処刑された「山口隆一」との関係を自白せよとも脅迫された。しかし、北京大学の紅衛兵は「井岡山兵団」と「新北大公社」に分裂して抗争を激化させ、また多くの紅衛兵が「大串連」という、全国的な交流に出かけたこともあり、学術権威、教授、大学党幹部以外には、講師・助教クラスには、それほど徹底的な糾弾、迫害、暴力は及ばなかった。

事態が決定的に深刻になったのは、一九六八年の夏に「工人毛沢東思想宣伝隊」（北京大学に進駐してきた軍隊には「八三四一部隊」という、「毛沢東警護隊」の一部もいた）が進駐してきたときからである。これ以後、「階級隊伍を純粋化する運動」といわれる、文革中最も全国的な、また最も過酷な「大迫害」運動が始まった。ついに、陳信徳も、最も熱心に長く教えた三人の弟子の学生から裏切られ、激しく告発された。問題になったのは、国際スパイ団として銃殺された「山口隆一」との関係であった。しかし、陳は山口とは全く関係がなかったし、またこの「毛沢東の暗殺計画」が、そもそも「共産党のでっち上げ事件」であったから、陳が逮捕、投獄されなかったのは、当然であった。しかし、それから一〇数年後の一九六八年に始まる「階級隊伍を純粋化する運動」の魔手からは逃れられなかった。陳は学内監獄に九ヶ月も監禁され、「反革命分子」として迫害と屈辱の日々を過ごすことになり、さらに引きつづいて、断罪、逮捕、北京第一監獄への投獄、そして翌七〇年、山西省の山奥に送られ、そこで獄死に至るのである。師を裏切り、弾劾した弟子たちは、後、北京大学の日本語科の有名教授となったそうである。父が弾劾された後、母と娘は、これまでの宿舎から追い出され、古い四合院の一角にある、ぼろぼろの小屋があてがわれた。以後、二人はここに五年間住むことになった。翦伯賛夫妻も追い出されてすぐ近くに住んでいたという。

彼の死が家族に知らされたのは、死後一年以上もたってからであった。彼は、家族へ遺言状を残していた。それには、次のように書かれていたという。

「私の両親は潔白で、行いも誠実でした。このような大きな災難に遭遇して、身は牢獄に入れられています。ですが、国や人民にすまないこと、貴女と娘にすまないことは何もしてきませんでした。これだけは信じてください。三〇年間貴女と暮らし、私に対する真心と優しさに深く感謝しています。この生死の別れのときになって、貴女と娘に本当に会いたいと思います。貴女――この私の生涯の伴侶――に感謝する気持ちでいっぱいです。……もし私の身体がまだ耐えられるなら、必ずもう一度貴女たちに会い、団欒できるようがんばります。今度もう決して離れません。万一私の身体が耐えられなくなっても、貴女は必ず勇気を出して生きてゆきなさい。からだを大事にして、もう私のことで苦しんだりしないで、貴女と娘が幸せに暮らしていけるよう、それだけを祈っています」(陳昭宜「懐念我的父親陳信徳」『北大老宿舎紀事』より)と。

陳は、以前から命の瀬戸際に立たされるような胃腸疾患の宿病を抱えて生きてきたのであるが、ついに家族に知られることもなく、地獄のような山西の見知らぬ山中の洞窟監獄の中でただ独り獄死したのである。この最後の手紙は、山西省の同じ獄中にいて、運よく生還した北京大学の政治犯にされていた若き数学者によって一年後に届けられたという。

田中角栄の訪中、日中国交回復と続き、ついに妻・平林美鶴は、七八年、夫の名誉回復を勝ち取り、八宝山墓地で追悼会(この会は、実は文革中に恩師の陳を裏切り迫害した人々が、取り仕切ったという)を挙行し、最後には娘を連れて日本に帰った。以後回想録の『北京の嵐に生きる』(悠思社、一九九一年)を上梓した。この本の中で、妻美鶴は次のように書いている。

「台湾という運命の島に生まれ育ち、長じては日本の教育を受け、そして日本人を妻とし、運命の子にさんざんもてあそばれ、あげくの果て無実の罪をきせられたまま死んでいった夫陳信徳の生涯を、私は涙なしには語れない」と。

陳は、「自分は東洋のユダヤ人だ」と妻に言ったことがあったそうである。日本の台湾植民地化、聖戦という名の日本の侵略戦争、毛沢東の文化大革命という「非文化革命」に、次々と生涯を翻弄されながらも、家族を愛し、中国人の日本語教育のために多大な貢献をした、有意義な人生であったと讃えられるべきであろう。

以上の文章は、主に平林美鶴著『北京の嵐に生きる』と秦郁彦の著書(後出)によった。北京大学の日本語科は、建国後に建て直されたものであり、基本的な教本も、長く在籍している教授もいなかった。また、共産党が大幅な大学学制改革をやり、教師の身元調べ、解雇、処罰などを自由にやり、また人事でも昇格降格を多くの無学な党員がやり、自己告白の強要、労働改造処分、スタッフの配置転換、地方への左遷、学部学科の統廃合を勝手にやった。正に大学が、無秩序と大混乱を呈していた時期だった。これまでどの大学にもあった「社会学部」

を全国的に廃止するという、想像を絶する「革命」も、この五〇年代前半に行われた。共産党一党独裁下の中国の大学は、「学長」が一番偉いのではない。建国以来、大学の「党書記」が一番権力を持っているのである。党が学を支配する過程を経て、中国の大学人・知識人は、一九五七年の「反右派運動」によって、完全に党に叩きのめされた。陳先生は、このような激動、いや非情で非常な時代に、中国人の日本語教育のために全身全霊を捧げ、多大な功績をあげたのである。

なお、秦郁彦の著書に『昭和史の秘話を追う』(PHP研究所、二〇一二年)なる一書がある。この本の第九章は「毛沢東暗殺未遂事件の謎」である。秦の結論のみを言うと、朝鮮戦争が始まり、まだ中共政権が生まれたばかり、戦争の帰趨も、また政権も脆弱であった一九五一年、中共首脳は、残存する外国勢力、とくにその情報活動を一掃し反米感情を盛り上げる必要に迫られていた。それには毛暗殺のように衝撃的な〝事件〟を作為するのが手っ取り早い。「犠牲の小羊」として日本人山口と、同じく第二次大戦の敗戦国のイタリア人のアントニア・リーヴァを選ぶ、この二人なら戦勝国のどこからも、文句をつけられることはなかろうと、この両国から「毛沢東暗殺計画者」が選ばれた。しかも黒幕は、この時中国を去っていないアメリカの大佐という筋書きを作った。この秦の結論は、正しいと思われる。軍事知識も経験もないイタリア人と日本人が、「一九五〇年一〇月一日」という、数十数百万人が集中し、警察関係者が厳重な警戒をする、正にこの建国二年目を祝う天安門広場での一大祝典の日に、天安門楼上の毛主席を「迫撃砲」で撃つ等、まったく現実性も、計画性もない。荒唐無稽な国民向けのでっち上げの大芝居であったことは明白である。この事件を毛・周等中共の権力中枢は、当然計画的にやった筈である。しかし、文革はこうした国家が捏造した「虚報」を信じる人々を無数に生みだし、陳信徳を迫害し、死亡させたのであった。「毛沢東暗殺計画」自体が、国家が作り出した「frame-up」であったことが国家によって宣言されない限り、陳信徳の真の「名誉回復」は未だに果たされていないということができる。

満州建国大学の中国人学生への弾圧、拷問

ここに三浦英之が書いた『五色の虹――満州建国大学卒業生たちの戦後――』（集英社、二〇一五年、開高健ノンフィクション賞受賞）という本がある。この本の存在を知らせてくれた旧友進藤賢一君には、大いに感謝している。というのは、私が一九八〇年に初めてお目にかかった董国良（新中国建国後は「董果良」に改名）先生の御名前を、本書で発見したからである。董果良は私の「先生」となった方なので、いつも口にしていた「董先生」と記す。

董先生は、毛沢東時代、ほとんど監禁、投獄を強いられ、又奴隷的翻訳作業を命じられて、長い間社会の表面に出てこられなかった。先生は「歴史反革命分子」にされた人である。それは日本帝国主義が新京（今の長春市）に創建した「満州建国大学」に、先生が入学したからである。董国良先生は、若き日にこの「建大」の三期生であった。先生は、一九四三年四月、日本に反旗を翻すことを誓った同志たちと一斉に検挙され、懲役一〇年の判決を言い渡された。そのことが、この本に書いてある。この事件は、日本の「治安維持法」（一九二五年、制定）が満州国の法律として強化・応用され、建国大学の中国人学生に適用されたのだった。

董先生は、私が一九八〇年に初めて「義和団学術国際討論会」に出席するために山東省の済南に行った時、私の通訳兼案内役を務めてくれた方であり、以後長くいろいろ因縁があった。この二年前の一九七八年に、名誉回復されて「日本語通訳」として世に出ることができたのである。この時、山東大学の「助理研究員」という肩書で任明先生も、この国際会議に「日本語通訳」として出席した。任明先生は、一九五七年に「右派分子」にされ、やはり文革時代、地獄の底を這いまわる体験をして、この時、初めて世に出ることが許された。任明先生についていて、またいつか別に書かせてもらおうと思っている。

董先生は、私より二〇歳くらい年上であり、毛沢東時代の長期にわたる迫害の後に、初めて対外開放の波に乗って、この世の表面に出てきたばかりだった。建国大学で日本の公安警察に逮捕され、満州国が滅んでも、国

民党から信用されず、さらに新中国の毛沢東時代には「歴史問題」で監禁、審査、投獄されるという「反革命分子」にされた。それは、実に二〇年にもおよんだ。先生は、獄中で日本語・ロシア語・英語・フランス語をマスターし、対外開放後、幾つかの言語で多くの本を中国語に翻訳した。

奥様は満州族の女性、夫が反革命分子にされて発狂し、精神病院へ隔離、また息子も「精神異常状態」、いやはやの人生だったようだ。もう六〇歳代になってから、新しい女性と再婚して故郷の吉林省から南方に去っていったという噂を聞いたが、それが最後の消息だった。董先生には、実は二人の弟がおり、新中国建国後、一人は新疆に「下放」されてそこで死に、もう一人の弟は、「労働教養所」に入れられたが、休暇の時、香港に逃げる計画に関連して罪を加算された。しかし、なんとか文革を生き残り吉林に住んだが、そこで亡くなったという噂も別の方面から聞いたことがある。

先生は、対外開放体制下で、「董果良」の名前で、実に多くの翻訳書を出した。帝政ロシア軍の満州(東北)への侵略時の軍事史料の翻訳書二冊、フランスのトクヴィルの多くの著作、日本の升味準之輔氏の日本近代政治史の本、愛新覚羅溥儀の『溥儀日記』の日本語訳等々、多種多様の訳書、共訳書がある。今でもグーグルでそれらの書を検索できる。帝政ロシア軍の満州(東北)への侵略時の軍事資料集二冊は、以前頂戴したが、今、書斎には見当たらない。その関係の先生の論文を訳して日本に紹介したこともあった。

一九八〇年代、私と西安を旅行した時、西安交通大学内の美しい並木道で、先生と手をつないで歩き、途中で「白楽天の家の跡」という石柱が経っているのを発見し、二人で眺めたことを思い出す。その時、建国大学の日本人学生から日本の同窓会に招待されて、一九八〇年代に日本に来たことがあるとかで、建国大学の日本人学生を大変懐かしくおもう、という話をされた。しかし、地獄の底にいたような二〇数年間の話は、全くと言ってよいほど話されなかった。一度、妻は、病院に会いに行くと、いつも顔を見た途端に「ハンカクメイブンシ」と叫び、一度もまともな話ができなかった、と語った。私は、もうあの時代の話を董先生に尋ねる勇気はなかった。

しかし、お話していささか腑に落ちないこともあった。それは、周辺のチベット人、ウイグル人、モンゴル人等々少数民族への中国の国家支配と抑圧のことであるが、私が、民族自決は国際的な基本的な人権原則であろうと言うのに対し、董先生は「いや、彼らは自分の土地と人をもって、中国に自分からやって来たのですよ」と言ったことだった。また、私と私的な旅行をしている時でも、満州国のことを言う時には、必ず「〃偽〃満州国」と「偽」を付けることだった。先生が、中華文明に対するの誇りを、たとえ国家からどのようなひどい目に遭っても、絶対に忘れないで言い張る、この中国人としての愛国主義と対日感情が興味深かった。

さて、治安維持法は、日本国内を越えて朝鮮、台湾、満州にまで拡大膨張していった。治安維持法は、さらに厳しく内容を変えられて満州国にまで導入された。三浦氏の『五色の虹』には、建国大学の反日中国人学生たちのリーダーであった「楊増志」（一期生、無期懲役の判決）が、どのような凄まじい拷問をうけたか、克明に記されている。董先生とは、もう音信不通になってから二〇年近くなる。日本人の私には、建国大時代に日本警察に拷問をうけた話は一切されなかったが、やはり聞いておけばよかったと思う。先生はもうこの世にはおられないだろう。先生は、一族にも満州国時代や「歴史反革命分子」時代の私的な話は一切しなかったという。

「長野県教員赤化事件」のこと、再論

何故、信州の小学校の沢山の教師たちが、「赤化教員」になったのか——大正デモクラシーの先進地から農村恐慌、世界大恐慌による破産地帯へと変転したのか。

私の手元にアマゾンで注文していた『抵抗の歴史——戦時下長野県における教育労働者の戦い』（労働旬報社、一九六九年）という立派なずしりと重い書物が届いた。これは、先に縷々記した一九三三年二月四日から始まった、長野県教員に対する大弾圧事件の記録である。「二・四事件記録刊行委員会編」とあり、戦後になって事件の関係者が中心になって編纂したものである。これには、「二・四事件」を担当した警察・検察の取り調べ資料を基

に、長野県学務課・視学がまとめ、学務課が部内秘密文書として謄写印刷したものが、根本資料として掲載されている。事件の最も正確な歴史資料と、中心的な役割を担った事件関係者数人の座談会形式で行った「証言」と、事件進行の各段階の「論評」によって、次のような構成、配列になっている。

序章「戦前・戦時下教育労働者の歴史的概略」、第一章「運動の背景」、第二章「新教・労協への結集」、第三章「戦いの発展」、第四章「平和と真実をめざす運動――教育課程自主編成の闘い」、第五章「教育労働者運動の原則的問題」、第六章「弾圧――戦争と破滅への道」、附「関係資料・文献および年表」。以上、全三三八頁。

本書は、「長野県教員赤化事件」に関する根本資料である。今となっては、唯一の重要史料と言ってよいだろう。ここでは、事件で投獄された小学校教師たちの証言のごく一部を摘録しておきたい。長野県の沢山の教員達がどうしてこのような教育改革、文化運動、さらに国家権力批判に突進していったのか、今一度振り返ってみたい。

「あの時分の長野の先生は、西田哲学に心酔する哲学青年か島木赤彦の鍛錬道場か、斎藤茂吉のアララギの短歌の仲間に属する人が多かった。私は詩や文学をやっていれば先輩たちにも大事にされ居心地もよいが、私はこれに安住することはできなかった。さきにいったように私は現実をみつめ、欠食児童、学用品も満足にない子ども、これでよいのか、今までの現実を詩や短歌でゴマかしてきていたのではないかという考えになってきた。社会問題に対する関心を捨て去ることはできない。こうして次第に社会科学に入っていった」、「先生になる前は、思想的な形成では学校の先生とか兄貴やその交友関係の中で、藤村の『破戒』を当時の文学青年から借りて六年生ころ涙を出して読んだことがあった」、「私も学校時代哲学が好きでいろいろ勉強をしていました。昭和四年の卒業でその頃はヘーゲルのもの位まではまあなんとか読んでいました。その後三木清の『パスカルに於ける人間の研究』を読んで……エンゲルスの『空想より科学へ』を読んで、それからずっとそういう勉強をするようになりました」、「当時の日本資本主義の、工業生産でも輸出でも王座を占めていたのは生糸です。輸出の六割位、産業構造はまだ弱く軽工業中心でしたが、製糸が一位、次が紡績でした。それで長野の農民は同じ農民でも米を作っているのと違い、養蚕という資本主義と密着した農業の形態であった。だからいわゆる資本主義的自由主義というか、封建主義の中からそれに反対して生まれてきた新しい考えというものがやはりあったということです」、「長野の師範の先生達には一流の学者が来ていました。例えば哲学ですと自分の書いた二〇〇〇頁もの本をテキストに使って倫理の科目を教え、心理学は原書を使うとか、そして私達も俺はこれで行くぞというものを自分で求めるという雰囲気を持っていました」等々と証言している。

長野県の教育環境は、全国でもまれな現象であり、他県の師範学校や小学校の先生達とは全く異なっていたらしく、他の多くの県の教育界は権威主義、命令主義、規則主義、服従主義が一般的だったようである。「長野教育界の自由主義というのは、自主的に教育研究し、養育方法を自らうちたてて行くことを教育者の義務であり、自らの権利であるとする確信です。……私たちは教案など作ったことがない。そういう細かなことをするとかえってバカにされた」。

「長野県の全体の自由主義的な空気の中で小学校教育を受けた状況は皆さんと同じですが、僕が一番影響をうけたのは正木ひろし先生です。先生は飯田中学に英語の教師として来ておられた。当時は東大の学生でしたが、卒論か何かをかけばいい段階になっていたとかで、なかなか大学の授業にもでない、卒業もしないで何年も飯田中学におられました。天皇制を「愚劣なもんだ」と言った教育でした。この頃、「下伊那自由青年連盟」が生まれ、青年会自主化運動、普通選挙運動、過激思想取締法反対運動をスローガンにして、秘密組織LYL〈liberal　Young　league〉を結成した。この組織は大正一一年には、一五〇〇名が結集して大会を開き、二〇〇人余が逮捕される事件が起こっている。こうした状況は、長野県に顕著な状況だった」。

「神奈川県では、視学は直接ではないが校長を通じてそれこそ生かすも殺すも自由という権限を持っている。校長自身が自分のあごの下が恐ろしいものだから非常に神経質で、私がいた松林小学校では、教案が日案で、前日に必ず校長、教頭などで作っている教務という首脳部の認印をもらわないと、建前として明日の授業ができないという状態でした」(この座談会は、一九六九年一月に、二・四事件関係者八人によって行われた)。

こうした当時の先生方の発言を聞くと、一九三〇年代の長野県の教育界の自由主義的風潮が、全国的には如何に異端的な世界である存在であったかがわかる。

大正時代、長野県の養蚕業は極めて盛んであり、生糸の海外輸出で日本の貿易利益の七割を占めていた。だから、長野県の桑畑は、全耕地の五割以上を占めていた。岡谷製糸業地帯を中心に県下のいたるところに大小さまざまな製糸工場があった。だから、長野県は生糸輸出で大いに潤ったし、また国際的な視野や関心をもつ教師や農村青年が多数いた。大正時代に、多くの政治家、文士、学者の卵が長野県に別荘を建て、学校の先生として赴任した。長野県下には、明治初年以来、小学校が続々と作られ、私(筆者)が入学した長野県の辺境の山中の谷間に位置する「落合村立落合小学校」さえ、もう明治七年に創建されている。同じ時期に松本に創建された実にモダンな「開智学校」の立派さが、長野県教育の先進性を今に伝えている。

ところが景気がよかったのは、大正一二年ごろまでで、あっという間に農村恐慌、三〇年の世界恐慌が長野県の農家経済を直撃した。一気に繭の値段が一〇分の一に暴落。農家の収入は平均すると、一年で半分に下落した。岡谷には製糸女工が一〇万人余りもいたが、一気に労働者の三割が失業した。製糸工場は軒並み倒産し、各村々の財政も破産状態になった。帝大卒さえも失業状態で、長野県の小学校や中学に教師としてくるものが続出した。赤化事件の震源地となった永明小学校は、「永明尋常高等小学校」と「永明実習補修学校」が一緒になっており、生徒数は七〇〇人ほど、教師数は二〇数名いたそうで、山田国広『夜明け前の闇』(理論社)という自伝を読むと、漱石の『坊ちゃん』に描かれた、松山中学と似た気風の先生が沢山いたようだ。もちろん、永明小学校の先生のほうが、西田幾多郎、河上肇、マルクス、エンゲルス、レーニン、ヘーゲル、フォイエルバッハ、羽仁五郎、唐木順三などを読んでいたので、遥かに戦闘的、哲学的だった。こうした特異な雰囲気が、永明には特に顕著であった。

諏訪盆地には、大正末、向学心に燃え、哲学思想を語る熱血漢が諏訪の高島小学校や永明小学校に続々と集まってきた。先に何度も記したことだが、唐木順三（京大）、藤田福二（諏訪中学、東京外語）、石川秀雄（京大）、河村卓（京大）等。先生たちの輪は燃え広がり、昭和三年（一九二八）、四年に、学校内に周辺の先生も集めて、さらに又、有名な哲学者三木清、歴史家羽仁五郎等を招き講師にしたりして、「哲学研究会、経済学術研究会、資本論研究会、木曜会、下村会、歴史研究会」が生まれた。永明小学校は、左翼的人士が集まる梁山泊に数年で変身した。

彼等は集まっては神話教育を批判したり、日本の現状を批判したり、経済の現状分析をやったりし、それを基に教室での授業を展開した。すでに述べたことであるが、その危険性をいち早く察知した県の学務課と警察は、永明小学校に対する監視態勢をとり、昭和六年に主だったものを県内の各地、出来るだけ辺境の学校に分散した。そのことで逆にますます長野県下の小学校に熱気が拡大、拡散したのである。

昭和八年の「赤化事件」で逮捕された教員の多くは、次のような経歴のものである。卒業した学校は、長野師範七五名、諏訪中学一〇名、松本中学一〇名、飯田中学一〇名、伊那中学七名等々。以上中学卒合計五九名。臨時教員養成所は一四名である。女教師では、松本女子師範一〇名、諏訪高女二名、他の高女卒合計七名となっている。

永明小学校に来た帝大生や永明小学校の数人の教師たちは、燃え上がる寸前にまで高まった全県下の教師たちの熱気にマッチを擦る役割を演じたのである。そうした一般的状況がなければ、世界恐慌の大打撃だけでは、たった二、三年で数百人もの全県下の教員を組織できるわけがない。それまでの明治期、大正期の農民運動、社会主義運動、部落解放運動、それに島崎藤村、木下尚江、斎藤茂吉、島木赤彦、藤森成吉等々の文化的影響力が、かなり高度の信州人の積極進取の精神を培っていたのであろう。また、このような精神風土の中から、岩波書店、筑摩書房、みすず書房、汲古書院等々の、日本を代表する出版社を創業した人物が生まれたのであろう。

満州開拓移民運動の始まりと「墓標なき死者」の群れ

『富士見町史(下巻)』によると、富士見町域では、開拓団と満蒙青少年義勇軍を合わせて約一五〇〇名(家族を含む)が移民した。内、富士見分村民は、敗戦後四二九日の後、この長い逃避行を経て五八二名が故郷に生還した。犠牲者は二二〇余名であった。満州で現地召集された約二二〇名は除く。私が属する落合村の満州移民は、終戦時の在団者一四三名、内殉難者は七〇名。勤労奉仕隊一九名中の殉難者は二名であった、という。落合分村は、ソ連兵の蹂躙に遭い、乱暴された女性が多く、その話はタブーになったと、戦後聞いたことがある。私の母方の叔父夫婦二組・子ども約一〇名が満州の黒竜江省に移民に行った。母の兄忠平は青年会の責任者、先導者の一人であったから、家族・一族を大量動員して満州に連れて行ったのである。その母親(私の祖母にあたる)は息子の説得に応じず、長男だけ一人残させた。自分は、他の子と富士見に残ると言って、満州の富士見分村に行かなかった。しかし、忠平等が説得して連れて行った多くの村人が死んだ。本人も、分村の略奪に押し寄せてきた地元の住民に狙撃されて即死した。富士見に残っていた私の祖母はいつも、「忠平が帰ってこなくてよかった。亡くなった方々に申しわけない。死んでよかったのだ」と自分にも人にも言っていたという。これは、私が母(忠平の妹)から聞いた話である。

以下、満州移民運動の顛末を『富士見村史(続編)』(編集委員・細川隼人、昭和四六年)によって、ごく簡単に記しておきたい。

そもそも、満州に分村をつくろうという話の始まりは、昭和の農村恐慌が発端であった。「昭和の農村恐慌により、農村経済は崩壊状態にあり、世を挙げて農民をさげすみ、また農民自身も農事を疎んじて都会に走らんとする風潮が強かった」。そうした世の風潮に抵抗して、あくまで農村、農業の復興に励もうとする一群の青年達がいた。そうした地元青年の熱意と奮闘に深く同情した小尾喜作（富士見実家中学校校長）、富士見村長の樋口隆次、農村革新運動によって「皇国国民」を錬成しようとする加藤完治の三者が、昭和一三年秋に諏訪で大同団結し、ここに分村運動が本格的に始まった。昭和一三年、富士見村は経済更生指定村に指定され、国と県の行政機構からも、積極的な指導、勧誘が行われた。そして翌年の一四年に村長や皇国農民団所属の積極的青年が、黒竜江省木蘭県を視察し、ここの王家屯というところに移民することになった。以後年々規模を大きくし、移住民を増やし続けた。日本からの満州移民村のなかでも、規模や施設、移住民の数において、もっとも成功したものと言われた。

しかし、敗戦で運命は一変する。昭和二〇年八月一五日に無条件降伏により、国民政府の命令により、武器はすべて中国政府に没収され、無防備になった分村は、中国人住民の暴徒に連日連夜襲撃されることになった。多い時には、その数二〇〇〇名にも達したという。この攻防戦は、翌年の一月末まで続き、あわや分村民全員が自決する瀬戸際まで追い詰められた。その時、八路軍が木蘭県庁あたりにまで進出していることを知り、救援依頼の決死隊が派遣された。急遽駆けつけてくれた八路軍の一隊は、襲撃している住民を蹴散らしてくれたので、全滅の危機を乗り越えたということである。そして種々逡巡したのち、二一年五月、生き残っている全員で木蘭県を逃げ出し、帰国を目指す流浪の旅が始まった。この途上、チフス、赤痢、ハシカ、栄養失調、飢餓、事故等々により子供約一〇〇名、老人婦女子約三〇余名が死亡した。分村を逃げ出してから約七九日目に故郷の富士見駅についた。生死を共にする苦難の旅であったという。

さて、富士見分村から生き残って帰国した人々は、戦後、入植地であった黒竜江省の木蘭県に慰霊に行こうという動きがあり、数回慰霊団が派遣され、現地人と友好関係を深めた。黒竜江省からも友好団が富士見に来た。

私の従兄も何人かが木蘭県を訪れて友好関係を深め、又襲撃で殺された父親の慰霊祭を行った。

さて、富士見分村を襲撃したのは、「地元の満人、暴徒、土民、土匪である」などと日本人には言われてきた。いったい日本移民を襲撃したのは、どのような人びとであったのか。またどうして執拗に襲撃をくり返したのか。これを話せば、長い話になるから、簡単に説明しよう。

満州（今の「中国の東北」）の地は、満州族の土地であり、清朝時代には漢民族は万里の長城をこえて北側に移住することを禁止されていた広大な未開の原野だった。ところが、一九世紀に清朝が弱体化すると人口の膨張をし続けた漢民族が、山東省などから万里の長城を越えて続々と移住をはじめた。彼らは、大部分が流民、難民、飢民、遊民として、各自勝手になだれ込んだのである。だから、辛亥革命で清朝が倒れると満州への流民は激増し、人々が勝手に奥地へ奥地へと入り込んでは住み着いた。さらに、この土地には安定した行政権力はなく、土豪、馬賊、土匪、遊民が増えて、彼らが住民から勝手に税金を取ったり、人をかどわかしたりしていた。そのなかで最大の大親分が、馬賊上りの軍閥・張作霖である。

このように、満州は辺境の秩序なき、無法の新開地であった。だからロシア、日本などが目を付けて、国民政府を押しのけて、自国の領土にしようとして競争し、日露戦争が勃発したのである。ロシアに代わって満州を占領したのは、日本の関東軍と満鉄だった。この日本の支配は、それまで満州に住んで約三千万人に達していた漢族と満州族には、植民地支配以外のなにものでもなかった。彼らは日本人から収奪され、抑圧され、差別される人間に転落した。いわゆる日本の「満州国時代」には、中国人住民は、肥沃な田畑を日本人に奪われ、福祉も医療もなく、すべて約八〇万人の日本人第一、日本人優先の状態に従わざるを得なかった。

もともと上記のような歴史的社会的な成り立ちの満州であったから、満州に住む日本人が「満人」と呼ぶ中国人は、いつでも飢民・棄民・難民・流民になるようなものだった。匪賊も多かった。だから、「大日本帝国」の敗戦によって強力な重しが取れると、一気に「暴徒・土匪・暴民」に転化したのである。日本人移民は、満州の地が上記のような歴史を持ち、住民は中国人であって「満人」ではなく、いつでも「暴徒・匪賊」になりうるものという、知識も理解もなかった。このようなことを全く教えず、満州を新天地であるかのように騙した日本の政治家・軍人・官僚の責任は大きい。また、こうした歴史・社会の勉強を全くせずに、国家の言いなりになった国民にも大きな責任がある。私の祖父は、いちおう長野師範を出た歴史の先生だったから、中国関係の漢籍もかなり持っており、終始満州移民には批判的だった。が、それを大きな声で言える雰囲気は、左翼勢力を一掃した昭和一〇年代のわが故郷・諏訪にはなかった。人民も「大和民族の優秀さ」「皇国臣民の誓い」「大東亜共栄圏」「五族共和」等々という天皇制国家イデオロギーの虜になっていたのである。

九九頁に、長野県から満州に入植した人びとに関する一覧表を添付しておく。

大正時代に富士見村松目に生まれたわが母の生家の上手の家に、ヨシという同年の男の子がいた。極貧の家の五番目の子であった。ヨシは満州には行かなかった。生母は、八番目の子ヨシを生んで直ぐ亡くなった。子だくさんの貧しい家で、虚弱児であった。ヨシはお婆さんが育てた。そのお婆さんは、私の母をいつも呼んで「カネさんよ。家のヨシに勉強を教えてくれな！　ヨシは、字も読めねいから、よっく教えてくれな」、といつも言っていたという。ヨシは、栄養失調で育ち、いつもぽかんとしていて、何もできない子だった。あんなヨシを軍隊はすぐ徴兵して戦争につれていった。ヨシはすぐ死んだという。どのようにして死んだのやら。「いったい、ヨシなんか戦争に連れて行っても、何にもならねいのになあ」と、私の母はいつもヨシを思い出しては嘆くのである。母が、まだ小学校の低学年だった時、ある女の子に川に突き落とされた。川は雨で増水しており、流れが速くもう少しで死ぬところだったが、このヨシなどによって助けられたという。いわば、ヨシは命の恩人だった。「徴兵制度」の順守は、村共同体の偉大なる任務、責務、誇りになっていた時代だったから、ヨシも盛大なる「歓呼の声」に送られて富士見駅を出征したのであった。この時、ヨシと一緒に手を伸ばして助けてくれたのはトヨである。トヨは、母の実家（富士見村松目）の新屋（分家、この家からも何人か満州移民が出た）の息子の一人で、我が母とは兄弟のように育った。このトヨも、兵隊にとられて戦死した。その弟のトシも戦争に取られ、ビルマから中国の雲南省を攻撃する戦いに送られた。トシは、数百数千のうち生き残ったのは数十人という全滅戦の中で奇跡的に生還し、戦死した兄の嫁と結婚した。

また、母の実家の裏の家には、一〇人の子どもがいた。上の二人だけが男で、あと八人が全部女だった。この男の子二人も、やはり戦死した。私の母は、「富士見村立・富士見小学校の同級生の男子は、殆んど戦争にとられて戦死した。戦後、同級会をやっても男子は、殆んどいない」、「仲のよかった女友達が、結婚して満州に行ったきり、戦後、ついに死んだらしく帰ってこなかった」、「富士見村の青年会に好きな青年がいた。その人は、「カネチャン、俺と結婚してくれ」と言ったが、その後すぐに徴兵命令（赤紙）がきて海軍兵士として出征することになった。「海軍だと、必ず船と共に沈んで生きて帰れない。残念だが、求婚は取り消すよ。本当に済まないことを言った。よい人を見つけておくれ」といって去り、まもなく船と共に海に沈んでしまった」ということである。

私の兄貴分であり、また先生の一人であった中国史家の小島晋治先生は、陸軍経理学校に行って経理将校をめざしたが、在学中に敗戦になった。戦後、水戸高校から東大に進んだ。氏は、晩年故郷の茨城県古賀の戦没兵士を調査して、次のように書いている。「戦死者は、下のものから死んでゆく」と。つまり、貧しく、学歴もない、そうした下層大衆から多く死んでゆくものだ、ということである。どこの国でも、金持ちの家に生まれ有名大学を出て、高級官僚になったものや政財界の御曹司だったものは、多くは内地に残り、最前線におくられる確率は低い。従って、戦争では高学歴の者ほど死なないのである。それに対して、貧乏人の家に生まれ、小学校をやっと出たような下層大衆の子供は、すぐ兵隊にとられて最前線に送り込まれ簡単に戦死した。

小島先生の言は、至言である。この法則によるととりわけ旧制東京帝大の卒業生・在校生が一番死ななかった

市町村の渡満者比率

市町村名	渡満者総数	人口 1935 年	渡満者比率 (%)	渡満者の内訳		
				農業開拓移民	義勇軍	勤労奉仕隊
大日向村	664	2,133	31.1	644	16	2
泰阜村	826	5,844	14.1	805	21	0
上久堅村	708	3,650	19.4	657	26	25
清内路村	371	1,953	19.0	344	25	2
富士見村	984	4,715	20.9	896	46	42
市川村	195	1,901	10.3	192	0	3
豊丘村	614	9,244	6.4	539	63	12

長野県立歴史館の企画展「長野県の満洲移民」から作成

市町村の帰国者比率

市町村名	渡満者総数	帰国者総数	帰国者比率 (%)	死亡者　ほか			
				死亡者	残留者	不明者	総数
大日向村	664	327	49.2	332	3	2	337
泰阜村	826	327	39.6	432	31	36	499
上久堅村	708	296	41.8	367	30	15	412
清内路村	371	178	48.0	172	17	4	193
富士見村	984	694	70.5	287	2	1	290
市川村	195	51	26.3	137	6	1	144
豊丘村	614	234	38.1	355	21	4	380

長野県立歴史館の企画展「長野県の満洲移民」から作成

ということになる。これはおそらく本当であろう。戦争とは、戦争をやりたい政治家、財界人、高級軍人や高級官僚は死なず、歴史学や政治学に無知な下層大衆、農民出身の兵が大量に死ぬものである。

小尾喜作、諏訪の教育者の生涯――『小尾喜作　遺稿と追憶』のこと

先にもふれた『小尾俊人の戦後』を読んでいたら、昔、祖父から聞いていた「小尾喜作」という名前が出て来た。私がまだ小学校時代に「おびきさく」という人の名前をよく聞いた記憶がある。そこで、グーグルで検索したら、『教育者　小尾喜作　遺稿と追憶』（昭和五八年、刊行会、非売品）が、一冊、上諏訪の古書店にあることが分かった。さっそく買って読むと、実に興味深いことが書いてあった。前掲の「小尾俊人」と同じ「玉川村上古田」に生まれたという。おそらく、昔、先祖が枝分かれた一族であろう。喜作は、「諏訪蚕糸」を卒業した小尾俊人を、神田の岩波書店に連れて行って、岩波茂雄に紹介した。しかし、岩波は自分は採用せず、深い関係にあった羽田書店（旧知の羽田氏、諏訪に近い和田村の出身者が創った古書店）に俊人を紹介したという。宮田の伝記では、俊人について岩波茂雄は、「人の下で働くような人間にはおもえない」という理由で採用しなかったと書いている。確かに、この本の冒頭にある俊人の写真を見れば、「さもありなん」と思える面構えである。

小尾喜作は、信州諏訪一帯で有名な教育者であった。明治時代に長野師範をでて、諏訪や飯田で小学校教員をやり、下伊那の郡視学となり、富士見村の小学校の教員もやり、明治大正時代に、「信濃教育」として全国に謳われた先進的な教育活動の先駆者の一人となった。特に、諏訪南部実科中学校（現在の富士見高校）を再興し、幾多の人材を生みだした。

喜作の激しい一面は、四四歳で飯田の教師兼郡視学となって下伊那の僻地の村に赴任した時に、次のように記していることから分かる。「本県下にて一番世に遅れたるは下伊那の教育ならん。実の無き形式主義の教育、つまり新しきものを望まん心より軽佻浮薄なる流行物を真似て、進歩せる教育なりと考うる家柄と、保守固定の動

きのとれぬ家柄と、主義主張もなくご都合主義の家柄との集まりにて、教権など薬にしたくても見当たらざる状態なり、……。教権は益々失墜して、教育者は勿論校長と雖も、村内の有力者等は自分の雇人視する状態となれり、由来郡内の有力教育者なりと認められる人物は、教育的頭脳あるに非ず、又教育的手腕あるに非ず」（前掲書、頁一四〇）。

この年、大正一二年、県の学務課長と転任の件で大喧嘩して教職を辞し、諏訪に帰った。この年、九月一日「関東大震災」起きる。また、「ＬＹＬ事件」（県警察が、下伊那の青年二〇数人を「社会主義宣伝、秘密結社組織等の危険思想」によって逮捕した事件。Liberal Young Ling「自由青年連盟」の略称という）が起きた。

『小尾喜作伝』の資料（二一番）によると、「自由青年連盟」について、信濃毎日新聞は、次のような記事を掲載したという。

大正時代の半ば、デモクラシーの波は下伊那地方にも波及し、下伊那・諏訪・南安曇等々に新しい青年運動が澎湃として湧き起こった。大正一一年早稲田大学で開かれた「社会問題講習会」に参加した羽生三七（当時一八歳、戦後参議院議員）らは、マルキシズムの説明に共鳴し、帰郷して「下伊那文化会」を結成し、社会主義の研究を重ねた。ついで「下伊那自由青年同盟」（ＬＹＬ）を実践組織として設立した。そして大正一一年、「南信壮年団」、「郡青」、「天竜労働団」などと共催で、普通選挙即時実施、過激思想取り締まり法案反対を掲げて、二〇〇〇人を超す青年、労働者、農民が流し旗を立てて、泥道の飯田町内を練り歩いた。これが県下で最初の民衆デモとなった。関東大震災が起こり、ついで皇太子狙撃事件・虎の門事件が起こると、国家は社会主義思想や自由主義思想への大弾圧を始めた。こうして、大正一三年の「ＬＹＬ事件」が起こったのだという。

この当時の世相は、この事件が起こる前からすでに次のようなものだった。「大正七年の米騒動によって大衆はもはや権力を恐れないものとなって、労働運動や小作争議が頻発し、社会主義運動が前進した」。危機を感じた諏訪郡長は、大正一〇年、諏訪の全小学校長を集めて、過激な社会主義を信奉する青年男女が、労働者を扇動しているると警告し、いまこそ救世済民国家の本質を発揚し、「国家を理想の境に導くは、教育の力に俟つ《ま》いがいになし」と檄を飛ばした。

しかし、「大正一三年、諏訪中学校（現在の諏訪清陵高校）を会場に約四〇〇名が参加して開かれた県連合青年団の研究大会では、『農村疲弊の原因は社会制度の欠陥にある』ことが討議され、その直後下伊那における自由青年同盟（LYL）のメンバーは、「赤色秘密結社」として検挙されたが、彼等の多くは中農出身の青年であった。県に特高警察が設けられ、知事は郡視学会議で「責メハ教育者モ負ウベキデアル」と訓示した。（以上は『教育者　小尾喜作』付属資料二二、「青年思想の左傾」、この資料は、五味幸男の回想録による）。

こうした社会激動の時代に、長野県の各地に思想哲学を学ぶ運動が勃興し、諏訪哲学会が組織された。この激動の時代に小尾喜作は、諏訪南部の農村青年達に、自然性（野性）を重んじながら鍛錬し、何事も一心にすることを志ざし、教育と歌道による情操教育を高める、そして農村、農業を中核とする教育をめざした。小尾は勿論、長野県に澎湃として起こった自由青年連盟（LYL）、天竜労働団、青年団共和国といった社会主義運動を眺めているうちに、後の昭和一〇年代には、農村農民が中心になって国家社会を作り直すべしとする、加藤完治の考えに次第に共鳴していったものと思われる。

私の父は、先にもふれたが、大正一二年（一九二三）、諏訪中学に入学したが、翌年の大正一三年に小尾喜作が、南諏実家中学（現在の富士見高校の前身）を創立して校長になると、ここに転校した。諏訪中学には旧制高校を目指す生徒が多数を占めていた。また知っている友人・知人がいなかったので、新設の実家中学に転校した。ここには、父のように長男として生家の家業である農業を継ぐのを当然と考える優秀な生徒がたくさんおり、幼いときから知っている地元の錚々たる生徒が雲集していたので実に楽しかったという。当時は、農家出身ではない、ごく少数の恵まれた家庭の子しか、旧制高校・帝大を目指すことはできなかった。

私の父は、子供の時から、古い農家の長男として生まれ、家を守って死ぬことを当然としていた。祖父は、だいたい四〇歳代で隣村の境小学校の校長になったが、すぐ県下のどこか遠い小学校長として異動を命じられた。するると、それでは実家と両親を守れないとして、直ちに辞職して農民になってしまった。赤化事件後の、県下全体に及んだ弾圧、人事異動、配置転換と関係があったのであろう。また当時は、四〇歳代で辞職したり、退職したりすることは、そう珍しくなかった時代背景も関係していたのであろう。小尾喜作も、下伊那の小学校長兼郡視学の任を解かれて他に転出を命ぜられると、県の役人と口論して、四四歳で辞職している。「人生五〇年、下天のうちに比べれば夢まぼろしのごとき」時代だった。

その後、小尾喜作は諏訪南部実科中学の創立と運営に全力投球したが、昭和初年から、世界大恐慌が日本にも襲いかかり、特に養蚕業で生きて来た諏訪郡下の農家は、壊滅的な打撃を受けた。その為、生徒の退学があいつぎ、一時は生徒数五七名と激減し、学校倒産の危機に陥った。

当時、富士見村が属する南諏訪一帯の山村には、学校に子供もやれない親が続出した。卒業旅行も中止になった。私の母は、高等小学校を終えた時、この実科中学（現、富士見高校）の女子部に行きたかった。富士見高原にあった実科中学は、母の家から約三キロの距離にあったので、仲のよい友達から、ぜひ一緒に行こうと誘われたが、先にも記したことだが、父が「カネ（周子《かねこ》）、どうしても繭の値段が大暴落してお前を学校には出せない。すまないね」といったそうだ。ちなみに、我が母「周子」の名は、入笠山方面から度々里の富士見村に降りて来る山伏が、たまたま里に下りて来た時に「命名」したという。御本人も、自分の名前の意味を一〇〇歳になる今でも知らないと言う。

柴草要を永明小学校から招いたのは、小尾喜作校長だった。小尾は、柴草先生が、「赤い教師」とは全く知らず、また柴草も、校長には自分の思想と実践活動を隠していた。しかしそれは、柴草が「自分を高く評価して招いてくれた小尾先生に、絶対迷惑をかけたくない」と考えていたためであった、という。柴草が逮捕されてから、その奥様は小尾喜作夫妻の援助をうけて裁縫の先生になり糊口をしのぐことが出来、その他いろいろお世話になったということである。このことは、同じく逮捕された山田国広が、小尾喜作伝に書いている。

また柴草の妻が、小尾喜作の追悼文を書いているが、それによると、茫然自失していた時、小尾御夫妻にお詫びに行くと大いに慰められお世話になったという。柴草は、懲役二年六ヶ月の実刑だった。身体衰弱して昭和一一年に出所し、小尾等の世話で、ある有名社長の屋敷に身を寄せることが出来、また以後にも勤めを見つけてもらい生き延びたが、昭和一九年、敗戦の前年に伝染病に罹り急死したという。

この赤化事件では、柴草を富士見の自分の学校に招いたことで、監督不行届きの責任は免れられないものとされ、小尾は「戒飭処分」になった。その為、当時長野県木曽谷の小学校教師であった息子の小尾郊一は、職を辞し、東京に出て東京文理科大学、そして京大へと進学し、最後は広島大学の中国古典文学の教授となった。

小尾喜作は、加藤完治の農民自身による「自力更生運動」、「農村改革運動」に共鳴するところがあったらしく、加藤を富士見によんで講演などを頼んだ。喜作も又、激動の時代に大いに迷ったのである。

私の父は、昭和一二年頃、加藤完治が主宰する内原訓練所に一冬行ったそうだ。しかし、そこは全く軍隊生活であり、また冬も素足で寝かされたので脚や指が大きな凍傷に罹り、一冬でこりごりし、二度とは行かなかったそうだ。

諏訪から東京の大学へ行った反戦左翼が敗北した後、地元に残った農村青年達は考えた。彼ら学生達は、所詮田舎と農業を捨て東京の大学を出て、偉くなろうとした連中ではないか？　俺たちは、彼らと違い、生家を継ぎ、農業に一生を賭けて生き、村落共同体の皆さんと運命を共にする覚悟があるのだ！　かくして、富士見村一帯の、一時は左翼思想にも共感した青年達が、「農本主義」に急速に魅かれてゆく。こうした農村青年の動向をいち早く察知したのが、諏訪中学・一高・帝大卒後、農林官僚となって最後は、次官まで馳せ登った小平権一たち優秀な国策を担う青年革新官僚であり、また政治家だった。では、「農本主義」とは何か。ウィキペディアに次の一節がある。

「兵農一致による体制変革を主張し五・一五事件に参加した橘孝三郎、農村自治の確立をめざす権藤成卿らの思想は、多くの場合中小農民出身者を多く含む軍部内の青年将校たちに大きな影響を与え、二・二六事件の重要な思想的背景となった。また満州事変以降、中国大陸への侵略が拡大すると、これと結びついて農民を国策の先兵として動員していく運動が現れ、特に加藤完治に指導された満蒙開拓移民の運動はよく知られている」。

つまり、労働者と農民の社会革命の試みが早くも摘み取られた後、マジメな農村青年達は、「農業と村落を再興する」という、農村共同体の自力更生の運動に「下降」していったのだ。しかし、それは、たちまち国家・軍部主導の「満州国」のもとで、「真の農業中心社会、真の村落共同体、理想の新国家を実現しよう」という、農村ファッシズム運動に誘引され、転轍されて行ったのである。農村青年達の善意、理想、意欲は、国家と軍部に騙されて、全村挙げて「満州国に分村をつくる」という運動に転轍され、一〇〇万人の移民を行って、新理想国家「満州国」の礎にする、という中国侵略を隠蔽するプロパガンダの道具に供されたのであった。

その次には、「農民の移民」にとどまらず、「満蒙開拓青少年義勇軍」が結成され、満州に派遣された。富士見村には、この青少年義勇軍に入れられ、次に七三一部隊の少年兵にされたもの、満州の開拓団員になっていったがすぐ徴兵されて関東軍に取られ戦死したもの、敗戦後、分村の人々を警備中に襲撃して来た中国人群衆から狙撃されて即死したもの、満州から引き上げの途中に死んだ子供、そうした人びとがいる。

「富士見分村」は、喰いつめた貧農が行ったのではない、最も優秀な村の青少年運動の指導者たちが、音頭をとり全村を挙げて行ったのであり、その為、日本の満州移民の中で最も優秀な、成功した分村といわれたのである。「満州移民という地獄への道は、軍国主義、治安維持法、昭和大恐慌によって掃き清められた」のである。

敗戦の日、八月一五日、天皇の降伏宣言を聞いた小尾喜作は、日記に次のように書いた。「八月十五日、九時のニュース放送にて、十二時に重大放送のありと。しかも、陛下の放送なりと。十二時を待って耳をすます。放送は聯合国に無条件降伏するものなり。之れにて終戦となり、来たるべき時が来た。国民として悲痛事であるが、軍で興きたものは軍で倒れる。近頃の軍の思い上がりの横暴で人を人とも思わぬやり方は、茲に到らねば目が覚めぬ。国民に痛ましい敗戦だが、之より国民の総意で建国になれば幸いである」（前掲書、頁二七五）

小尾喜作は、先にも記したように、これ以前に貧窮のどん底に落ちた富士見村の農民問題の解決にも心を砕いた。その一端が、加藤完治を富士見村の実科中学の生徒や青年たちに紹介したことである。そして、戦後には満州から逃げ帰った富士見分村の人々の受け入れに尽力した。まさに立場は逆転した。あえて厳しく言えば、「地獄への道は、人の善意によって掃き清められる」ということわざの、一つの実例となった。

戦前の小尾喜作の時代から、小尾俊人の時代へ

大正・昭和の時代、信州の、松本・諏訪・伊那の人びとの運命は幾度となく激変した。また日中戦争で、太平洋戦争と満州引き上げ等々で無数の俊英が死亡した。小尾喜作は、昭和二一年四月、岩波が熱海で死去した後、故郷の諏訪で暮らし、昭和四一年に死去した。

その後に来たのが、新しい日本人の登場であった。その代表格の一人が、「みすず書房」の創業者・小尾俊人である。

私（筆者・小林）は、二〇一五年、小尾俊人が生まれ一〇歳まで暮らした蓼科高原の中腹にある小さな山村、旧豊平村の「上古田《かみふった》」を訪ねた。どうしてこんな山の中から、小尾俊人のような人物が生まれたのか、四方の山々を見廻したが、奇怪な形をした八ヶ岳連峰と前に聳える南アルプスの山々しか見えなかった。いくら自然環境を眺めたところで、何も分からなかった。しかし、『教育者小尾喜作　遺稿と追憶』を読んで、おぼろげであるが次のように想像した。

小尾俊人は、小尾喜作と岩波茂雄の人格と活動から多大な理想の原型を与えられたのではないか。小尾のような人物なら、普通は旧制中学「諏訪中学」に進学するのが当然である。しかし、彼は「諏訪蚕糸」（現在の岡谷工業高校）に入学した。

これは小尾喜作の、誰でも成績がよければ中学、高校、帝大と進めばよいのではない、そんなことをしたら農村と地方の人材が皆なくなってしまう、有意なる人材は、地元の産業の中にまず道を求めなければならない、という信念の影響ではないか。俊人は、岡谷は日本有数の製糸業地域であり、ここで実業を学ぶべきだと思ったのではないか、あるいは又、父の小尾栄も強烈にこうした考えを持っており、無理遣り「岡谷蚕糸」に行かせたのではないか、などと想像した。ちなみに、俊人の父・栄は「岡谷蚕糸博物館」や「岡谷図書館」の館長をやったことがあるという。

また、小尾喜作は、俊人を東京の岩波茂雄に紹介したが、岩波は俊人を採用せず、羽田武嗣郎（一九〇三～一九七九年）が、一九三七年に岩波に勧められて作った羽田書店に紹介した。この時の岩波の俊人評は、「この男は、なかなか人の言うことを聞くような人間ではない」というものだった、そうだ。このことを何か岩波茂雄が彼を嫌ったかのように思うのは正しくないだろう。岩波と羽田は、前者は諏訪、後者は和田という出身地が隣り合う同じ信州人で友人だった。羽田武嗣郎は、東北帝大法文系を卒業し、東京朝日新聞の記者になり、札幌市局に行ったが、そこで農民運動を支援するなどして、「赤」呼ばわりされたこともあった。後に彼は、政治に関係し、犬養にも近く、一九三七年に立憲政友会より当選した。この年、武嗣郎は岩波に勧められて神田に「羽田書店」を開業した。当時は、政治家が書店を作っても、誰も不思議に思わない、むしろ名誉なことと考える時代だったらしい。また、小尾喜作はこの羽田武嗣郎とも親しく、俊人が羽田書店に入れるのも、喜作のほうが積極的だったかもしれない。すでに、自分が岩波茂雄の最高顧問兼食客のようになっていたから、自分と同じ「上古田」生まれの縁者である俊人を、岩波書店の正式な職員として入れることを憚った、と考えるべきだろう。ちなみに、羽田の息子が羽田孜であり、彼は後に長野県から生まれた唯一の総理大臣となった。

また、俊人の遠い親戚筋と思われる（これは全くの私の想像である）小尾逓雄（一九〇七～二〇〇三年）が、俊人の人生観に大きな影響を与えたのではないかとも思う。逓雄は山梨県の長坂生まれである。長坂といえば、小尾喜作が長年暮らし、校長を勤めた諏訪南部実家中学のある、中央線富士見の駅から東京方面へ三つ行った駅が長坂駅である。おそらく、諏訪の小尾一族から養子か、嫁としてか誰かが長坂に行った、あるいは長坂から来たのであろう。そうした関係で、小尾逓雄は諏訪中学に進学したのであろうと想像する。

小尾俊人は、一九五一年二月二六日の日記に、「(東京)都庁にちょっと寄ったが小尾(逓雄)氏忙しそうなのでそのまま引き返す」とある。この記事から、両者は、アポなしで会える関係だったことが分かる。先に書いたが、小尾逓雄は、戦後、東京都教育委員長として、学校群制度をもうけ、戦前から有名であった府立一中・日比谷高校などの名門校を一気に絶滅させてしまった、ウルトラ理想主義者である。毀誉褒貶の激しい理想主義者の典型的人物だった。この小尾逓雄の影響も小尾俊人は強烈に受けていたと考えるのが普通であろう。逓雄の略歴をインターネットで調べると、次のようにある。

旧制長野県立諏訪中学校、東京高等師範学校、東京文理科大学を卒業。専門は国文学。東京府立第三高等女学校などで教諭を務め、その後、東京都視学となる。一九六〇年(昭和三五)から一九六七年(昭和四二)まで東京都教育委員会教育長を務めた。在任中、通達として、一九六五年(昭和四〇)一一月に進学指導の中止を骨子とした「入試準備教育の是正について」(通称・第一次小尾通達)、翌年の一九六六年(昭和四一)二月に「学校と家庭の教育上の協力について」(通称・第二次小尾通達)を出した。その翌年の一九六七年(昭和四二)、都立高等学校の入学者選抜に学校群制度を導入した。

小尾俊人が、西洋思想、哲学を専門に日本に伝える「みすず書房」を創立し、戦後の日本人の知的水準を飛躍的に高めたのには、以上のような人びととの強い理想主義の影響力があったものと想像するのである。

戦後、小尾俊人の「みすず書房」の創建について

今年(二〇一六年)春、みすず書房から宮田昇著『小尾俊人の戦後――みすず書房出発の頃――』が出たので、さっそく買って拝読した。小尾は、信州諏訪出身の同郷人であるから、私はかねてから関心があったが、いったいどんな人物なのか、詳しいことはこれまで全く知らなかった。

私が、一九五七年に大学に入学した時、「みすず書房」はすでに西洋的知性を専門的に日本に伝える知の権威となっていた。岩波書店は知識・教養全般にわたる出版界の雄であったが、あくまでも西洋の学問の最先端を伝えてくれる「翻訳書」に特化した「みすず書房」は、青と白のカバーで装丁を統一し、崇高・孤高・理想なるものを象徴する専門書店となっており、西洋知を日本に伝える知の権威として聳えつつあった。

いったいこんな出版社を誰が創ったのか？　この本によって、小尾俊人が、同じ八ヶ岳南麓のそう遠くない旧豊平村の上古田《かみふった》に、一九二二年(大正一一)に生まれ、私よりたった一五歳年上にすぎないことを知った。

先月(二〇一六年七月)、私は、著者の「宮田昇」をまねて、蓼科に行った際、妻の運転で上古田に行ってみようと思い立った。茅野駅から、今井澄・鎌田實両氏らが再興した諏訪中央病院(旧茅野病院)に寄って、食堂でアイスクリームを食べ乍ら休憩し、それから蓼科山方面に約一キロ山のすそ野を登って行き、上古田部落を見つけた。山裾にやっとこびりついているような奥まった場所がそこだった。道に出ていた三人の古老に「小尾俊人」の生家を訊ねたが、誰も知らなかった。

いったいこんな不便な山奥の貧しい山村に生まれた小尾少年が、いったいどうして「みすず書房」を立ち上げることができたのか、不思議だった。小尾少年は、一〇歳で父に連れられて上諏訪に移り、高嶋小学校をでて、一三歳で「市立諏訪蚕糸学校」(現・岡谷工業高校)に入学し、一八歳で「諏訪蚕糸」を卒業して、上京して岩波茂雄の紹介によって、神田の羽田書店に入り、明治学院夜間部に通い、英文学を学んだが、二一歳の時、学徒出陣で陸軍の通信兵になった。敗戦時、伍長、二三歳で復員した。その翌年、昭和二一年、二四歳で「みすず書

房」を創建し、まだ営業開始前に『ロマン・ロラン全集』全七〇巻刊行計画を発表した。イヤハヤ高邁なる理想主義と冒険心による大進撃であった。初期の書房の職員は、小尾俊人、北野民夫、和田篤志、相良良夫の四人であった。その他に、次のような人びとが協力したという。

私は、宮田の本で、小尾俊人を支えた人びとの中に多くの諏訪の出身者がいたことも初めて知った。

・小尾俊人の長男・小尾眞は東京藝術大学附属学校の音楽教諭。俊人の妻イネ子は東京医科歯科大学精神科医、二〇一〇年死去。
・小尾亮（通名、小泉二郎）――俊人の長弟、県立諏訪農学校（現在の富士見高校）卒、中央気象台附属気象技術科官養成所に入り、ドイツ語の佐々木斐文に師事する。岡谷市中部中学校で代用教員となる。その後、法政大学国文科に入り、みすずへ。兄を助ける。岡谷工業高校時代の教え子・小熊勇次他一名を「みすず」に入れる。著書『昭和時代――録詠抄』（自費出版）、二〇〇八年死去。
・小尾博巳――俊人の末弟、諏訪清陵高校から上京、みすずに勤めながら東京学芸大学を卒業、みすずで兄を助けるも、昭和三〇年諏訪に帰り、故郷の家を継ぎ、両親を介護する。昭和三七年、母江つが倒れ、ついで父栄死す。著書『入山記』（一九八八年、自費出版）、二〇一一年死去。
・小熊勇次――小尾博巳の岡谷工業の代用教員時代の教え子。岡谷工業高校を出て上京し、繊維関係に勤務する間、征矢清が勤めるみすず書房に遊びに行き、誘われて入社した。
・市川兼三――諏訪清陵高校を卒業、昭和二八年三月三日に上京、小尾亮に誘われて、翌日みすず書房に入社し、勤めながら東京理科大学二部（夜間）化学科を卒業した。卒業後は、松本の薬品会社に入社。
・征矢清――諏訪清陵高校で市川の一年後輩、みすず書房に通いながら早稲田大学第二文学部露文科を卒業、後に福音館に移る。児童文学者となる。

・上原和雄──諏訪清陵高校・昭和二六年卒業。

上記の方々が、昭和二〇年代～三〇年代までの、みすずが一番苦しかった創業時代を支え、『ロマン・ロラン全集』第一次全五三巻七一冊を一九四六年から一九五四年にかけて刊行し終えたのである。「あの苦しい時代、社屋の狭い部屋に寝起きして働いた」（宮田）上記の人々によって、戦後の「みすず書房」の輝かしい時代は、存在しているのである。みすず書房が社員を一般公募で募集した最初は、一九六五年であったという。

最後に、小尾俊人の凄さを示すエピソードを紹介する。一九九〇年四月の役員会で、小尾俊人、小尾亮、和田、相良、高橋の創業時代からの役員全員が、一斉に退職してしまった。後、小尾兄弟は、一切みすず書房には現れず、小尾亮などは、退職の挨拶もせずに去ったということである。

私は、一九五七年に上京し、大学に入学した。それ以後、在学約一〇年間、みすず書房の出版物に大いに魅せられてきた。今でも、いろいろの本を新鮮な思いで手に取り、なけなしの銭をはたいて購入した喜びを覚えている。表紙の色、装丁が如何にも憧れのヨーロッパ文化を象徴しているようだった。

私が上京する一九五七年の前年から刊行が始まった『現代史大系』の第一回配本の、エドガー・スノー『アジアの戦争』、第二回のジョン・ガンサー『アフリカの内幕』、E・Hカー『ソヴェト革命史』、スメドレー『中国の歌ごえ』等々は、実に新鮮な驚きだった。私の中国革命への憧れは、いやがうえにも高まった。

一九五八年度は、『アドルフ・ヒトラー1』、『ロマン・ロラン全集』。五九年度、ネルー『父が子に語る世界歴史』、『北一輝著作集』。六〇年度、『イーデン回顧録』、『ドゴール大戦回顧録』。六一年度、『夜と霧』、『ツヴァイク全集』。六二年度、『ゾルゲ事件』、『古代ユダヤ教』。六三年度、ドイッチャー『スターリン』。六四年度、『孤独なる群衆』、『異常心理学講座』……以下省略。

私は、『ロマン・ロラン全集』、『ツヴァイク全集』、『北一輝著作集』は、恥ずかしながら一冊も買わなかったが、その他の書籍は、かなり購入したように思う。みすずの本は一般的に高価でなかなか買えなかった。大部分は、すでに中国の「復旦大学歴史系」への蔵書寄贈で送ったので手元にはない。これらの書を観た時、その内容と装丁の気品に感動し、厳粛な気分に襲われたことを昨日のように思い出す。

こうした気品のある西洋的知性が横溢した大量且つ大部の書物は、いったいどのような社屋で編集、出版されたのか、という興味津々の疑問に答えてくれる写真集が出た。潮田登久子『みすず書房旧社屋』（幻戯書房、二〇一六年）である。その小さくて古い、鼠色をしたモルタルの二階屋が社屋だったことに眼を見張るだろう。

この文を書いてから、清陵高校時代の親友・小尾出雲君（五九回生）が、上古田の出身であることを知った。小尾君は、最近、小尾喜作や小尾俊人、それに豊平・永明・玉川等の村の郷土史研究を始めているので、そのうちに本稿よりもはるかに詳しい調査・研究成果を世に出してくれるものと思う。

松高寮歌「遠征」（昭和一九年）から、敗戦直後の「誠寮懐古」（昭和二一年）へ

昭和一九年、学徒出陣の年、松高の上条彰次（二六文1）と田中惇（二六文1）が作った寮歌『遠征』は、次のような詞である。「遠征」は、敗戦前夜の青年の苦悩を詠い、後者の「誠寮懐古」は敗戦直後の青年達の精神的出発を詠った。

（1）「帰り来ぬ雲影遥か、篝火に白露光りぬ、恋のみの憂いの瞳、再びを遇う日なからむ、高原に月ぞ砕け、勢ひ立つ生命照らせり」。（2）「星一つ瞬き落ちて、国内翳《くぬちかげ》哀れ濃きてふ、貧しとも寂けき祈り、秋空に幽か捧げむ、ひひと鳴る県が森、奔々と血潮激りぬ」。（3）「没落のすべなき流れ、憂き心友よ聞けかし、天地のいつわり堪えて、仮初《かりそめ》を燃やし尽くすか、皇辺《すめらべ》に生きよ男の子、漂泊の明き灯火」。（4）「みすず刈る信濃の空に、若き日の真実求めし、今はしも万里の天に、焔なす運命《さだめ》描けや、遠征の空ゆ果たて、魂と呼ぶは君の名」。

心ならずも大君の辺《おそば》にこそ死ぬ運命とはなった、と自分に言いきかせ「遠征」（出征）に旅立つ。そして、多くの死のはてに昭和二〇年の敗戦を迎えた。その翌年の二一年、佐藤と神田は、寮歌「誠寮懐古――秋の歌」を作った。

こう書いてから、半年ほどして、『全国旧制高等学校寮歌名曲選』（春秋社、二〇一五年）を入手し、松本高校寮歌の項で「遠征」の歌詞のコメントと楽譜を見ることが出来た。そのコメントには、「遠征」は「出征」、「雲影」は「機影」、「白露」は「落涙」、「没落」は「戦況不況」、「焔」は「特攻」の隠喩と思われる、とあった。昭和一九年の旧制高校生の、この「日本敗北」が決定的になった時代に対する不安、決意、諦観、覚悟といった、生と死の狭間に立った青年達の気持ちをよく象徴している寮歌だと改めて感じた。

昭和一九年、同じく旧制第一高等学校の生徒だった中村稔の「まもなく軍隊にとられることになっており、軍隊にいけば死ぬことしかない、そう覚悟していましたから、私たちのありうべかりし生涯と実際に実現される生涯との間の齟齬、つまりは理想と現実との齟齬」を宮沢賢治の『原体剣舞連』のなかの「打つも果てるも火花のいのち、太刀の軋りの消えぬひま」に見ていたという高校時代の回想がある（中村稔著作集2、三四二～三五五）。この中村と同じ心境にいた松高生は、その気持ちを上記のような四小節の『遠征』に込めたのだろう。

しかし、彼らの予感どおり昭和二〇年八月、大日本帝国は敗北し、翌年の二一年、松高生は敗戦を深くかみしめる寮歌『誠寮懐古』を詠うことになる。詞は佐藤芳男（二七理乙5）、曲は神田寿夫（二七理甲3）である。

「信濃路はるか旅人の、瞳も濡れて帰り来ぬ。古城の苑の秋の陽に、悲哀は深く流れたり。あゝ三春は豊けくぞ、涙払いて笑みゆかん。更たけて男の子は寝ねず秋の灯に、物の影すら更たけて凍しきものを。二十六（松高二六回生）の饗宴は更けて火炎濃く、白光すごし裸形の男の子。たたら踏め玉杯胸に捧ぐれば、今宵の秋の貧しけど吾こそゆかし、貧しけど、吾が命ぞ愛しかる、内深くこそ潜みて行かな、内深くこそ潜みて行かな」。

敗戦後まで生き残った高校生たちの、絶望のなかでも再起を決意する静かなる意志が込められている。「今宵の秋の貧しけど、吾こそゆかし、貧しけど、吾が命ぞ愛しかる、内深くこそ潜みて行かな、内深くこそ潜みて行かな」と。

◇**補足　柴草要の生涯**

長野県『不屈』（二〇〇九年四月一五日付『不屈』、四一八号）　長野県遠山茂治執筆「二・四（新興教育）事件犠牲者国家賠償要求同盟・大阪本部のウェブサイト〝抵抗の群像〟より」

芝草要は、一九〇三（明三六）年四月二十二日、長野県下高井郡穂波村佐野（現山之内町）四四番地、山本豊吉・しうの三男として生まれ、六歳の時、すぐ近くの芝草広吉・つねの養子になった。

下高井農商学校（現中野実業高校）を卒業後、県実業補習学校教員養成所に学び、農業化学の教員免許を取得して、一九二五（大一四）年、諏訪郡永明実業補習学校教員として、三一（昭六）年まで六年間在籍しました。それは世界恐慌が日本にも波及し、不況がさらにひどくなった時期でした。この間の一九二八（昭三）年二月、普通選挙法による初の衆議院選挙が行われ、作家藤森成吉が労農党候補として長野県三区から立候補しましたが、柴草はその演説を聞いています。また当時『空想から科学』なども読んでいました。一九三〇（昭五）年六月末、柴草は河村卓の勧めで社会科学研究会に参加し、同年八月、給料強制寄付反対運動にも加わっています。三一（昭六）年三月末、松本市・明倫堂書店で『新興教育』を購入、積極的に社会の動向に関心を寄せていましたが、その学年末、給料強制寄付反対闘争を理由に諏訪郡南部の富士見実科中学校への強制配転となりました。以後、彼はこの年八月の新興教育講習会に参加し、一一月と翌三二年一月には新興教育研究所を訪ねており、その翌日、日本教育労働者組合長野支部結成大会に参加して書記局常任委員となり、出版責任者として書記局ニュース発行にかかわり、新興教育機関誌『信濃教育』を二号まで発行しました。三二年の四月一五日、柴草要は矢島豊子と結婚。同年六月五日、河村とともに教労（略称）全国代表者会議に参加しました。しかし、翌三三年二月六日早朝、柴草要は、治安維持法違反として突然検挙されました。以上は柴草要の活動家としての足跡ですが、彼は教師としても大変熱心な教師という評価を受けていました。「学有林の開墾を先頭に立ってやり、肥桶をかつぐのが上手だった」など多くの思い出を生徒に残しています。また教え子の一人五味保夫氏は、「農村問題、新しい農業経営等について非常に熱心に講義をされ、農地の基盤整備と拡張等、現在実施している農業構造改善事業が、すでにその当時先生の頭の中には構想されていたと思い、本当に驚き入ります」と述べています。教育に熱心であり、生徒たちにも尊敬されていた柴草要を、彼が社会に目を向け、かくあらねばならないという彼の思想ゆえに、権力は国家体制維持のため、見せしめという意味もあって、その職業を奪い、人生を否定したのです。柴草は、上諏訪警察署から長野警察署に移され、長野地方裁判所で懲役三年六ヶ月の判決を言い渡されましたが控訴。結局二年六ヶ月の実刑判決を受けて東京小菅刑務所に移され服役。三年余の刑を終えて、一九三六（昭和一一）年四月出獄しました。北信濃新聞（飯山市）に『飯山地名考』を執筆していた蔵地巌氏によると、この年の九月、柴草に深い同情を寄せていた神奈川県庁にいた小林朴人氏の世話で、鎌倉の失業者更生訓練指導員として赴任し、一家は鎌倉に住み、三年ほどこの仕事につきました。その後彼の能力が見込まれ、東京芝浦電気マツダ機械工養成所の教官になりますが、五年ほど過ぎた一九四四（昭一九）年一一月一九日、その生涯を閉じました。柴草要は、いま郷里佐野の曹洞宗興隆寺本堂すぐ北の墓に静かに眠っています　戦後生きて教職についたら、長野県教育に少なからぬ足跡を残したことだろうと惜しまれてなりません。（終り）

◇補足　山田国広『夜明け前の闇』（理論社、一九六七年刊）、『夜明けの嵐——共産党員の痛憤の手記——』（甲陽書房、一九七〇年刊）について

この二冊の本を読み改めて知って驚いたことを記しておく。

「河上卓の出所後、戦後の長き苦難の人生のこと」、河上卓の山田宛の手紙に「永明小学校に若き日の羽仁五郎が講師として呼ばれ、裁縫室で研究会をやったこと」、「『永明時代柴草君と一緒に教えた宮原幸雄という青年は私の入獄中にも励ましの手紙をくれましたが、兵隊にとられていじめられ、中国で戦死したと聞き、また貴兄御存じのない上小地区でも自殺された女の先生があり、そういう点は心の古傷になっております』と書いていること」等々を知った。

また「私（筆者小林）の清陵高校時代の同級生で常に左翼的言辞を弄していた玉木裕君の父は、玉木和喜衛といい、諏訪で有名な党員であった。後に党から処分され、山田氏の最も信頼できる先輩、旧友として『夜明け前の闇』の書評を書いてくれたこと。この父口述の書評を病室で文章化したのは共同通信記者になっていた裕くんであったこと」、「息子の小尾郊一が買って来た『夜明け前の闇』を読んだ小尾喜作の妻・小尾よねが、山田に出版の御祝いの手紙を書き、柴草逮捕後にその妻を東京の知人に預けたり、また富士見に連れ帰って裁縫の教師にさせたりしたこと。逮捕された柴草が富士見警察から諏訪警察署に護送されるバスに、偶然小尾校長夫妻が乗り合わしたこと」、「柴草の妻・豊子が山田氏に本の御礼をよこし、『二晩で拝読いたし感無量でありました。仏前に供えて、さんざ涙しました。実はこの本に記されている獄中のことなどははじめて知ることが出来ました。誠にゆきとどかなかった自らを仏前に深くわびたような次第です。……』と書いて来たこと」等々が記されている。

また、この二冊には、共産党諏訪支部の戦後の歴史が詳しく書かれている。党中央で問題がある度に、この地方支部も大いにゆれ、敗戦直後には一〇〇〇名余を誇った諏訪支部の党員数も、昭和三〇年代には二〇〇名以下に減少したこと、また山田氏は戦後に、党から二度除名処分にされたこと。共産主義者として誇り高く生きたが、一生赤貧洗うが如き生活を送ったこと等々も知った。

こうしたことを、一九五七年（昭和三二）に東京に出た私は全く知らなかった。『夜明け前の闇』、『夜明けの嵐』には一九七〇年までの諏訪地方の現代史の一端が生々しく且つ詳しく語られており、大いに勉強になった。

◇補足　「浅野晃の年譜」について。「浅野晃先生略年譜」（鈴木敏彦作成、平成三年発表）の抜粋の紹介

前略

☆大正八年三月、東京府立一中を卒業。七月、蔵原・飯島とともに京都に行き、三高を受験。☆九月、三高文丙に入学。文丙には、飯島・島田叡・北川冬彦など、文乙に大宅壮一・中谷孝雄・山口誓子、理科には、梶井基次郎・岡潔などがいた。大正九年（一九二〇）一九歳☆同人誌「リラ」を出す。蔵原・村井・松井は詩、近藤は翻訳をのせる。淺野は〈ボードレールとダンディズムの芸術〉と題した評論であった（「リラ」は創刊号のみで、廃刊となる）。大正一〇年（一九二一）二〇歳☆小方又星と共に、〈三高詩会〉を創る。会員には伊吹武彦・中島要造・村岡智勝や一年下の河盛好蔵などがいた。☆一二月、卒業を前に記念詩集『三月』〈内山良男・大久保まひと・小方又星（夭折）・河盛淳二（好蔵）・サイトウ、ショウ（斉藤晌）・鈴木武雄・中島要・村岡ムロとの共著〉を出す。この頃、西田哲学に心酔し、西田幾多郎宅に出入りするようになる。大正一一（一九二二）二一歳☆三月、第三高等学校卒業。四月、東京帝国大学法学部仏蘭西法科に入学。☆田付辰子の葉山の別荘に行き、クローデルの『人質』を共訳、初めて稿料を手にする。大正一二年（一九二三）二二歳☆マルクス、エンゲルスの『共産党宣言』を読み、強い衝撃を受ける。☆かねて三高の連中からすすめられていた「新人会」（大宅壮一・服部之総・志賀義雄、のちに林房雄・菊川忠雄など）に入会する。☆九月一日、上野桜木町の自宅で、関東大震災に遭う。母と共に、谷中の墓地に避難する。大正一三年（一九二四）二三歳☆五月、長野県立諏訪中学校に赴任、英語を担当する。五味智英・藤森正雄・小尾虎雄（乕雄）など多くの秀才がいた。☆六月、第七次「新思潮」を創刊（第六次の川端康成らが卒業したので、大宅・小方・淺野が川端と交渉して承認をとりつけた）。「新思潮」三号にて終わる。☆この年の夏、櫛田民蔵に会い、生涯の師と仰ぐことになる。大正一四年（一九二五）二四歳☆二月、上京して卒業試験を受け、三月、卒業。☆四月、東京帝大経済学部大学院に入学。大内兵衛について、財政学を専攻、同じ教室には鈴木武雄・美濃部亮吉などがいた（一年で退学）。☆野坂参三の産業労働調査所（産労）に入所。当時はまだ慶応の学生であった野呂栄太郎がいただけで、志賀義雄と淺野が入所して正式の所員となる。☆大倉高商（東京経済大学）・産業組合中央学校で〈民法〉を教える。☆この月、京都に行き、三高の入学式で先輩の代表として、「自由」と題した演説をする。☆この年、学校の構内で三年ぶりに梶井基次郎と顔を合わせた。二人で芝生に横になり、一時間ほど話し込む。梶井は『資本論』は面白いかとしきりに尋ねていたとされる。大正一五年、昭和元年（一九二六）二五歳☆一月、水野成夫が産労に入所、生涯の盟友となる。☆三月、学連事件で家宅捜索をうける。☆四月、大正一三年頃より翻訳を始めていた『哲学の貧困』を、弘文堂より、マルクス主義叢書の一冊として刊行。☆一〇月、労働農民党本部書記となる。☆一二月、日本共産党に入党。宣伝煽動部に属した。仲間には福本和夫・水野茂夫・志賀義雄・門屋博・石田英一郎などがいた。昭和二年（一九二七）二六歳☆一月、党の司令で労農党本部の中に共産党のフラクを作り、そのキャップとなる。☆この頃、エンゲルスの『空想より科学へ』（岩波文庫）など、共産主義関係の著述が多い。昭和三年（一九二八）二七歳《三月一五日、いわゆる「三・一五事件」おこる。社会主義者に対する検挙者数が、全国で一、六〇〇名にものぼり、このうち約五〇〇名が起訴される》☆住居は秘していたので検挙は免れた。☆三月二五日ころ、中尾勝男が街頭で逮捕され、持っていた党員名簿（暗号）が、当局の手にわたる。至急対応策を講じたが後手に廻った。☆四月八日、滝野川の村尾（関東地方委員長）のアジトを訪れたところを、門屋と共に逮捕され、日本橋久松署に留置される。☆五月、市ケ谷刑務所の未決へ収監。面会に来た父が「共産主義も結構だが、天子様に弓をひくことは許さぬ」と口数少なく述べたとされる。昭和四年（一九二九）二八歳☆春ごろから獄中で解党問題がおこる。これは水野が口火を切り、上申書の形で論争が行なわれた。昭和五年（一九三〇）二九歳☆三月、保釈出所。☆水野を中心に、日本共産党労働者派（解党派）をつくり、コミンテルンからの離脱を宣言した。昭和六年（一九三一）三〇歳☆二月一七日、沢田ミネと結婚。麻布飯倉の八百屋の二階に新居を定めたが……。以下省略。

この略年符は、浅野が大正大学教授だった時の教え子の学生が作成したもので、浅野晃に関する最も詳細な年譜の一部であり、あの時代の思想潮流をよく知ることができる。しかし、伊藤千代子との結婚については、一言半句の記載もない。この二人の結婚は極めて短期間であり、入籍もなく、また「ハウスキーパー」的な要素（変な意味ではなく、地下活動に必要でもあった）もあったためであろうか。あるいは又、千代子が浅野の獄中転向声明を聞いて精神に異常をきたし、二四歳という若年で若い命を散らせたということがトラウマとなり、浅野のこの年譜での完全沈黙を招いたのであろうか。しかし、浅野は、昭和二〇年代、しばしば自宅を訪ねて伊藤千代子について質問した東栄蔵には、手紙を見せたり、当時の心情を書いた小文を渡し、本心を語ったりしているが、以後完全沈黙したようである。浅野の母は、千代子を嫁として、また娘として大いに愛し、獄中の千代子を毎月のように訪ね、またその死後、千代子の遺骨を抱いて一人で新宿駅で汽車に乗り諏訪に行ったという。千代子も、この義母を心より慕っていたらしい。浅野晃は晩年、千代子について書いた自著を準備したが、妻の猛反対で断念したという話もある。浅野は、戦争中、文学報国会の一員となり、従軍ペンクラブの一員として、武漢作戦を観に行った。戦後は文筆業に、そして最後は大学教師へと転身した。まさに、時代の波に翻弄された大秀才の哀しき一生であった。

以上、多くの学徒たちの苦悩と奮闘と悔恨と無念の物語を終える。しかし、彼らの歴史は、実は栄光の歴史であり、あの狂気の天皇制軍部ファシズムの体制と長い戦争時代に、独り孤塁を守った人々の、屹立した物語として語られるべきものである。

第一部　参考・引用文献一覧表

中村真一郎『全ての人は過ぎて行く』（水声社、二〇〇六）
佐岐えりぬ『軽井沢発・作家の行列』（マガジンハウス社、一九九三）
ことのは会編『全国旧制高校寮歌名曲選』（春秋社、一四〇曲収録、二〇一五）
萩上悦子『春寂寥』（長野日報社、二〇一五、松高人物略伝集）
諏訪教育会編『諏訪の近現代史』（一九八六）
南木佳士『信州に上医あり――若月俊一と佐久病院――』（岩波新書、一九九四）
山田国広『夜明け前の闇』（理論社、一九六七）
山田国広『夜明けの嵐――一共産党員の痛憤の手記――』（甲陽書房、一九七〇）
村山英治『大草原の夢――近代信濃の物語――』（新宿書房、一九八六）
藤原晃『八〇年の軌跡――良心の火は燃えて――』（ほおずき書籍、一九八六）
山岸一章『革命と青春――日本共産党員の群像――』（新日本出版社、新日本選書、一九七〇）
藤森成吉『蜂起』（日本評論社、一九三〇）
工藤美知尋『特高に奪われた青春――エスペランティスト斎藤秀一の悲劇』（芙蓉書房、二〇一七）
東栄蔵『伊藤千代子の死』（未来社、一九七九）
東栄蔵『信州異端の近代女性たち』（信濃毎日新聞社、二〇〇二）
東栄蔵『信州の近代文学を探る』（信濃毎日新聞社、二〇〇五）
藤田廣登『時代の証言者　伊藤千代子』（学習の友社、二〇〇五）
藤森明『こころざしいまに生きて――伊藤千代子の生涯とその時代』（学習の友社、一九九五）
塩沢登美子『野呂栄太郎とともに』（未来社、一九八六）

野呂栄太郎『日本資本主義発達史』（鉄塔書院、一九三〇）
原菊枝『女子党員獄中記』（復刻版、一九三五）
葛城誉子『イエローローズ』（工房アノニマ、一九九八）
伊藤千代子を顕彰する会編『今新しき光の中に』1・2合併号（一九九九）
伊藤千代子を顕彰する会編『今新しき光の中に』「伊藤千代子生誕一〇〇周年記念事業記録集」（二〇〇六）
高杉一郎『征きて還りし兵の記憶』（岩波現代文庫、一九九一）
高杉一郎『中国の緑の星』（朝日新聞社、一九八〇）
辻井喬『風の生涯』（新潮社、二〇〇〇）
米濱泰英『満鉄技術者たちの運命』（オーラルヒストリー企画、二〇一七）
「長谷川テル」編集委員会編『長谷川テル』（せせらぎ出版、二〇〇七）
二・四事件記録刊行会編『抵抗の歴史――戦時下長野県における教育労働者の戦い』（労働旬報社、一九六九）
『富士見町史』（下巻）、『富士見村史』（町史編集委員・細川隼人編、昭和四六年）
『富士見村史』（村史刊行会編、昭和三六年）
『教育者　小尾喜作　遺稿と追憶』（刊行会編、一九六三）
宮田昇『小尾俊人の戦後――みすず書房出発の頃――』（みすず書房、二〇一六）
潮田登久子『みすず書房旧社屋』（幻戯社、二〇一六）
御園喜博『八ヶ岳』（三部作、角川書店、一九九八）
諏訪清陵高校同窓会編『会員名簿（創立一一〇周年記念）』（二〇〇五年）
『清陵八〇年史』
加藤哲郎『ワイマール期ベルリンの日本人』（岩波書店、二〇〇八）藤森成吉関連の記事が多い。

小林峻一・加藤昭『闇の男——野坂参三の百年』（文藝春秋、一九九三）山本縣三関連の記事多い。

五味省七『長野県教員抑圧「二・四事件」と「特定秘密保護法」の廃止』（二〇一四年二月、長野県茅野市菊沢六四〇一、自費出版）

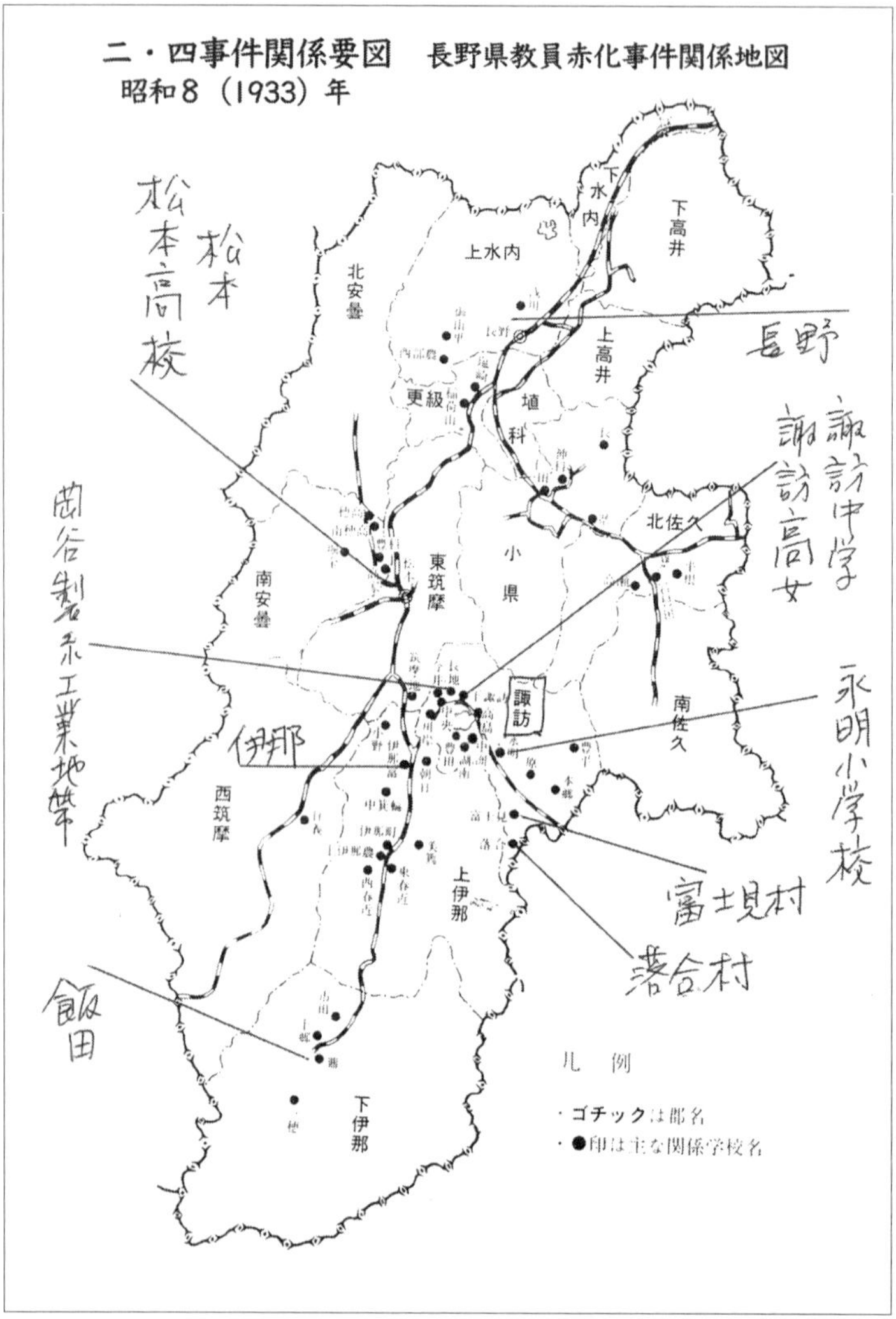

地図（赤化事件）

写真

東京女子大四年生の時の伊藤千代子（左）と祖母よ弥（青木孝寿『信州・女の昭和史ー戦前編』信濃毎日新聞社から）

伊藤千代子（藤森明『こころざし いまに生きてー伊藤千代子の生涯とその時代ー』学習の友社から）

伝染病研究所時代の塩沢富美子
（『野呂栄太郎とともに』から）

小学校卒業の日の伊藤千代子（左）平林たい子（右）
（藤森明『こころざし いまに生きてー伊藤千代子の生涯とその時代ー』学習の友社から））

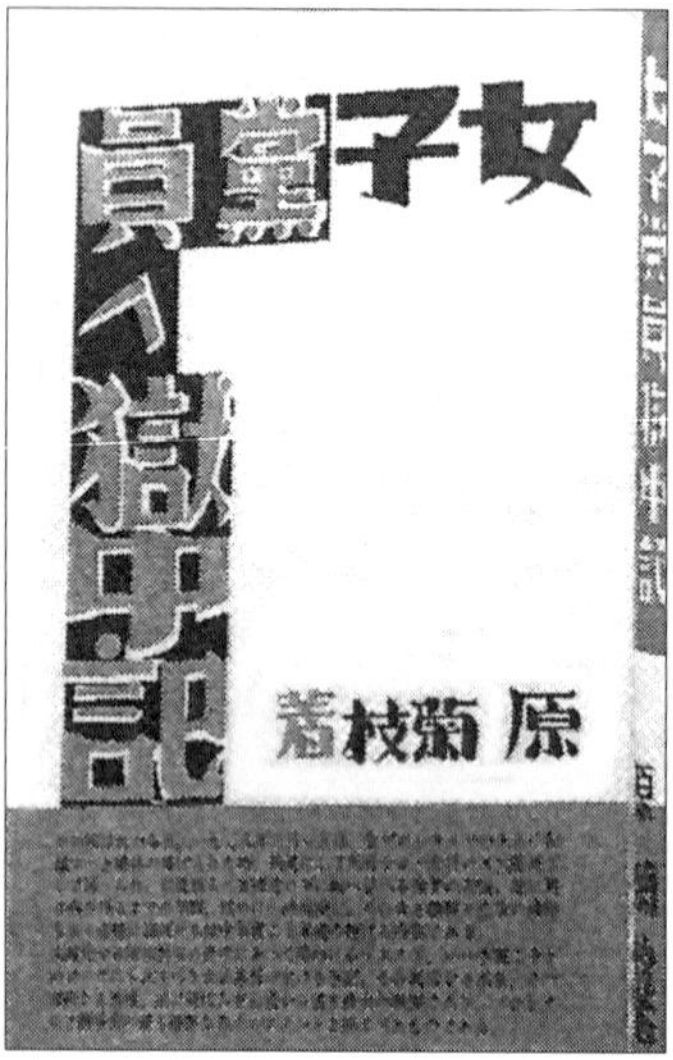

上）原菊枝

左）原菊枝著『女子党員獄中記』

信濃毎日新聞

昭和八年九月十五日

號外

戰慄！教育赤化の全貌

共産黨系全線に彈壓

起訴七十七名に達す

教員のみで實に廿九名

教育界未曾有の大不祥事

二・四事件

教科書を巧みに逆用し

教壇の神聖を汚辱す

反戰、反宗教、鬪爭意識を注入

兒童自治會の組織十余に上る

全協教勞部の行動

組織過程

二・四事件を報じる新聞（昭和８年９月15日：信毎号外）

二・四事件の関係者が東京で会合を開いた。（昭和 12 年頃）前列右から、村山英治、増渕穣（東京）、（長野某）、藤原晃、小林済、小松俊蔵、（長野某）。後列右から、山田国広、（東京某）、柴草要、（東京某）、奥田美穂、西条億重、（東京某）

二・四事件記録刊行委員会開催（昭和 44 年 1 月 20 日：松本市浅間みやま荘）
（藤原晃『八十年の軌跡ー良心の火は燃えて』より）

諏訪郡永明小学校６学年担任卒業記念（昭和６年）

戦後の山田国広（『夜明けの嵐』より）

大正 15 年当時の山田国広（左は矢島斎）

諏訪高女の旧校舎（『高島学校百年史』から）（藤田廣登『時代の証言者伊藤千代子』より）

千代子らの諏訪高女卒業写真（諏訪二葉高等学校二葉会「天つ野」52から）
（最上列右端は土屋文明、下から３列目左端が伊藤千代子、１列目右から２人目が平林たい子）（藤田廣登『時代の証言者伊藤千代子』より）

小尾俊人（日本出版クラブにて、2003 年）撮影：杉山知隆

ジャムス市にある長谷川テル・劉仁の墓
（長谷川暁子『二つの祖国の狭間に生きるー長谷川テルの遺児暁子の半生』より）

1936 年秋、長谷川テルと劉仁の結婚写真

右より、董国良先生、太田光治（日本人留学生）、中央　李淑賢（中国最後の皇帝溥儀の晩年の妻）、1992 年、北京にて

第一部　関連書籍

青年シリーズ
こころざしいまに生きて
—伊藤千代子の生涯とその時代—
藤森　明 著
学習の友社

春寂寥
旧制松本高等学校人物誌
荻上悦子 著

野呂栄太郎とともに
塩沢 富美子 著

時代の証言者
伊藤千代子
藤田 廣登 著
学習の友社

夜明け前の闇
信州教育抵抗の記録
山田国広著
理論社刊

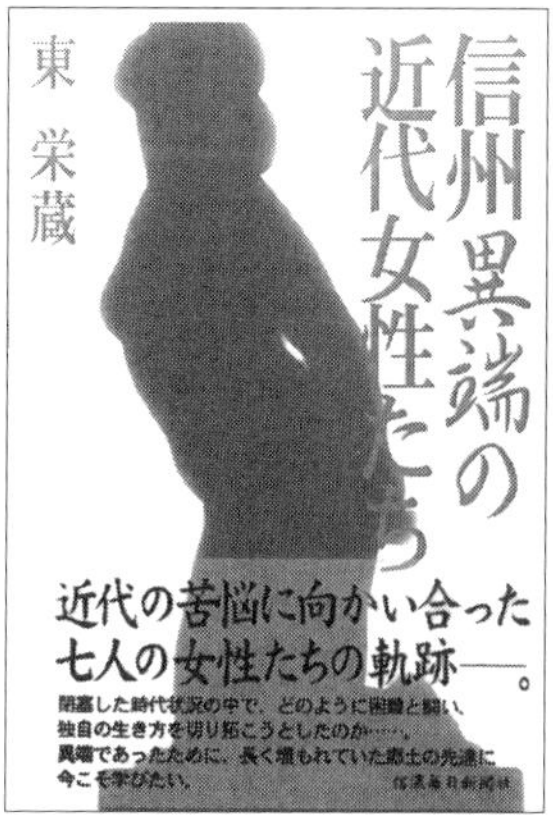
信州異端の近代女性たち
東 栄蔵
近代の苦悩に向かい合った
七人の女性たちの軌跡──。

炎の青春
嵐の中のささやき
Flustr' el Uragano
長谷川テル著／高杉一郎訳・解説
新評論

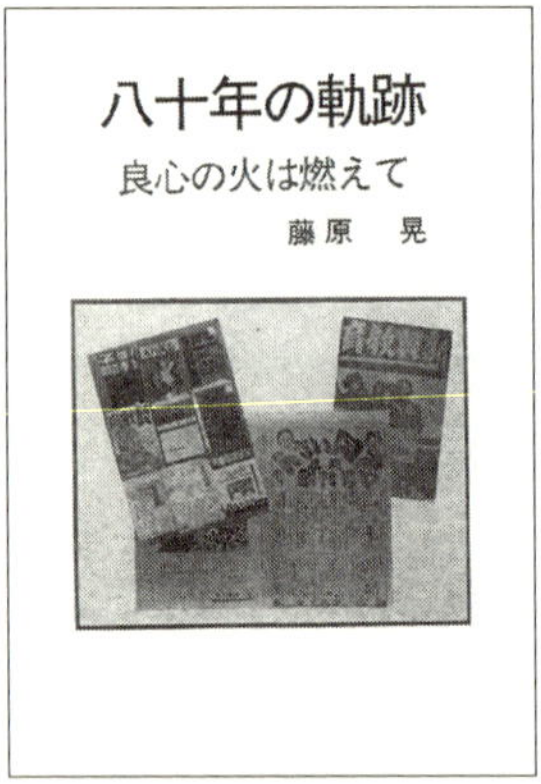
八十年の軌跡
良心の火は燃えて
藤原　晃

付・小尾俊人「日記1951年」
小尾俊人の戦後
みすず書房出発の頃
宮田昇
敗戦の夏に復員、その暮れにみすず書房を立ちあげた小尾俊人。『夜と霧』に至るまでの試行錯誤と奮闘。時代と向き合うその人となりを親交深かった著者が描く。
みすず書房

二つの祖国の狭間に生きる
長谷川テルの遺児暁子の半生
長谷川暁子

五色の虹
満州建国大学
卒業生たちの
戦後
三浦英之
Hideyuki Miura

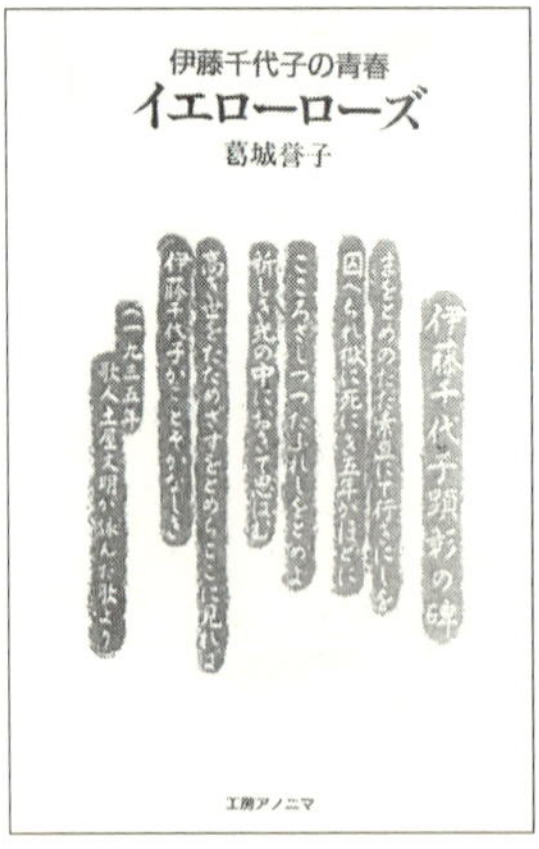
伊藤千代子の青春
イエローローズ
葛城誉子
工房アノニマ

第二部　中国で戦死した兵士田辺利宏の従軍日記『夜の春雷』を読む
——田辺（一九一五〜一九四一）、江蘇省淮陰付近にて戦死——

第一章　プロローグ——日中戦争の中の田辺利宏——

田辺利宏の「戦線日記」（田辺は、日記中の詩を「従軍詩集」と名付けていた）は、彼の戦死後、奇跡的に遺族の下に届けられ、一九六八年、信貴辰喜氏が中心になり、渡辺清氏などの協力を得て、未来社から『夜の春雷』として出版された。彼の四篇の詩が、『きけわだつみのこえ』（東京大学生協出版部）に初めて載せられ、一躍読者の心をとらえた。そしてこの「戦線日記」全体が『夜の春雷』として刊行されたのである。

田辺の日記を読み、私は初めて兵士一般、日本兵士たちの心に接近できると思った。この日記を間に挟めば、中国の青年・学生とも日中戦争について議論が出来るのではなかろうか。また、現代の日中両国の青年達に、日本人に対するステレオタイプな理解を越える一つの素材を提供し得るのではあるまいか。日本軍・皇軍兵士は、初年兵時代に古兵たちの集団的、無制約的な暴力にさらされて、上官の命令の絶対性、暴力への麻痺、人間性・人間的情感の喪失、放棄を迫られた。しかし、田辺は完全な軍事ロボットへの道を素直に受け入れることは出来なかった。

私は、青年時代に、この戦没学徒の日記を買ってから、何回も手に取って見てきた。いつ読んでもこのきらめく才能を持ちながら、不運にも戦場で散った若者の戦線日記には心を打たれ、若くして死んだ彼を哀れと思った。ついに、数年前——もう、刊行後半世紀も経った二〇一〇年代に入っていた——日本に来ていた中国留学生二人に、いくつかの同じ詩を無理やり訳してもらった。この二人が、どのように思って訳したかは不明である。

日本軍の暴虐の記録には、大きな苦痛を感じたことであろう。しかし、中国人はこの本を読めば、日本軍のインテリ兵士が如何なる心情で戦場にいたのかが、よく分かると考えた。とは言うものの、田辺はインテリ兵士の中でも、まれに見る特異な人物ではあったが。

しかし、たとえ特異な感性と心情を持つインテリ兵士でも、戦場では皆同じ「皇軍兵士」に過ぎず、上官の命令のままに戦闘し、銃撃、放火、ガス弾を発射し、民家で徴発（食料、物品の略奪行為）し、農民を「苦力徴発」した点において変りはなかった。つまり、いくら優秀で戦争に批判的な知識人、学徒兵でも、一旦兵士になれば惨酷非情な皇軍兵士に仕立てられ、軍の絶対命令体制の中に繰り込まれた。上官の命令は、絶対的であり、これを拒否することは死を意味することだった。これが戦争というものだ。軍令違反は軍法会議にかけられ、敵前逃亡は直ちに処刑された。とはいえ、日中戦争において大陸で戦った日本兵士を、今の中国人留学生に言葉で弁護することはできない。ただ、田辺の「従軍詩集」を読んでもらうだけだ。

あの広漠たる中国大陸では、一般兵士は今居るところも知らず、行く先も知らずに、ただ強行軍の命令のまゝに、地図のない広大な大陸を突き進んだ。彼らは地の果てまで続く泥濘の大平原を横切り、あるいは厳冬の山脈を越え、氷片の流れる大河を渡り、ひたすら命令のまゝ黙々と行軍した。常に狙撃と寒気と飢餓と、蠅・蚤・虱の猛攻撃と睡魔に襲われつつ、彼らは昼夜をおかず、泥と黄塵の中を数十キロの重い荷を背負いひたすら行軍しつづけた。強行軍で落後することは死を意味した。

戦争一般、日中戦争中の兵士一般が、いかなる日常を送っていたのか、いかなる戦闘を行っていたのか、日本皇軍の日常を、日本人と中国人の前に差し出すことが、大切だろうと思う。そうしたことを全く知らず、また知ろうともせず、「南京事件は、じつは幻であった」、「蘆溝橋事件では、あちらが挑発したのだ」等と唯これだけを言い張る日本人の最近の言動には、大いに疑義を感じる。私たちは、中国戦線において日本軍が日常的にやっていたこと、恒常的に起こした数々の行為の確かな実態を知らねばならない。ドキュメンタリー番組でも、ナチス・ヒットラー、スターリンの犯罪ばかりで、日本軍の実態を放映することはきわめて少ない。いや日中戦争のドキュメント放送など皆無に等しい。

日中戦争は、一九三七年から四五年までの約一〇年間、もし柳条湖事件から数えるなら、中国全土で一五年間も続いたのであり、南京占領などごく一部の、一時的戦場に過ぎなかった。大なり小なり、一般家屋への放火、略奪、強姦、住民虐待と住民連行、捕虜殺害、毒ガス弾攻撃、またいたるところへの脱糞など、永い永い年月、延べ数百万の日本人兵士の行くところ、驚愕すべき悲劇が、あの広大な大陸のいたるところで起こっていたのである。

子安宣邦はブログで言う。「一九四一年（昭和一六年）に中国本土に投入された日本陸軍の兵力数は約一三八万名であった。それは当時の陸軍の総動員数の六五％に当たる。この時、日本本土に在置する兵力は約五六万五〇〇〇名であり、全兵力の二七％であった。太平洋戦争の開戦後、南方戦線の兵力数が中国戦線の兵力数に上回るのは一九四四年（昭和一九年）にいたってからである。それでもなお一二六万の兵力が中国戦線に投入されていた。だが戦局の悪化にともない国内兵力が動員され、敗戦の一九四五年には中国戦線における兵力数は一六四万となり、南方戦線の兵力数を三四万も上回ることとなった」。一般に、中国大陸における日本軍死者は、約四四万六五〇〇人、中国人死傷者は三千万人（数百万人以上、様々な推定値がある）と言われる。

田辺利宏は、中国戦線において下級兵士として約一年九ヶ月従軍したが、彼は持ち前の豊かで溢れるような詩情と知識人としての矜持を持ちつづけ、戦場でも寸暇を惜しんで本を読み、日記を書き、文学、詩歌への関心を失うことはなかった。彼の戦線日記には、戦場で剥奪された自由な精神、美しきもの、愛おしきものへの限りない愛着が示されている。また一方で、日本軍隊、軍人への批判も書かれている。特に、上官の訓示には、戦争の理論、日中戦争の哲学がまったくなく、兵士たちへの訓示には、いつも〝ただ死ね〟としか言わないことも書いている。又、古兵がいつも新兵に〝懲罰〟という暴力を振るうことに大いに憤慨し、中国民衆の悲惨な情況に対する深い同情も記している。

田辺が最も多く詩を書いたのは、中国戦線に送られた初期の頃であった。彼は一九三九年一二月から翌四〇年の四月二〇日まで蘇州、江陰、無錫で軍事訓練をしていた。まだ最前線での戦闘には派遣されず、かなり平穏な兵営生活を送っていた。この時期に書いた心の穏やかな詩は沢山あるが、出陣前後に書いた詩には、戦陣に立つ兵士の緊張した心境が率直に書かれている。それは、まさに死に直面させられた兵士一般の心境であったろう。新兵は、連隊長からいつも「死ね」と訓示を受けていたが、いよいよ死が現実に迫って来たのである。

「四月一六日、……連隊長の訓示はいつもの通り、死ねということであった。死と皇室ということを、宗教的にまで考えているらしい。自分の気持ちとしては、なにか遠いものを感じた。ただ疲労」(頁五四)。

「四月一八日、晴。……今日は、リンゴを買って食ったが、おいしかった。さわやかな風のような味わいだ。出発はまた一日のびて、明後日になるらしい。こんなところでじくじくしているより、はやく戦線へも、どこへでも動いて行きたい。郷愁もなく、思い出すこともない。まさしく地の果てへの希求だ。戦いが人生の核心であるとは、どうしても考えられない。戦争は地の果てだ。血ぬられた荒野であり、山獄だ。われわれの青春の向うところが、はたしてそうした所でいいのだろうか。しかし、疑問よりも確実に現実があるのだ。いまはなにも考えることができず、また考えたいとも思はない。愛することも戦うことも思はない。ただ虚しい精神のままに自分を放任しておくことが楽しいだけだ。夏襦袢・袴下配給。いい月夜だ。月夜の藤」(この日、「詩〝蒲公英〟を作る)(頁五五〜五六)。

兵士は、軍律により命令に背くことはできない。如何なる非人間的で、不条理な命令にも絶対に背くことは許されない。彼ら下級兵士の本質は、ただ敵軍を打ち破り、敵兵士を殺すことにある。軍の命令を絶対に履行する冷酷な兵器ロボットになることである。優しい、美しい、或いは自由、民主、人権、友愛、こうした人間性、人間的価値に対する希望、希求は遮断され、否定され、断罪される。美しきもの、情感に溢れた詩歌的な感情は否定される。そうした心を押し殺さなければ、兵士は勤まらないのだった。

兵士として血潮と泥濘の間にもがき、全身が糞尿に塗れる残酷きわまりない戦場にあって、田辺兵士は優しい心を持ち、美しい風景と兵士の日常の哀歓を詠い、戦争の真実を直視して克明に記録した。彼は戦火の中の中国民衆や少女たちに同情し、人間性・人倫へのかすかな希望を持ちつづけ、また過酷な現実を叙情豊かな詩に歌った。戦争で傷つき、棄損された心の回復、精神の修復のために、手に入る限りの古今東西の文学、文芸書を如何なる激しい戦闘のなかでも読み続けた。こうした彼の思いから、彼の戦線日記とそこに記されてあった詩の数々から、彼の持つ豊かでみずみずしい人間的感性を知ることが出来るだろう。このような心境の中で、『城外』、『休憩』、『実弾射撃』、『大陸の残雪』、『雪の夜』、『クリークの畔にて』、『アカシアの並木道を』、『水ぬるむとは』、『出陣の朝』、『蒲公英』その他、全部で二四の詩が生まれた。

田辺は、下級兵士としての約二年間近く、いったい中国のどこで戦っていたのであろうか。

一九四〇年五月、田辺の部隊は、長江を越え、湖北省の最前線に投入された。六月二三日、田辺の部隊は、短い距離であったが、荊門県城に向かって行軍していた。荊門までは、猛烈な暑さと下痢の流行と疲労で困憊した。以下の引用は、筆者（引用者・小林）の『日記』摘録であり、日記全体のごく一部である。また、カッコ内は、筆者が付したものである。

一九四〇年

・「六月二三日。朝、荊門（湖北省内）まで。短いあいだであったが、付近に死体が多くあり、屍臭のたえがたいものがあった。水ぶくれの胸に蛆のわいた死体。いままで見てきた牛馬とおなじ骨だけになって分散しているもの。黒く腐った死体は水中に、草のなかに、路傍に横たわっている。昨日はトラックの上から新しい子供の死体も見た。それは路傍にうつ伏せに、手をひろげて死んでいた。泥濘でひどくこわれた軍靴が多く、大部分が荊門城内の修理班でなおしてもらう。自分もなおしてもらいに城内に入る。ここには兵站があり、多くの軍馬がいる。蝿の多いこと、家々の荒廃していることは、さすが第一線らしいものがあり、この町にふたたび平和が来、人がはいり、美しいもの・おいしいものを売る日はいつのことか、およそ想像もつかないほどの荒れ方である。町の上に引いてある電線には金蝿がまぶりつき、蝿が二〇や三〇たかっていない兵隊はない。これらの蝿は口や目や鼻や、ところきらわず死体にまぶりつくのとおなじに、われわれにまつわりつき、その執拗なことは、気が狂わんばかりだ。——さっき一人の苦力が、手を後ろ手に縛られ、竹で背中と尻を猛烈に打たれていた。町々は糞とごみと臭気と蝿。軍靴修理機の轟轟たる音。この荒寥たる感情のなかには、まるで人間の故郷というものがないもののようだ。しかし、われわれを待ち伏せている、まだまだ惨烈なものが、まだ多くあることは確実に予想できる——六里ほど歩き露営」(頁八一)。(二四、二五日の日記は省略)。

・「六月二五日。露営地より約二里(八キロ)の河溶鎮(湖北省内)に到着。ここは敵の師団司令部があったところで、ちょっとした町だ。しかし、爆撃の後はものすごく、廃墟と化し去った町には蝿が無数にわんわん唸っている」(頁八二)。

・「六月二六日。早朝、暗いうちより出発。廃墟と化した暗い町は、昼間見るよりもさらにものすごく、屍臭さえ夜の空気にまじって来る。この町にいつまた人間が帰って来、朝のあいさつを交すことだろう。——ここを通ることさえ、人間の感情を離れたあるものだ。これは人間が作ったものではない、われわれは別のある惨憺たる極地を通っているのだ。そんな感じだ。これを通りぬけて見ることも、人間とは遊離した感情でなければ駄目のように思われる」。

・「六月二七日。午前も午後も徴発。付近の農家はほとんど荒らされていて、持ちかえる荷物もないほどだ」(頁八一〜八三)。

田辺兵士は、戦場の惨憺たる破壊、廃墟を見て、「これは人間が作ったものではない」「われわれは別のある惨憺たる極地を通っているのだ」と表現した。

しかし、あまりにも過酷、苛烈な軍隊生活は、次第にみずみずしい感性、ナイーブな詩心を減退させて行く。詩の数は次第に少なくなる。そして、大陸での軍隊生活が一年二ヶ月たった一九四一年の元旦、彼は「皇居遥拝」という長詩を作った。この元旦の朝は「今日は、未明起床。娼婦の膚のような雑煮。小雨が降る。整列して連隊本部へ。後ろの高台にのぼり皇居を遥拝。ラッパを聞き、軍規を仰いで捧げ銃をしているあいだ、日本のことが思われ目頭があつくなる」と。元旦に作った詩「皇居遥拝」を紹介する。

紀元二千六百第一年の元旦を、皇居に向い遥拝する。燃えるような軍旗の下、捧げ銃の銃剣が寒く光る。嚠喨たる君ヶ代のラッパ！　今俺の胸を去来するものは、家でもなく愛人でもなく、祖国日本への新しい愛であった。山なみの彼方で礼砲が轟いてゐる。それはかの戦いの幻覚ではなく、立ちあがる東洋の咆哮だった。その音は俺の胸を震はせ心を揺り、大きく力づよいわが歓喜だった。大陸の朝風に軍旗がなびく。山麓の林に鳴く群鳥。はれてゆく霧の中の大陸は、いま太古の意匠を帯び、隊長の高誦する神勅の心が、水のように我々の胸を流れる。あゝ紀元二千六百一年の元旦、悠久の流れ長江のほとりに立ち、わが新春の祈りは東洋の上にある。（頁一三八）。

上記のような普段の田辺には似合わない、我々読者に大いに違和感を与える観念的な「皇国・聖戦讃美」の長詩を書いてはみたが、彼の心は全く奮い立たなかったようである。もう戦場に来て一年以上も過ぎていた。最初に中国に来た時の初々しい情感は、あまりにも過酷な戦争の現実の中で次第に摩滅して行った。早く帰国できるだろうという希望は、いつ果てるともない広漠無限の大陸の泥土の中に消え去ってゆく。中国の可憐な乙女たち、日本でたった三ヵ月教えただけの女学生たちの思い出、古参兵のリンチへの反感、中国民衆への同情心、西洋や日本の詩文への希求、子どもの時から見ていた月・蛍・鳥・虫・花・草木の思い出。そうしたわが内なる自然に対する憧憬、豊かな感性が破壊されて行った時、一瞬、田辺は欺瞞的な「皇居遥拝」という観念的な神聖世界へと、虚しい望みをかけてみたのであろう。しかし、この試みは、兵士として置かれている自分には、現実的、日常的な根拠、実質を全く欠いているということを、実は、彼の醒めた理性は知っていたのだ。昔、誰かがこの「皇居遙拝」の詩を評して、田辺のような人でも、軍国主義思想から逃れられなかったと書いていたが、底の浅い批評である。

この詩を書いた元旦の前後一〇日ほどの日記の記述を見れば、精神が高揚するような出来事は、まったく一行も書かれていないのである。この詩を書いた数日前から彼の日記を読んでみよう。

一九四〇年一二月下旬、部隊は武昌東方郊外へ移駐。「寒くて寒くてやりきれない。……二度目の攻撃で、殺人的に寒かったこの演習も終わる」、「擲弾筒《てきだんとう》の小指の先ほどもない栓が一つふんしたので、その捜索で帰営できず、霜のおりたつつめたい草のうえをはいまわり、情けなかった」、大晦日の日記には、「娼婦のような雑炊。小雨が降る。……昼は中隊長以下全員会食。午後引率外出。三〇分あまり解散があったのみの、淋しい外出。焼きまんじゅうを食っただけ。気のぬけたような元旦」とある（頁一三七）。

このような状況の中で、「皇居遥拝」は書かれたのである。元旦二日目は、「相撲大会、娯楽大会、泥鰌すくい、小学生の舞踊」があり、少し楽しめたが、三日目は「外出禁止、すぐ出動準備を命じられ、今日からは親へ出す手紙の統計をとると言われ、〝えらいことになったものである〟」と嘆いている。五日には「新年の宴会」の後にあるはずだった外出が禁止された。田辺は仕方なく、午後はドストエフスキーの『死の家の記録』を拾い読みした。

このように、長詩『皇居遥拝』が書かれた元旦前後の日記を読むと、この詩に描かれたような皇軍兵士の厳粛な聖戦意識、高揚した祖国愛は微塵も書かれていない。要するに、田辺は一時的に感傷に身を任せ、現実とかけ離れた格式ばった聖戦詩を書いて、戯れに「目頭を熱く」してみた。言葉遊びをして、現実とかけ離れた架空世界、観念世界に遊び憂さをはらしたのであろう。それがいかに虚しい作業だとしても。この虚しくみじめな現実こそが、まさに「現実そのものである」ことを彼は、敢えてかみしめざるを得なかったのであろう。

それから三ヶ月後、彼が体験した戦線で、最も過酷な戦いが行われた。それは、厳冬の湖北省に聳える大別山系を越え索敵しつつ、ゲリラと戦闘をくり返す辛い作戦であった。この作戦で、田辺の多くの親友が戦死した。この作戦から撤退する際に乗った、長江の船上で、死後日本で最も有名になった詩『夜の春雷』が生まれた。これ以後、五月に可愛い少女を詠った『水汲み』一つがあるだけで、戦死する八月下旬まで詩はついに一つも書かれていない。

彼が直視した日本軍隊の、その行動、その実態を、彼の一番最初の戦線日記に立ち戻って抜粋して示す。

第二章　古参兵の新兵に対する日常的な暴力行使、虐待

日本の一般兵士は、徴兵され兵営に入った瞬間から、一、二年、あるいは三年くらい先に入った古参兵に、毎日のように殴打、罵倒、野外直立等々の執拗ないじめを受けた。その陰険で苛烈な暴力行使は、初年兵から人間的感情を、つまり人間性をはぎとり、軍の命令、つまり上官の命令には絶対逆らわない殺人ロボットに新兵を仕上げる役割を果たした。大きな作戦の真最中にも、比較的少なかったとはいえ、リンチは絶えず続いた。また作戦中でも、暇があれば古兵から指が凍るような水で洗濯をやらされたり、懲罰として厳寒の戸外で立たされたり、徴発という食料の略奪をやらされたり、そういう苛めは日本軍隊の日常的な慣例・習慣であった。「上官の命令は朕の命令である」という鉄則は、日本軍隊、軍人を最後まで呪縛し、兵士の人間性をすべて破壊し剥奪した。

しかし又、他方で、田辺のように人間らしい情感に富んだ多くの詩を書き、同時に又残酷な現実に対する絶望と苦痛、苦悩を感じ記録した兵士も、なかにはごく稀にはいたのである。同じ日本侵略軍兵士といっても、多種多様であった。

一九三九年

・「一二月二九日。夜、営内靴で六人ほどひっぱたかれる。自分はとくべつに、このごろ一番だらしがないと言われ、皆より余計に二つほど手で殴られる」（蘇州）。

一九四〇年

・「一月一五日。夜、みんな円筒掃除棒で頭と手を、スリッパ（皮）で頭を打たれる。精神は自由であり無比であるというヴァレリーの言葉を思い出し、せめてもの慰めとする。偏狭と固陋とがあまりにも、古兵たちの動作にあらわれすぎることがある。しかし、谷田部師のいわれたように批判はやめて、馬鹿のごとく殴られねばならぬのだ」（蘇州、頁三六）。

・「一月一六日。（班内で貴重品が紛失した。その罰として）犯人判明せず、ついに夜なかの三時近くまで立ったまま起きている。上は中隊長からわれわれまで、中隊全員が起きていたのだ。……ようやく三時近く、一時打ち切りとなり就床。水のなかに眠るような気持ちで床に入る」（蘇州、頁三七）。

・「一月二八日。班長はわれわれを打つというようなことは嘗ってなかったが、今度初めて打たれる。そのあと古年兵に、拳骨・スリッパ等で殴られる」（蘇州、頁四四）。

・「四月二二日。昨夜はひどく酔ってしまい、点呼のときは戦友に引っ張ってもらい、ようやく出たのだそうだ。点呼のあとでどこかの古兵にひどく殴られたことだけ覚えている。今朝は顔の両側が痛いばかりであった」（江陰、頁五七）。

・「七月一日。（宜昌へ向けて行軍）しだいに暗くなる道。あちこちで大きな稲光り。Mが、ちょっとのことですぐ殴る。気違いの馬鹿野郎だ。弱りはてている者をいたわるということの微塵もない古兵たち。新兵と、敵味方のように対抗する。なんの一致団結だろう。何千人も行軍してゆくこの大軍のなかにあり、やはり固い石のように孤独をいだくことのみが許されるらしい」（頁八四）。

・「七月一六日。正午、ちょっと余計なことを言ったら、それが洩れ、三年兵にひどく注意され、支那人のかたい履物で顔を一〇いくつも殴られ、耳が破れるばかりだった。頭もぐらぐらしてきたところ、また帯革をはずしているのを見、本能的に裏に走ってしまう。はだかではだしだった。遠い他部隊の荒れた家の中に腰かけ、ひとり涙を呑む。このようなシナの奥地まで来て、顔もあげられぬばかり、ちょうど苦力のように打たれることは、堪えがたい寂しさだった。マルロウの『王道』の主人公のように、そうした苦痛に堪えたいと思いながらも、自分の意思が弱いのであろう。今日はとうとう逃げなければならなかった。人間が人間をあまりにも裁きすぎる例を、自分は軍隊の中において見た。正直に言えば、帯革で普通の人間を殴るべきではない。……だいぶ経って、初年兵の戦友三名、さがしに来てくれているのを見、ともに帰って三年兵殿にあやまる。自分の浅い考えで言った言葉は重々わるかったものの、親がこんなところを見たらどう思うだろうかと思うと、堪えがたい苦痛と寂寥とに責められた。激戦でもあり、戦死でも負傷でもいい、したいと思ったりした。苦痛の限界というものも、空のように果てしないものなのだろうか。ただ正しい人間性のみが、それに限界をつくってくれ、われわれを救ってくれるのだろう」（頁九二〜九三）。

・「一二月一日。（応城から孝感に向かう前夜）「昨夜は大野と二人、夜の闇のなかで古兵に気合をかけられる。殴られて、殴られて、よろめいている足もと。華やかなばかりに青く光る星群。厳然として存在する冬と、そして軍紀」（頁一三二）。

・一二月七日、二二日。（田辺は、もう中国に来て一年も経つのに）「一二月七日、午前中、班長・古兵の〝よごれもの〟洗濯」、「一二月二二日、午前中、古兵の洗濯などする。ちぎれるばかりの冷たさだ」と記している。

田辺は、この日の直前の一二月一九日から上等兵に昇進したが、相変わらず寒風の中で古兵の洗濯をやらされているのである。

田辺は、一九三九年一二月に入営し、同月中国に派遣され初年兵となった。しばらくして、一等兵に昇進し、四〇年一二月一八日に「上等兵」となった。上等兵になれるのは少数の優秀なものだけであったが、彼は依然として、先に入隊した先輩の「古兵」に殴られていた。「古兵」が一つ階級が下の一等兵であっても、田辺よりは威張っていた。こうした兵隊たちの格差について、インターネットのある書き込みが的を射ているらしいので、引用しておく。

〝一般に階級が一つ違えば天国と地獄、神様と奴隷と言われてますが、実際は「星の数よりメンコ（軍隊で食った飯）の数」。今のお笑い芸人が、売れる売れないよりも、「同期か、先輩か、後輩か」を気にするのと似ています。二等兵からスピード出世した上等兵は本来兵隊の中ではエリートですが、先に入隊した一等兵や二等兵に絶対頭が上がりませんでした。「古兵殿ぉ整列おねがいしますよぉ」「なんだとぉ？　上等兵だからっていい気になるなよぉ！　このひよっ子が！」って感じです。チンタラしていて昇進しない兵隊も怖いですが、一日でも早く入隊した人が先任になるのですが、太平洋戦争で召集された兵隊の中には大正時代に新兵教育を受けた一等兵もおり、現役の（つまり若い）軍曹でさえも頭が上がらない「偉い」一等兵もいました。階級社会の見本のような軍隊ですが、表面からは中々見えてこない現象です〟。

日本人は、先輩と後輩、恩師と弟子、上司と部下、同郷・同門・同窓生とよそ者、会長と部下、監督と部員……。こうした上下左右意識がきわめて強く、現在に至ってもあまり変わりがない。その縮図の頂点に立つのが戦前では旧日本軍隊であり、戦後では相撲部屋とヤクザ組織である。しかし、こうした傾向は、戦前戦後を通じて、日本の全社会、全組織を蔽っている精神的特徴である。今でも甲子園を目指す高校野球部や大学の運動部などは、その最たるものであり、戦後も続いている日本社会の悪しき一大特徴である。

田辺は一等兵の時代、二等兵の時代、上等兵の時代と、約一年数ヶ月の間に昇進したが、階級の昇進などたいした威力はなく、隊内に於いては、一年数ヶ月の間、いつも最下級の兵で古兵に殴られていた。しかし、インテリ兵としては、同じ中隊長クラスに当たる少尉・中尉クラスと、本の貸し借りなどを通じて、交流があったようである。こうしたことは、彼が読書をしたり、戦線日記を書いたりする上で有利に働くこともあったであろう。しかし、逆に小学校もまともに出ていないような、多くの無学歴の古兵からは「大学出」として、本を読み詩歌を書くことさえ却って多くの反感、反発、遺恨をかったであろうし、彼が隊内で古兵から一段と激しい「殴打」を受けた理由もそこにあったのであろう。戦前の社会では、旧制中学に進学する者は同世代の数パーセントであった。田辺の日本大学文学科（英文学）卒などという学歴など、東京帝国大学卒、陸士・海兵卒などの出身者に比べれば、言うに足りないものであったが、それでも大多数の一般兵士から見れば、きわめて稀なる「ダイガクデ」として、大いに目障りであり、癪に障る対象だったことは間違いない。

日本社会の特徴である先輩、上官、上司等々の、いわれのない制裁、リンチの堪えがたさを詳細に書いた一人は、『僕は八路軍の少年兵だった』（草思社、一九九四年）を書いた山口盈文である。

彼は最初、満蒙開拓青少年義勇軍に応募し、入隊した。「いちばんの苦痛は、先輩や力の強い隊員の理不尽な制裁だった」といい、同期に入った仲間が、上級隊員の何の理由もない襲撃によって殺された事例（もちろん不問に付された）、また戦闘の際に下級兵士によって日頃の復讐のために殺された（らしい）一兵長の事例を記している。山口は、戦時中の義勇軍、関東軍内部、敗戦後の収容所内の日本軍隊、シベリア抑留中の日本軍内の、将校の特権階級的ふるまい、上級兵の下級兵士への絶え間なきリンチ、いじめを縷々記した後に、「こういう制裁や暴力沙汰があったのは、何も義勇隊に限ったことではなかった。のちに僕は関東軍の兵隊にしごかれ、終戦後の収容所生活でも年上の元義勇隊員から制裁を加えられた。これは戦争という特殊な状況の中での異常な行動だったのだろうか。それとも日本の軍隊独特のものだったのだろうか。あるいは、日本人はもともと集団、強いものに付和雷同して、枠からはみ出そうとする者や弱いものをいじめるという気質を持っているのかと、よく考えることがある」（頁二九）。

私は、日本人は先輩とか、上司とか、恩師とかにひれ伏し奉り、そして理不尽な仕打ちを受けつづけ、堪え続ける「特性」を持っているように思う。それは日本純粋封建制とそれに続く大日本帝国の歴史遺産である。そして今でも我々はこの歴史社会的慣性に支配されているのであろう。モンゴル人の相撲取りが、日本に来て「〇〇部屋」に入門して、最初に驚き、耐え難い思いをするのは、「親方」や「先輩・兄弟子」の圧倒的権威に無条件に服従せざるを得ないことだという。そうした習慣は、現在の大学体育部、部活、ゼミやサークル、もちろん政財界各界やさらに又有名大学の種々の組織にさえも、大なり小なりみられる現象である。監督、顧問の先生の暴力や行き過ぎを声高く非難し、処罰する大手マスコミ、文科省官僚、教育委員会こそが、じつはその日本型イジメ体制の頂点に立っているのである。今や、国公立の小・中学校の先生方は、唯一の労働組合「日教組」をつぶされ、父母会と社会からの「イジメ」の対象になって久しい。彼ら彼女らは、ほとんど奴隷労働者にまで身を落とされた。日本イジメ社会の最底辺に落とされた人々の中から、今度は「在日韓国人・朝鮮人」への攻撃者、差別者へと変身して行く人も生まれる。

第二次世界大戦の時、捕虜になり収容所に入れられたイギリス、フランス、アメリカ人兵士たち、或いはシベリアに連行されたドイツ兵捕虜が集団で抗議したり、大脱走を企てたりして、集団的抵抗をしたが、日本人捕虜たちは、依然として将校や古参兵の権威と命令に従ったという。こうした日本人共通の性格は、今も陰湿な学校や社会における「イジメ」、「パワハラ」として健在である。その歴史的、社会的、文化的な起源、原因は究明されねばならない。シベリアの日本兵の秩序については、シベリア捕囚四年間の高杉一郎の『極光のかげに』（岩波文庫）が興味深い事例をあげ分析を行っている。同書によると、初めは関東軍の将校が威張り、次に「ソ連の手下になった〝積極分子（アクチブ）〟がのさばり」、やたらに人をつるし上げたという。戦前から戦後まで続く、権威、権力に弱い実に嫌な日本社会の風潮である。

山口少年は、収容所の「先輩」たちの暴力に耐えかねて脱走した。死ぬか生きるかの逃亡中、彼は貧しい朝鮮人のお婆さんと、中国人の一家に命を助けられ、ついに八路軍の少年兵になったのであった。

第三章　田辺の部隊の毒ガス兵器学習とその実戦訓練

田辺利宏は、一九一五年五月、岡山県浅口郡（現、倉敷市玉島）に生まれ、苦学して日大を卒業後、広島の女学校の教師として就職したが、三ヶ月で徴兵され、島根県の松江連隊に入営した。彼の部隊は、中国に上陸した一九三九年一一月から翌年の五月まで、長江下流デルタ地帯の江陰県にいた。最初にやらされたのは、「毒ガス兵器の取り扱いの学科と実践訓練」であった。実戦訓練は、集中的に一ヶ月以上続いた。日記によれば、次のような日常であった。

一九四〇年、春、訓練

五月いっぱい、毒ガス（赤筒）弾の発射・防御等々の訓練を受けている（頁六四〜六九）。彼の日記に「ガスに関する学課、完全防毒具の着装学習、防毒面を自分と馬に付ける訓練、防毒面を付けたままの前進訓練、赤筒ガス中に実際に入る訓練、判毒の訓練、撒毒地通過の訓練、ガス試臭器の取り扱い訓練、ガス斥候の実演、防毒面を付けたままの射撃訓練」等々と記されている。彼らが、戦場に出たのは、この四〇年の六月からであった。

だいたい田辺のいる部隊は、江蘇省、安徽省、湖北省の平原や山岳地帯に於ける、主にゲリラ追撃戦と宜昌・当陽間の鉄道守備をやったのであり、多数の軍団同士が本格的に向かい合って戦う大会戦や、大都市の包囲攻撃戦には参加することはなかった。中国軍（八路軍を含む）は、基本的には武漢会戦、南昌攻防戦以降、大軍団で戦うことは少なく、八路軍などはゲリラ戦が中心であり、迎え撃つ中国兵ゲリラは便衣（普段着）であり、人数も少なかった。敵の姿はほとんど見えず、規模は小さく分散しており、また不意の狙撃、襲撃が大部分であった。国民党政府軍も、その中に含まれる共産系の八路軍も、一九三九年以降は、大規模な会戦、都市防衛の攻城戦をやる力がなかった。しかし、日本軍は大規模なガス攻撃を準備していた。田辺の戦線日記には、「毒ガス訓練」について、次のような記述がある。

一九四〇年春以降、出陣

・（彼が中国に兵士として来てからもう半年以上過ぎていた四〇年の）「五月一一日。小雨。敵の大隊長・小隊長が江陰（県）のどこかの家にいるという密偵の情報に依ってたたき起こされ、真夜中の一一時半頃、小雨の降るなかを出動。ある村でそれらしき家々を急襲するもそれらしい人物はいなかった。それでさらに三、四人の捕虜を加えて連行した。ある家に踏み込んだとき、〝若い女が二人眠っているところにも踏み込む。そうした温かいものに対する感情には、今夜の気持ちはあまりにも遠すぎていた。かえる頃はもうしらじらあけて明るい〟」と日記には書かれている。朝まで徹夜で敵を捜索していたのだ。ところで、この若い女性二人に、日本兵は何をしたのであろうか。田辺は「温かいものに対する感情には、今夜の気持ちはあまりにも遠すぎていた」と日記に書いているが、この田辺の記述は大いに気になる。

情報を得て、日本軍が討伐に出ても、相手はすでに逃げて姿がない、こうしたゲリラ戦ばかりになった。しかし、田辺隊は、以後も、連日「ガス教育開始」「ガスの学課」「発煙筒を焚き」「ガス面をつけての実地訓練」「ガス斥候の実演」が続いた。

【未完成の詞】
五月の夕ぐれに、城壁（注、江陰城の城壁）に立ち東に向かえば、みどり萌える曠野は斜陽の中に、野鳩は麦の穂のかなたに鳴く。まさしく一つの死の家に生き、愛もなく死もなく、打たれる犬の如く、みどりの地平線を腹這っている」（五月一三日、頁六五）。

・「五月一四日。曇。つめたい雨。今日は営内で天幕を敷き、ガスの学課。何か心の底の方で砂のように崩れてゆくものがある。……たしかに兵隊というものは、もっともニヒルな地の果ての人間かも知れない。夜、酒が上る。日本の酒。大伴旅人の酒を讃むる歌をよくあちこちに落書きしたものだった」（頁六五）。

・「五月一五日。雨。午前中学課。午後北方の畑のなかの小さい廟で赤筒を焚き、はじめてガスの中にはいる。（防毒面の）左から指を入れると、思ったより多量のガスが入り、それを吸い込んでしまったので、二分後出たときの苦しさはひどいものだった。喉がひどく刺激され涙が出る。鼻汁が出る。唾液が出てくる、胸がむかむかして、あげそうになる。畑の中に坐り込んで、それらのものを排除するのに骨が折れた。人間は何というものをつくるのだろうと感心する。ほかにも、仲間の連中が目を真赤にして苦しんでいる。戦争というものはまったく汚いもんだ。――一五分か二〇分したらどうやら元通りになったが、喉は依然変だった」（頁六五〜六六）。

・「五月一六日。晴。午前学課。午後は営内の池のほとりで馬を引っ張って来、馬に防毒具（ガスマスク）をつけたり、また兵隊につけさせたりする」（頁六六）。

・「五月一七日。晴。このころの忙しさときたら、まったく物も言いたくないくらいだ。疲労の色が濃くなってゆくのが、はっきりわかるようだ。今朝から装面しての駆け足、早駆などの間稽古がある。……一二時過ぎまた不寝番。月夜。やっと真夜中に見出した、久しぶりの静謐。ほんのわずかなひまに、フランス詩集をひろげてみる。心の芝生だ」（頁六五）。

・「五月二〇日。晴。午前中は（江陰県城内の）中山公園にゆき学課。午後は公園入口横の広場で、判毒の実験。自分も完全防毒服を着せられる。ゴムの粉が身体中につき、まっ白になってしまう。鼻をつく晒粉の臭気。夕方より夜間演習。……夜、九時近く……今日は撤毒地通過の実課だ……」（頁六七）。

・「五月二三日。晴。午前中公園で捜索とくにガス斥候の実演」。「五月二四日、曇。着剣して立射の姿勢を三〇分以上もする。左の手がしびれ汗が流れ、……苦痛をかみしめながら、マルロウの『王道』を思い出したりする。また、今日ガスの学課中に盗みよみした『死の家の記録』の囚人を思い出したりする」。以後、五月末日頃まで、ガス面をつけて実地訓練が続く（頁六八〜六九）。これ以後、長い戦線出動を経て、本拠地に帰還し、再びガス戦訓練を再開。

・「八月二八日。無錫にて、ガス訓練」。「八月二九日。午後よりガスの学課。九月三日。東門外で発煙筒の動作」。「九月五日。今日はガス修行の最後の日だ」（頁一一一〜一一二）。

日本軍は、ガス攻撃の準備訓練を約五ヶ月間続けていたことが分かる。ゲリラ掃討戦に使うガス弾は、一般的には「赤筒」（嘔吐ガス）であったようである。

宜昌は、湖北省西部の長江の中流にあり、大型船が遡ることができる交通の要衝であった。

仙台の第一三師団は、一九四〇年六月一二日、ここを占領した。陳誠将軍の中国政府の大軍が大規模な奪回作戦を展開し、一〇月一〇日から本格的な攻撃が始まった。ここで日本軍による中国政府の大軍の包囲陣に向けて大量ガス攻撃が行われた。

吉見義明著『毒ガス戦と日本軍』（岩波書店、二〇〇四年）に次のような記述がある。

「一九四〇年一〇月二八日、重慶の国防部広報官の情報によれば、抗日戦争中でもっとも激しい毒ガス攻撃が日本軍により宜昌で行われ、三四〇発の毒ガス弾が使用された。ガス弾は、大砲で発射され、また飛行機から投下された。砲弾が爆発後、灰色・白・オレンジ色の煙を出す暗黒色の液体が流れ出し、花の香り、あるいは腐った果物のような臭いがした。約一三五〇名が被毒し、その内七五〇名が死亡した。使用されたガスは、催涙ガス、嘔吐性ガス、糜爛性マスタードガス等で、皮膚に水泡が出、眼から涙が流れ出、クシャミ、鼻からの出血等があった」(頁一三四〜一四四)。

田辺の部隊は、この宜昌作戦の一環を担う部隊であったが、援護部隊として、輸送鉄路確保の任務に当たっていた。彼の部隊は、一九四〇年七月一日から湖北省の河溶鎮を出発し、同省の宜昌・当陽間の兵員と貨物を輸送する道路を確保するために、双蓮寺に約一ヶ月以上駐屯した。そして八月一三日以降、武漢を経由して長江下流デルタの江陰に帰還している。だから、田辺のいた部隊は、この後に一〇月八、九、一〇日と連続して三日間行われた「宜昌攻防戦」における、日本軍の大規模な「ガス爆弾攻撃」の時には、この戦線にはいなかった。

吉見前掲書によれば、「重慶の国防部広報官の情報によれば、抗日戦争期間中で最も激しい毒ガス攻撃であった」(頁一三五)らしい。毒ガス戦の訓練を激しく受けていた田辺一等兵は、この宜昌作戦のガス戦争に参加せず、以後も大きな毒ガス作戦には、戦死するまでの一年半の間、参加した様子はない。しかし、彼の部隊もときどきは赤筒を射ったことがあった。

田辺の「戦線日記」には、自分達が実際に毒ガス弾を使用したことを記した箇所が三か所ある。三つとも、江蘇省北部の事例である。一つは、一九四一年二月五日、河南省の信陽を経て、淮河を越え、泌陽へ向けて行軍中、敵の猛攻撃をうけて戦友が何人も戦死した。この時、「なかなかトーチカは落ちず、自分ももはやだめだとばかり思っていた。チェッコ(銃)がたびたび覗ってうってくる。流弾も激しい。――まもなく、赤筒をたいたらしく、咳いている声がきこえる。……中隊長もやられたらしい。戦死者も六名ばかり、戦傷者は十何名もあったろう。はみ出ている森脇兵長の脳、……惨憺たる有様だ」(頁一四八)。

二つ目は、四一年五月三〇日、宿遷県付近にある大きな喬北鎮という町で、敵襲を受け、多くの死傷者をだした。ここには紅槍会匪が三〇〇人も隠れていたという。「全員討伐の服装でただちに整列との命令下る。敵討ちだ。久しぶりに討伐に行くのでうれしい。……いよいよ時間がきて、赤筒発射、曳光信号弾のようだ。一〇メートルほど前進してさらに発射。予備である自分らも射つ。着剣して突入」（頁一七三）とある。

この時「菊森中尉以下、三名の戦死」の情報を聞いた。しかし実は、田辺が後で聞いたところによると、自分達の「擲弾筒《てきだんとう》の二重装填による事故死」であったという。最初の友軍多数戦死の報に、田辺も「はげしい憤懣を感じ」、「かたき討ちだ。久しぶりに討伐に行けるのでうれしい」と書いている。部隊長から、報復のため「全部落焼き払いの命令。火をつけて廻る。黎明の空に濛々たる煙と火。ようやく眠気が去る。さらにつぎの部落に前進したが、何の音沙汰もない。つぎつぎと火をつけて廻る。――すばらしい白鳥が、焼けている家の庭をかけている。集結して帰る。杏の実が熟れている。麦を刈っている住民。戦いさえなかったら、牧歌的な美しい風景なのだが。……」（頁一七二〜一七三）。

三つ目の例は、一九四一年六月二六日の、江蘇省北部の宿遷から新安鎮一帯の地点においてである。

・「六月二六日。しばらくすると、一〇〇メートルほど前の家あたりで煙があがる。それを見ているわれわれの鼻が、酸っぱくなってくる。友軍のガスが、風に流されてこちらへ来ているのだ。うすいガスだが、涙が出たりクシャミをしたりする。左で目黒が、望楼をねらってさかんに擲弾筒《てきだんとう》をうっているが当たらず、そのまわりで壮烈な音をたてるばかりだ。曳光弾で、望楼の手前の家が燃えはじめ、パリパリという音がよくきこえる。敵はどうやら六〇名ばかりらしい。しかもほとんど、見えている三、四の望楼に入り込んでいる。松島曹長殿は、部落を焼いてこれを攻めようと言っていたが、主税准尉殿がそれをとめていた。良民が可愛想だからだ。たいした敵でもないので、突入せず引き上げる。敵はワイワイ騒いで、パンパンと少しばかり射ってきた。われわれはべつに走りもせず、この部落を後にする。夜は明けてしまって、暑い日が照り始める。たいして疲れてもいない。少し離れた部落では、もう農民が鍬をふっている」（頁一七八）。

田辺のいた部隊は、おもにゲリラ戦などで毒ガスを使っていたようである。が、そう事例は多くない。ゲリラ討伐に毒ガス弾を使うのは効果もなく危険だったからであろう。ゲリラ戦で、日本軍の凄まじい報復が行われるのは、多くの戦死者を出し、復讐の念が高まった時である。中国軍の便衣隊や八路軍の攻撃によって多くの戦死傷者を出した時には、田辺ら日本軍人の激しい憎悪と報復の心を呼び起こした。隊長は、日本兵に全部落を焼き払えと命じ、復讐へと駆り立てた。救いは、ある作戦時、一准尉が全部落焼き払えの命令を止めて作戦を中止して帰隊したという記述である。

第四章　日本兵の大きな苦痛と中国農村・農民の惨状
――日本軍の放火略奪等々、残虐行為の数々――

大別山脈附近にて、作戦の日々――極寒の中、行軍に継ぐ行軍、戦場での疲労困憊の日々。強行軍の際には、三〇キロから四〇キロもの荷物を背負い、銃を携え、連日敵を求めて数十キロも歩き続けた。とりわけ、厳冬の大別山脈越えは厳しかった。かくして、日本軍の行くところ、放火、略奪、瓦礫、焼け跡、腐乱屍体、蛆、骨、臭気、蝿、蚤、糞、ゴミが溢れているということになった。まさに、田辺が言う「われわれは人間のものではない、別のある惨憺たる極地」を通っているのだということになる。以下、田辺の日記から、戦場の惨状を紹介する。

一九四〇年

・「四月一八日。夜、あちこちで酒を飲み大声で歌っている声がきこえる。死ぬかもしれない目前の戦いのために、みな酒を飲み唄を歌っているのだ。……われわれのうちのいくらかも死ぬことは確実だ。しかし、たれも自分が死ぬとは思っていないのだ。みな安心して眠ったり駄べったりしている。憂色はさらにない。……戦自分もまた同じだ。今日リンゴを買って食ったが、おいしかった。さわやかな風のような味わいだ。……戦いが人生の核心であるとはとても思えない。戦争は地の果てだ。血ぬられた荒野であり山獄だ。……」（頁五五）。

【蒲公英《たんぽぽ》】

無錫にごろごろしていた俺達は、いよいよ明日未知の戦線へ出発だ。空は青く藤の花房が美しい。雀らはさえずり風は爽やかに、俺達の感情もまた平和に充ちている。誰も真実に死を思わず、戦友達は石畳の上に寝そべり、野犬のように眠っている。地の果てに向かう相貌は未だ無い。むしろ砲煙こそ一つの夢かも知らない。風にゆれてゐるきん色の蒲公英! 今日はしずかに、この花を見て過ごそう(頁五六)。

・「四月二六日。(蕪湖一帯での討伐行)苦力の徴発。(涙)。夕方出発。月の行軍」(頁五八)。

・「四月二六日。交戦、……。ある部落におそく到着。せまい道路に兵がみちあふれ、腹はへり、これから夕飯をつくらねばならないので、騒ぎはたいへんなものであった。家々のかたくとざした戸をぶちこわし、シナ人がわれわれを「強盗」と家々の壁に書いていたが、まったく強盗のように、役立つものを取り合っている。われわれの分隊は、二階にしてある布団に眠ることになる。しかし、南京虫と蚤には閉口だった」(頁五九)。

日本軍は現地の農民を勝手に徴発・連行して、道案内や荷物の運搬に使役した。食料や物資の調達、略奪ばかりでなく、人間や馬やロバなども徴発した。そして、強行軍が終わったり、用事がなくなったりすると行く先で放り出した。日本軍は、三〇から四〇キロもの背嚢を背負い、銃を持ち、厳寒の中、一昼夜で数十キロもの強行軍を行ったので、ついてゆけない「苦力」は、そのまま山中でも、人のいない丘陵でも、置き去りにした。田辺も、この最初の出動の時、現地人の「苦力徴発」をやらされたのであろう。最初の時には、可哀そうで涙を流しただろうが、以後、それにも慣れ、彼の部隊の「苦力調達」は常態化したようである。彼自身も、ある人を「ニー」(連行した人を「ニー」と呼んだが、語源不明。「オマエ」の意か?——引用者)として連行したが、しばらくして逃げられたと書いている。日記に「苦力の徴発。（涙）」と書いているが、「涙」を流したのは連行された人であろうが、田辺もその涙を流す心境が分かったのであろう。

・「六月九日。（湖北省安陸市へ行軍）胡瓜畑がある。途中の家々は焼かれ、畑は麦を刈った後の何もない荒涼としたなかにあって、胡瓜畑はまったくOASISといっていいものだ。小隊長から先に飛びこんでゆく。……今夜はここの藁の上に、また露営。……この付近の家々はほとんど焼かれてしまっている。ある家に徴発に行ったが、門をはいると、額に黒いあざのようなもののある老婆が一人だけ、森閑として入口に立ち、こちらを見ている。怖いような風景だ。そのうしろの戸を開けて見ると、沢山の蠅がぶんぶんうなり、暗いなかにいろいろの引出しや入物が引っくりかえされて見苦しい。だれか先にきて荒らしたらしい。軍用路を右に折れたところに、首のない男の死体が、血に染まって倒れていた。戦場に来てはじめて見る人間の死体が、血に染まって倒れていた。はだけた胸は血に赤く染まり、永く正視できないものがある。あるいは池のそばに、黒く腐ってころんでいる豚。自然は青々と美しい中に、人間の為したことはあまりにも醜く、夏の日の下にさらけ出されている。これらの感情に馴れ、これらの中に生活するためには、まったくわれわれは一時、人間であることを忘れなければならないであろう」（頁七五）。

・「六月一一日、晴。（前略）傷をして以来、上等兵は（「には」であろう――引用者）さらにめんどうくさくなり、嫌になってしまう。向かう敵よりも、荷物（もたされる荷物の量）とか古兵の口に対し、しっかりと戦う腰がなければだめだ。自分はあまり働かないかもしれないが、最近とくに、戦友みなに対して愛着を感ぜず、むしろ嫌厭の気持ちのほうがつよい。あまりにも荒寥としたみなの心には、美しいものとか、美を感じる心とかいうものは最近ほとんど見つからない。しかし、軍隊では、そういう風に考えることのほうが悪いのであろう」（頁七六）。

・「六月一二日。晴れ。（前略）清流のほとりで午睡。付近に蠅の多く、またその蠅の執拗なことは驚嘆に値する。彼らはあらゆるものの上、死屍の上、糞尿の上にとまり、更にわれわれの唇にまつわりついてくる。実にいまわしい敵だ。寝床の藁には蚤、虱がおり、暑気はつよく、仮小屋には眠れたものではない。（後略）」（頁七七）。

・「六月一三日、晴。（荊門県を過ぎて）午後の徴発についてゆく。家の暗く不潔なことはまったく驚くばかりで、蠅がちょうど箱の中のミツバチのように居り、戸を開けるとワーンと鳴り立つほどで、自分らは入らずに出てしまう。――鶏、家鴨、砂糖、塩、卵などが徴発される。田はひび割れ、所有物はたびたびの戦闘に侵され、まったく気の毒にたえぬのがシナの農民だ。彼らはあらかじめ徴発を知っており、大事なものは裏の木立の中や、蚕豆《そらまめ》の中や、いろいろのところにかくしている。丈夫なものはたいていどこかへ行っており、老人とか病人とか女などをよく残している。今日も一人あえいでいる病人がいた。まったくの地獄だ。（ある家には身体に紅いぶつぶつができている盲人が一人おり、家の入口に腰かけていた）その身体には幾百ともしれぬ蠅がたかっていたのに、その人は別に追おうともせずじっと前を向いていた。……わずかに飛んでいる蛍。暗くなってゆく沿道にときどき嫌な屍臭が鼻を突く……（後略）」（頁七八）。

（この前後の田辺日記の、荊門県あたりでみた兵禍の下での中国民衆の惨状描写は酷い）。

・「六月一九日。晴。一日中行軍。ひどい暑熱で倒れんばかりだった。安陸（鐘祥）城外に露営」（頁八〇）。

・「六月二一日。雨。昨夜の命令で、今朝は五時半に集合。（中略）今日はまったくの泥濘だ。三度漢水を渡り前線にむかう。泥濘の深さ、長さ、死を賭しての前進。（後略）」（頁八一）。

・「六月二二日。昨夜、小隊長が酒に酔い、今朝歩けないので、一分隊が護衛のために残り、ニーコを徴発して担架で途中までかついでゆく。今日は荊門のそばまで行く（後略）」（頁八一）。

・「六月二三日。朝、荊門まで。短いあいだであったが、付近に死体が多くあり腐臭のたえがたいものがあった。水ぶくれの胸に蛆のわいた死体。いままで見てきた牛馬とおなじ骨だけになって分散しているもの。黒く腐った死体は水中に、草のなかに、路傍に横たわっている。昨日はトラックの上から新しい子供の死体もみた。それは路傍にうつ伏せに、手をひろげて死んでいた」、「およそ想像もつかない荒れ方である。街の上に引いてある電線には金蠅がまぶりつき、蠅が二〇や三〇たかっていない兵隊はない。これらの蠅は口や目や鼻や、ところきらわず、死体にまぶりつくのと同じに、われわれにまつわりつき、その執拗なことは、気が狂うばかりだ。――さっき一人の苦力が、手を後ろ手にしばられ、竹で背中と尻を猛烈に打たれていた。町々は糞とごみと臭気と蠅。軍靴修理機の轟轟たる音。この荒寥たる感情のなかには、まるで人間の故郷というものがないようだ。しかし、われわれを待ち伏せているもの、まだまだ惨烈なものが、なお多くあることは確実に予想できる。――六里（約二四キロ）ほど歩き露営」（頁八一〜八二）。

・「六月二六日。晴。早朝、暗いうちより出発。廃墟と化した暗い町は、昼間見るよりもさらにものすごく、死臭さえ夜の空気にまじって来る。この町にいつまた人間が帰って来、朝の挨拶を交わすだろう。――ここを通ることとさえ、人間の感情を離れたあるものだ。これは人間が作ったものではない。われわれは別のある惨憺たる極地を通っているのだ。そんな感じだ。これを通りぬけて見ることも、人間と遊離した感情でなければ駄目なように思われる」（頁八二）。

・「六月二七日。晴。午前も午後も徴発。付近の農家はほとんど荒らされていて、持ちかえる荷物もないほどだ」（頁八一〜八二）。

・「六月二九日、晴。昨夜、二時半〜三時半の不寝番。蛍がたくさん飛んでいる。遅い月の出。（中略）風のある日。はためく天幕の下に坐れば、四周一面の広い丘陵だ。幼い松の木が多い青空を遊泳する雲の大群」（頁八三）。

この日、次の詩を作る。

【斜陽】一九四〇年六月二九日

丘の向ふから、斜陽の中を、白い鳥がとんでくる。俺はいま、彼女のことを考えていたのだ。思い出は雲のように、空高くかがやかに、どこの世界でも俺を慰めてくれる。ゆるやかな丘の稜線よ、乳房よ。俺達は毎日大陸の山野に、原始の生活を送っている。あらゆるものを徴発し、藁の上に寝そべり、川の水をのみ、自然は俺たちの友だ。好戦のあけ方、朝焼けの夏雲を仰ぎつつ、敵を求めて俺達の果てしない行軍がはじまる。俺達にとり恐ろしいものはないのだが、女よ、お前の思い出が、倦怠のままにまに俺を悲しませる。都会よ、酒よ、恋人よ。おだやかな斜陽の丘に、遠い蜃気楼を浮ばせてくれ。地の果ての寂寥を慰めてくれ（頁八三～八四）。

田辺らは、一九四〇年七月一日より、宜昌作戦へ動員さる。七月一日、河溶鎮一帯へ。三日、ゲリラの狙撃を受け、多くの死傷者がでた。

・「七月三日、晴。（前略）戦死者が榊の葉に頭を飾られ、担架の上に横たわっている。出発、国道のような広い道。長い長い部隊と部隊のあいだを、戦死者が四名、粛々と赤陽の中をはこばれてゆく。戦いの後の静かな行進。目的地・双蓮寺まで、あと三、四キロだそうだ。朝の敵は、退却したと見せ、我々の前方にまわったらしい。塩をかけての夕食。夜行軍。ロバを一頭追って行くことになる。夜暗。はじめのうちは何事もなかったが、はたして敵は射ってくる。しかし、われわれは、べつに止まりもせず、疲れはてた強行軍。途中、小雨まで降り、馬にひきずられ幾度か闇のなかを滑りころぶ。まったく絶望的な気持ちだ。歩いても歩いても、目的地は来ず、水は途中でなくなったが、補給もできない。途中一度、突撃をすべく着剣までしたがこれは取りやめとなる。敵はわれわれの守勢に乗じ、さかんに射ってくる。ときどき、近くを飛ぶ弾の音がする」。

【死の人足】　一九四〇年七月三日　双蓮寺の直前にて
俺達は濁流を泳ぐように、闇の中を進んだ。敵火は間断なく夜を引裂いてゐた。俺達は全く疲れ果て、その音を死の呼声とも思わなかった。あまつさえ雨が降り始め、夜の道はぬかり辷り、地上とも思われぬ粘いものの上に、何の表情もなく土塊のようにころげ、また起上がっては歩いた。目的地は一体どこなのだろう。闇と銃声とは果てしがなかった。休憩もなく水もなく、俺達は半ば眠り半ばうごき、果てしない泥と闇の中へ、重い背負い袋をかつぎ、死の人足のように進んだ（頁八六）。

彼の部隊は、さらに前進し双蓮寺に駐屯した。ここの一か月余の間に、以下の四つの詩を書いた。

【夜の歩哨線】　一九四〇年七月一一日
午前三時——遠くで敵の迫撃砲。半月はすでに傾いて暗く、歯ぎしりのような蛙の声。沈々と深い暗夜の中に、わが銃剣のみほの白く光る。またチェッコが鳴る——しかし遠い音。仰げば高い星空と天の河だ。無限の星光の下にあるわが心の高調。清らかな夜の蒼穹の祭典の、われは一人の守衛だ（頁九〇）。

【展望哨にて】　一九四〇年七月一九日

丘の松はみな南に傾いている。中空の白雲。この丘に我々の分哨があり、仮小屋の上に展望哨が立つ。終日遥かな前方の稜線を眺め敵襲にそなえてゐる。しかしすでに敵影はなく、胸を去来するのは望郷の思いだ。荒寥たる大陸の奥地の警備には、ただ思い出のみが慰めてくれる。それは狂気に近い烈しい思い出だったかもしれない。しかし今はそれらの歴史も、やさしくしづかな風のように心を撫でる。高く遠く爆撃機が西方に飛ぶ。おお我々の青春もまた、濁流の世界に渦巻かれ流れてゆく。忽ちに思い出は裂かれ、黒光る銃身を撫してみるのだ。丘の松はみな南に傾いている。遥なる稜線上に、俺は見えざる敵をさがして終日を立つのだ（頁九四）。

【望郷】 一九四〇年七月二八日

丘陵地帯の歩哨線に、もう薄の穂が風にひかる。永い困苦欠乏のこの作戦に、いつも思い出されるのは、音信の全く絶えた故郷のことだ。我々の原駐地には、もう束なす祖国からの便りが、我々のかえりを待ってゐることだろう。荒寥たる生活に堪えている兵隊たちは、滅多にあがらない煙草を根元まで吸うために、竹のパイプを作りながら、家のこと、あまいもののことなど話し合って、地の果ての寂寥を幻想で癒すのだ。毎日敵都爆撃の飛行機がとぶ。戦火よ、昨日の赤い花のように忘られて、我々に静けさと平和とを与えてくれ。蛆の湧く屍体と血と蝿よ、澄みきった朝風の中に消えてゆけ。我々は玲瓏な歴史の表紙を開こう。丘陵地帯の歩哨線に、もう薄の穂が風にひかる。秋も近い前線では、ひとしほふるさとが思い出されるのだ（頁九七～九八）。

【敵】 一九四〇年八月一一日

怠惰なる平和よ、敵はどこへ逃げ去ったのだ。敵よ、再びかの稜線に現はれて、烈しい銃火を浴びせてくれ。地軸をゆるがす迫撃砲よ、快適なチェッコ機銃よ、お前たちの怒りと咆哮とをどこへ失ったのだ。敵よ、俺の生命を照らす火よ。夏雲の赤く大きい好戦の朝、緑濃い樹々の蔭より、俺達の胸をねらひにやって来い。敵のない寂しい日々は、いたづらに灰の過去のみが、暗鬱な泥の季節が、またしても俺を悩ますのだ。果てしない夏の地平線より、敵よ、大挙してやって来い。銃先を並べ銃剣を光らせ、敵よ、喊声高くやって来い。敵よ、愛する敵よ、怠惰なる平和を破って、逞しい胸もあらはにやって来い。敵よ、俺の生命を照らす火よ！（頁一〇〇）。

・「八月八日。（武昌付近）（前略）日本兵は、中国住民の家から略奪して来た物品を中国人の行商人に売りつける。「戦争という暴力は、そうゆう不合理なことを堂々とやらせ、しかもこっちは高い安いまで言っているのだ」（頁一〇二）。

・「一一月二日。南京を出発して戦線へ。南京をでて長江を遡る、船中にて詩を作る」（頁一一九～一二〇）。

【遡江】　一九四〇年一一月二日　長江上にて

三たび揚子江をのぼり、三たび戦線に向ふ。満々たる濁流に逆らひ、溷濁した意識を越え、前進とは何という勇ましく寂しいことだ。待ちうけてゐるものは、曠野千里の晩秋である。その中に疲れ果てた敵を求め、チェッコ銃の快適な弾雨を浴び、いくつもの死線を跳躍する、これは痛ましい太古からのスポーツだ。茫洋たる濁流に馴れ、褐色の流水を動脈に注ぎ、凡そあらゆる情調とは別れを告げよう。冬と鋼鉄の祭典へ、招かれもせず俺達は、無頼の客俺達は出かけてゆくのだ（頁一二〇）。

・「一二月一二日。夕方、入浴よりかえってみると、機関銃の歩兵が一人。なんでもない所で盛んに挙手の礼をしている。ときどきニコッと笑う。二、三日前から聞いていた例の気ちがいは彼らしい。惨烈な戦闘ばかりで、心の伸びる時の少しもない最近の生活が、彼をこのように狂わせたのであろうか。同じように戦い、同じように苦しんだ兵隊だけに、正視するに忍びない気持ちである。最近の日々の倦怠。たれにも屈せず、凛とした精神をもって生きていた日のあったことが、圧され圧されている今の精神をさらに情けないものに思わせる。罪の意識もなく、このような囚人的な生活を耐えて行くこと、よほど忍耐のいることである」(頁一三三)。

田辺は、湖北の宜昌～当陽間の輸送路の警備のために双蓮寺にいた時、初めて捕虜の処刑をみた。それは一九四〇年七月六日のことである。

・「七月七日。一昨夜の分哨で三人のシナ人がひっかかったらしく、ちょうど銃剣で刺すところだったので、人間はどんなふうに殺されるものかと思い、そばへ行ってみる。(一人はひどくやせた足の長い老人、初年兵が、古年兵が加勢して何回もさす) 突くのは気持ちが悪いものだ。あっさり銃殺にした方がいい。殺される人はどんな心理だろう。ドストエフスキーのことが思い出される。笑い顔で殺している兵。三番目が目をはらし、いままた殺される予感におののいている。もう見るのもいやだ。生も死も、このあたりでは、いま叩きおとされた梨の実とどこに違いがあるだろう。夏の光と、夏の雲」(頁八八)。

一九四一年

田辺の部隊は、一九四一年初頭、本営の江陰から厳寒の河南省南部に出動を命じられた。信陽へ、そこから西北方面約一〇〇キロ離れた泌陽一帯へ。そしてまた信陽へと敵の掃討作戦。二〇日間の苦闘が始まった。四一年一月二一日〜二月一四日まで。約一ヶ月弱の転戦の経路は次のようなものだった。

江陰→汽車で広水駅に下車→大別山を越える→劉店→大家屯→泌陽（ここから折り返し）→信陽（又、淮河を渡り）→大別山を越える→広水駅で汽車に乗り→江陰へ帰隊。

この間、厳冬の大別山を二度越え、連日のように一日一〇里（四〇キロ）の行軍の日々が続いた。

・「一九四一年一月二三日。四時起床。いよいよ山脈に向けての出発である。雪の様な霜、強烈な寒風。やまやまの樹の鳴る音が、波のようだ。北へ、北へ、おしかぶさってくるような山のあいだをぬって、われわれの今日の行軍はなかなか困難だ。午前中もう三人、四人も落伍者を出した中隊もある。われわれの中隊の苦力の一名落伍し、あわれにもこの厳冬の中へ捨てられてしまった。——吹きさらしの山あいのなかで昼食。ふるえあがる昼食である。濛塵はますますはげしくなり、夕方、予定の約一里前で宿営」（頁一四四）。

・「一月二四日。晴。今日も一日、山の中を歩く。（中略）今朝の寒さのきびしかったことは、筆舌につくしがたいほどであった。昼も寒さがゆるまず、一日中氷の張づめであった。今日もまた藁の床。寒くて眠れない、昨日と同じである。ただ、炉をつくって火を焚いただけあたたかだった」（頁一四五）。

・「一月二五日。晴。今朝は昨日のようではない。三寒四温の文字どおりであれば、もうけものだ。昼まえ、信陽に到着。城内には入らず。城壁下をめぐって東北方にでてしまう。城外の丘に達すると、もう正北方で砲声が、間をおいていくつもきこえる。今日から作戦行動にうつるらしい」（頁一四五）。

・「一月二六日、晴。敵との遭遇を予期する日である。はたして午後、淮河近くで休んでいると、わきの畠に弾丸がシュッシュッと落ちてくる。尖兵が散会して、左の部落に突入している。……急迫のため淮河を敵前渡河。午後とはいえ、この日は寒く、氷が流れている。みなは、いい思い出になると笑ってまぎらわしている。渡河すると、二〇〇メートルばかりの砂地である。敵の弾丸がはげしく風を切ってくる。大隊砲の音。

東方の部落の手前の家が燃え上がっている」（頁一四五）。
・「一月二七日。十里行軍の日。しかも不整地の前進が多く、午前中にあごが出るくらいであった。夜に入りようやく目的地の劉店に到着。（後略）」（頁一四六）。
・「一月二八日、濛塵の日。今日は尖兵。前衛大隊が交戦中なので、急行軍して追いついたがすでに戦闘終了。今日も一〇里の行程。まったく疲れはているところ、その上に夜行軍で、疲労限りなし。夕方、明日の朝・昼食つくるため一つの部落に入り、釜をとりに一軒の家にはいると、若い可憐な母親が子供に乳房を含ませていた。別に恐れもせず、何か話している。素朴な田舎の若妻である。はりきったみずみずしい乳房の前に、瞬間だけ素直な心にかえる」（頁一四六）。

この日の日記を読んでいる私も、大いにホッとした。乱暴な「日本鬼子」になっていたであろう田辺上等兵のこころにも「素直な心」が戻ってきたのだ。この我が子に乳房を含ませている若妻に何事もなかったと思えるが。しかし、「徴発」のためこの家にはいった後続部隊の日本兵は、若妻を見逃してくれただろうか？
・「一月二九日、晴。（敵に追いつき、幾たびか交戦。敵はチェッコ銃二挺、小銃十余を鹵獲、遺棄死体を残して逃走）。またしても敵弾がくる。ここで数時間も、深夜の寒さと戦いながら前進を待つ。それは並大抵の寒さではなかった。坐ったまま凍り死ぬかと思われるほど、そうした寒さのなかで、死のような眠り。――つぎの部落に入り、シナの饅頭・芋などさがしだし飯をくらう。もう夜明け近くであった」（頁一四六）。
・「一月三一日。右足をひどく痛め、ロバに乗ったり、びっこをひいたりし、夜おそく蓮平に入る。ここは惨憺たる戦火の様相を呈し、燃えている家や、なにもかも放り出されてかき乱された家の羅列である。師団の車やサイドカーが走り、灰塵のなかにもあわただしさがある。宿営」（頁一四七）。

・「二月四日。またもや灰燼の町を通り前進。遭遇戦。戦闘に参加。世を絶した忍従。山を越え夜を徹して進む」（頁一四七）。
・「二月五日。（前略）砲の援護射撃のもとに、逃げ出した敵を攻撃したところ、残敵より猛射を受け、小田曹長、天皇陛下万歳を叫び転倒。つづいて森脇兵長、森上等兵の二人がやられる。ちょっとした死角に、自分を入れて四人いたわけだが、生きているのは自分だけだ。森上等兵は腹部をやられ、だいぶ生きていたが、さらに腕までやられ、やがて戦死す」、「なかなかトーチカは落ちず、自分ももはやだとばかり思っていた。チェッコがたびたび伺ってうってくる。──まもなく赤筒をうったらしく、咳している声がきこえる」、「中隊長もやられたらしい。戦死者も六名ばかり、戦傷者は十何人もあったろう。はみ出ている森脇兵長の脳、崩れている曹長の顔、惨憺たる有様だ（後略）」（頁一四五～一五一）。

この時の死者を後に長江の船上で弔った歌が、有名な「夜の春雷」である。

【夜の春雷】　一九四一年三月一〇日　予南作戦後　長江上

はげしい夜の春雷である。鉄板を打つ青白い電光の中に、俺はひとりの石像のように立ってゐる。永い戦いを終へて、いま俺達は三月の長江を下ってゐる。しかし、荒涼たる冬の予南平野に、十名にあまる戦友を埋めてしまったのだ。彼等はみなよく戦ひ抜き、天皇陛下万歳を叫んで息絶えた。つめたい黄塵の吹すさぶ中に、彼等を運ぶ俺たちも疲れはててゐた。新しく掘りかへされた土の上に、俺達の捧げる最后の敬礼は悲しかった。共に氷りついた飯を食ひ、氷片の流れる川をわたり、吹雪の山脈を越えて頑敵と戦ひ、今日まで前進しつづけた友を、今敵中の土の中に埋めてしまったのだ。はげしい夜の春雷である。ごうごうたる雷鳴の中から、今俺は彼等の声を聞いてゐる。荒天の日々、俺はよくあの堀り返された土のことを考へた。敵中にのこしてきた彼等のことを思い出した。空間に人の言葉とは思へない、流血にこもった喘ぐ言葉を、俺はもう幾度きいたことだらう。悲しい護国の鬼たちよ！　すさまじい夜の春雷の中に、君達はまた銃剣を執り、遠ざかる俺達を呼んでゐるのだらうか。ある者は脳髄を射ち割られ、ある者は胸部を射ち抜かれて、よろめき叫ぶ君達の声は、どろどろと俺の胸を打ち、ぴたぴたと冷たいものを額に通はせる。黒い夜の貨物船上に、かなしい歴史は空から降る。明るい三月の曙のまだ来ぬ中に、夜の春雷よ、遠くへかへれ。友を拉して遠くへかへれ（頁一五五～一五六）。

上記の日記を読み次のような感想を持った。戦後に出た戦記物には、日本兵が最後に言う言葉は、「天皇陛下万歳」ではなく、一様に「お母さん」だというふうに、多くは書かれていた。しかし、この日の日記によれば、戦場で小田曹長は「天皇陛下万歳」を叫んで戦死したという。これは、田辺が直接聞いた声であり、嘘ではなかろう。彼はこの「夜の春雷」の詩の中でも、「天皇陛下万歳を叫んで息絶えた」と書いている。交戦中に撃たれて、即死に近い状態で死ぬ場合は、「大日本帝国の兵士」であるという、いわば「公人」として死ぬのだという意識が直接的に現れ、「天皇陛下万歳」という慣用句を呼び起こすのであろう、と想像する。野戦病院などで苦しんだり、負傷して永い苦しみの果てに戦場で亡くなったり、病死、餓死するような場合には、兵隊の多くは、自分の人生のすべてを慈しみ育んできた「お母さん」にすがり、懐かしみ、その名を呼んで死んだのであろう、と思う。

第五章　田辺兵士の心を慰める風景、中国人に対する哀しくいとおしい感情

執拗な敵の狙撃、飛び交う銃弾、厳寒の山越え、地の果てまで続く泥濘、身も凍り付く風雪、絶え間なき飢餓と強奪、いつ果てるともなき古参兵の暴力、執拗にまとわりつく蠅・蚤・虱、絶えず襲ってくる屍臭、絶え間なき戦友たちの死、こうした絶望の日々が永遠に続く一般兵士にとって、慰めになるものは、故郷の人々や友人達の手紙であり、戦争とは無関係な詩歌であり、文学書であった。また、戦場でたまたま見かけた桔梗であり、はっと気がつくホタルの光であり、プラタナスの木であり、酒であり、タバコであり、夜の歩哨のときに見上げる銀河であり、お月様であった。

しかし、それにもまして自分の精神の核の部分を癒してくれるのは、かわいい中国の乙女であり、子に乳房を含ませている若妻であったといえよう。大陸で永く戦い続けた独身の一般兵士の最大の心の癒しは、美しい少女の歌声であり、カフェーで働く少女の無邪気な笑顔であり、一本の花を分けてくれた少女の行為であり、城外に水汲みに行く白い足の乙女であった。以上の事例は、みな田辺利宏の「戦中日記」に書いてあることである。当時、大学出が同世代の五パーセントにも達していなかった時代、田辺はこの中に入る「ダイガクデ」である。つまり「知識人階級」であり、当時はやりの言葉で言えば「インテリゲンチャ」であった。女性からみて全く問題にもされず、これまで女性から笑顔一つもらったことがなく、また内地から慰問の手紙一つもらえなかった低学歴の一般下層兵士たちは、だからまた精神は大いに屈折しており、戦争中ほしいままに中国人の若い女性を強姦し、挙句の果てには殺すことさえしたのである。田辺が、特に激しく古参兵に執拗に殴られ、イジメられた原因の一つは、短期間教えた女学校の生徒たちから、戦地の彼にまで多くの慰問袋や手紙が送られてきたためではないだろうか。

昔、当時女学生だった人から、次のような話を聞いたことがある。ある東京府立女学校の担任の先生が、出征する時、クラス中の女生徒全員が、桜町から東京駅まで泣きながら見送りに行った。それから戦地の部隊宛てに毎日のように慰問の手紙を書いた。するとしばらくして、先生から手紙が来て、女学生から自分だけに手紙が集中するのでねたまれて大変困っている。古参兵や戦友たちの名簿を送るから、皆手分けして平等に彼らにも手紙を書いてくれ、と。そしてクラス中で、名簿を分け合って平等に手紙を書いて送った。こうして先生の危急を救ったと。

話を田辺に戻す。一九四〇年、田辺の部隊は、湖北省の宜昌県と当陽県とを結ぶ幹線道路の、日本軍の補給路を守るために一ヶ月以上も駐屯していた。この時、彼は泥にまみれている中国兵の帽子を一つ見た。そして次のように書いた。

・「八月一二日。……双蓮寺から来る稜線には、紫の桔梗があちこちに咲いていた。それらの花の中にシナ兵の黄色い帽子が泥にまみれて一つ、ころんでいた。その主人公はいまどこにいるのか知らない。あるいは、この花の咲くのを待たずにどこかの稜線で倒れてしまったかもしれない。夜は美しい月」（頁一〇四）。

一九四〇年の暮れ、彼の部隊は宜昌作戦から帰還の途中、武漢にしばし滞在した。彼は演習の途中で武漢大学を眺め、次のように書いた。自分が苦学しながら法政大学附属高校や日本大学に通っていたころのことを思い出したのであろう。

・「一二月二〇日、曇。久しぶりに演習に出たので、戸外は晴れ晴れとしていい。武漢大学の偉容。まるで竜宮のように雄大な建築で、緑青色の屋根が美しい。正面には日の丸の旗が高くひらめき、歩哨が立っている。多数の大学生が、かっては抗日の旗印のもとに学び慷慨したであろうこの大学に、今は皇軍が警備しているのだ。大学の前にはさびれた池がある。大学に至る坂道の両側には、プラタナスの樹々がならびその枯葉があかるい。大学生が勉強のひまひまに、この池、この並木を歩いたであろうことも思いやられ、あるいは戦線に、あるいは抗日のため、上海その他で散ったであろう彼らの運命が思われ、感慨深いものがある。（後略）」（頁一三五）。田辺の知識人としての感性、知力、想像力は、いささかも減退していない。

・一九四一年二月一三日　大別山の麓にて次のように書いている。「小雪。昨夜の街の、声の愛くるしい少女。この荒寥たる大別山脈の中で、彼女の青春はどんなに開いて行くのだろう。外套の上に落ちてくる小雪の、花のように美しい結晶。今日は日は照らぬが風もなく、昨日よりずっとあたたかい。雪の上の休憩。渇いて雪を噛む。（後略）」（頁一五〇）。

・三月二〇日。江陰県にて。「夕方、頼まれた老酒を近くの店へ買いに行く。一五か六の無邪気な笑顔の娘がいる。饅頭を買ってやると、こころよく受け取って食っている」（頁一五八）。

・四月三日、無錫にて。「昼、桃の花をたくさん持って橋を渡っている可愛い少女に、一枝をたのむと、微笑しながら快くくれた」（頁一六〇）。

・一九四一年五月、江蘇省宿遷県にて。「（カフェーにて）ホールの少女チビ子が、夜はここで白粉をぬり手伝っている。可愛い子だ。一二時近くまで飲む」（頁一六八）。その翌日、「夕方、郵便物をとりに行く。町の少女たちは野バラの深紅の花を髪にさしている。野性的なこの少女たちの髪飾りが、自分にひどく気に入っている。〒（郵便局）のとなりの料理屋に、ミチルという可愛い八、九歳の少女がいる。青い鳥のミチルかもしれない。この童女に鳥籠をさげさせたら、本当に劇の人物になるかもしれない」（頁一六九）。

四一年四月初めより、徐州、淮陰、宿遷一帯に滞在する、その間、あるところでたまたま可愛い少女を眺めて次の詩を作った。

【水汲み】一九四一年五月八日　江蘇省宿遷にて

はだしの少女は、髪に紅い野薔薇を挿し、夕日の坂を下りて来る。石だたみの上に、少女の足は白くやわらかい。夕餉の水を汲みに、彼女は城外の流れまで行くのだ。しずかな光のきらめく水をすくって、彼女はしばらく地平線の入日に見入る。果てしない緑の海の彼方に、彼女の幸福が消えてゆくように思ふ。おほきな赤い大陸の太陽は、今日も五月の美しさを彼女に教えた。楊柳の小枝に野鳩が鳴いている。日が落ちても彼女はもう悲しまない。太陽は明日を約束してわかれたからだ。夕ぐれに忙しい城内の町へ、美しい水を湛えて帰ってゆくのだ（頁一六九）。

・「一九四一年八月四日。昨日、淮陰の南にある淮安という大きな町まで行く。討伐隊要員を迎えに行くためだ。営庭に蓮池がある。いい兵舎だった。ぽっかりと大きな蓮花が咲いている。夕方、討伐隊が出る。自分はまた残留だ。先日、漣水（淮陰の東北方約三〇キロ）の討伐隊が討伐に行き二〇名近く戦死傷者が出た。いわばその報復のためだ。今日午後、正志より送ってもらった『アラビアにおけるロレンス』（小野・足立訳、改造社、昭和一五年）を読む」（頁一八四）。

・「八月八日。夜、風呂に行きがけに、小さな蛍をとらえる。それは、かすかな淡い、夏の栄華の果てのような灯りであった。今日は風が涼しい。昨日は丸い大きな月で、どこかのことが思い出されるような月夜であった」（頁一八四〜一八五）。

・「八月九日、晴。昨夜から今日にかけて、爽涼な強風が吹く。昨夜は、残留のわれわれが眠ったのも一時半ごろであった。その上、不寝番があり、じっさい眠ったのは三時間たらずであった。討伐隊は、情報に反し敵に会うこともなく、昼まえ無事に帰還する。「アラビアにおけるロレンス」を少しだけ読む」(以上。田辺の「日記」は、これで終りになった)。

「昨夜は、残留の我々が眠ったのも一時半」。

田辺は、淮陰の東北方約三〇キロ付近に於いて行われていた、討伐行の中でこの日記を書いた約二週間後の八月四日、胸部を撃ち抜かれて戦死した。

第六章　「慰安婦」に関する「従軍日記」の記述

田辺の『戦線日記』には、従軍慰安婦、日本人、中国人女性に関する記述がかなりある。また朝鮮ピイ、中国ピイという言葉も出て来る。彼は、上官や古兵に連れられて数回は慰安所に行ったらしい記述があり、一回はソルジャー・ウーマンと英字で書いてある。この時は、そのつもりで行ったのであろう。しかし、大部分は酒を飲んだり、しゃべったりしただけで帰ったようだ。田辺は、ある時は、「慰安所」以外で見た時には、彼女らに女優のような美しさを感じ、またある時には自分の意中の人だったＫの面影を見たこともあった。しかし、そうした場所への出入りは、たいてい幻滅と自己嫌悪に落ちいったようだ。日本兵士には悲しいことにこんな場所以外に遊びに行くところがなかった。

田辺の慰安婦・慰安所に関する「戦中日記」の記述を見よう。

一九四〇年

・「四月一七日。無錫。古兵が来いと言うのでついてゆくと、大和屋という家がある。壁に一番誰々、二番誰々と女の名が書いてある。ははあこれが慰安所だなと分かる。暑い日なのにかかわらず、中は兵隊で押すな押すなのさわぎだ。出て、また他の組にまじり、計九人近くとなる。古兵に連れられて迎賓楼という料理屋にあがる。……」（頁五四）。

・「六月四日、汽車は午後二時ころ、孝感という小駅に着く。駅前には、朝鮮や日本の商売女らしい女が茶を供給してくれた。こんなところに、と思うような所に思わぬ姿を見出し、なにか珍しいものを見た感じだ」（頁七三）。

・「八月一五日。（漢水を渉る）午後来た一台のトラックには、日本の着物をきたのと、ハイヒールの赤い洋装のと、朝鮮の女が二人乗っていた。われわれの目には、珍しい花のようにパッと感じられ、見たとたん皆、ほうほうと感歎したのであった。どこかまだ前方のピイ屋（引用者・注、慰安婦のいる売春宿を指す隠語）に送られるのだろう。この戦線で見る彼女らに対して、われわれはべつに賤しい観念は湧かず、俳優でも見るような感じだ」（頁一〇五）。

・「一九四〇年一二月一五日、晴。朝、兵器の検査。昼前、まったく久しぶりの外出。中隊は四組に分かれ、下士官に引率されて出る。檻に入っていたような何カ月かを過ごしてきたことだろう。シナ家屋のくずれた青い土塀の色が目にしみる。歩いている子供、シナ人――彼らの実際はみじめなものが多いが、今日見る彼らは、自由に野にのびる青草のごとくのびやかに生き生きした存在として目にうつった。……久しぶりに外出した町であるが、戦争がこのようにしたのかどうか、すべて荒涼として興味なし。見るべき映画もなく、岡本とぶらぶら歩く。西側裏にある特殊慰安所の街。一番はじめの店に女が二人立っている。その顔はあまりに醜悪に、老いている。慰安所特有の臭気。兵隊ばかり歩いている町。酔った兵隊たち。急ごしらえの家々。安く赤いカーテンが二階に見える。Yamato-han。古兵殿と会う。あくどいルージュの朝鮮女たち。結局上がらず町に出て、食堂でみんなとつめたいbeer……帰営。疲労。Pu……（判読できず）が世に出て失敗し、また刑務所をこいしがるような感情を抱く」（頁一三四）。

一九四一年

・「四月三日、江陰、うちつづいた寒気もゆるみ、春らしくなる。今日公用で二、三度も外に出たが、姑娘たちの服装は春の植物のように敏感で、あしさばきもさわやかで美しい。Yと、用事のあいだに、soiletwomanを買いにゆく。禁制の汚れた木の実。……昼、桃の花をたくさん持って橋を渡っている可愛い少女に、一枚をたのむと、微笑しながら快くくれた」（頁一六〇）。

・「四月二〇日。（宿遷にて）日曜日、……外出が許可される。シナ人のピイ屋に行ってみる。ピイ屋は女郎屋の意である。……子供のような女たちが、庭にアンペラを敷き足を投げ出している。彼らを見ても何の欲望も起きぬ。一人の女が、唄でもうたっているように、家の中で土の上に坐ったまま泣いている。一軒の家に上ってビールを飲む。一本一円いくら、黒ビールは二円の高価さだ。ピイ代も二円五〇銭くらい。朝日食堂というところで日本酒、小さい銚子一本七〇銭だ。古ぼけたレコードを鳴らさせ、それを聞いていると、生活の荒寥さがひしひしと感じられた」（宿遷、頁一六五）。

・「四月二五日。淮陰までトラックの護衛。淮陰は連隊本部の所在地である強風の日。砂漠から砂塵がまいて来る。淮陰、土ぼこりの街。風呂からかえってくる朝鮮の女たち、断髪にしたそのなかの一人は、あまりにもK（引用者、日本にいる憧れの女性）に似ていた。夜半の二時近くに帰営」（頁一六六）。

・「四月二六日、晴。昼から外出。朝日食堂、酒、レコード。歯みがき粉をぬった安っぽい女。料理屋桃山、大和。女も酒も煙草も心になじんで来ない外出」（頁一六六）。

・「五月四日、〒へ行く途中に朝鮮P屋がある。我々が通り過ぎると、あとから道路に出てアーイアーイと呼ぶ。たぶん朝鮮の呼びかけの言葉であろう。功績の仕事（兵士たちの功績評価表をつくる事務仕事――引用者）を早く終わり、アンドレ・モーロアの『フランス敗れたり』を読む」（頁一六八）。

・「五月八日、（外出許可の日であったが、金がないので出なかった。夕方、准尉殿が可愛そうに思って、護衛という名目で連れだされ）、一二時近くまでのむ。つぎに〝大和〟に行く。ホールの少女チビ子が、夜はここで白粉をぬり手伝っている。可愛い子だ。またすこし飲む。准尉殿はとまり、自分らはかえる」（頁一六八）。

・「五月一七日、准尉の帽子をとりに〝大和〟へ行く。白粉がはげて油のういた朝の女の顔。嘔吐。豚の生活だ」（頁一六八）。

・「六月五日、晴。新安鎮にて。（運河の辺の分哨を終えて）帰り道、案内の人がＰ屋へも案内する。小柄な半島人の三、四名いる。日光館という慰安所が一軒ある。なれぬせいか、どこを見てもひしひしと寂しさがせまってくる。北方で銃声がきこえる。……翌日六月五日、……八路軍が西北方にだいぶきているそうだ」（頁一七五）。

・「六月一七日、一日中仕事が忙しく、机にかじりついたままだ。どこかの分哨が二つ、全滅をくらったそうだ。半島の女が二人、この町（新安鎮）にふえたそうだ」（頁一七六）。

上記の田辺日記から見るならば、戦場における慰安所、慰安婦の存在は、兵士達にとっては一般に次のような「存在」であったように思われる。

——第一に、いとおしく、いとおしむべき女性たちの象徴、根源的なエロスの対象であった。第二にそれは実際には絶望の日々の合間における、つかの間の疑似的な愛、もっと言えば「エログロ、ナンセンス」に終わるしかなく、たんなる「オスの交尾」に終わるものであった。かくして第三に、「愛の行為」は、逆転して「自己嫌悪」を必ず招き、聖なるべき「女性」は一瞬にして「娼婦」にされる。つまり、裏切られた「愛」は、「慰安婦」に対する多少の憐憫の気持ちを残しつつ、自他共への「疎ましさ」に終わるのが常だったようである。田辺日記にみえる、慰安婦に対する相矛盾する感情は、上記のような矛盾、断裂をよく象徴している。

私の父は、昭和一九年に兵士として台湾に行き、各地の飛行場の整備兵になった。敗戦後、マラリア等で収容され、生死の境をさ迷い昭和二一年に帰国した。私は少年時代、父が慰安婦を語るのを一度聞いたことがある。ある時（いや、最初に、か？）慰安所に行ったところ朝鮮女性がいた。彼女は、「兵隊さん、今はここに悪い病気が蔓延しています。だから、私がお茶を入れますからそれを飲んで帰った方がよいです」と。「その女と話したところ、たいへん教養があり、また上品でびっくりした。世間で言われるような賤しい女では全くなかった」、と。父が、本気になって私にそうはっきり言ったことを、私は奇妙によく覚えている。いったい、どのような話でそんなことを聞く羽目になったのか、まったく覚えていないが。それは、長い風雪を経て異国の戦場を渡り歩いた朝鮮女性たちに対する憐憫の心が、そして遊び半分にからかいに行った謝罪の心が、朝鮮人に対する蔑視感を浄化し、ついに「聖なる母性」に転換した精神的作用のためであろうか。それとも、実際にかかる「聖なる」朝鮮女性がいたのであろうか。これほど断固として父が戦争中のことどもを語るのは稀なことだった。

もう一つ、ある身近な人に聞いた話がある。これは日本でのことであるが、近くの駅前の店で、娼婦をやっていた女性がいた。常連客はいっぱいいたが、その中のかなり裕福な家の息子が、彼女を嫁に向かえた。以後、その人は、普通の村人として長く暮らした。誰も差別したり、罵ったりしたという話を聞いたことがなかった。江戸時代から、昭和の戦争までのあいだ、日本社会ではそうしたことは沢山あったのであろう。よそから子連れで流れてきた、似たような境遇の母子を嫁・息子に迎えた人もいた。その連れ子は、なかなかの人物で、後にかなり偉くなり、人々から大いに慕われ、郷土の人々から頼りにされる人物になった、と。

このような脈絡から考える時に、従軍慰安婦問題には次のような側面があったように思えてくる。日本近代国家・軍部中枢は、性を生に、貧を品に換骨奪胎し清濁合わせ呑んできた日本農民古来の社会的歴史的文化の複雑系且つ慈愛系を引き裂いて、悪の面だけを軍事用に転換して外国で堂々と朝鮮女性にまでその醜悪の姿をさらさせたものと。

第七章　田辺利宏の戦線における転戦、行軍の経路
――一九三九年一二月一四日上海到着～四一年八月二四日江蘇省北部で戦死――

（１）「江蘇省・上海近郊で軍事・毒ガス学習と訓練」

一九三九年一二月一日、松江にて入隊。一二月一〇日、宇品港を出発し、陸軍の貨物船で上海に向かう。一二月一四日、上海着。翌日、蘇州へ向かう。

一二月二五日より、蘇州、江陰の兵舎で翌四〇年二月まで戦闘訓練、特に毒ガス作戦に関する学習と訓練を受ける。四月一五日、江陰を出発し、四月一九日まで無錫に滞在、四月二〇日、南京に到着。四月二三日まで蕪湖（安徽省南東部）を出発して行軍、散発的な交戦。五月二日、荻港より長江を下り、南京着。五月三日、本営のある江陰に戻り、毒ガス実地訓練を五月二八日までここで実施。二八日、江陰を出てトラックで無錫へ。五月三一日、南京を出発して船で西へ。六月二日、漢口に上陸。

（２）「湖北省宜昌作戦に出動」

一九四〇年六月四日、漢口を出発して北西に進む。行軍を続け六月四日、安陸（鐘祥）を過ぎ、西進、また東進して、漢水を三度渉る。荊門を経て、六月二三日に宜昌県東方の双蓮寺という場所に滞在して、宜昌から当陽の間の交通路の確保、警備に当たる。山麓の高地にある双蓮寺には一ヶ月以上駐屯。八月一二日、双蓮寺を出発して、鴉鵲園、河溶鎮、沙洋を経て漢水を渡り、孝感に出る。この間、行軍及びトラックに乗る。漢口で乗船し長江を下る。二四日、南京着。翌、二五日、江陰に到着。一〇月一三日、広徳（安徽省南東部）へ進撃。一〇月一八日、宜興（江蘇省南西部）着。一〇月一九日、再び江陰に帰り、一〇日間滞在。四〇年一二月七日より、翌

四一年一月一七日まで武昌に滞在。

（3）「河南省信陽作戦に出動」

一九四一年一月一八日、武昌を出発して対岸の漢口に渡り、一月二一日、早朝、貨車にて北に向かう。広水駅で下車して一泊し、二三日早朝四時起床し、強烈な寒風のなか、木々の鳴る大別山脈越えに挑み強行軍始まる。以後約一ヶ月弱の中国ゲリラ兵との作戦は終了。信陽—泌陽間一帯を一時占領した。二月一六日、武昌着。三月八日、武昌発、南京に向かう。戦中にて詩「夜の春雷」を書く。長江の船旅をへて三月一三日に江陰着。四月四日まで、同地に滞在。

（4）「江蘇省北部戦線へ出動」

一九四一年四月五日、長江を渡り、貨車に乗り、徐州を経て、四月一一日、宿遷に到着。同地に約二ヶ月駐屯。六月四日、新安鎮（江蘇省東北部）へ移駐。新安鎮を中心に、同地に二ヶ月ほど滞在。この間、主に新安鎮で事務と警備に当たり、またしばしば連雲港や淮陰、淮南等に出張する。七月一七日、淮陰に移駐。同地から討伐行に出て、八月二四日、胸部を撃ち抜かれて戦死した。

付録　田辺利宏の従軍中の読書と作詩の日付一覧表

一九三九年

・一二月一四日、上海上陸
・一二月二六日、詩「城外」、同日、詩「休憩」
・一二月二六日、詩「実弾射撃」

一九四〇年

皖南作戦――江陰（四月一四日～五月二六日）

・一月二五日　詩「大陸の残雪」
・一月二八日　詩「雪の夜」
・一月一二日～四月一三日まで日記欠。その間に書かれた詩三篇あり。　詩「クリークの畔にて」、「アカシアの並木道を」、「水ぬるむとは」
・四月一四日　詩「出陣の朝」
・四月一八日　詩「蒲公英」
・五月一五日　以前自分がもっていた岩波文庫三冊『地獄の季節』、『悪童物語』、『車輪の下』が、部隊内をあちこち回った後、偶然にも、手元に戻って来た。
・五月一六日　『花と兵隊』、『仏蘭西詩選』、『ゲエテ詩集』の三冊が小包で届く。
・五月二四日　アンドレー・マルロウの『王道』とドストエフスキーの『死の家の記録』を思い出す。長江船上にて、九江に向かう。

宜昌作戦　五月二七日〜九月八日

・六月一六日　詩「インターヴァル」

・六月二九日　詩「斜陽」

・七月三日　詩「死の人足」

・七月一一日　詩「夜の歩哨線」

午前三時——遠くで敵の迫撃砲。半月はすでに傾いて暗く、歯ぎしりの様な蛙の声。沈沈と深い暗夜の中に、わが銃剣のみほの白く光る。またチェッコが鳴る——しかし遠い音。仰げば高い星空と天の河だ。無限の星光の下にあるわが心の高調。聖らかな夜の蒼穹の祭典の、われは一人の守衛だ。

・七月一九日　詩「展望哨にて」

・七月二八日　詩「望郷」

・七月二八日『若きウェルテルの悩み』中村中尉より借りる。拾い読み。

・七月三一日『婦人公論』の谷川徹三の「蘇州日記」を読む。

・八月五日　詩「敵」

・八月八日　芥川龍之介『侏儒の言葉』を借りて拾い読み。

・八月八日『セルバン』を隊長より借りる。フィリップ・エリヤの『驕児』を読む。

・八月一一日『キャサリン・マンスフィールド短編集』を衛生兵から借りて読む。

・八月一九日より二三日まで、シュニッツラーの『ベルタ・ガルラン夫人』を読む。これは南京から九江に向かう長江上の船中。「訳者の書いているように、魔術といってよいほどの筆で、シュニッツラーはベルタという女性を創造している。こんな作戦間に、こういう小説を読了で来たことも、一つの思い出になるかも知れない。夜は荻港に停泊」。
・八月二〇日　シュニッツラー『ベルタ・ガルラン夫人』

江南作戦　一〇月一二日～一〇月二六日
漢水作戦　一〇月二七日～一二月六日
・一〇・二七　アンドレ・モーロワ『敗走』
・一〇月二日　詩「遡江」
・一〇月三一日　『オール読物』堤千代、大仏次郎
・一一月三日　『車輪の下』読み始める。しかし、「ドイツの本は面白くない」と。
・一一月四日　Unterm Red 、『仏蘭西詩選』、ツルゲーネフ、トルストイを想う。
・一一月二二日　詩「泥濘」
・一一月二三日　詩「壁の穴」

一九四一年
・一月元旦　詩「皇居遥拝」
予南作戦　四一年一月一八日～三月一〇日
・三月六日　《信陽、広水一帯で作戦中》武昌で『ギリシャの踊り子』、『コウルリッジ詩集』、『魯迅選集』を友人にさがしてもらうが、無いという。
・三月九日　舟中で、読みかけのハドソン『緑の館』が、長江の船中で誰かに持って行かれてしまう。興味を持って読んでいたのに、仕方がないので国定忠治を読んだり、昼寝をしたり。

・三月一〇日、詩『夜の春雷』を作る。

江陰・宿遷・淮陰に　四一年三月一一日〜八月九日まで駐屯

・四月一一日『憂愁夫人』読了。
・五月四日　アンドレ・モーロワ『フランス敗れたり』
・五月八日　詩「水汲み」
・五月二三日　岡本かの子「鮨」、林芙美子「魚介」を読む。
・六月一一日『土と兵隊』読了。
・七月一日　サンド『愛の妖精』を少し読む、退屈だ。
・七月八日　永井荷風『おかめ笹』を読む、久しぶりに読める本にぶっつかった感じだ。
・七月九日『オール読物』、『中央公論』を准尉殿から借りて読む。
・七月二九日『シュニッツラー短編集』の「ギリシャの踊子」、「死んだガブリエル」を読む。
・八月五日『アラビアのロレンス』、『ノロ高地』を読む。
・八月九日『アラビアのロレンス』を少しだけ読む。
（これで戦線日記の記述は終わっている。八月二四日、戦死）

◇チェッコ機銃について——機関銃を構える国府軍兵士

写真は、一九三七年（昭和一二）に上海閘北における市街戦にて撮影されたもの。ナチ・ドイツ式の軍装に身を固めた国府軍兵士が土嚢を積み上げたバリケードから軽機関銃を構えている。

中国軍が装備した口径7.92ミリのZB26型軽機関銃は、世界各国で範とされたチェコスロバキア生まれの優秀な兵器だった。日本兵も「チェッコ機銃」というネーミングをつけて恐れた。日華事変で相当数のZB26が押収されたが、一九四〇年（昭和一五）に「智式機関銃」として準制式化されると、十一年式軽機などの代用兵器として一線部隊に装備された。ZB26に使用する7.92ミリ弾の国内生産も行われている。中国戦線だけでなく、硫黄島など南方戦線にも送られているのを見ても、国産軽機以上の相当に高い評価であったことが伺える。

第八章　田辺利宏の「従軍詩集」の漢詩訳

以下の田辺の「戦線詩」の中国語訳は、日本留学生として日本に滞在していた劉軍君、路平さんに別々に依頼し、漢詩訳していただいた。更にその訳文を廖梅さん、張華さんに検討していただき、一つの訳文に統一したものである。この田辺利宏の陣中詩には、日本の一インテリ青年の豊かな感性と理想とが戦争によって無惨に破壊される現実と、それにもかかわらず、戦争に屈服しまいとする反戦的詩情が溢れている。彼の豊かなヒューマニズム溢れる多くの詩は、中国人の心をうつ力があると私は信じる。中国の映画やテレビ・ドラマに描かれるようなただ惨酷非道の兵士「日本鬼子」とは、また違った一面を有する、田辺のような兵士も中にはいたことを中国人にも知ってほしいと、私は、そのような考えで彼、彼女等に翻訳をお願いしたのである。

田辺利宏、岡山県浅口郡長尾町生まれ。一九三〇年、小学校高等科卒業、上京し神田の帝国書院に勤務しながら法政大学商業学校（夜間部）に学ぶ。一九三四年、法政大学商業学校卒業、日本大学予科文科入学。一九三六年、日本大学予科修了し日本大学法文学部文学科進学。一九三九年三月日本大学卒業、九月福山の増川高等女学校に赴任、一二月入営。船で上海へ送られ蘇州で訓練を受ける。その後華北・華中を転戦。一九四一年八月二四日、江蘇北部で戦死した。戦後、彼の陣中日記が、『夜の春雷』（未来社、一九六九年刊）として出版された。以下の詩も、この書に収録されている。

田邊利宏（一九一五～一九四一年）冈山县浅口群长尾町出生。一九三〇年毕业于小学高等科，上京后，一面在神田帝国书院谋职，一面学习于法政大学商业学校夜间部。一九三四年，于法政大学商业学校毕业，进入日本大学预科的文科系。一九三六年，日本大学预科结业，升入日本大学法文学部文学科。一九三九年三月日本大学毕业，九月赴任于福山的增川高等女校，一二月接受征兵入营。田边利宏被用船送往上海，在苏州接受训练。随后转战华北、华中。一九四一年八月二四日，在江苏北部战死。／引自《从军诗集》。二战后，他在前线所写的日记被整理成《夜之春雷》一书出版。以下诗篇都引自此书。

【城外】——蘇州——

楊柳は冬枯れの空に
むなしい褐色の手を展げてゐる。

艶々しい百余の鴉たちは
大陸の青空を悠々とあらはれ
しばし逞しい翼をその枝に休めるのだ。

美しい黒繻子の木蓮のやうに
鴉たちは朔風の中に咲いてゐる。
一つの意図さへ虚しいと思はれる大陸に
鴉たちは群なす放浪者だ。

【城外】——苏州——

萧条的寒空
杨柳伸出干瘪的褐色的手。

漆黑亮泽的百余只乌鸦
悠然出现在大陆的青空
在柳条上休憩强健的羽翼。

宛如黑色绸缎的美丽木莲
鸦群盛开在朔风里。
在无甚可求的大陆
乌鸦是成群的流浪者。

大きな冬の風が鳴る。
はるかな地平線の真紅の落日が
黒光る冬の花を染めてゐる。
どこか歴史につかれた溜息が
渇ききった大地の上を這ひはじめてゐる。

一九三九年一二月二六日

【大陸の残雪】

一眸千里の曠野に残雪が光ってゐる。
打仰ぐ冬空に
俺はたゞ心の虚しさを思ひ出すだけだ。
故国をはなれて早や二ヶ月
望郷の念ひ　さらになく
凍てつく寒風の中に
限りない苦痛を堪へつづけてゐるのだ。

うす汚れた支那の帆船が

冬日的狂风响彻。
遥远地平线上绯红的落日
将乌亮的冬日花朵浸染。
干涸的大地某处
隐约传来为千古兴亡引发的叹息。

一九三九年一二月二六日

【大陆的残雪】

一望无垠的旷野里 残雪在发光。
仰望寒空
唯有感受到心底的空虚。
离开故国竟已有两个月
却无任何思乡的情切
凛冽寒风里
只能继续忍受这无止境的苦痛。

肮脏的支那帆船

午后のクリークを蝸牛のやうに這つてゆく。
歳月の歩みもまたそのやうに
のろくも速いものなのだらうか。
俺達の苦痛、俺達の歴史もまた
この支那大陸を這ってゆくのだ。

濾過水がせんせんと澄みながれてゐる。
その絶間ない水おとの中に
俺は盡《つ》きない自然の進軍譜を胸にきく。

俺はまた先の日　路傍にたんぽゝの花を見た。

また自殺した外人の廃庭に
紅梅の蕾がふくらんでゐるのも覚えてゐる。
かすかな大陸の春への思慕が
のぞみを失った俺の雙眼を
南の地平線にさそってゆく。

一九四〇年一月二八日　蘇州にて

如蜗牛般爬行在午后的沟渠。
岁月的流转亦复如此
缓慢且快速吧。
我们的苦痛，我们的历史
也在这片支那大陆上这样匍匐爬行着。

清澈的过滤水潺潺流过。
在源源不绝的水声里
我的胸中奏起无尽的自然的行军曲。

我想起前几日看到路旁的蒲公英。

以及，在自杀的外籍人废弃的庭院里
含苞待放的红梅的花蕾。
对大陆之春的朦胧思慕
将我丧失希望的双眼
引向南方的地平线。

一九四〇年一月二八日于苏州

【雪の夜】

人はのぞみを喪っても生きつづけてゆくのだ。
見えない地図のどこかに
あるひはまた遠い歳月のかなたに
ほの紅い蕾を夢想して
凍てつく風の中に手をさしのべてゐる。
手は泥にまみれ
頭脳はただ忘却の日をつづけてゆくとも
身内を流れるほのかな血のぬくみをたのみ
冬の草のやうに生きてゐるのだ。
遠い残雪のやうな希みよ、光ってあれ。
たとへそれが何の光であらうとも
虚無の人をみちびく力とはなるであらう。
同じ地点に異なる星を仰ぐ者の
寂蓼とそして精神の自由のみ
俺が人間であったことを思ひ出させてくれるのだ。

一九四〇年一月二八日　蘇州にて

【雪夜】

人即使失去希望也能继续活下去。
看不见的地图的某处
某一天，遥远岁月的边境里
幻想着微红的苞蕾
伸手探向凝冻的风中。
双手沾满泥沼
脑中仅延续着忘却的日子
靠着体内血液的些许温存
如严冬的草般存活着。
远处残雪般的希望啊，闪耀起来吧。
无论那是什么的光芒
都有为虚无之人引路的力量。
只有同一地点仰望不同星星者的
寂寥和精神的自由
让我重新想起自己是人。

一九四〇年一月二八日于苏州

【クリークの畔にて】

つめたい砧の音だ。
解けはじめたクリークの氷が
美しくひゞき合ってゐる。
日向にゐる童女の赤い帽子は
冬の薔薇のやうだ。
すんだ光の中に
貝殻色の希望が光る。
おほきな大陸の春を
未知のをとめを迎へるやうに
俺はみどりぐむ地平線を見つめてゐる。
春を待つこころの未だ失はれずにある
この戦線に仰ぎみる白雲の位置。
砧の音の合間々々に
幻の雲雀が雲の奥にのぼる。
わが青ざめし頬に微笑のうかぬぶ日は
かの砲煙の中にのみ許されるのだらうか。

一九四〇年二月二七日

【在沟渠岸边】

凄冷的砧声。
和沟渠冰水融化的声音
美妙地重合。
向阳处女童的红色帽子
宛如冬季盛开的蔷薇。
贝壳色的希望
在明亮的光线中闪耀。
我凝望着渐染绿意的地平线
像迎接未知的少女般
迎接辽阔大陆的春天。
从战线仰望白云之所在
并未丧失对春天的期盼。
应着砧声的一起一落
神奇的云雀飞入云层深处。
难道只能在那硝烟之中
我苍白的脸上才可浮现微笑?

一九四〇年二月二七日

【インターヴァル】

一日砲声をきかず
乾ききった掩体の上の夏の太陽。
泥まみれのまま放り出されてゐる敵の銃。
全く露をしのぐだけの仮小屋に
戦友達は夢もなく午睡する。
たゞ草原の上を吹く風
豚肉の上にわめく蝿の大群。
いまだ戦機熟さず
一枚のアンペラの上に坐し
徴発した支那酒をのむわが目に
何のイデーもなく意志もなく思ひ出もなく
自己すらもない。
すぎゆく時間と蝿の繁殖。
されば我も亦一人の午睡者となり
この大きな倦怠を消耗してゆくだけだ。

一九四〇年六月一六日　宜昌作戦

【战时间休】

一日无炮声
干燥的掩体上夏日的太阳。
沾满泥沼的敌人的弃枪。
只能遮蔽露水的临时营帐里
战友们无梦可做地午睡着。
只有风吹过草原
猪肉上方嗡叫的成群苍蝇。
战机尚未成熟
我坐在一枚草席上
喝着征用的支那酒
没有思想没有意志没有回忆
连自己都不存在。
时间流逝，苍蝇繁殖。
于是我也成了一个午睡者
只为消耗这无边的倦怠。

一九四〇年六月一六日　宜昌作战

（註）
■掩体《えんたい》＝射撃を容易にするとともに敵弾から射手を守るための諸設備。掩壕《えんごう》・散兵壕・機関銃座など

【敵】

怠惰なる平和よ
敵はどこへ逃げ去ったのだ。
敵よ、再びかの稜線に現はれて
烈しい銃火を浴びせてくれ。
地軸をゆるがす迫撃砲よ、
快適なチェッコ機銃よ、
お前たちの怒りと咆哮とをどこへ失ったのだ。
敵よ、俺の生命を照らす火よ
夏雲の赤く大きい好戦の朝
緑濃い樹々の蔭より
俺達の胸をねらひにやって来い。
敵のない寂しい日々は

【敌】

怠惰的和平啊
敌人逃到哪里了。
敌人啊 快重新从山脊上出现
让我再次沐浴猛烈的炮火吧。
震撼地轴的迫击炮啊，
称手的捷克式机枪啊，
你们的愤怒、咆哮在哪里殆尽。
敌人啊，照亮我生命的火啊
在云霞尽染大战的夏晨
越过浓绿的树荫
击中我们的胸膛吧。
没有敌人 寂寥的每一天啊

いたづらに灰の過去のみが
暗鬱な泥の季節が
またしても俺を悩ますのだ。
果てしない夏の地平線より
敵よ、大挙してやって来い。
銃先を並べ銃剣を光らせ
敵よ、喊声高くやって来い。
敵よ、愛する敵よ、
怠惰なる平和を破って
逞しい胸もあらはにやって来い。
敵よ、俺の生命を照らす火よ！

一九四〇年八月一一日　双蓮寺にて

【泥濘】

寒い泥濘である。
泥濘は果てしない曠野を伸び
丘をのぼり林を抜け

只有灰烬般的过去
阴郁的泥沼季节
再度使我烦恼。
越过无垠的夏季地平线
敌人啊，大举而来吧。
排列好你们烁亮的统枪
敌人啊，高喊而至吧。
敌人啊，我爱慕的敌人啊，
打破这怠惰的和平
挺着魁梧的胸膛进攻过来吧。
敌人啊，照亮我生命的火焰啊！

一九四〇年八月一一日　于双莲寺

【泥泞】

冰冷的泥泞。
在无垠的旷野里延伸
爬过丘陵 穿过树林

それは俺達の暗愁のやうに長い。
それは俺達の靴を吸ひ
蛇のやうに疲労をからませる。
すべりころび泥まみれになり
汚れた手で鼻汁をすゝり乍らも
見よ、兵隊たちは獣のやうに
野から丘、丘から丘へつづいてゐる。
黄昏れてゆく初冬の中を
苦悩に充ちた行列が
黙々として前進する。
敵を求めて
未知の地図の上を進んでゆく。
愛と美しいものに見離されて
たゞひたすらに地の果てに向ひ
大行軍は泥濘の中に消える。
ながい悪夢のやうな大行列は
誰からも忘られて夜の中に消えるのだ。

一九四〇年一一月一三日　漢水作戦

迂长得像我们的暗愁。
黏着我们的靴子
长蛇似地令人精疲力尽。
滑倒便是一身泥泞
用沾满泥沼的手擤鼻涕
看，兵队像野兽一样
从原野到山丘，从山丘到山丘连绵不绝。
初冬的日暮
满布苦恼的行列
缄默地前行着。
渴求着敌人
在未知的地图上行进。
被爱和美所抛弃
一味朝着大地尽头
前行的军队消失在泥泞里。
漫长噩梦般的行列
被所有人遗忘，消失在黑夜里。

一九四〇年一一月一三日　汉水作战

【夜の春雷】

はげしい夜の春雷である。
鉄板を打つ青白い電光の中に
俺はひとりの石像のように立ってゐる。

永い戦いを終へて
いま俺達は三月の長江を下ってゐる。
しかし、荒涼たる冬の予南平野に
十名にあまる戦友を埋めてしまったのだ。
彼等はみなよく戦ひ抜き
天皇陛下万歳を叫んで息絶えた。
つめたい黄塵の吹すさぶ中に
彼等を運ぶ俺たちも疲れはててゐた。
新しく掘りかへされた土の上に
俺達の捧げる最后の敬礼は悲しかった。
共に氷りついた飯を食ひ
氷片の流れる川をわたり
吹雪の山脈を越えて頑敵と戦ひ

【夜晚的春雷】

夜晚隆隆春雷惊起。
在击打铁板的青白色电光中
我像一座石像般伫立。

漫长的战斗结束了
我们顺着三月的长江而下。
而在荒凉寒冷的豫南平原
埋着十余名战友。
他们每位都曾勇猛战斗
喊着天皇陛下万岁而亡。
凄冷的黄沙漫天呼啸
搬运他们的我们也精疲力竭。
新挖的墓土上
我们献上的最后敬礼是悲伤的。
同食结了冰的饭菜
共渡浮着冰的河流
一同翻越落雪的山脉抵抗强敌

今日まで前進しつづけた友を
今敵中の土の中に埋めてしまったのだ。
はげしい夜の春雷である。
ごうごうたる雷鳴の中から
今俺は彼等の声を聞いてゐる。
荒天の日々
俺はよくあの掘り返された土のことを考へた。
敵中にのこしてきた彼等のことを思い出した。
空間に人の言葉とは思へない
流血にこもった喘ぐ言葉を
俺はもう幾度きいたことだらう。
悲しい護国の鬼たちよ！
すさまじい夜の春雷の中に
君達はまた銃剣を執り
遠ざかる俺達を呼んでゐるのだらうか。
ある者は脳髄を射ち割られ
ある者は胸部を射ち抜かれて
よろめき叫ぶ君達の声は
どろどろと俺の胸を打ち
ぴたぴたと冷たいものを額に通はせる。

今天为止还一起前进的队友
如今埋葬在敌阵里。
夜晚剧烈的春雷惊起。
轰隆轰隆的雷鸣声里
我听到了他们的声音。
狂风暴雨的每一天里
我总会想到那新掘的墓土。
回想起他们被留在敌人土地里。
那空间里的 仿佛不是人的声音
血泊中的喘息的言语
我已不知听过多少次。
可悲的护国的灵魂啊！
骇人的夜晚的春雷里
你们还持着刺刀
在呼唤已远去的我们吗。
有的被击裂了脑髓
有的被打穿了胸部
你们的哀嚎惨叫
坚实地击在我的胸膛上
冰冷地穿过我的额头。

黒い夜の貨物船上に
かなしい歴史は空から降る。
明るい三月の曙のまだ来ぬ中に
夜の春雷よ、遠くへかへれ。
友を拉して遠くへかへれ。

一九四一年三月一〇日　予南作戦後　長江上にて

黑夜的货船上
悲伤的历史从天而降。
明亮的三月曙光还未到来
夜晚的春雷啊，回到远方吧。
拉着战友回到远方吧。

一九四一年三月一〇日　豫南作战后于长江上

写真・関連書籍・地図

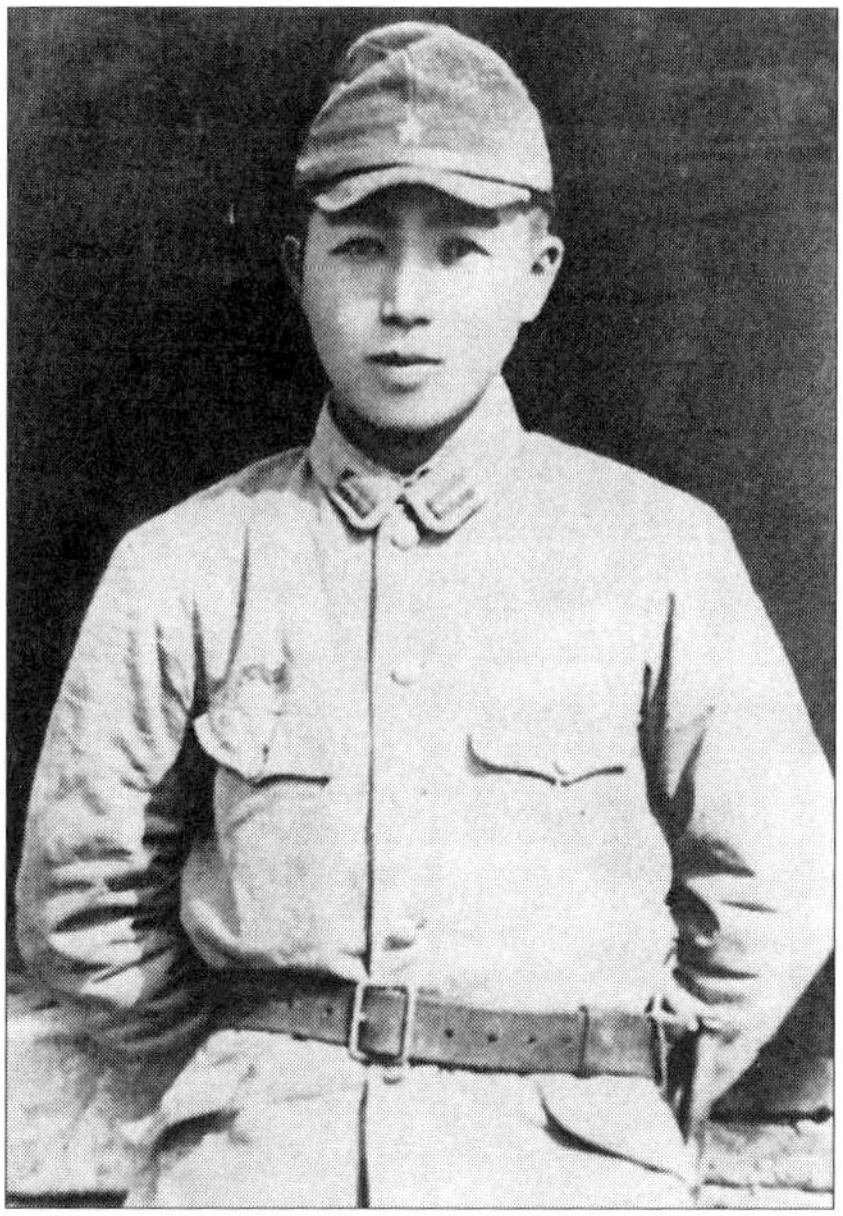

田辺利宏（『夜の春雷』より）

田辺利宏著『夜の春雷』

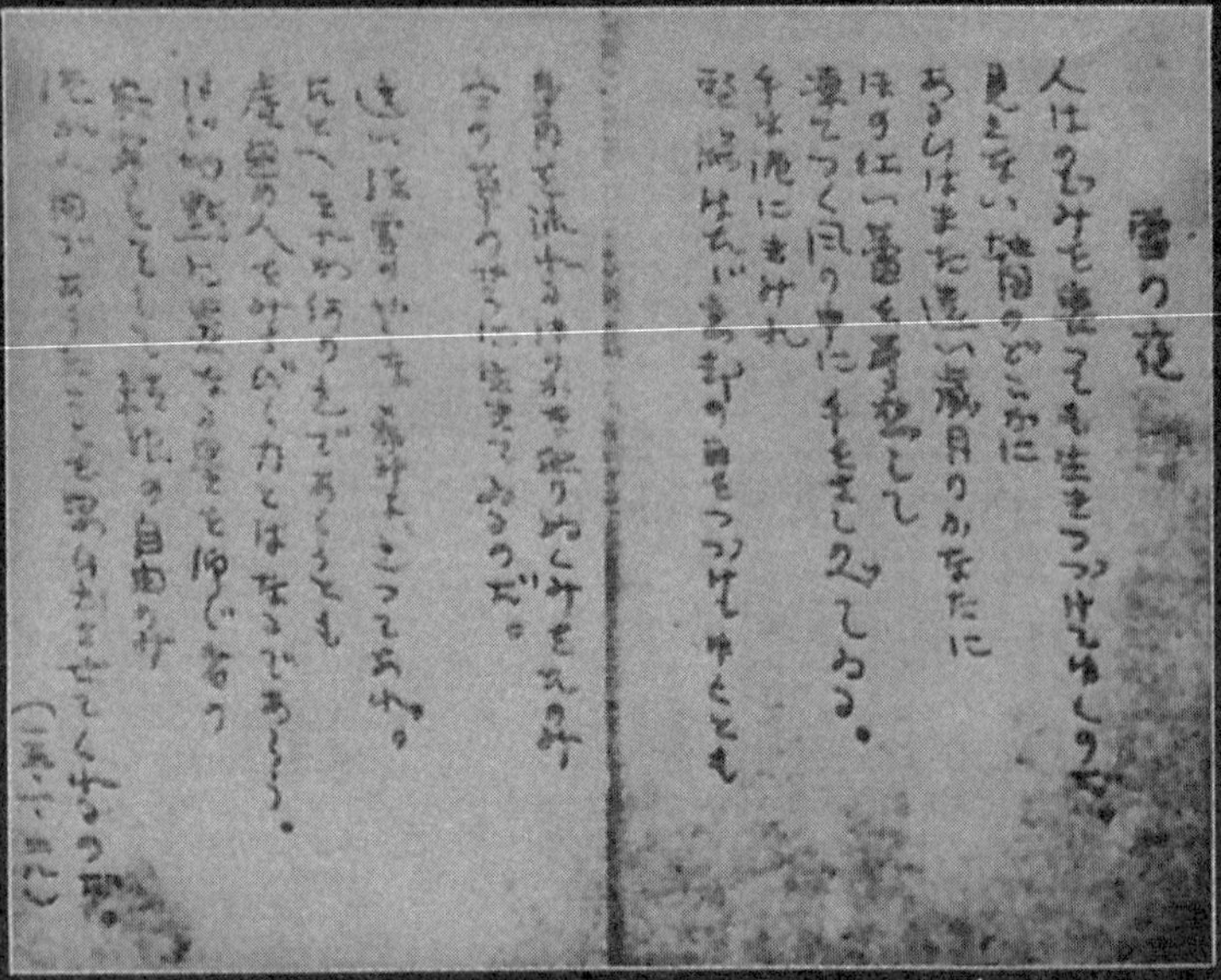

雷の夜

人はのぞみを失っても生きつづけてゆくのだ。
見えない地図のどこかに
あるいはまだ遠い歳月のかなたに
ほの紅い蕾を夢想して
凍てつく風の中に手をさしのべてゐる。
手は泥にまみれ
[illegible]をつづけてゆくとも
[illegible]
今の夢のやうに生きてゐるのだ。
遠い雷鳴がやがて[illegible]てあれ。
たとへまだかすかなものであらうとも
虚無の人をよびさます力とはなるであらう。
[illegible]
[illegible]の自由のみ
[illegible]せてくれるの[illegible]。
（一九[illegible]）

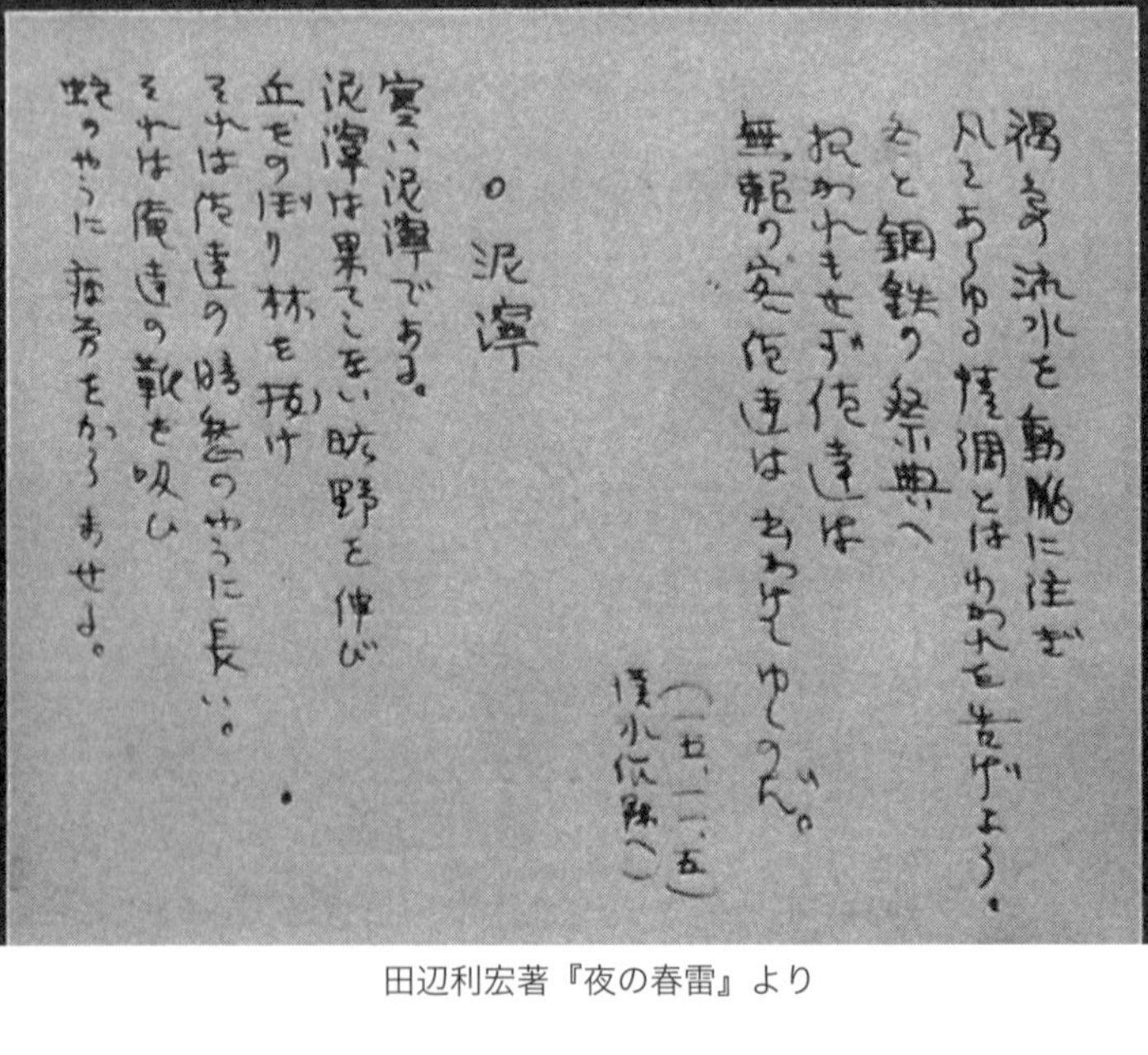

渇きを流水を動脈に注ぎ
凡そあらゆる情調とはわかれを告げよう。
あと鋼鉄の祭典へ
招かれもせず俺達は
無[illegible]俺達はおしかけてゆくのだ。
（廿、一、五）
[illegible]

○泥濘

寒い泥濘である。
泥濘は果てしない曠野を伸び
丘を[illegible]林を抜け
それは俺達の[illegible]のやうに長い。
それは俺達の靴を吸ひ
蛇のやうに疲労をからませる。

田辺利宏著『夜の春雷』より

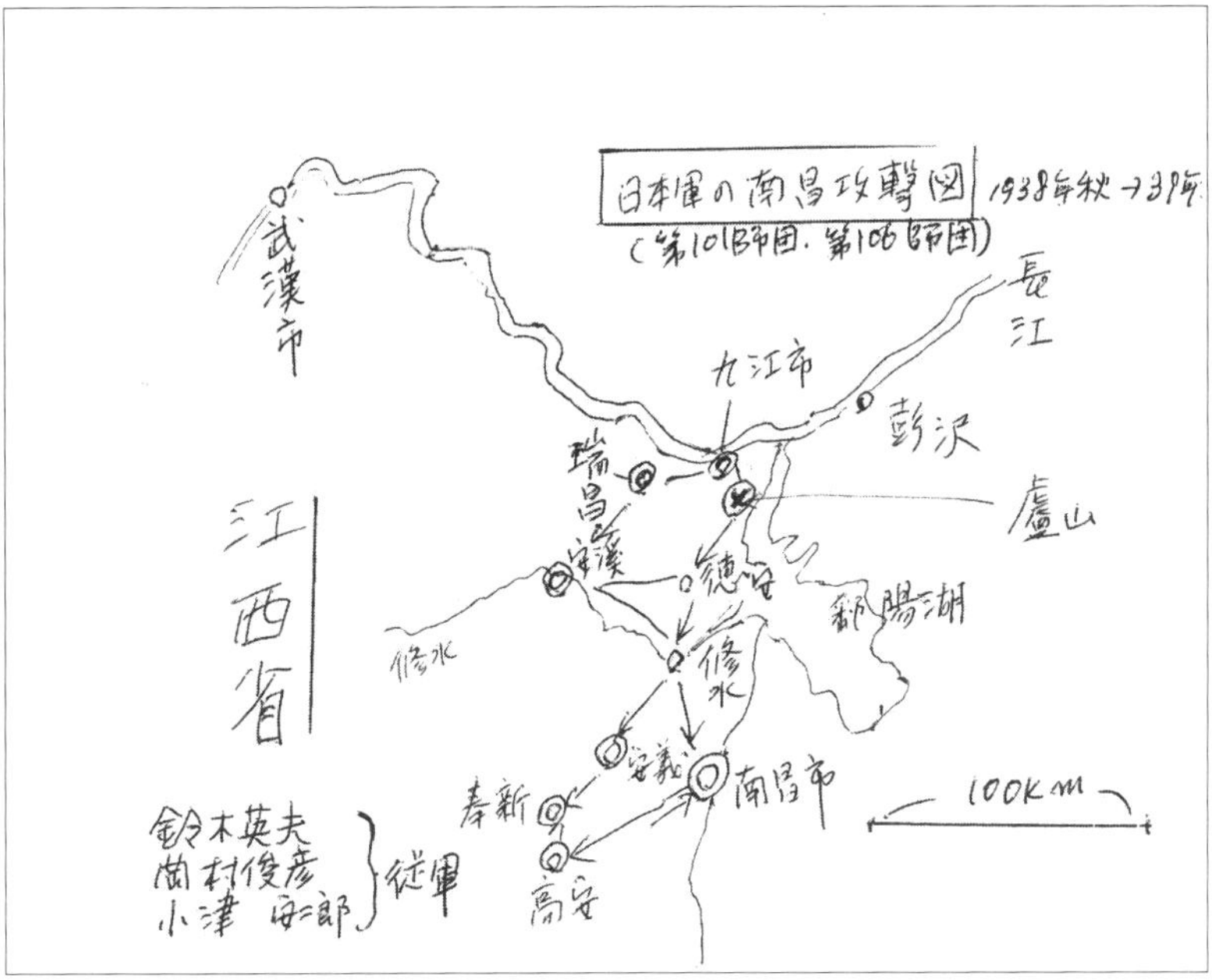

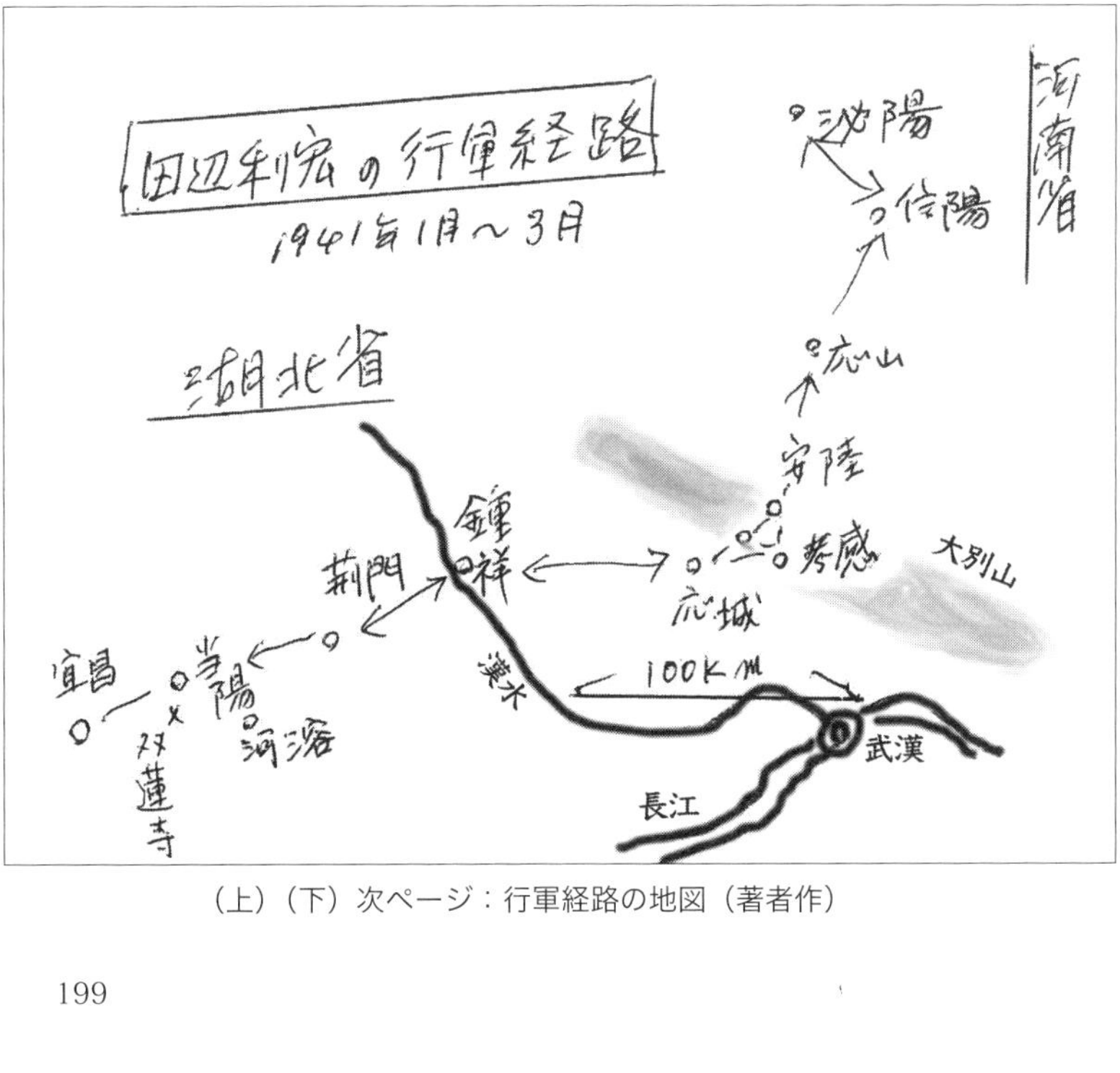

（上）（下）次ページ：行軍経路の地図（著者作）

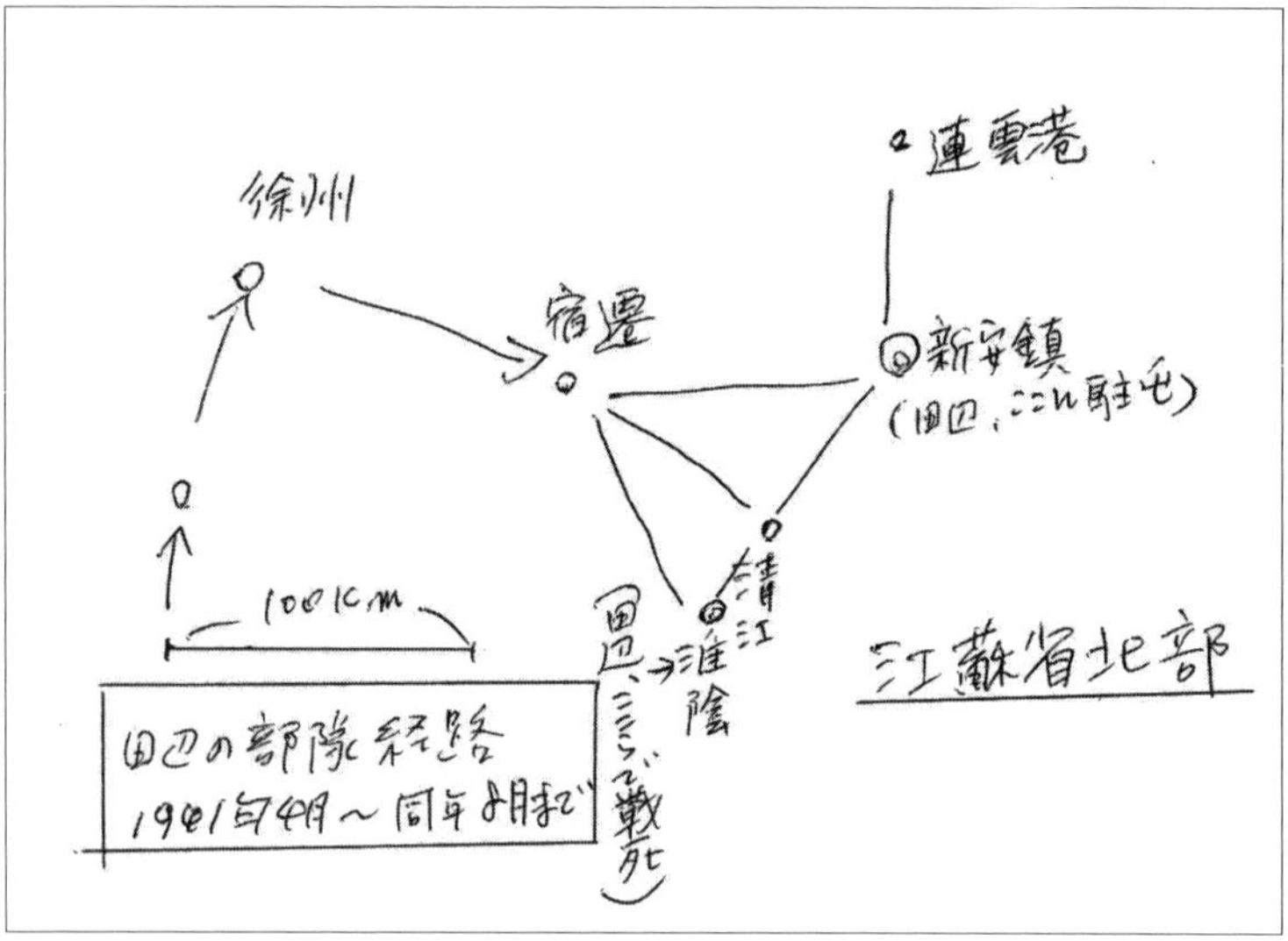
連雲港
徐州
宿遷
新安鎮
（田辺、ここに駐屯）
清江
淮陰
（田辺、ここで戦死）
100km
田辺の部隊経路
1941年4月～同年8月まで
江蘇省北部

第三部　軍医鈴木英夫の日中戦争と中国南昌留日学生たちの数奇なる物語

＊＊全体の要旨＊＊

鈴木英夫は、一九一二年、神奈川県座間市（旧座間村）に生まれ、旧制成城高校（理科）に進学し、著名な歌人・北原白秋を知る。少年時代から詩歌に親しむ。三一年、千葉医科大学（現千葉大学医学部）に進学し、内科小児科卒。在学中、演劇部に所属し、多くの書物を読み、文学仲間を知る。一九三六年卒業と同時に軍医候補とされ、三七年、軍医中尉として徴兵され、同年八月、第一〇一師団（東京・編成）の衛生兵として上海戦線へ投入された。死者九一五〇名、負傷者三万一二五七名を出した上海戦線で検屍を行い、傷病兵の治療にあたった。以後、上海、杭州、再び上海と経て、翌三八年夏、南京を経由して廬山周辺で戦い、ついで南昌攻略作戦に投入された。三八年冬は江西省の修水県で越冬し、翌三九年春に南昌市が陥落すると同時に同市内に入った。鈴木が南昌に入った三月二八日、三〇万余の市民は避難して人ひとり見ず、南昌はほぼ無人の市街と化していた。家という家はすべて表門も裏門も煉瓦と漆喰でかたく塗り固められ、長く人の出入りした様子がなかった。

その後、人口は徐々に回復した。市内に駐屯していた時、宿泊していた家の隣の張家で南昌の一女学生（本名・趙中瑛、鈴木の著作では仮名・趙君瑛）が記した、一九三四年前半期（一月～七月）の日記帳一冊と張家・謝家の書簡の束を見つけ、この両家から多くの日本留学生が出たことを知った。この家にある日本の書籍、日本語ノート等々の多さにも驚嘆した。書簡と日記を読むうちに、彼等・彼女らへの同情と共感と懐かしさで一杯になった。以後、南昌での軍医勤務の四ヶ月の間、仕事以外の総ての時間を、これら日記、書簡の解読と翻訳に費やした。この年の八月、鈴木は病気に罹り、日本に帰国せよとの命令を受けたが、日記と書簡は全部を解読できていなかった。上記の日記と書簡、それに自分の戦陣日記をこっそりと将校行李の底に隠して帰国船に乗り、同年暮れに日本に持ち帰った。

鈴木は帰国後の二年間に、日本に持ち帰った少女の日記、元留学生たちの書簡を元に三冊の小説と自己の出征と戦地での体験記を書いた。最初の『屻られし花』、引きつづいて小説『遠東の人』三部作(『趙君瑛の日記』女子文苑社、『陳一族の手紙』・『ある中尉の手記』大同印書館)、合計四冊の著書は、昭和一六、一七、一八年の三年間に連続して出版されている。これらの著作には、出征するまでの父とのやり取り、過酷な戦場の情況、南昌の張家・謝家の両家から日本に留学した中国人青年たちの憂国の至情、抗日のため帰国すべきか、それとも日本で学問研究を続行すべきかという煩悶、及び彼らが最後に迎えた残酷な運命等々が、生々しく物語風に描かれている。

鈴木軍医は、すでに両親なく、また医者として独立していなかった。この若き二〇歳代の一軍医が、強い検閲と出版統制下にあった戦時中に、四冊もの著書を書いて出版することは大きな困難と強い決意があったものと想像される。いつ再度の出征命令を受け、いつどこで戦死するかも分からなかった。実際、中国戦線から帰国して三年目に、再び黒竜江省の孫呉へ召集され、その後北海道に移動になりアッツ島に送られる予定が中止になり除隊。すぐ又東京湾沖合にある新島守備隊に軍医として三度目の召集をうけ、ここで敗戦を迎えた。

彼は敗戦後も、中国人留学生たちの苦悩、悲惨な運命、戦争の惨禍を後世に伝えることに努めた。帰国時に持ち帰った張・謝両家にあった書簡の完全な日本語訳を行い、『趙君瑛の日記』(一九六三年刊、趙君瑛は仮名、本名は「趙中瑛」)として新たに出版した。また、自分の戦線日記を基にして、それに中国戦線から日本にだした書簡や、戦線で書いたスケッチを入れて『戦陣秘帖』(一九九五年刊)として刊行した。一九九四年には中国留学生を自宅に招いたり、北京大学に張京先(元奈良女高師の留学生)を訪ねたりした。また一方、彼は北原白秋の衣鉢を継ぐ歌人としても活躍し、数冊の歌集の他『北原白秋の思想』(短歌新聞社)を上梓した。戦前、日本に留学していた中国青年達が直面した日中戦争の悲惨、悲劇を生き生きと伝えた鈴木の仕事、及び彼の生涯は多くの日本人、中国人に知られる価値があると思う。さらに又、日中戦争のために帰国せざるを得なかった南昌の謝・張両家の学生たちは、帰国後に如何なる運命をたどったのか、また彼等彼女等の日本留学はいかなる意味をもっていたのか、さらに又日中戦争の悲惨な実態とは具体的に如何なるものであったか等々、改めて日本人に問いかけ突き付けているように思える。

私は、この一〇年間、日本の御園一子さん、中国の廖梅先生、その他、中国人留学生史を研究されている先生方の研究業績から多くの情報や研究成果を拝借したり、読んだりしてきた。南昌の謝家・張家の方々の消息も、廖梅先生の御蔭でかなり判明した。謝光珍とその子供たち、張定釗、張佩芬、張佩芳など張家の四兄妹（？）は、多くが日中戦争、国共内戦を生き延びていた。本文で詳しく紹介しよう。周一川、野村鮎子両氏等の留学生史研究と東京と奈良にあった旧・高等女子師範に学んだ多くの中国・満州・台湾等々の女子留学生達の調査によって、次第に詳しい事績が判明しつつある。これも本文で紹介する。

私はまた、旧日本軍兵士の田辺利宏、岡村俊彦、鈴木英夫等々の諸氏の戦線日記などから、日中戦争の悲惨な実態や日中両国の人民がどれほどの犠牲を強いられたか、等々のことを教えられた。以下、本書に出来るだけ詳しく記したいと思う。戦争時代を「地を這う虫の観点で語らしめよ」という根本姿勢で描きたいと思う。

第一章　軍医鈴木英夫、南昌市内で一女子高生の日記を「発見」

＊＊プロローグ＊＊

昭和三八年一二月一三日付けの「朝日新聞」（大阪版）の「トップニュース」欄に、御園一子さん（当時三八歳）の、次の投書が載った。

大正一四年生まれの私は、多感な女学校時代を戦いのさなかに過ごしましたから、どの思い出にも必ず戦争がつきまとっています。それは「一億一心火の玉だ」とか、「国民精神総動員」とかいうスローガンに統一され、何物かに向かってかり立てられるような日々でした。そうした自分を忘れた一日の生活を終えて、ひととき机に向かって自分をみつめ、周りをみつめることを教えてくれた本に再会したのです。今年の三月半ばごろ、毎日とっている短歌雑誌の広告欄に、その本、『趙君瑛の日記――中国版アンネの日記』の名前を見出した時の驚きと懐かしさは、本当に行方知れずになっていた恩人にめぐりあった時のように胸が高鳴りました。早速、著者の鈴木英夫氏に昭和一五、六年ごろ本になったことがあるかと問い合わせたところ、確かにそうですとの返事。そして戦前絶版になっていたのが再刊されると知って、私の喜びは絶頂に達し、本の出る日を待ちました。六月下旬に出たその本、ページやなかの文章まで暗記している中国の一少女の日記。かって共鳴し感動したところをまた涙しながら何度も読み返します。むかし家人の寝静まった時、この少女に話すつもりで記した日記（この少女は日記帳のことを〝親愛なる私の友よ、声なき霊の知己よ〟と呼んでいる）は、今も実家にあると思います。二〇年前、誰かに借りて読んだので、同窓会名簿をめくって心当たりに便りをしましたが覚えていなかったり返事がなかったりでさびしい気もしましたが、この本によって中国を知りたくてパールバックの『大地』を読み、『母の肖像』を読み、キリスト教に求めていった私の青春の何とあざやかによみがえってくることでしょう。私も四〇近くなり、二人の子の母ですが、これから残る生涯を、二〇何年ぶりに再会した〝心の知己〟に語りつつ、思い深く真剣に生きて行きたいと願っています。

この第三部の、ことの起こりは、今から一〇年余も前の二〇〇八年、わが故郷（長野県諏訪郡旧・落合村、富士見町）出身の女性・御園一子さんから一冊の本をお借りしたことに始まる。一子さんから、この本だけは、必ず返してくださいと言われた。わざわざ郵送して頂いたが、紙も印刷もあまりよくなく、パラパラと眺め、同じ本があるかと古本屋のサイトを検索すると数冊あり、一冊購入した。それで安心して、御園さんが送ってくれた本は早速お返しし、購入した本は本棚に差し込んで、それ以来忘れてしまった。それから数年たって、たまたまこの本を「再発見」した。なにげなく手に取って読み始めると、誠に興味深く夢中になった。その本とは、鈴木英夫氏が書いた『趙君瑛の日記』という著書で、戦後の昭和三八年に出版された本である。

御園一子さんは、旧姓は五味一子、今年（二〇一七年）で九二歳、現在は岐阜県のキリスト教関係の介護施設に入居しておられる。夫の御園喜博氏は農業地理学の学者で、大阪府立大学、岐阜大学教授を歴任、岐阜大学名誉教授となったが、数年前に他界された。喜博氏の生家は、我が家から四キロほど離れた八ヶ岳南麓の、富士見高原にある。喜博氏は、大秀才で旧制諏訪中学五年間を首席で通し、平均点九六点以上（氏亡き後、一子さんから成績簿を拝見させて頂いた）であった。旧制一高に合格したが、三か月で退学して海軍兵学校を受験し直し、首席で合格した。しかし、卒業の年、広島に原爆が投下されて終戦となった。氏に関する詳しい紹介は、本書第四部第一章を参照されたい。

御園一子さんは、戦争中、東京の旧制女学校の一年生、一六歳の時、クラスの友人が鈴木英夫著『趙君瑛の日記』(小説)を読んでいるので拝借して読み、大層感銘を受けた。その後、戦後になってから、夫君と大阪に住んでいた時、短歌を通じて宮柊二、鈴木英夫両先生に師事した。一子さんは、その縁で鈴木先生が改めて戦後に書いた新装『趙君瑛の日記』を長く保持し、数年前、私が中国史研究者であることを知り、この書を貸してくださったのである。

戦後、一子さんが、鈴木英夫氏に会った時、氏から「きよらなる　乙女がどちの　いきざまも　涙ながれて或る日は思ふ」という歌を頂戴した。一子さんは、この原本を戦中の女学校時代に読んだために、戦争中でも「支那人」にたいする蔑視観を全く持たなかったという。

鈴木英夫は、軍医として江西省南昌市に駐屯していた時(一九三九年春から夏にかけての約四ヶ月間)、宿泊している隣家で、日本に留学していた男女の大学生達の書簡や、日本留学を夢見る「趙中瑛」(本名)という、高校三年生の日記(一九三四年上半分)を「発見」して、その虜になった。それを基礎にして戦中戦後に数冊の著作を上梓した。その内の、戦後に出た新装の一冊を御園一子さんがたまたま購入しており、戦後数十年も愛読し、保管していたのである。

上記した、鈴木英夫が詠んだ歌「きよらなる　乙女がどちの　いきざまも　涙ながれて或る日は思ふ」の乙女とは、「奈良女子高等師範学校」(現在の奈良女子大学。戦前は、女子高等師範は全国に二校しかない名門であった)に留学していた中国南昌市出身の女子留学生の謝光珍、張佩芬等を指している。戦後も長い年月が過ぎたが、「彼女らが戦争で日本から帰国してから、悲惨な運命に翻弄され、故郷の南昌市を脱出してから、大陸の各地を流れ歩く悲劇を想像すると、涙が流れる日もある」という意味であろう。

私は、一子さんから本を紹介されてから、鈴木英夫の著書を古書サイトで検索しては次々と買い求め、その大多数を夢中で読んだ。驚いたことに、昭和一二年(一九三七)から、三年近く陸軍軍医中尉として従軍した鈴木は、日中戦争の真っ最中に四冊の本を書き、戦後にも多くの本を書いていた。

『翩られし花』(女子文苑社、昭和一六年三月)、『趙君瑛の日記』(大同印書館、昭和一六年一二月)、『陳一族の手紙』(大同印書館、昭和一七年四月)、『ある中尉の手記』(大同印書館、昭和一八年一一月)である。後者の三書は、小説『遠東の人』三部作として一括されている。しかも、鈴木は、戦後になってから二冊の新著を上梓した。一冊は戦時中と同じ書名の『趙君瑛の日記』(文献社、昭和三八年。この書は、戦前に出した同名の書とは異なる。前著は小説風、本書は資料の正確な翻訳である)、もう一冊は自分が中国戦線で書いていた日記である『戦陣秘帖』(湘東文庫、平成七年)の二冊である。

この千葉医科大学を卒業したばかりで、中国には何の関心もなく、知識もなかった一医学徒、しかも若干二六歳の軍医中尉が、著書を戦争中に四冊も書いていたことに驚嘆した。いったい彼に何が起こったのか? いかなる情熱が彼をこれほどまでに燃え立たせたのか? さらに又、「支那事変」の真っ最中に、どうしてこのような著書が出版できたのか? 彼はこの戦争をどう見たのか? 戦争中に沢山日本に留学していた南昌市出身の中国人学生は、それからどうなったのか? 新中国建国後まで生き残ったであろうか? 生きていたなら、文革時代にどう過ごしていたのだろうか? 次々に、疑問がわいてきた。

鈴木は昭和一四年(一九三九)の末に帰国し、大阪で入院し、それから実家に帰り、母校の千葉医科大学の副手に復帰したが、その間中、彼の頭脳は、中国南昌人の留学生、青年男女の喜怒哀楽、希望と絶望が幾重にも交差し衝突する異様な精神的興奮に襲われていた。彼は彼等・彼女らと対話し、煩悶し、ほとんど運命的とでもいうべき特異なる一時期を過ごしたということである。

彼は、後に、この熱病にかかった時の状況を次のように記している。

ベートーヴェンの伝記を読んでいると、しばしば〝ラプトゥス〟と言う言葉に出会う。この独逸語に相当する日本語はない。強いて言えば「乗りうつった」「憑かれた」とでも言うのであろう。「狂気」と訳している人もあるが、ベートーヴェンの〝ラプトゥス〟は決して狂気ではない。狂気と正常人の境界の、あやうい一線を乗りきる、天才だけに許された不思議な境地と言えよう。白秋はしばしばこの〝ラプトゥス〟ともいうべき不思議な境地に襲われた。……(鈴木が実際に見た師白秋のかかる現象を紹介しているが省略)……私は一度だけこれに似た経験を持っている。それは、小説『趙君瑛の日記』を書いた時である。そのころ私は、千葉の市立病院の院長官舎で自炊していた。準備は長いこと続けていたのであるが、この四〇〇枚の小説は、ほとんど一週間で書き上げたのである。

私の頭の中には、主人公をはじめ、作中の登場人物や、その背景がもう長いこと生きていた。書き始めて、それらの人物が紙の上にはっきりと姿を示し始めると、彼らはまるで生きている人間と同じように、次から次へと泣いたり笑ったり、別れたり会ったり議論したりし始めた。私は頭の中に彼らの笑いを聞き、ささやきを聞き、会話に耳をかたむけた。もはや小説を書くために考える必要はないのであった。頭の中の人物の心理の動きや会話やらを、私はただペンで追いかけて行けばよいのであった。時とすると、ペンの方が間に合わないことさえあった。疲れれば机の前でごろ寝し、腹が空けば御飯と卵で煮たおじやを食べ、ときにはコーヒーを沸かして飲んだりしながら、とも角もほとんど夢中で、一冊の小説を書き上げたのである(鈴木のエッセイ集『しろつめ草』、頁五〇〜五一、昭和二六年二月記)。

いったい鈴木氏は、中国戦線で何を目撃し、何を感じ、何に興奮して、この『趙君瑛の手紙』や『屻られし花』、『陳一族の手紙』、『ある中尉の手記』を、熱病に冒されたようにして書き続けたのか？　時は、日中戦争の真っ最中であり、日本軍の南京占領とそこでの大虐殺、武漢三鎮の攻略、南昌市占領と続き、ますます「支那事変」が、泥沼の全面戦争に突入した時代であった。日本人全体が、中国人や朝鮮人を「シナ人」、「チャンコロ」、「セン人」、「ハントウ人」、南方諸民族を「ドジン」、欧米人を「ケトウ」、ロシア人を「ロスケ」等々と蔑視していた。そして自民族を「大和民族」、日本を「万世一系の天皇」が支配する「皇国」「国体」と誇り、侵略戦争に驀進し、排外主義と民族優越主義に狂喜乱舞していた時代だった。

鈴木は、戦争中に華中戦線、ソ連との国境の孫呉へ、更に新島へと、三回の出征を命じられた皇軍兵士である。その彼が、夢中になって、「日中戦争」の真っ最中にも拘わらず、中国南昌市の「乙女の日記」や、中国人日本留学生たちの「書簡」、中国関係の書籍、資料を読み続け、上記のような四冊の本を戦争中に上梓したことに、私は驚嘆せざるを得なかった。いったい何が、日本陸軍の一軍医中尉で、若干二〇数歳に過ぎない若者をして、かかる「ラプドゥス」に憑かれたとしか言いようもない、仕事の数々をなさしめたのか？

第二章　鈴木英夫の青少年時代、千葉医科大学時代、徴兵、出征

鈴木英夫は一九一二年（明治四五）、神奈川県座間村（現在の座間市）に生まれた。彼の家は、「小地主と言ってもお米は大切である。家では父や子供たちは白米のごはんを食べていたが、女たち、母やおんなじ（女中）たちは、大麦を押しつぶした通称〝わりめし〟を混ぜて食べていた」（『しろつめ草』、頁一〇）。子どものころから百人一首のカルタ取りをやり、多くの和歌を暗唱した。「九歳の時から、読書に熱中。父から北原白秋の「赤い鳥」を貰う。一一歳の時には、長塚節『土』、一二歳で倉田百三『出家とその弟子』、賀川豊彦『死線を越えて』、鴎外等々を読む。中学二年の時、『大正一万歌集』を読み、短歌に目覚める。中学三年生の時、日光、伊香保方面へ旅をし中禅寺湖に一泊した翌日は、半月峠のせまい山道を徒歩で越え鉱毒事件で有名な足尾へ出た。その時の短歌は以下のようなものだった。

ところどころ砂防工事の垣見えて山の荒れかも足尾に近く
渡良瀬の水は踊るも岩の上にこの水にして毒とも見えず

母は隣村の神官の娘であった。病弱で一九二七年、英夫が旧制の成城中学三年生だった時、東京の病院で死去した。また、この年に弟が病に侵され、父から「お前は医者になって弟の病を治してくれ」といわれ、成城高校の入学試験の直前に文科から理科へ志望を変えた（『しろつめ草』頁一二）。一九二七年に小田急線が開通し、座間駅から新宿駅に電車で行くことができるようになった。一九二九年、旧制成城高校の理科（乙）に入学した。理科（乙）とは、第一外国語がドイツ語、第二外国語が英語のクラスである。成城高校一年の時、北原白秋を知

る。一九三二年、成城高校三年生の時、たまたま白秋主宰の雑誌『歌と評論』に投稿した短歌が掲載された。

千葉医科大学時代

一九三三年（昭和八）、千葉医科大学に入学。内科小児科卒。演劇部に所属し、多くの戯曲や文学仲間に恵まれる。一九七一年卒業し、同大副手となる。

「大学に入った年の夏、中村正爾氏に連れられて、祖師ヶ谷大蔵の先生（北原白秋）をお訪ねして、入門を許された。この年『短歌民族』という季刊誌が出て、はじめて先生に見ていただいた歌が、意外のおほめにあずかり、古いお弟子さんたちの作品にまじってこの誌上にのった」（『しろつめ草』頁四六）。「大学の最後の年に『多磨』が創刊された。成城に移った白秋の家を度々訪ねたが、ある時、白秋の秘書をやっていた宮柊二君の下宿に泊めてもらい、一つ布団にくるまって寝たりした。宮君は、書き溜めた歌を〝どうだこんなのは〟などと言って取り出して見せた。何かしら未来の夢を持っていた。時代も、年齢も、そういう時期だったのである」（『しろつめ草』頁四七）。鈴木英夫と白秋のことについては、改めて別に書くことにする。

千葉医科大学には金持ちの子供が多く、レコードを持っている学生が沢山いた。よく講義をさぼっては喫茶店に行き、そこで蓄音機に持参したレコードを掛け、本格的に西洋音楽を聴いた。特に、ベートーヴェンの「バヨリンコンチェルトＯ・Ｐ六一」に魅かれたという。このレコード鑑賞癖は、後に従軍中上海でベートーヴェンのレコードを求めて街を彷徨うという体験を生むことになる（『のうせんかつら』頁一一〇）。また、大学在学中、演劇部にも属し、文科系への関心が高まった。

徴兵検査合格、入隊、陸軍軍医中尉に、父との別れ

昭和一一年(一九三六)の春から夏にかけては、私のそれまでの生涯にとって何とも奇妙な一時期だった。その年の三月大学を終え、四月には母校の医科大学の内科教室に入ったが、五月になると、在学中延期されていた徴兵検査が待っていた。私は乱視のため視力が弱いので、軍隊には取られぬだろうと思っていたが、最後の面接のとき、徴兵官の少佐は履歴書を見ながら「ああ、御前は医者か。ちょうどいい。ここらで軍医が一人ほしかったところだ」と、名簿の上に大きな合格の判を押した。この年、全国の医科出身者の甲種合格は約五〇〇名、うち一五〇名ほどが軍医候補生に採用されるという噂であった。私達のクラスでも六〇名中一七、八名が甲種合格だった(『戦陣秘帖』頁一三~一四)。

鈴木の大学入学の年に五・一五事件があり、卒業の年に二・二六事件があり、秋になると、近く入営する学友たちの送別会が開かれ、酒がはずむと、みんなは大声で「ここはお国の何百里……」という、日露戦争のころの軍歌を合唱し始めた。「昭和一一年(一九三六)一二月一日、私は軍医候補として、東京赤坂の近衛歩兵第三連隊へ入隊した。仲間は一四人で、毎日訓練をやらされた。翌年の二月に見習士官、四月に軍医中尉に任官、仲間は全国に散らされた。六月初め、富士の裾野で演習をやり、八月動員令が下り、第一〇一師団(平時の第一師団の管区である東京、神奈川、千葉、山梨から、予備・後備の兵を集めて編成した師団)の、衛生隊つきの軍医中尉になり、戦争が始まっていた上海戦線に動員された」(『コスモス一万本』「入営前夜」頁一二三~一三三)。九月二二日、揚子江河口に着き上海に上陸。

鈴木は、母を早くに亡くしていたので、とくに父への思いが強かった。父も、息子を早くに一人亡くしており、この残った一人息子を特別に愛していた。この親子が、いよいよ一九三七年九月に別れることになったのである。

戦地に送られる直前の親子の別れを、鈴木は次のように描写している。戦地に行く準備をしていた時、父は突然改まって私の方へ向き直り、「ちょっとお前に言うことがある」と言って次のように語った。

「今日はお前に『葉隠論語』を持ってきてやろうと思ったんだが、いろいろ考えた挙句辞めることにした。そこで、いいか、何故止めにしたのか、その訳を今話すからよく覚えておくんだぞ」と厳粛な口調で言い始めた。

「その意味はこうなんだ。いいか。そら戦争だ。弾丸が飛んで来た。と言う時になって、慌てて『葉隠れ』を引っ張りだして読んだって間に合うものじゃない。『はがくれ』は、念々日々の道なんだ。言葉じゃない。精神だ。『はがくれ』を戦場に持って行くようじゃ、『はがくれ』の精神が分かったとは言われない。そこでお前には、いままで『はがくれ』をあまり読ませていないから、今お父さんがたった一言でその精神を言ってやる。これだけはよく覚えておくんだぞ。いいか。それは『死ね』ということなんだ。戦争へ行ったら死ねばいいんだ。〝武士道とは死ぬことと見つけたり〟だ。〝死に狂ひ〟と言う言葉もある。余計なことを考えるじゃないぞ。死ね。死に狂ひだ。いいか。分かったか。

私は答えることが出来なかった。「はい」と答える事は易しい。併し今「はい」と言葉を言った所で、どうしてそれが分かった事になろう。そんな安受合を父も求めているのではなかった。父に与える回答は、これから私が戦場に行ってからの事実を以て示すより外ないのだった。何時か私は身を以て、「はい」と答へなければならないのである。恐ろしく厳粛なものが私の体を貫いて去った。私の身は凛として寒くなった。父はなお言葉を変えて、自分が言おうとする所を、子供の心臓に刳り込もうとする様な激しさで同じこと繰返した。その言葉はむしろ快いほどの痛覚を以て私の心を締めつけて来た。「よし」。と父は言って不断の調子に返った。私は立ち上がり、二冊の万葉集を送り返す木箱の方へ詰め換へた。父は黙って見ていた」（『剱られし花』頁一四～一六）。「父が死ねと訓へたのは生きろと訓へたことに外ならないとも言える。私は死ねばいい死ぬ事によって自分を生かす事が出来さえしたならば。私は心が軽くなった様であった。すると俄かに家へ送り返した二冊の万葉集が惜しくなって来た」（『剱られし花』頁二二）。

「部下の兵隊の一人が、外の縁側に私の父の来ていることを知らせてきた。真っ暗な縁側へ出て見ると、レインコートの上からびしょ濡れになったらしい人影が黒く立っていた。「お父さんですか」。「うん」と人影は答えて、ポツンと間を置いてから、「この間はあゝ言ったけれども、やっぱり来た方がいゝと思って出かけて来た」と言った」(『屻られし花』頁一〇)。

鈴木は軍刀、水筒、背囊、軍服、拳銃、コップなどを慌ただしくまとめて、それから兵営を後にし、師団全体が列を作って出発の駅に向かった。

気がつくと父が唯一人、電車通りを行く私と並ぶ様にして、歩道の上を歩いていた。風が烈しいので洋傘をつぼめ、レインコートの裾をはたはたと鳴らしながら前屈みにして懸命に風に向かって歩いているのであった。何か一途に思いつめている者のはげしい気組みが切なく私に伝わって来て、最早私は無心にその方を振り返ることは出来なかった。云いたいことは胸に溢れているのに、言葉となっては何一ツ口に出来ないのであった。黙り通したまゝ私達は〇〇駅に着いた(同上)。

送られる兵士と見送りの人々が、押し合いへし合いする物凄い雑踏のホームに、父の姿を捜すのは全く絶望のように思われた。

半ば諦めつつもなお窓外の人々の顔を眺めまわしている目の前に、雑踏に押し出される様にして突然長身の父の姿がぴょっこりと現われた。父はまだ私に気づいていないらしく、黙って気忙しく二等車の窓を見廻していた。先刻私に自分の子どもの客車を訊ねたあの老婆と同じ目つきをしている、と私はふと感じ、思わず「お父さん」と呼びかけた。「おう」と父は驚いた様にこちらを向いて、それから私を認めた。抑えきれない一瞬の感動が父の表情をはげしく変え、老いた頰は紅潮し、瞳は大きく見開かれて不思議と潤ように輝いた。……「いゝか。お父さんの言ったことを忘れるんじゃあないぞ。此の間の言葉を忘れるな」と怒鳴るように言った。「はい」と、私はわずかに答えた。……万歳の声は先刻からホームの内外を埋めつくしていた。……汽車が動き出してから始めて気がついたように、父は周りの者を真似て洋傘を持っている手をたかく挙げた。併し、それは無意識にやっているようだった。その人差し指には、先刻私が書いてやった例の紙片を二ツ折りにしたまま、しっかり挟んでいるのであったが、それも瞬間にしてホームの人波の中に消え去って行った。そしてこれが、私の見た父の最後の姿だったのである（『剪られし花』「はがくれの父」頁二〜一二）。

父・利貞がいかなる人柄の人物であったかを、よく示す事例がある。英夫が、上海戦線に送られてから、しばらく後の、昭和一二年一〇月一四日付けの『読売新聞』に「一〇月一一日、呉淞クリーク南岸曹宅附近で鈴木英夫中尉や荒城謙之中尉が加納隊長と共に壮烈な戦死を遂げた」という牧記者の記事が載った。それを知らされた利貞は、もちろんまだ公報が届いていないので、半信半疑であり、新聞社や原隊や陸軍省に調査を依頼してくれるように各所に頼んだ。

しかし、英夫と一緒に戦死した荒城中尉や加納隊長は、一緒の師団に属し、英夫の知人であることが分かっていたので、息子の戦死は間違いないものと思えた。その翌日の、朝刊の地方版には、息子の写真、経歴をそえた戦死記事まで掲載された。そこには、「恨み深き上海、戦線救護の散華」、「軍人詩人鈴木中尉の面影」などという、見出しがついていた。そのため、親戚、友人、知人から、おびただしい弔電、弔慰の手紙が殺到した。そればかりでなく、弔問の客が利貞の自宅に殺到した。それに利貞は、「覚悟はしていましたから」などと答えながらも、ひどく動揺し、胸がつまり、息が苦しくなり、口もきけなくなった。それから一〇日あまり、息子の作文や日記や、幼いながらも作った短歌などを整理し、三一枚のノートを作って悲しみに耐えたという。その期間中に利貞が、息子の死を悼んで作った短歌は、次のようなものだった。
うつし世の望み足らひて永らへば　子の歌集め老いんとぞ思ふ
土手の上に日なが舞いゆく埃風《ほこりかぜ》　さむき名残の春となりぬ
うら枯れて砂地に秀づるかや草の　かかるさやぎも春とうからむ
此の丘の楉《しもと》の芽ぶきにほふ日も　わが一人居はかそけくあらむ

ところが、一〇月一四日、つまり英夫が戦死した翌日の日付で実子が書いた手紙が、一〇月二三日に利貞の家に届いた。そこに、実は同姓同名で同じ軍医中尉の別の英夫が戦死したのであり、自分は生きていると書いてあった。鈴木家は、まさに、悲嘆のどん底から歓喜の絶頂に変わったのであった。
戦死した鈴木英夫他の検死が行われたのは、一〇月一八日の事だった。鈴木は、次のように記している。

仕事が次第に進んで行くうちに、私は一人の将校の戦死体に行き当った。死んでいる兵の服装がひどくまちまちである中に、此の将校の武者振りは実に見事であった。軍刀図嚢、軍医携帯嚢、拳銃、水筒、一点の隙もなくしっかりと身につけられた装具に、その人の覚悟の程が偲ばれた。弾丸はしっかりと紐で顎に結ばれた鉄兜の星章のあたりを剞る様に貫いていた。小銃弾ではなくて砲弾か迫撃砲の破片に依るものらしかった。胸から腹にかけて、シャツの上からしっかりと国旗が巻き付けられ、その下から千人針が出て来た。国旗も千人針も、その中に包み込まれた沢山のお守りも血に染んで居た。腹部にも傷があるのであった。肌に直接付けられた認識票は血と泥水に錆びついて、表面の文字を読むべくもない。

私は汲んでこさせてあったクリークの水を布につけて、小判型のその真鍮の板をこすってみた。兵の認識票と違って将校のそれには、部隊名・氏名がその儘記されて居る筈であった。次第に浮かび上がってくるその文字を読んで行くうちに私は思わず「アッ！」と声を揚げた。まぎれもないその文字は、「伊東部隊谷川部隊吉川部隊　軍医中尉鈴木英夫」と読まれるのである。「鈴木君だ。僕と同じ名前の……」。その驚きを、今迄単なる使役の兵としてしか見て居なかった傍らの一人に向かって、私は思わず話しかけずには居られなかった。併しその兵は怪げんそうな顔をして私の方を見たきりだった。（中略）私は千人針の中から血に染んだお守りの包みだけをとり出して、自分の胸のポケットへ納め、帽子をとって遺骸に再敬礼すると、表面はさり気なく次の仕事に移って行った。しかし、私には最早自分の仕事を、戦場に当然つきものの単なる事務として片付け去ることは出来なかった。私は再び「死」の前に引き据えられたのだ。これが死ぬ事のギリギリの決着の姿なのだ。（中略）仕事は十一時近くまでかかった。使役の兵が荼毘の仕事を始めた。煙が上がると忽ちすぐ近い呉淞クリークの対岸から、小銃の弾丸が続け様に私たちの辺りを目がけて撃ちかけて来た。綿畑の畝を転って私たちは隠れた（『剱られし花』頁四七〜四九）。

◇補足1　父・鈴木利貞の人物と生涯

父がどんな人であったかについては、息子・英夫が書いた『細谷川——座間村幼年会と鈴木利貞』（昭和五七年九月、丸井図書刊）に詳しく記されている。利貞は、明治一五年一二月（一八八二）河原宿に生まれた。相模川左岸の水田地帯にある平凡な小部落で、家は代々農業を業としていた。多少の田畑や山林などを持ち、一部は小作地として人に貸していた。つまり小さな手作り地主と言うか、大きな富農といった階層に育った。身体が弱かったので、せっかく合格した横浜県立第一中学を退学し、学業を続けることができず帰郷した。自宅で闘病生活をしつつ勉学に励み、明治三五年、満一九歳の時に座間小学校の代用教員として採用された。以後、教員資格試験をつぎつぎに突破し、小学校の教員をやった後、大正一三年から国語・漢文の教師として旧制厚木中学の教師として赴任した。以後、利貞は昭和一三年七月九日、満五五歳の時、学校に勤務中、脳梗塞か、脳溢血かで倒れ学校で亡くなった。

彼の一生は、小学校の教師、厚木中学の教師のかたわら、地元の子どもや青少年の自主的な教育運動を育てた。それが「幼年会」の育成だった。

彼は小学校の代用教員になった明治三五年以降、文字通り教師としてその仕事に心血を注いだ。当時、小学生が置かれていた状況は、悲惨なものだった。「先生がたを悲しませていたのは小学校の四年を終えると、多くの子供が高等科に進まず学校を去っていくことでした。明治三七年五月、女子一四人、男子六人、先生方が手分けして両親の説得に当たられますが、思い止まらせることのできたのはほんの一、二。他は多く他家へ子守奉公にやられるか、一家離散して郷里を捨てるのです」（前掲書、頁八八）。今のように多くの子供達が学校に行きたくないのではない、多くの子供が家が貧しくて行きたくても行けなかった時代であった。学校に通うことは、最大の希望であり、歓喜であり、社会にたいして誠に誇らしいことであった。教師も、授業以外に、童話を読み聞かせ、俳句を教え、作文教室を開き、学校に行けない子どもたちを集めて夜学教室を開き、自主組織である「幼年会」を組織し、小学校四年で学校を去る子供たちに終生手紙を書き続けた。こうして教育に全身全霊をそそいだ。利貞は、いつもその先頭に立っていた。

息子の英夫は、「利貞の思想形成には、二宮尊徳の強い影響がみられるようです。すでに少年時代から、日記の中に、『二宮翁夜話』や『報徳記』に触れた文章がしばしば現われることからも察せられます」（頁二四七）。

◇補足2

『葉隠』（はがくれ）は、江戸時代中期に書かれた書物。肥前国佐賀鍋島藩士・山本常朝が武士としての心得を口述し、それを同藩士田代陣基（つらもと）が筆録しまとめた書。全一一巻。葉可久礼とも記す。『葉隠聞書』ともいう。「朝毎に懈怠なく死して置くべし（聞書第一一）」とするなど、常に己の生死にかかわらず、正しい決断をせよと説いた。後述の「武士道と云ふは死ぬ事と見付けたり」の文言は有名である。同時代に著された大道寺友山『武道初心集』とも共通するところが多い。文中、鍋島藩祖である鍋島直茂を武士の理想像として提示しているとされている。アジア太平洋戦争のさい、皇軍兵士の心構えとして大いに宣揚され、推奨された。兵士以外にも倫理規範とされ、日本軍兵士と青年達を追い詰め、大量の玉砕、餓死、自決死を招いた原因ともなった。

◇補足3

鈴木利貞は、自分の息子が生きていたことを知ると、すぐ本当に戦死した同姓同名の千葉県の両親に次のような長文の弔慰文を送った。当時の戦没兵士の両親と心情と利貞の人となりをよく表しているので全文紹介する。父利貞の御遺族宛の書簡は『衂られし花』（頁七五〜七八）に全文収められている。

拝啓

突然の儀乍ら私は目下上海方面へ出動し居る佐々木部隊附軍医中尉鈴木英夫の父に有之候。今回御令息英夫殿上海戦線に於て戦死遊ばされ候趣新聞紙上に於て承知仕り身に引比べて御両親様はじめ御親戚の方々の御心情如何ばかりかと茲に之を書き記しつつも涙止め難く謹んで哀悼の意を表し候。

実は数年前御令息の御名前官報紙上に発表相成り候事有此候時より不思議にも私倅と同姓同名なるを心つき軍医学校御在学中より今回の御出征に及ぶ迄常に念頭を去らず去月十日倅英夫佐々木部隊稲村隊に従属出征爾来新聞紙上の報道に注意居り候處、去る十三日読売新聞東京版に「加納部隊長戦死の折荒城謙之軍医、鈴木英夫軍医枕を並べて戦死」の報導有之、早速新聞社並に原隊等に問い合せ候処その誤報ならざる旨を言明致しその翌日の地方版に於て私倅なりとして履歴その他を発表せし為親族はもとより隣人一般之を信じ爾来十余日幾多方面よりの弔電弔辞に胸をくもらせつつも家内一同全く絶望のうちより公報の来る事一日も早かれ一日も遅かれと矛盾したる思いに日々を送り居り候処、去る二十三日夕刻英夫所属部隊長並びに当人より書面到着いづれも御令息の御戦死承知の上佐々木部隊幹部一同無事との通知有之、誠に申上悪し事ながら一瞬にして私宅悲しみは歓びと変じ、それに引換へてそなた様御一家、御両親様始め御親族の皆々様のお悲しみは如何ばかりかと推察申し上ぐるだに我事の如く思いやられ、家内一同涙新に申し合ひ居る次第に有之候。翌日親戚の者、英夫と大学同級にて御令息を存じ居らるる埼玉の落合と申す方より御令息のことにつき種々お伺ひ致し来たり、誠に不思議にも学歴年齢官職姓名全く同一、且つ両方とも眼鏡を用ひ容貌まで似通ひ居り候様申し居り候。東大御卒業とあらば平素の御成績も偲ばれ二十六年間御丹誠の御愛子誠に天皇陛下の御為なればこそに御座候。素より軍籍にあらせられ候事故御覚悟はさる事ながら親子の情は又格別、御胸中に引較べ御察し申し上げ、思い出づる度毎に涙、涙止めがたく幾度も筆お擲ち申し候。

今朝来新聞紙は上海方面の大激戦と皇軍の大進出を報じ居り、その中にも谷川部隊の働き特に目覚ましく相報ぜられ候。本月初旬特に六日より十一日にかけて加納部隊津田部隊その他皇軍の大激戦にして、今日皇軍の大活躍の素地を作り候もの、唯今また改めて戦報を眺め若し御令息をして無事ならしめば最早追撃戦に移り何等の憂いも有之まじきものをと遺憾の情に堪へず候。

自然時日も経過し御遺骨も到着御法号も相定まり候らはば恐縮ながら御一報くだされ度、直々御回向も申し、十月十一日の御命日を以て永く忘れる事なく生涯御冥福を祈る念願に有之候。先ずは不取敢おくやみ申上度如斯御座候。

唯今二十七日午後四時五〇分戦地より倅英夫二十二日認め新聞記者に託し候書状到着

同人その後楊行鎮南方約○粁の蔡家屯に移動してより戦死者の死体検査をなすこと約○○○名、いずれも呉淞クリークを越えてよりの戦死者、数日間クリークのこなたに収容し能わざりしもの、その中の一名に御令息鈴木中尉もおはし候趣申し参り居り候。誠に誠に不思議の因縁、折しも悲しきお便り乍ら書き添えお聴きに達し申し候。以上。

昭和十二年十月二十七日午後五時二十五分認

鈴木利貞

鈴木長三郎様

第三章　鈴木英夫の従軍日記『戦陣秘帖』にみる日中戦争

上海へ

鈴木英夫は、一九三七年九月、上海戦線に投入され、野戦病院で激戦・激務を体験する。とりわけ、彼の所属する第一〇一師団は上海郊外の大場鎮の激戦の中での損害が大きく、多くの兵員を失った。それから師団は杭州へ進軍、再び上海に戻り、この地で翌年迄駐屯した。そして今度は南京に送られ、さらに長江を船で輸送されて漢口を経て、江西省の彭澤に上陸し、廬山一帯で激戦を繰り返した。ついで徳安から修水河付近まで行軍した。この遠征途上、第一〇一師団（人員二五〇〇〇名）、一〇六師団（人員二二〇〇〇名）は、大きな反撃を受けて大損害を出した。両師団は同年三月から同年秋まで南昌に駐屯した。鈴木は、一九三九年九月、高熱を発して九江市に返送、以後病気治療のために日本に帰還し、三九年一一月、大阪の日本赤十字病院に入院した。六ヶ月の治療の後、四〇年五月に退院し、短期帰宅した。そして、同年の九月召集解除の後に、母校の千葉医科大学に副手として戻った。

そもそも鈴木が入隊した第一〇一師団とはいかなる師団であったか。この師団については、『第百一師団長日誌――伊東政喜中将の日中戦争――』（古川隆久、鈴木淳、劉傑編、中央公論新社、二〇〇七年）が詳しい。同書によると、この師団は「特設師団」であり、「年度動員計画に組み込まれ、戦時に編成される師団」であり、一九三七年度の動員計画では一七個の常設師団に対して一三個の特設師団の動員が予定され、戦時には三〇個師団を運用することになっていた」が、その特設師団の一つであった（頁三六）。「特設師団の兵員は、予備役・後備役兵を召集してあてた。幹部も基本的には予備役・後備役将校を召集してあてた」（頁三七）。

この師団は、五七歳で予備役になったばかりの中将・伊東政喜を師団長として、一九三七年八月二四日に東京で編成された。兵士は半分が東京、残りは埼玉、山梨、神奈川、千葉の出身者であった。「当時は上海の困難な戦況も一般には伝わっていなかった。……したがって、応召兵も、その家族も、……まず死ぬことはあるまいというのが、本人や周囲の考えだったので、暗い影などはみじんも見られない。多分にお祭り騒ぎ的な出征風景に、東京の街々は塗りつぶされていた」（頁六七）という。第一〇一師団は、上海には九月二二日に到着し、二八日には上海郊外の「大場鎮」の攻防戦に投入された。この師団については、米濱泰英著『一橋人からの陣中消息』（オーラル・ヒストリー企画、二〇一五年）も詳しいので、参照されたい。

第一〇一師団（約二五〇〇〇の兵）の内、「衛生隊」（佐々木部隊の構成）は、以下の通り。通常、一師団の総兵力の二～五パーセントが衛生兵で、数百人はいたであろう。

上官には歩兵将校・副官・歩兵中佐・部隊長がおり、部隊長の下に担架第一中隊（担架第一中隊――三つの担架小隊）、衛生部第一部（軍医、薬剤官将校、衛生兵）、（担架第二中隊――三つの担架小隊）、衛生部第二部（軍医、薬剤官将校、衛生兵）がいた。鈴木英夫と岡村俊彦（戦後、戦線日記『梢火』を上梓した）は、この衛生部の軍医であり、鈴木は一つの衛生部の隊長だった。両者は上司・部下として上海大場鎮の戦場に配備された。「攻撃目標として示された大場鎮は現在の上海市宝山区南西部に位置し、面積は約一七平方キロ、地名の由来は、唐と宋の時代にここに大塩場があったからである。北方から上海に侵入する要所として、地理的に極めて重要な意味を持つ。第一次上海事変の際の報道から当時は日本でも広く知られていた地名であった」（頁九〇）。

九月下旬、大場鎮一帯は双方の飛行機が空中戦を演じたり、互いに敵の陣地を爆撃しあったりし、多くの死者が出た。「死傷者が少ないとされた第三師団の田上部隊も、多くの損害を生じ、『東京兵団』（下、九六～九七頁）によれば田上大佐夫人は一九三八年（昭和一三）春、連隊の遺族への申し訳にと服毒自殺、田上大佐はのち師団長に昇進してニューギニアで戦い、戦犯として刑死した」（頁九九）ということである。

大場鎮攻防戦が始まる前に、上海戦では、九月二九日までの日本軍の損害は、「事変開始以来この日までの日本軍死傷者は華北で戦死二三〇〇、戦傷六二六二に対し、上海方面では戦死二五二八、戦傷九八〇六に及んでおり、人的損害もすでにこの方面が主戦場になっていた」（頁一二〇）。大場鎮をめぐる攻防戦は、九月下旬から一〇月二六日の大場鎮占領まで約一か月間続いた。十一月一六日までの、日本軍の人的な全損害は、『飯沼日記』（『南京戦史』資料集1、上海派遣軍参謀長の飯沼守少将の日記）の記載によれば、戦死者合計一万七六人、戦傷者三万一八六六人、合計四万一九四二人となっている。如何に上海郊外の戦闘が激しかったかが分かる。

『戦史叢書・支那事変陸軍作戦』（一巻、頁三八七）によると、上海方面の兵士の損害は、一一月八日までの累計で、以下のような状態であった。戦死九一一五名、戦傷三一二五七名、合計四〇六七二名。両者には、若干名に違いがあるが、前者の『飯沼日記』は一一月一六日までの累計であり、後者は約一〇日後の数字である。どちらにしろ、ほぼこのような大損害を出したのである。如何に上海戦が激しかったかが分かろう。

以上に述べた経過は、上海派遣日本軍全体の状況である。一軍医中尉にすぎない鈴木英夫は、戦場の真っただ中で地にはいつくばって戦死者の検屍、戦傷者の救助に当たっていた。彼の戦場日記は、大場鎮攻防戦以後の生々しい記録である。

鈴木の第一次召集時代の戦地での経験は、『劂られし花』(昭和一六年三月三一日、女子文苑社発行)と『戦陣秘帖』(平成七年三月二五日、湘東文庫）として発表された。前者は、将に戦争中の昭和一六年、後者は戦後だいぶ年月が経ってから出版されたものである。

1 「上海戦線、廬山山麓の戦闘、南昌市占領」

鈴木は、最初に上陸した上海の様子について、戦線日記に次のように書いている。

一九三七年九月二〇日前後

当時上海は、呉淞附近へ敵前上陸した陸軍の最初の部隊と、海軍の陸戦隊とが、黄浦江左岸に沿うたった一本の軍工路で漸く連絡がとれたばかりで、対岸の浦東からは絶えず迫撃砲や小銃弾が飛んで来るような状態だった。碼頭に横づけになった船の陰で部下を勢揃いさせ、漸く一番近い建物の横の小道へ入って行くと、道に面した二階への通路の入り口から、上着を脱いだ儘の一人の将校が走り出してきた。「おッ。」「おゝ。」突き当らんばかりにして私はその将校と向かい合った。それは〇〇日ほど前に私達の聯隊で編成して出してやった、主計ばかりから成る部隊のある将校だった。お互いに顔は知っていて名前は知らないのであるが、その少尉の顔を一目見るなり、私は殴られた様な激しい感じを受けた。戦争と言うものは、これは実に容易ならない事なのだと、今更に私は思い知らされるのであった。今、目の前に在るこれは一体何という顔だろうか。生死の境を潜るということが、此のようにはげしく人間の顔貌を変えてしまうとは思っても見なかったのだ。赭黒《あかくろ》く灼《や》けた皮膚のいろ、鋭く光る血走った眼、頬のあたりに見えるはげしい角。そして絶えず身の表面でぴりぴりと顫《ふる》へている過敏な神経。何時か私はこんな顔を見た事がある。そうだ、まだ子供の頃、村で火事があった時、今にも焼けそうになっている自分の家の中へ、お米の俵を担ぎ出そうとして飛び込んで行こうとしていた或る中年の男の顔が、それに近かった（『屻られし花』頁二七～二八）。

この直後から、鈴木の激戦地の生活が始まった。以下、彼の日誌『戦陣秘帖』（日記の部分だけで全二三〇頁もある膨大な日記）から、戦争の現実をよく記した、ごく一部分（全文の一〇分の一ほどか）を抜粋・抄録する。

（一）　上海クリーク地帯・大場鎮一帯の戦況

一九三七年

・「九月二二日。一人の少尉は既に死んだ。戦場にある人の顔、ちがう。人のいない街。廃墟の静けさ。朝に日ざし、こうろぎ。朝顔の咲いている洋館の塀」(頁三二)。

・「九月二五日。暗し、状況一切不明(何の目的で、どこへ向かうのか、ただ先の部隊の後をついて行く)先頭に立つ。後部の行軍意の如くならず、戦車、装甲車。ついに夕食の暇なし。長い路、休憩、道路にそのまま寝る。又歩く。いく度か。上海の空、空襲らしい。美しい曳火榴弾の花火。高射砲の音。左手に焼けている民家。機関銃鳴る」(頁三四)。

・「九月二六日。呉淞――楊行鎮。午後、夜闇を利用して前進せよとの命あり。六時出発の予定。熊谷大尉以下、疲れ切って帰る。夕食、直ちに出発。折から雨はげし。……雨止まず。一面のぬかるみと闇。〝煙草を吸うな〟火が見えると射撃の的になるから。担架隊はどんどん行く。……死体の臭いはげし。(敵の)屍体を時々踏み越える。……破壊され尽くした楊行鎮の家々。月も見えない。道端の、馬糧用乾草の山。雨に濡れた上層のものをひっくり返し、かわいた所へ入って寝る。夜光時計三時を指す。雨ほとんど止む。風はげしく、寒くて殆んど寝られず。疲労のみはげし」(頁三五)。

・「九月二七日。楊行鎮――徐宅――四王宅。朝五時三〇分、のこのこと乾草の間から起き上がる。眠り覚めない兵達。元気稍回復。六時整列して出発。砲兵と重なって行軍。畑の中の道。昨夜の白いものは、地に落ち散った綿の花だった。竹やぶにかこまれた部落。クリーク等。落莫たる平野。朝食のいとまなし。支那人、顔色蒼白の老人と子供。蠅。馬小屋よりも汚い。繃帯所開設準備、疲れ切った部下を指揮し、自ら働く。収容所クリークに橋を作る。屍体、柩、水牛の屍体。もろこし畑。……部下五人とリヤカーを引っぱる。暗くなる。草の上で煙草を吸っている工兵。突然「伏せろ!」と誰言うとない声。気がつくとピューピューと弾丸が飛んでくる。皆、路上に伏してしまう。すぐ近い畑の土に、ブスッ、ブスッと突き刺さる弾丸。……竹やぶに当たる小銃（弾）。寒い。四時頃から起きる」（頁三五〜三六）。

・「九月二八日。柳田少尉死亡。中隊で死者二名。負傷者殺到。三〇分間に四一人。合計二〇〇名を越える」（頁三七）。

・「九月二九日。午前四時頃、再び機関銃の音物すごし。ねむられぬ兵。昨夜夜襲による工兵の負傷者三名。午後六時五〇分より七時三〇分、五一名の傷者、収容忙し。収容所の軍医は神経衰弱になるという先輩の話」（頁三九）。

・「九月三〇日。（この日付けで、弟・芳夫宛に出した書簡に以下のように書く）昨夜また夜襲。朝より蕭々たる秋風。風になる木の葉。傷者午前中まばら。午後雨降る。重砲しきりに咆える。夕刻、負傷者殺到。三〇分間に四一人。合計二〇〇名を越える。……ごみだらけの水……」（頁四〇）。

・「一〇月五日。午後四時、一〇一ｉ（ｉは連隊）」の兵四名、迫撃砲にやられた。両膝から下のない兵。現場では足だけ残っていて身体がなくなったと言って探していると、他の兵の話」（頁四二）。

・「一〇月六日。昨夜馬二頭死す。濾過機のタンクに小銃弾痕。迫田大尉負傷、壕の中に居て。車輛隊の兵一名戦死。……正午一〇一ｉの九中隊殆んど全滅。……夜、熱あり。気分はいく分よし。上田班が来て、将校室はまたせまい。寝られない。急に寒くなる。風ははげしく、あばらやに一人ねむる」（頁四二）。

・「一〇月八日。雨、暗澹たる空。ぬかるみ。夜どおし傷者多し。一〇一ｉの兵、クリークの向う側でやられた者。血と泥と雨。悲惨。殆ど眠られず。雨、一夜続く」（頁四三）。

・「一〇月一〇日。兵を指揮して新宅に向かう。泥濘、膝を没するとは文字通り。しろをかいた田の様。……兵と共に泥まみれとなって新宅着。約一五〇〇ｍ三時間半かかる。家のまわり、支那兵の屍体数個。家はこわれ兵の寝る場所無し。……マントをかぶって寝る。顔の上に雨もり。泥くさい。夜半、迫撃砲頭上を越える。一七発——実際はもっと多かったらしいが、疲れて寝てしまって正確な数はわからない——」（頁四四）。

・「一〇月一一日。午後、加納大佐（一〇一ｉの連隊長）戦死、荒城謙之君（見習士官時代の仲間）重傷の報、いたる。気持ち暗澹たり」（頁四四～四五）。

・「一〇月一三日。秋冷。さすがに一〇月らしい、快晴なり。盥に湯を沸かして体をふく。大康社宅以来始めて靴を脱ぐ。垢のかたまり。（半月以上泥濘の中にあって一度も靴を脱がなかったので靴下はもろもろとなり、足の皮はふやけて一皮剥げ、垢のかたまりとなった）。斉木上等兵退院。野戦病院の状況、コレラ患者相当あり。水を求めて叫び泣く声。夜半水を求め（下痢嘔吐のため脱水状態）又は大便に這い出して、畑の中で死んでいる者、中には水を飲もうとしては這い出し、軒端の雨だれの水溜まりに首を突っ込み、その首を持ち上げるだけの体力も無く、窒息死しているのが朝になって見つかる例もある。衛生兵も不眠不休で働くが、患者が溢れて手が廻らない、夜のオリオン」（日本軍の小銃は日露戦争時代と同じ三八式と言われるもので、大砲も日露戦争時代の物、機関銃も旧式だった——この部分は鈴木が出版時に書き加えたものであろう）（頁四六）。

・「一〇月一五日。腹具合悪し。自重。……爆撃、砲撃続く。頑強な敵。秋晴れ、夕日美し。夕方傷者殺到。腕の切断二名。頭のくずれた者、足のない者。即死三名。……治療、手術台の下には敵の死体が沢山埋まっていて、天気がよくなって暖かいのでにおう。夜半風また激し。冷気甚だし。眠れず」（頁四八）。

・「一〇月一八日。晴、暖かし朝六時頃、師団副官より伝令来たり、稲村隊の収容せる屍体四六体の検案を依頼する旨伝えて来る。朝食の暇なし。自ら志願し蔡家宅前方一〇〇〇m、南三宅附近の無名部落に至る。次田副官同行、旅団副官吹田砲兵大尉に会う。腐乱した屍体。使役兵手を付ける者なし。自らやる。顔貌はほとんど不明。臭気。鈴木英夫（註、同姓同名同階級）の屍体あり、頭部正中線を、鉄兜の上より貫通。腹、千人針、血に染まっている。言葉無し。……一一時近く、四六体の検死終る。空腹なのに臭気が鼻について飯まずし……」（頁四九）。

・「一〇月二〇日。稲村隊より屍体検査の連絡あり。中座して、塩野、町田を伴い、一昨日の場所に到る。敵弾しきりなり。暖かし。上衣を脱ぎ、兵を指揮して作業にかかる。蠅。うじ。臭い。合計六九体。（壊れた民家の材料を運ばせ、井桁に組、その上に屍体を一間（二メートル弱）間隔に並べ、石油をかけて火をつける。煙が上がるとたちまちそこを狙って敵の弾丸がわっと飛んでくる。あわてて転がって逃げる）五時三〇分終了」（頁五〇～五一）。

・「一〇月二一日。晴、夕陽、赤い。クリークの西側へ出て見る。戦場風景。夜、独立歩兵第七大隊の一斉射撃。小安少尉来る。大隊長はアルコール中毒。何か錯覚を起こしている。（夢中になって夜半に一斉射撃を命じた）敵の応戦する小銃弾、しきりに綳帯所に落つ」（頁五一）。

・「一〇月二三日。午後、屍体検査四五体。佐藤伍長を伴う。中村君兵一名と共に同行。（途中屍臭に耐えられず早々に帰る）。秋晴れ、この間の火葬の跡。敵弾はげし。新しい使役の兵働かず。……」（頁五二）。

・「一〇月二五日。あばら家。ゴミと藁の中、豚の如く眠る」、「濾過器とどかず泥水を飲む」（頁五四）。

・「一〇月二七日。……（大場鎮に着く）生き残った老婆達。爆弾の跡物凄し。それよりも凄いもの、一戸毎の地下壕、塹壕。破壊されつくした街。明けきれぬ走馬塘クリーク。石の太鼓橋。美しい朝明け。渡辺少尉一人の男（老人）を殺す。休憩したのはお寺の裏。敵の正規兵三名（の捕虜）篠崎上等兵外数名で捕らえた者。木に繋がれている。若い表情。二人は青年教導隊員、一人はその指導者のごときものか。「武器を捨てて降れ、日本軍は捕虜をいじめはしない」というような、昨日飛行機から撒いたビラ（拾って持っていた）を見せてやる。一番若い一人の顔に浮かんだ、深刻な、複雑な表情。何か訴えるが言葉が分からない。他の一人は笑っている。約一〇〇ｍ離れた所で、たちまち斬られる。得意気なＫ准尉の顔。道で見ている老人、女、子供達。喊声を上げる兵達」（頁五六）。

・「一〇月二七、二八日。燃える閘北。煙、天に宙す。半天は曇り。裏へ出て見る。ダリア畑。暖かな穏やかすぎる日ざし」、「隊長を待つ間、一人街のスケッチ。夢のような一ヶ月。スケッチ」（頁五七）。

・「一〇月二八日。夜、大尉のウイスキー。桜井君来る。加給品の酒わたる。熊谷大尉酔う。愉快な夜」（頁五七）。

以上で鈴木の上海郊外、特に大場鎮の攻防戦における最初の戦場体験は終わった。鈴木が検死した兵隊の屍体は、全部で百数十体にのぼったであろう。これは一度に沢山検死した例だけであり、その他ばらばらに戦死した将兵もかなり検死したはずだから、検屍総数はかなりの数にたっしたものと想像される。負傷者の治療、処置はこの一〇倍以上であったろう。

一〇月二八日のメモ日記には、「張宅設営。次第に曇る。支那人四名。上陸以来はじめて見る彼らの生活」と記されている。それまで、一度も中国人の普通の日常生活を見ていなかったのである。先に記したように、この『戦陣秘帖』には、戦場から日本国内に出した書簡や国内から来た書簡、さらにはスケッチが沢山入っている。

（二）　**彭沢・廬山・修水一帯の戦況**（**『戦陣秘帖』より抄録**）

鈴木たちの一〇一師団は、翌年・一九三八年の夏に江西省の彭沢県に上陸し、廬山南方で中国軍と激戦を展開した。ここでも多くの戦死、戦傷者を出した。

一九三八年

・「七月一二日、私達一〇一師団衛生部隊は、漢口攻略戦のために汽車で南京へ集結した。ここで私達は奥地への先発を命じられた」。（この時、「父死す」の電報を受け取った）「ヒデオ　チチシス　イサイフミ」という簡単なものであった。私は寝台に倒れてしばらく号泣に堪えていたが、又起き上がって準備に走りまわらねばならなかった。夜になり、一切の仕事が終わると、明日はこの地に残してゆく将校行李から、例の上海で求めたポータブル蓄音機を借りてきて、昼の熱気のまだ火照る宿舎の露台で、ヴァイオリンコンツェルトをかけ、はじめて、半年か、一年か、或いは永久にか、もうベートーヴェンを聴くことはないであろう。まだ信じられない父の死に対する、これが最後の通夜だと私は自分自身に言いきかせた。……」（頁一五三～一五四）。

・「七月二三日、城内視察。崩れた家。猫。人間は一人も居ない。南瓜、葉が枯れかけ。棗の実。まだ酸っぱい。沖（揚子江）を通る船の汽笛。見捨てられたような（気持ち）」（頁一五五）。

・「七月二八日。（彭沢県郊外での戦闘中の日記に）戦闘救護軍、岡村君（戦後『梢火』を書いた岡村俊彦）と下士官一、兵二出発、流澌橋へ。敵の攻撃はげしと。こちら二個大隊で五〇キロメートルの正面を受け持つ。担架隊に赤痢発生。防疫、蠅。救護班をどうする？　師団より新しい「衛生隊勤務要領」来る。その計画の不合理さ、机上の空論、実際を知らず」（頁一五七）。

・「七月二九日。一五七ｉ（連隊）敵襲に会う。死傷一〇数名。混乱。車輛隊の小林少尉、負傷入院。下痢患者多発。野戦病院は患者で一ぱい」（頁一五七）。

・「七月三〇日、情況切迫、変化なし。五〇キロの正面へ機動力のない戦闘救護軍一組や二組では処置なし。こちらは退屈、万葉集、万葉集を読む」（頁一五七）。

・「同月三一日、万葉集、旧約聖書を読む」（頁一五七）。

・「八月一日、岡村俊彦軍医へ指示書。『あなたの出発の翌日、一五七Ｄ（師団）のｉが敵襲に会い、死傷数十名、こちらも出動しました。その際車輛小隊の小林少尉が脚に負傷、いま野戦病院に入院中です。軍の状況大して変化ありません。ソ連国境で日ソの衝突あり（原注、張鼓峰事件）、敵の損害は二〇〇、味方の損害は分からないそうです。どうもつじつまの合わない話です』（原注、この時日本は負けて、結局張鼓峰はソ連に占領された）」（頁一五七）。――この指示の最後に、鈴木英夫は、万葉集の一首〝朝寝髪われは梳らじ、愛しき君が手枕触りてしものを〟を附す（頁一五八）。

・「九月二八日。（江西省の九江から徳安方面にて）気温冷えてくる。眠い。山に入る。下は田圃、午前二時露営。草の上、蛇。焚火。不発の小銃弾爆ぜる。迫撃砲不発弾。火事を起こした民衆。大休止「食事せよ」ポロポロ飯に水かけて。本日行程三〇キロm、兵疲労」（頁一六〇）。

・「九月二九日。山中の行軍、雨降りはじむ。落後者多し」、「谷をへだてて敵陣正面。他に家無し。一軒屋。敵機銃弾、小銃弾まとも。一番奥の部屋に治療室。傷者は土間。野戦病院遅れて傷者後送できず。所内死亡。夜通し銃弾。担架兵負傷。悲惨。雨漏り傷者の上へ。携帯天幕（をかぶせる）徹夜。……傷者いっぱい。朝になると死んでいた」（頁一六一）。

・「一〇月一〇日。（箬渓付近にて）戦線やや進む。傷者後送できず。下士官以下四名を残して前進、約四、五キロメートル。下磨刀に繃帯所開設。戦死者火葬。残留させた兵、夜中に敵が襲ってくると大騒ぎ。被害妄想か。繃帯所忽ち傷者溢る」、「（一〇月一一日、箬渓附近にて）坂を上り切る手前、大阪の兵、今日戦線へ着いたばかりと。真新しい軍服。怖がって前へ出ない。「おまえら、面（防毒マスク）落としたらあかへんで」、将校大阪弁。「これから先、兵おらへんで危ない」、振り切って藤田飛び出す。銃弾はげし。約五〇〇m、先方の一軒家。佐竹支隊長は出発、旅団副官向笠中佐戦死。戦傷一四名。応急手当。死者五名は裏庭に埋めたと」（頁一六五）。

（以下は、長文の為、抄録は簡単にする）「故国を思うことしきり、岡村君と。悲しきか。非ず。日本の登りかけている容易ならない絶壁」、「副食、乾燥野菜と粉味噌ばかり続く。見ただけでヘドがでそう」、「体の痩せ目立つ。肩、肋骨痛む。顔色黄疸のよう。皮下脂肪なくなり、腱、筋のかたちそのまま見えて来る。根気なく、数の観念、記憶力欠乏。デメンツ（痴呆）状」、「おとなしい気違いとことなることいくばく？」、「新聞のウソ。国民をあざむく。漢口戦の困難さを知らない」、（部隊全体が栄養失調で）「下痢患者多数、部下も次々、薬物不足」、「野戦病院は満員となり、下痢のために衰弱して死亡するものが続出す」（頁一五七〜一五八）。

一九三九年

・「一二月二〇日。……一〇六Ｄはたちまち弾薬も尽き、わずかに出発地点の瑞昌方面へ血路を開いた一部を除いては、四キロ四方の谷間に孤立し、実りかけた田圃の稲を手で集め、鉄かぶとの中で籾を落として、わずかに飢えをしのいでいた」（頁一六九）。

以上、鈴木英夫の戦中の日記『戦陣秘帖』の一部を紹介した。彼の読書を通じての高い教養、北原白秋やベートーヴェンへの傾倒、日記や書簡、記録に対する厳密さ等々からみて、鈴木は当時日本の最高の知識人の一人であったであろう。おそらく第一〇一師団二万以上の将兵の中で、彼ほどの知性と教養に富んだ人物はあまりいなかったであろうと思う。しかし、彼は、一軍医にすぎず戦略戦術の決定にまったく関係できなかった。軍隊というものは、敵兵士を殺し、敵陣を破るのが本性であって、もうダメな兵は後回しにし、元気のよいのを早く回復させて、すぐ戦場に送るのが使命である。もうダメになった兵隊は、モルヒネを打って殺して始末もする役目も与えられた。実際、鈴木達軍医は皆そうしたようである。

つまり、戦場においては、医者は職業倫理をほぼ完全に否定される「兵士」にすぎない。彼は、自国兵士の戦死者の検屍記録を書き、戦傷者を治療する「ロボット」になる他はない。軍医は、この絶対的な矛盾に悩み続ける。医者には、昔も今も克明な記録を作り、残す責任が与えられている。彼らは、いつも診察したり手術したりすれば必ずカルテを書く義務があり、また実際に多くの軍医が戦場で克明なカルテの他に日記や書簡を書いた。こうした意味では、彼らは職業倫理に忠実だった。

帚木蓬生著『蝿の帝国』・『蛍の航跡』（両書共、新潮文庫）は、そうした医者が戦場で残した記録・記事によって書かれた「戦線ルポルタージュ小説」の最高傑作である。

鈴木英夫の父利貞は、いつも書簡を書けば、重要なものはたいていい二通作って保管していたそうである。英夫もまた、戦地から父や親類、友人知人に沢山の手紙を書いて新聞記者や軍関係の知人に託して送ったが、重要なものは複写して保存していた。彼はまた沢山の手紙を多くの人からもらったが、全て保管して、帰国時には四〇〇通にもなっており、全部を日本に持ち帰ったそうである。だから、鈴木が帰国後に出版した本には、多くの戦時中の自他の手紙が引用紹介されているのである。

南京以後、岡村俊彦は軍医鈴木英夫の属す「衛生隊」に配属され、両者は上官と部下の関係になったが、年齢は鈴木が二六歳、岡村が二七歳で一つ上だった。それは、鈴木が軍医中尉であったのに、岡村は見習士官（曹長、後少尉）に過ぎなかったからである。これは鈴木が岡村より優秀だということではない。当時戦争がはじまったばかりで、軍医の階級制度が整っていなかったからである。両者が特に親しくなったのは、鈴木が神奈川県座間の生まれ、岡村が小田原市の生まれで、故郷が近隣の関係だったからでもあろう。

さて、第一〇一師団（一〇一、一〇三、一四九、一五七の四連隊）には「衛生隊」は一つ、「野戦病院」は四つあった。「衛生隊」は歩兵少佐の佐々木が指揮を執ったので佐々木部隊と呼ばれた。この衛生隊という組織は、何をやるのか軍内でも多くの兵士は知らなかった。岡村自身、入隊してしばらくは任務の重要性が分からなかったという。

鈴木英夫『戦陣秘帖』によると、「衛生隊の構成は三つの部分からなる。前線から負傷者を運ぶ担架隊は歩兵、繃帯所で負傷兵の治療に当たるのは軍医以下の衛生部、傷者を患者車で後方の野戦病院に送る車輛隊は輜重兵で、車は馬が引く」（頁二二）のであり、衛生隊と野戦病院は平時にはない。岡村は、衛生隊は「戦闘担架隊」とか、「担架部隊」とでも命名したほうが実態にあっているといっている。衛生隊の主要な任務は、砲弾が飛び交う最前線で負傷した兵士を武装した担架兵が、担架ですぐ臨時に設営した「繃帯所」に運び、迅速な命にかかわるような重大な手術、応急処置の治療を施すこと、また「戦死者」を担架で運び出し、その認識票を探し、屍体検査書を作成することであった。「常に、戦闘場面に出動する衛生隊軍医、衛生兵は歩兵の担架兵と共に一戦闘毎に泥んこになり、血だらけになって働いているのである。戦闘が終わると、死亡診断書とでも云うべき、現認証、事実証明書等を書くために、クリークや田畑で戦死している将兵を求めて、確認した上で書かなければ、その戦死者は行方不明ということになってしまう。真夏になると三日もたつと戦死体は異臭を放ち三倍もふくれ上がっている。戦死者の認識票（肌につけている小判型の鑑札の如き真鍮版）をとり出して調べなければならない。それが一名や二名ならいいが、何百体となるとげっそりしてしまう」（岡村『榾火』頁三二）。

つまり、「衛生隊」の「軍医や担架兵」は、戦場の最前線を飛び回って戦死者と負傷者をいち早く運び出し、応急処置をするのが任務であり、その分危険極まりなく、多くの軍医と兵士が死んだ。担架兵は、戦場を死者、傷者を担架にのせて上半身を高くし、立ってのろのろと動くのですぐ狙撃対象になったのである。また戦闘が一時終わった間に、連続して徹夜で手術や治療を施し、若し傷者が死ねば、戦死者と一緒に茶毘に付し、遺骨を集めねばならない。或いは、茶毘が不可能な場合には仮の土葬のために穴を掘らねばならなかった。その翌日、急行軍がはじまれば、繃帯所を急いでたたんで用具・器具を入れた大きな数十キロの重さの背嚢を背負って、泥濘の中を二〇キロ、三〇キロも強行軍しなければならなかった。鈴木は上海郊外の戦場で、泥水に浸かった足のまま靴を半月も脱がなかったので、足は膨張し、皮はむけ、靴下と皮膚が一緒にとろけていたという。

また突然にも、「夕刻、負傷者殺到。三〇分間に四一人。合計二〇〇名を越える負傷者が運び込まれた」（『戦陣秘帖』九月二〇日）。また朝六時に起床すると、「師団司令部から伝令が来て、屍体四六体の検案を依頼して来た。朝食の暇がなく、志願して前方一〇〇〇メートルにある無名の村に着いた。腐乱した屍体。使役兵、手をつける者なし。自らやる。顔貌は殆んど不明」（『戦陣秘帖』一〇月一八日）。現地で四六体、一人一人正確に番号、氏名を確認し、個人情況を記録し、検屍用紙に記入する。この作業に四、五時間かかったことになる。

そして本部の命令のまゝに、足腰の弱いインテリ軍医が強健な農民出身の兵について行くのであり、「担架隊はどんどん行く。立ち往生幾たびか、休む場所さえない」。岡村軍医などは、いつも落伍に継ぐ落伍の憂き目に遭った。落伍すれば殺される恐れがあった。「軍医はみなノイローゼになるのだ」と鈴木の上官は言ったという。

当時日本では、医者は最高の知識人であり、一般社会ではたいへん尊敬されていた。ところが、軍隊に入ると「高級使用人」という扱いであった。これは彼が後に派遣された戦線のことだが、鈴木軍医は「コレラ」発生と師団中央に報告したが、本部からは「戦場に顕微鏡はない。顕微鏡で確認しないでコレラと云えるか」と叱責された。医科大学で教えられたコレラの症状です、と云うとまた叱責された。しかし、コレラが蔓延したので本部も驚き慌てて認め、今度は一転誉められた、ということである。軍医中尉もこの程度にしか扱われなかったのだ。鈴木にしても、岡村にしても、戦後に出版した日記――『戦陣秘話』、『椚火』を読むと、いったいいつ、こんな克明で膨大な日記を書いていたのか、書くことが出来たのか、まったく不思議に思うのである。当時の軍医たちの、凄まじい「職業倫理」に驚かずにはいられない。

（三）　**廬山南方・修水渡河作戦・南昌占領に至る間の「毒ガス」戦の記録（『戦陣秘帖』の記録）**

・「一九三八年一〇月一一日。大阪の兵、今日戦線へ着いたばかりと。真新しい軍服。怖がって前に出ない。「おまえら、面（防毒マスク）落したらあかへんで、と将校大阪弁」（註、鈴木は面に「防毒マスク」と註を付けて書いている）」（頁一六五）。

・「一九三九年三月一七日。南潯線（の）建昌駅から山中へ。五時三〇分より全線に亘って砲撃開始。所内区分。砲撃。夕闇せまる。煙幕、火事。ガス弾？（催涙弾）。昨夜より遠い山火事また目立ってくる。そよとも風無くなる。烽火上がる。渡河成功か」（頁一八二）。

・「同年三月二〇日。修水渡河作戦、衛生隊、砲弾（味方の）を受けて、即死二名。今連れて来たものも死んだ。慌てて帰る。児玉軍曹の死体。右腕が上膊中央からきれいに取れている。報告する部下の震える声。聞いている隊長。同時に傷ついた者、五名か、六名か。うち二人だけ来ている。ガスが着た瞬間にやられた（ガスは催涙弾）。壕の中に居てなにが何だか分からない」（頁一八六）。

・「同年三月二二日。修水県一帯、死亡一名、将校二名。屍体を焼く煙。夜更けて寒くなる。当番兵と一緒に寝る。馬、中村君到着せず。夕食無し。傷者総計四七名、内一名森田隊へ。夕方の攻撃、催涙ガスを使った？」（頁一八九）。

鈴木軍医の『戦陣秘帖』に記載されている「毒ガス弾」に関係する記載は、以上の四例である。この四例ともに、ガス弾使用を彼が直接上官から聞いたのではない。二例には「？」がついていることによって分かる。つまり、日本軍は軍医の長にさえも、ガス弾使用のことを知らせていなかったのである。軍医さえガスを吸って「なにがなんだか分からなくなっている」。この時の「ガス弾」が、即座に兵士を殺す能力があるならば、当然衛生隊の軍医中尉に、事前に通告と対処命令が出されていたであろう。一般に、日本軍は上からの命令一本槍であり、情報を全く与えず、兵の生死には冷酷だった。

2　中国人捕虜の勇敢さ、潔さに驚嘆し、中国人への関心大いに高まる

鈴木が、中国人兵士の勇敢さに感銘を受けたのは、上海戦の最終だった。以下の傍線は全て筆者小林が付けた。

A『戦陣秘帖』（湘東文庫刊、平成七年三月二五日刊）の記載。（　）内は引用者。以下同じ。

「（前略）生き残った老婆達。爆撃の跡物凄し。それよりも凄いもの、一戸毎の地下壕、塹壕。破壊されつくした街。明けきらぬ走馬塘クリーク。石の太鼓橋。美しい朝焼け。渡辺少尉一人の男（老人）を殺す。休憩したのはお寺の裏。敵の正規兵三名（の捕虜）、篠崎上等兵外数名で捕らえた者。木に繋がれている。一人はその指導者のごときものか。「武器を捨てて降れ。日本軍は捕虜をいじめはしない」というような。昨日飛行機から撒いたビラ（拾って持っていた）を見せてやる。一度若い一人の顔に浮んだ、深刻な複雑な表情。何か訴えるが言葉が分からない。他の一人は笑っている。約一〇〇メートル離れた所で、たちまち斬られる。（斬って）得意気なK准尉の顔。道で見ている老人、女、子供達。喚声を上げる兵達（後略）」（頁五五〜五六）。

以上の日記の記載は、彼が、毎日書いていた日記の文章であり、当時は戦後「出版」しようとして書いていたものではない。激戦の中の日記であるから、極めて簡単に、恐らく寝る前の慌ただしい中でペンを走らせたのであるから、作為することなく、事実をありのままに書いたものと考えてよかろう。

B『屻られし花』（女子文苑社刊、昭和一六年八月五日刊）の記載

「街の全貌は朝に光の中に次第に私の目の前に現れて来た。よくもこんなに壊したものだし、よくも又こんな恐ろしい破壊の中に敵は留まっていたものだ。恐らく其所にはまともな神経は失われてしまっていたに違いないと思われた。元の位置に帰ると、三人の捕虜が捕らえられてきていた。私の部下の一人が何気なく入って行った付近の家に三人とも蹲っていたのを、素手で組みついて行って捕らえたのだという。満洲にいたことのある兵隊が片言の支那語で年齢を訊ねると、一七、八の少年に見えるその捕虜達は皆二一、三歳だった。私は昨日拾って持っていた、友軍の飛行機の撒いた投降勧告のビラを、縛られた一人の捕虜の前に開いて見せた。抵抗を止めれば命を助け優遇してやると、それには書いてあったのだった。一瞬名状しがたい複雑な表情がその顔を流れ去ったが、やがてそれは悲しみと弱さを湛えたままの表情で、やっぱり横に振られたのだった。やがて彼等は何所かへ引かれて行った。町の外れで私達は美しい静かな日の出を見た。走馬塘クリークを越えた南側の草地には薄の穂が一面に輝いていた」（『剱られし花』頁五四〜五五）。

この自伝的作品は、昭和一六年、日中戦争五年目、日米開戦の数か月前に上梓したものであるから、A書では三人とも首を斬られたこと、彼らを斬ったのはK准尉であり、彼は得意げであったこと、等々の日記に書いている事実を省略しており「何所かへ連れて引かれて行った」とボカシテいる。昭和一六年といえば、まさに日中戦争中であり、戦線が膠着状態になって見通しが立たなくなっていた時期であった。鈴木は、戦争の真っ最中に、ある准尉が三人もの捕虜を現地で簡単に軍刀で処刑したことを書いて出版することは大いに危険なことであり、躊躇したのであろう。しかし、彼等が勇気を奮い起こし降伏を拒否して、自ら処刑されることを選んだことを書くだけでも、日本人の「支那人」（小林註、鈴木は日中戦争中にも拘らず、当時日本人が公私ともに使っていた「支那人」という呼称をほとんど使っていない。彼の『遠東の人』三部作以後の書物は、ほぼ「中国人」、「中国」で統一されている）に対する偏見を打ち壊し、この戦争が、日本人が考えるような簡単なことではないことを、精いっぱい伝えようとしたのであろう。

次の『ある中尉の手記』では、もっとはっきり彼の想いを書いている。

C 『ある中尉の手記』（大同印書館刊、昭和一八年一一月一五日発行）の記載

「三人の敵兵が捕らえられて来た。彼等は若く、そして土民達と違ってひどく痩せてはいなかった。縛られて、沢山の日本の兵隊に取りかこまれた彼等は、驚くほど無表情な顔をしてゐた。見様によればそれは最も徹底した反抗の表現かも知れなかった。事実兵隊たちはこの無表情な顔に対してはげしい憎悪を向け始めたのだった。宮本は軍服のポケットから一枚のビラをとり出した。総攻撃開始と共に味方の飛行機が敵陣に撒いた投降勧告の宣伝ビラだった。風の加減で味方の方へ落ちて来た一枚を彼は昨日追撃の途中一枚拾って持っていたのである。武器を捨て、抵抗をやめれば日本軍はお前達の生命を助け、優遇してやるとそれには書いてあった。兵隊たちのあらわな憎悪に対しては眉一つ動かさなかった若い三人の捕虜のおもてには瞬間名状しがたい複雑な翳が流れた。ビラを差し出した相手が日本軍の将校であることをしると、彼等はさっと動揺のいろをあらわし、その目には何事かうったへそうな表情を宿したまゝ、やっぱり首を横に振った。彼等は間もなく何所かえ連れて行かれた。戦争に来て始めて、宮本をがくんと突き当らせたものはこの時の捕虜たちの顔だった。一ヶ月間、あの様に沢山の仲間を傷つけ，あのようにはげしい抵抗を続けた敵の銃弾や陣地の背後には、この顔があったのだ。我等（宮本たち日本兵）はこの顔とたたかって来たのだった。殆ど夢中で過して来た此の一ヶ月間の経験にいま始めて焦点を与えられた思いが宮本にはするのであった。しかも彼は相手のその顔に対して毫も反発を感じなかった。それは捕虜に対しての同情とか、優越と言うような感情とは遥かに違っていた。後になって説明を加えれば、その時彼は、日本の相手にすべきものが決して中国人ではないことを直感的に悟ったのだ、とも言えるだろう。複雑多岐な大問題も、これを単純な原則的な場合に当てはめて考えて見れば容易く理解する事ができる。彼は中国の抗日思想がいかに根強く国民の意識に根を下ろしているかをもっと直接的に思い知らされると同時に、相手からいわれない反抗を示された時に感じる一種の困惑に似た思いを、この捕虜達の表情から受けたのである」（頁六三～六五）。

ここでは、情況がより明確に描写され、また鈴木の想いが端的に示されている。「一ヶ月間、あの様に沢山の仲間を傷つけ、あのようにはげしい抵抗を続けた敵の銃弾や陣地の背後には、この顔があったのだ。彼等はこの顔とたたかって来たのだった」。しかし、「彼等は間もなく何所かえ連れて行かれた」として、彼等が即刻裁判もなく一准尉に斬首されたことだけは省略している。傍線の部分は、詳しく書かれた新しい視点である。この文章は日中戦争の最中に書かれた。

D『趙君瑛の日記』（文献社版、昭和三八年五月二五日刊）の記載

以下の文章を書いて出版する時には、一九六三年、すでに敗戦後一八年目であったから、誰に遠慮することも、何も恐れる必要もなかった。だから、事実を書くことができた。

「すでに私たちは、戦場の狂気の中にあったのだろう。危険を危険と感じ、悲惨を悲惨と感ずるまともな神経では、この世界には一時も留まることは出来ないのだった。家という家の床下を掘り下げて急造のトーチカとし、土台をくり抜いた銃眼から狙い撃ちしてくる敵に向かって、突撃して行く歩兵たちは、酒に酔ったような、もうろうとした意識状態になり、ただ目の前の敵に向ける、無理やりに駆り立てられた憎悪だけを精神の支点として、猛り狂った軍鶏のように突っ込んで行くのであった。そしてあっけなく死に、あっけなく傷ついて、私たちのところへ運ばれてきた。何のために、誰と戦うのか、そうしたことは、私たちの意識にのぼることはなかった」。（中略）

「ぐわんと頭を殴られたように、戦う相手の中国について中国人について、私の思いが及んだのは、それから数日ののち、陥落して数時間後の大場鎮の街はずれで、お寺のかたわらの楊柳に縛りつけられていた、若い三人の中国人の捕虜の顔を見た時であった。砲弾に打ち砕かれた、民家の床下の壕から捕らえられて来た彼らは、見た目には二〇歳前と思われる、どこかあどけない表情を残した少年兵だった。数十名の日本兵

が憎悪と悪罵と物珍しさの入り混じった眼つきで彼らを取り囲んでいた」。

「泥靴の先で小突いたり、この野郎と悪罵を浴びせたりする者もいた。私は一枚のビラをポケットから出して、彼らの前に示した。昨日味方の飛行機から、敵陣に向かって撒いた投降をすすめる伝単が、風に乗って味方の方へ落ちてきたのを、一枚拾って持っていたのである。抵抗をやめれば、命を助けて、郷里へ帰してやる、とそれには書いてあった。後ろ手に縛られたまま読み終わった彼らの顔のおもてを、一瞬名状しがたい複雑な表情が流れた。しかしその頸は、やっぱり横に振られたのだった」。

「彼らはすぐ近いクリークの岸に連れて行かれ、そして首を斬られた。私にはその光景を正視することが出来なかった。ただ、逃げおくれて街の中に残っていた幾人かの老人や子供たちが、遠くから、異様な、魂が消えるような悲鳴をあげるのを聞いただけだった。

この時の捕虜たちの顔は、それ以来私の眼底に焼きついて離れなくなった。今の今まで私たちの仲間を傷つけ、殺して来た、あの狂ったような弾丸のうしろには、この顔があったのだと」（頁三〇〇〜三〇二）。

鈴木は、中国兵士の死を恐れぬ抗日の覚悟とその無残な結末を実際に目撃した。この事件が、鈴木のその後の中国と中国人に対する深い関心をよぶ最初の重大な契機になったことが分かる。ただ、ここでも実際に三人の捕虜を処刑したK准尉は伏せられた。やはり、この出版物によってK准尉の名が特定されることを考慮したためであろう。

E　昭和四一年一月二〇日、「テレビ東京」において、三国一郎氏と対談

（昭和一二年上海戦）「物凄い敵の抵抗に出っくわしたわけですね。大場鎮総攻撃、上海の周辺ですね。まあわずか五、六軒の家を占領するのにも二日も三日もかかったのに、敵はどうしても参らない。こっちには物量があるから一歩一歩押していった。そして最後にこういうふうな抵抗をするのはどういうわけなのか、中国人の思想なり信念なり、どうゆうものかっていうことを考えた。それはね、大場鎮へ私なんか歩兵と一緒にはいっていったんですがね、そこで私の部下が逃げ遅れた中国の若い兵隊を捕虜にしちゃったわけですね。それで私はそばに行って、降参すれば助けて優遇して郷里に返してやるというようなビラを見せたのですがね、どうしても首を振っているのですね。兵隊は自分の敵として戦った相手だから口惜しがって、捕虜は殺してしまうって言うのです。そういうのを見ててね、敵ながらあっぱれだと、いったいそのね、それまではチャンコロてな考え方でね、中国人ってものを日本人の意識として馬鹿にしていたわけ、そんなもんじゃないっていうことを、その時つくづくと感じた。そうするとね、いったい彼らを支えていた信念、思想ってなものは何だろうっていうような、そういうことから中国人の考えていることを知りたいと言う気がしてきた……。それで話す相手はなし書物を読んだって分からないし、こう、日記とか手紙とか、彼らが読んでいた本てなものを、折あるごとに探していたわけですね」（『のうせんかずら』頁一七七～一七八）。

鈴木はこの深刻な上海戦の体験によって、それまで日本人の中に一般化していた中国人に対する蔑視観は、大いに現実と異なると知った。それ以降、彼は中国を深く知ろうと、暇があれば中国語の新聞や本・雑誌を探し、貪るように読み始めた。

そうした関心がますます深まった中で、江西省南昌市に駐屯した一九三九年三月、日本へ多くの留学生を送ってきた二つの家族の手紙と『趙君瑛の日記』(南昌女子中学の生徒、一九三四年度分の日記)を「発見」するのである。鈴木の中国戦線での経験と見聞が、いかなるものであったか、それを知る手がかりは、戦後彼が戦線で出したり、もらったりした手紙により詳しく本心が書かれている。

以下、手紙を紹介する。

・昭和一三年二月一二日の日記　和田甫氏宛ての手紙（『戦陣秘帖』頁一二五、一部抜粋）

「食わんがため、生きんがための血みどろな戦いは、貧しき国の現実だろうが、それは人間の生きる最後の道ではないわが愛する祖国が、あまりにも血まなこになって騒いでいるさまは、哀れっぽくて見ていられない。見給え。リンコルン・アベニューの並木道に、白い支那馬を駆る中年の外人夫婦の頬のいろを。……日本よ文化に飢えよ。文化に対するもりもりした食欲を回復せよ」。この手紙を『戦陣秘帖』に収録するに当たって、鈴木は次のような注記をしている。「本当は〝平和に飢えよ〟と書きたかったのだが、万が一発見された時、非国民、反戦主義とされることを怖れて〝文化〟と言いかえた」（頁一二五）。

・昭和一三年二月二二日記　父利貞宛ての手紙（『戦陣秘帖』頁一二六〜一二七、一部抜粋。在上海）

「上海周辺の土地はすべて土地会社の所有。そこにあるのは、ゆたかな住み心地よい外人の住宅地。アスファルトの路を走るのは外人の乗用車。そしてそれらの世界からまったく忘れられたように、貧民窟に近い農民の家が竹藪にかこまれています。外人の前に出れば犬か猫のように道を避け、腰をかがめている。これらの人達に、もう一つ日本人という重荷が加わりつつあります。あわれなのは彼ら中国の国民です。しかも、中国の国民性に何か根強い底力があると言うのは、少しこの国の実際をみた者の、異口同音に言うところでしょう。事実、歩いて二日半もの間続いたあの銭塘江の護岸工事や、蔣介石が十余年費やして着々と進めていた、国都南京の建設事業など、こせついた日本人にはとうていやり得ないと思われる、大工事、大事業を、黙々とやり遂げようとしています。この二つの面を見ても、今更に今度の事変が如何に重大な意味を持つかを、つくづくと考えさせられます。これからの問題が、日本にとって真に重大なのだと思われます」（頁一二七）。

この手紙にも発表に当たって次のような注記をしている。

「軍の検閲を避けるために、普通の封緘葉書に書き、日本人街の郵便局にて投函した。それでも万が一の抜き打ち検査を考慮して、ごく控えめに書いている。事実この抜き打ち検査に引っかかって、憲兵隊に呼び出された仲間の将校がいた」（同上、頁一二七）。

3　日本軍の残虐行為

鈴木の『戦陣秘帖』には、何ヵ所か、日本軍の「民間人に対する残虐行為」を示唆する記述がある。

・一九三七年一〇月二七日

「上海郊外の大場鎮において。明けきらぬ相馬塘クリーク。石の太鼓蘆橋。美しい朝明け。渡辺少尉一人の男（老人）を殺す」（頁五六）。

・一九三七年一〇月二九日

「住民を五、六十名まとめて焼き殺した話。佐々木隊の兵からの女の話」（頁五六）。上海近郊の張宅において、ある日本兵が多くの中国人を焼き殺した話、また女性を強姦した話をしており、鈴木が驚いて日記に書いておいた。

・一九三八年一〇月六日（廬山南方の山岳地帯にて）

「遠く見える部落を目標に山を下る。田圃のあぜ道、貧しい家。道にうずくまる老人。旅団の准尉道を聞く。答えを聞いてその場で射殺。これが戦争か。夕方やや大きな部落。食料なし。民家へごろ寝。疲れたが眠られず」（頁一六三）。翌日。「一〇月七日。朝起きると部落の別の家から支那兵ぞろぞろと出てくる。皆少年。すねが細いのですぐ分かる。彼らもふらふら、戦意なし。司令部へ連行。（すぐ後で皆銃殺された）。本道方面銃声。砲声。箬渓附近の張宅へ。本体と合流。……入り乱れて、砲声、銃声、流弾しきり。大隊長負傷と」（頁一六三）。

上記文中の括弧内の「すぐ後で皆銃殺された」という文章は、一九九五年の『戦陣秘帖』刊行段階で初めて挿入されたものと想像される。

廬山南方山麓の戦いは、一九三八年九月二五日頃から始まり、日本軍は九江から出発して徳安県方面に進出し、一〇月末日まで激戦が続いた。日本軍は多くの戦死、戦傷者を出した。この日記の一〇月一八日の条に「突然迫撃砲の集中射撃。田圃大混乱、ころげ廻る。傷者は助かり、丈夫で付添って来た兵が即死。頭をやられた兵。断末までケタケタと狂い笑う。モルヒネ。トラック来たり、次々と傷者後送……」とある。後に、鈴木はこの時を回顧して、幼子たちに次の長歌を作った。『のうせんかずら』（頁六四～六五、二〇〇〇年、柊書房）にある。

長歌　蠍の歌

若き日の　わがうつし絵　みながらに　長き剣吊り　軍帽に眼鏡光らす　ものものし　そのいでたち　いぶかりて　訊ねる子らに　語らはん　いざ　過ぎしいくさを。
蠍棲む　あばら家に寝て　豚屠《ほふ》り　泥水呑みて　腹空《へ》れば　まなこくらみて　果てしなき　道の長手を行きなづみ　つまづく石の　石ころが　おむすびに見ゆと　おもしろと　子らは笑えど　語りつつ　父わが胸に　浮かび来は　かの中支那　棕櫚生ふる　江西《キャンシー》の山　時雨るるや　寒きひと日の　しどろなる　草の紅葉に　埋めたる　ひとつ屍　頭を撃たれ　狂ひし兵が　断末の　息せまりつつ　けたけたと　狂い笑ふをかくてはと　思い決めて　次つぎと　モルヒネ打ち　事ついに　畢《おわ》らしめしを。
　死なずして　父は還りぬ　告げ得ざる　こころの痛み　子は知るや　いのち賭《か》けし　かの山河　年経りてすでに遥けし　あやふく　蠍に噛まれざりしゆえ　いま生きてある　父とのみ知れよ。

反歌

棕櫚生ふる江西の山越えゆくと時雨るるなしてひと日寒き空
わが戦友《とも》らいのち死ゆきし草丘のいくつを越ゆる時雨ふりつつ

軍医中尉は、数百人の兵士の医療（戦死者の屍体検死、負傷兵の治療、搬送、介護）に責任がある大任であるが、所詮は軍医であるから、作戦の全体、戦闘の状況などは全く知らされていない。ただ戦闘の後を追って歩くだけである。次々と重傷者が運び込まれる中で、上の長歌にあるように、脳に重傷を負い、瀕死の状態の中でケタケタと狂い笑う兵士に「かくてはと　思い決めて　次つぎと　モルヒネ打ち　事ついに　畢らしめし」こともあった、父の戦争とはかかる苦悩の連続であり、罪の意識にのたうち回る悔恨の生なのだ、また運よく蠍に噛まれなかったので生きのびたのであり、娘たちよ、後に御前たちが生まれたのだというのである。北原白秋の愛弟子の面目躍如たるものがある。

鈴木が、中国人を大いに見直し、その潔さに感銘を受け、以後の彼を大きく突き動かした二番目の事件がある。それは昭和一四年（一九三九年）の三月下旬、ちょうど江西省の南昌市へ日本軍が突入する直前のことだった。『ある中尉の日記』（一九四三年一一月一五日発行、頁一五五〜一五六）

夜があけた時、彼等の前に二人の捕虜が引かれて来た。少年兵の様に華奢な、ほっそりとした肩をしていた。上衣の裏に縫いつけてある部隊の標識を読もうとして、兵の一人がボタンを外すと、桃色のメリヤスの下着があらわれた。胸のふくらみを見る迄もなくそれは女の兵士であった。彼女たちは恐れもせず、悪びれもせず、むしろ昂然と眉を上げて居た。そして将校である宮本を認めて始めて口を開いた。紙と鉛筆を欲しているらしかった。紙片の上に彼女たちは此の様な意味の文字を記した。「日本軍の兵は情を知ると聞く。願わくば我に恥を与えずして死を与えよ」。彼は黙って二人を指揮官のところへ連行する様に命じた。其の後の二人の運命をついに宮本は知らなかった。

この女兵捕虜二人の事件については、これ以上のことは書いてない。もちろん宮本とは、鈴木自身のことである。ところが、この事件は克明な彼の日記である『戦陣秘帖』には一語も記されていない。実に些末な日々のことどもを記している日記によれば、この事件があったのは、三月二六日前後のことであったはずである。しかし、一言も書いてない。私は、鈴木は師団が南昌に突入する前々日であり、数日間の渡河、戦闘、強行軍でほとんど寝ておらず、書きたくても、どうしても書けなかったのだと想像する。

戦後一八年経った昭和三八年（一九六三）に鈴木が出版した『趙君瑛の日記』の第三部「或る中尉の手記」の中の「長期戦の背景」（頁三二九）には、この事件について次のように記されている。大部分は前掲『ある中尉の手記』と同じであるが、「其の後の二人の運命については、私は知らない」の部分が次のようになっている。「彼女たちは恐らく、その願いのごとくに死を与えられたであろう。私が彼女たちの命を助けようとすれば、彼女たちは、飢えて野獣に近い兵隊たちのために恥を受けたに違いない」と、前にはなかった補足がなされている。

鈴木は、日本軍の投降勧告の宣伝ビラをタテにとって、彼女たちの助命を嘆願することもできたに違いない。しかしそれをしなかった。その理由は、強姦魔と化した日本兵の格好の餌食になるに違いない、というのである。一軍医中尉ごときに敵兵の助命嘆願など何の効果もないと言う現実があった為でもあるのであろう。兵が強姦して後に裁判もなく処刑というのが、日本軍の一般的な捕虜処分であったのであろう。しかし、恐らく、鈴木は「助命嘆願」しなかったことについて、帰国後、大いに自責の念に駆られたのであろう。帰国後、鈴木は「あの女兵士の中の一人は、もしかすると、あの『趙君瑛の日記』を書いた当人ではないか」、と想像したこともあったに相違ない。しかし、それは想像するだに恐ろしいことだったと思われる。鈴木が戦後南昌に行こうとしなかったのは、日本軍の残虐行為の跡を見るのが恐ろしかった上に、趙中瑛や元奈良女高師へ来ていた女学生たちの「運命」を知ること、その悲劇の結末を知ることが恐ろしかったのだ、と私は想像する。

以上、鈴木が経験した戦場生活――一九三七年夏から三九年春・夏までの上海作戦、廬山作戦、南昌攻略作戦と続いた三年間の戦争での体験が、つぎの南昌市内で『趙君瑛の日記』に出会い、以後彼の長い人生を貫く最高最大のテーマ「日中戦争と中国少女、留日学生の運命」へと、彼を導いたのである。もちろん彼の本業は医者であったが、白秋門下としても生きたのであり、終生「趙君瑛」（本名、趙中瑛）問題は、彼の頭脳から離れたことはなかったのであろう。

第四章　鈴木英夫と南昌の女子学生、中国人留日学生との出会い
――江西省南昌市内で留日学生達の書簡集と一女学生の『日記』を読む――

第一節　占領直後の南昌市内の状況

一九三九年の春、五月上旬、鈴木の所属部隊は江西省の省都である南昌市に駐屯した。当時この都市は人口約三〇万人を擁し、蔣介石政府の中心地であったので、国民党の防衛線はきわめて厳重であり、修水北岸の防衛線で日本軍は多くの死傷者を出した。これ以前、蔣介石はここ南昌から全国民に「新生活運動」を呼びかけていた。これは、抗日戦争を戦い抜くのに必要な挙国一致の呼びかけであった。そのため、日本軍は前年暮れから江西省修水県で越冬までして、この年の春を待ち、南昌への総攻撃を行った。

日本軍占領下の南昌市内の情況、状景については、『剪られし花』の第三部「モミザの花季」（南昌通信）に詳しく書かれている。この文章は、鈴木が南昌で日本内地にいる妹、友人知人宛てに毎日のようにかいていた手紙を、日本帰還後に総まとめして、「モミザの花季」（南昌通信）として出版したもののようである。この文章によると、占領直後から数ヶ月の間の南昌市は次のような様相を呈していた。

鈴木たちは、三月二八日市内に入ったが、中国軍はまだ市街周辺にいて反撃してくる態勢をとっていたので、中国軍を追撃する部隊に入れられた。ただの二個連隊で南昌市の西方約五〇余粁の高安戦線に向い、約一ヶ月間、新聞には一行も現れない大激戦で苦しい戦闘を続けて、やっと五月になり、モミザの花が咲き乱れる南昌市内に帰ってきた。南昌市民約三〇万人の大半は、家の門や出入口をレンガと漆喰で塗り固め、大事な家具等々は皆運びだしてどこかに逃亡していた。市内には、中国人住民の姿は数えるほどしかなく、三々五々帰ってくるの

は貧しい人びとを中心に総人口のわずか一〇〇分の一ほどであったという。やって来たのは、いつも日本軍の後を追ってくる日本人商人のカレーライス屋、ぜんざい屋、写真屋、時計修理屋などであり、数は少数ながらすぐにやって来たという。南昌市内には、三ヶ月ほど遅れて日本の新聞、手紙、友人たちが送ってくれた本や雑誌が届き始めた。真夏になると日本人の慰問団が歌手、踊り子などを連れて現れた。

鈴木は、それから四ヶ月余南昌市内にいたが、その間に日本留学生をたくさん出している二つの家族の書簡や趙君瑛（本名、趙中瑛）の一九三四年度前半だけの日記を読み、また南昌市に残されていた多くの新聞やビラを集めて読んだ。

それらによると、南昌失陥直前の情況は阿鼻叫喚のごとくであったらしい。鈴木が戦時中に出版した『遠東の人』三部作と戦後一八年目の昭和三八年に出した『趙君瑛の日記』によって紹介する。

日本軍が安慶に上陸したというニュースが南昌に伝わったのは、一九三八年の六月一四日のことであった。市民たちの動揺は、上海や南京が陥落した時よりもはるかに深刻であった。日本軍は香口、馬当、彭澤、修水と経てすぐに南昌に来ると思われていた。この三八年の夏、南昌は猛暑に襲われたかと思うと、すぐ大洪水に見舞われた。贛江は溢れ、多くの道路や橋を寸断した。四方から多くの中国人難民が市内に押し寄せた。その上日本軍の飛行機が各地を猛爆撃し、人々は右往左往して大混乱に陥った。金持ちは、もっと安全な地方都市に移住しようとして市内から出ていった。残された数千、数万の難民の間に、たちまちチフス、赤痢、マラリア等々の悪疫が蔓延した。こうして連日のように多くの人が死んだ。また一方、前線から多くの傷病兵が送られて来た。また上海、天津、北京、南京等々の大都市からも、多くの金持ち、知識人、役人が避難して来て流れ込んだ。

南昌市内の学校や政府機関は、政府の命令で抗戦準備を急速に進めた。政府は、住民に市内に留まって日本軍と戦うように大音声で市民に呼びかけた。しかし、この年は、日本軍は修水北岸一帯で越冬して南昌には進撃してこなかった。翌年の一九三九年二月に日本軍の総攻撃が始まり、南昌が陥落したのは三月下旬であった。この時に南昌防衛に当たっていた国民政府の軍隊は、主に修水河で防衛陣地を張っていたのであるが、日本軍の大規模な毒ガス攻撃、爆撃、砲撃を受けて、数万人の犠牲者を出した。修水河から南昌市内までの道路には、多くの中国軍兵士の死骸が転がっていた。

鈴木は市内について、次のように記している。

「失陥直前の南昌は、混乱を通りこして、悲惨そのものだった。あの長い冬のあいだ、この街にあったものは、おびただしい軍隊と、負傷者と、飢えに苦しむ難民の群れだけだった。力のある人達は、総て奥地に逃れ去り、商賈は閉ざされ、今は食料さえも欠乏していた。逃れ去る方法を持たない窮民のあいだに、えたいの分からない病気が流行しはじめた。病人は顔も手も甲もふくれあがり、皮膚の表面に紫色の斑点が沢山表われ、そのあるものは化膿した。高い熱を発するものもあり、下痢の止まらないものもいた。丈夫な者と言っても、殆んどは半病人であった。髪も伸びほうだいに伸び、体は垢と汗の入りまじった、すえくさいにおいがした」（『趙君瑛の日記』昭和三八年（一九六三）版、頁三二九〜三三〇）。

鈴木の「モミザの花季」（南昌通信）には、日本軍の市民虐殺事件等々は全く出てこない。大虐殺しようにも、人がいなかったのであろう。すでに南京大虐殺を知っていたので、殆んどの住民は逃亡、脱出していたのであった。実際、三〇余万の市民は、ほぼ全部が市内から脱出しており、残っているのは、もう死にそうな病人、難民、窮民だけであった。抵抗する軍民の姿はなかった。

日本憲兵は、南昌市民のこれまでの行政区画を無視して、勝手に市内を分けて、住民を従わせようとしていた。当時、日本軍の特務機関の通訳として中国人元留学生が使役させられていた。彼は、日本の中央大学で学び、日本女性と結婚し、一児をもうけていたインテリだったが、鈴木の問いには本心を全く語ることはなかったという。鈴木は、このような「県知事を父に持ち、少なくても中央大学迄出た人を、使い走りの様な役までさせている様な現状は改善されるべきであろうと思う」（頁二四四）と書いている。

鈴木の『ある中尉の手記』（頁一七五～一八四）には、日本軍が組織した治安維持会の事務所で通訳兼組織者として働く「蔡さん」という人のことが記されている。この人物から、日本の大阪帝国大学工学部を卒業した謝光蘧らしい人が、南昌陥落直前に病死したという噂を聞いたらしい（これは事実でないことを、二〇一五年に中国の知人からの情報で知った。しかし、これによく似た人が実際にいたのかもしれない）。

鈴木が特に関心をもったのは、フランスの天主教の教会とフランス人神父たちであった。彼等は、日本軍占領後もここに残り、避難民を多数教会に収容し、支那語をしゃべり、子供たちと遊びながら微笑んでいる。「心からの信頼と愛情を得ている」様子をみて、「ここ迄肚を据えてやって居る日本人が果たしていく人あるか。宗教を搾取の道具、スパイの手段だと簡単に片づけ去る事は決して私達の道ではない」（『ある中尉の手記』頁二四九～二五〇）と記している。鈴木は、難民たちにコレラ予防の注射をしにしばしば出かけた。そこで見た、日本空軍機が落した爆弾に足をもがれた聡明そうな少女の話も書いている。

「眉毛の黒く長い、顔立ちが彫刻的に整った一三、四歳の女の子が松葉杖にすがってやってきました。見ると右足の大腿の下がないのです」、「この少女だけは一言も口をきかず、殆んど無関心の表情で皆の騒ぎをじっと眺めているのでした。私は彼女を皆の間から連れ出して急いで注射を済ませ、人々に知れない様にそっと返してやりました。それが私の彼女に示し得る愛情と憐憫のたった一つの表現でしたから」（『ある中尉の手記』頁二五二）。

この頃、鈴木たちは活字に飢えていた。せっせと内地に手紙を書き、また日本から本や雑誌を送ってくれるよう頼んだ。例えば、『支那事変歌集戦地篇』、斎藤茂吉の『万葉秀歌』（上下）、クリスティー『奉天三十年』、稚な恋愛を描いた他愛もない恋物語だと書いている。

行われていた形跡があるにもかかわらず、茅盾や魯迅の著書はそうざらに見いだすことはできない」、多くは幼等を見つけ出して読んだ。まともな書籍がきわめて少ないと言い、「南昌程の都会で、可成り活発な文化運動の（翻訳者熊沢復六）などであった。その他、中国人の家から『春秋左氏伝』、『西漢演義』、『西遊記』、『唐詩三百首』小川正子『小島の春』、藤村『春待つ宿』、キングスレイ『デッド・エンド』、『チェーホフのドラマトゥルギー』

第二節 『趙君瑛の日記』、日本留学生関係の書簡の「発見」

鈴木軍医が、中国の一少女や日本へ行っている中国人留学生の書簡など沢山の資料を「発見」したいきさつは、昭和三八年版『趙君瑛の手紙』の序章に詳しく書かれている。かなり長いが、そのまま引用しておきたい。鈴木は隣家の張家で〝発見〟し〝日本に持ちかえって小説に書いた〟が、この行為は鈴木自身の心を長く苦しめ、また張家の子孫までも苦しめることになったらしい。これについては後に語る。

私がこの中国の一女学生の日記や、その友人一家が遺した沢山の手紙の類を発見したのは、昭和一四年の春、私たちの部隊が駐屯していた首都南昌という街の、ある民家の二階であった。この時のことを、私は今でもはっきりと覚えている。この家は、せまい石畳をへだてて、私たちの宿舎のすぐ裏手にあった。私は数日前、いわゆる四月攻勢と呼ばれる敵の大反攻の包囲を切り抜けて、五〇キロほど離れた山の中の最前線からこの街へ帰って来たばかりであった。私の入れられた宿舎は、南昌市内の、東湖という湖水に近い住宅地区にあり、瀟洒な洋風の二階建ての家であったが、隣家は純然たる支那風の作りで、周囲には高い塀をめぐらせ、巷路に面してわずかに小さな門が開いていた。他の多くの市民たちと同じように、この家の住人たちも、戦火を避けて奥地に逃れて行く時に、磚瓦《せんが》と漆喰でこの小門を塗り固めて行ったらしいが、その後入ってきた日本軍の兵隊たちに打ち壊されて、今はわずかに人一人出入り出来るぐらいの穴があいていた。私がこの家に興味を抱いたのは、仲間の一人から、「隣りの家にも日本への留学生が住んでいたらしい」と聞かされたからであった。彼が隣りの家にもといったのは、私たちの宿舎の主人公もまた日本への留学生で、屋根裏の物置には、日本の建築雑誌や、専門の数学書、土木工学書、ガウスの対数表、講義ノートなどが、ぎっしりとつまっているのを知っていたからである。その後、次第に明らかになったのだが、この街には沢山の日本留学出身者が住んでいた。そうした人たちが、今は最も先鋭な抗日運動の指導者となっていることも、やがては分かってきたのだが、そのころの私にとっては、戦場のこのような場所で出会う日本語の雑誌やノートの類が、何とも言えず身近な親しいものに思えてならなかった。ある日私は思いきって、廃墟のように静まりかえった隣の家へ、崩れた壁を踏みこえて、入ってみた。（この邸宅の門内の庭や使用人の住む部屋の様子、さらに奥にある中央の建物の様子など詳しい描写があるが省略する――小林）　私は最後に、客庁の裏手の、せまい急な梯子を登って行った。そこは、二階というよりも天井裏で、部屋の仕切りはなく、院子に面した屋根の天窓から射しこむ光がなければ、物の在りかもさだかには見わけられないほど薄暗かった。この部屋は、物置として使われていたらしく、渋紙を張ったつづらや、木の箱や、こわれた台ランプ、残り布の包みなどが、雑然と散らばっており、その片隅には、おびただしい書籍の山が、突き崩されたような形で散乱していた。明らかに、私たちより先に誰かがここへやって来たのだ。それは恐らく兵隊たちだろう（昭和三八年版『趙君瑛の日記』頁八～一〇）。

（鈴木によれば、兵隊が探すものは、砂糖、油、卵、大豆といったような食べ物か、あるいは、皿、コップ、腰かけ、ひしゃく、ローソク、燭台等々、直接駐屯生活に必要な品物に限られており、手当たり次第にかきまわして捜した跡が

あった。たとえ、書物を捜すのだとはいえ、彼等と同じことをしている自分に鈴木ははっとしたと記している）

はたから見れば、私のしようとしていることは、この心ない兵隊たちの仕業と少しも違わないではないか。いや、それよりももっとはしたない行為だと言われるかもしれない。一瞬私はそうした思いにたじろいだが、しかし、その気持ちを押しのけるようにして、目の前の書籍の山をかきまわしはじめた。

それはもちろん中国の書物で、糸で綴じた木版の古典籍や、近年のものらしい、粗末な活字本やが入り混じっていたが、その中から私が最初に取り上げたのは、クリーム色の表紙に、セピアのインキで『校友、第十号』と印刷された、奈良女子高等師範学校の校友会雑誌であった。引きつづいて、沢山のノートや、教科書やが見つかった。そしてこのノートの中にまじって、趙君瑛（本名、趙中瑛。仮名にしてある）さんの黒クロース表紙の日記帳が出て来たのだった。書籍の山の下のほうには、一かたまりの手紙の類が埋まっていた。これもはじめは整理して束ねてあったらしいが、今はばらばらになって、手のつけようもない。宛名も差出人もまちまちで、そのやりとりの組み合わせもさまざまである。見てゆくうちに、日本の郵便局の切手をはり、日本の郵便局消印のある手紙の差出人、陳玉蘭（本名、張佩芬）という奈良女高師の留学生だけでなく、他にも幾人かの手紙があることが分かった。

かがみこんで、これらのノートをより分けている私のうしろで、突然人の気配がした。梯子の下り口の近くに、誰か立っている。天窓から斜めに射しこむ陽の光が、腰のあたりをひどく明るく照らしているので、顔の表情はかえって分からなかったが、袖のほそい短衣に、黒い褲子（ズボン）といったその服装から、中年の女の、しかも召使であることがすぐ分かった。

無人の家とばかり思っていた私は、はじめちょっと驚いたが、事情はすぐのみこめた。こうした場合、中国の上流家庭の人が、年寄りの召使いを一人くらい留守番にのこしておくことは、今までに何度も経験している。

近づいた女の顔は、ひどく汚れ、皺ばんで、半白の髪にはターバンのように布を巻いていた。年はよく分からないが、五〇歳くらいであろうか。彼女は無遠慮な目つきで私を見つめ、口の中でぶつくさとなにか言った。意味は分からなかったが、言葉の調子から、それは「また何か探しに来やがった。お前さんの欲しがるようなものは、何もありゃあしないよ」と言っているように思われた。女は少しも怖ろしがっている様子がなく、といってひどく腹を立てているらしくもなかった。兵隊という奴は、どいつもこいつも同じようなものだ。彼女はそう言いたげな顔つきだった。

そう思うと、私は居たたまらない気持になり、それでも強引に手紙、ノート、日記の類を、そこにあった布きれに包んで起ちあがった。女は安心したらしく何かブツブツ言いながら私より先に梯子を先に降りて行った（これが君瑛さん日記にしばしば出て来る『李媽』という女中であることに、ずっと後になって思い当たった）。

宿舎に帰ると、私はただ一人自分の部屋に閉じこもって、持ち帰った日記や手紙を読み始めた。私に、他人の日記や手紙をぬすみ見るという、いやしい好奇心が無かったとは言い切れない。ましてそれらの主が、若い青年男女であってみれば、なおの事である。しかし、読み進んで行くうちに、私の好奇心は次第に別なものに変わっていった。そこに鮮明に浮かび上って来たのは、この戦争の前夜の、あらしのような動乱期を、身を持って生きてきた、私と同じ世代の、中国の知識人たちの、あまりにも赤裸々な人間像だったからである（昭和三八年版『趙君瑛の日記』頁一〇～一二）。

その後四ヶ月間、この街に駐屯しているあいだ中、私は勤務の合間の時間を、ほとんど全部この仕事（日記と書簡等の資料を読み、翻訳すること――引用者）のために注ぎ込んだ。しかしようやく三分の二ほど翻訳を終わったところで、私は内地へ帰されることになった。未完成の原稿と共に、日記や手紙の現物を将校行李の底にしのばせて、私は日本に帰って来た（昭和三八年（一九六三）版『趙君瑛の日記』頁一三）。

帰国時に、上記の書簡・日記を持ちかえった時のことを、鈴木は平成七年（一九九五）刊の『戦陣秘帖』で、次のように詳しく語っている。

私は仲間にすすめられて入院することになった。集めた資料やノートの類を一切将校行李に詰めて行くことにした。実を言えば当時の軍隊は、戦場の実態が内地に知られることを極度に怖れていた。私の外にもたんねんに陣中メモを書いている幾人かの部下がいたが、そうしたものは帰国の時一切捨てるか燃やすか、させられた。ただ私は自分の資料を最後の土壇場まで持って行ってやろうと決心した。（中略）九江の野戦病院、南京の陸軍病院と、私の行李は当番兵の戸塚上等兵が運んでくれた。普通の兵隊と違って、将校は軍服でも靴でも下着、毛布でも、すべて官給品ではなくて私物である。夏冬の着更えを入れれば行李はそれだけでいっぱいになる。私は出来るだけそれらの物を捨てて、その代りに自分の集めた資料を入れた。船に乗る時、タラップの下で荷物の検査をしていたのは、病院船の軍医であった。普通陣中メモの類は上着のポケットへ入れている。軍医は形式的に私の軍服の上から撫で廻したが、「あ、軍医さんですか、いいですよ」と言って将校行李の方はフリー・パスとなった。そのおかげでこれらの資料は今の私の手元に残ったということになる（『戦陣秘帖』頁二二三～二二四）。

書簡、日記を見た時の気持ちは、最初に書かれた『趙君瑛の手紙』（昭和一六年一二月刊）には、次のように書かれている。

（前略）始めこの家で二、三冊の日本の本を探しだした時、私は唯懐かしいという気持ちでいっぱいだった。思いがけない敵地の奥で知人に会った様なよろこびを私は感じた。併しそのうちに、日本のある学校に行っていた此の家の女の子や、その兄や、後に結婚することになったその従兄や、妹やのお互いにやりとりした沢山の手紙、ノートの類、更に此の家の末娘の友人の一少女の日記等を発見するに及んで、私の気持ちは全く変わってしまった。手紙そのものは勿論断片的である。併しそれらの手紙を年代的に、又人物相互の広い結び合わせから見て行くと、其所には余りにもはっきりした中国知識階級の青年子女の赤裸々な人間像が浮かび上がって来たのである（『趙君瑛の日記』「序章」頁四）。

以上長々と紹介したように、鈴木は南昌のある家で沢山の書簡と一少女の日記を見つけて、それを読んで、勝手に日本に持ちかえった。その結果、資料中に記されている中国青年男女の人生や人物像に、何度も何度も、長い人生の中で、あたかも彼ら彼女らに憑りつかれたように思い出しては書くことになる。

この無断で、中国人の空き家に入り込み、しかも老婆の女中がいたのに、勝手にこの家にあった手紙や日記を持ちだした。後に、この張家の子孫は、鈴木が「盗み奪い取る」と書いている。このメモは、二〇一六年夏、私が中国人の廖梅女史から送られてきたメモ情報にある言葉である。「……該篇文章中提到鈴木在進入張家偸搶信件時、……」。

この行為は、最初から鈴木の心を大いに悩ます問題だったことは、すでに何度も言及してきた。しかし、それでも鈴木は帰国時に持ちかえり、読みたいという誘惑に勝てなかった。そして長い間、恥ずかしい行為であった、と生涯にわたって鈴木を悩ませたのである。

鈴木は、最初に出版した『屻られし花』（昭和一六年三月刊）には、南昌の某家で書簡・日記を見つけたことを、実名のまま、しかもきわめて簡単に書いている。次に鈴木が、『趙君瑛の日記』を一気に書いたのは、昭和一六年の夏、千葉医科大学の宿舎に於てであり、この時には、全員を仮名にした。以下の最初の『屻られし花』（昭和一六年三月刊）の記述を見る。

・始め私は、仲間の中尉から、「日本へ留学した人の住んでいた家」と教えられてその家へ行って見たのですが、まず最初に見出したのは、奈良女高師（奈良女子高等師範、現在の奈良女子大）理科と記された、張佩芬という少女の沢山なノートや教科書の類でした。次に、張佩芬から妹の佩芳小姐に宛てた手紙や、父親張痓章大人に宛てたものやが出て来ました。更に見て行くと、佩芬姉妹の兄に当たる張定釗氏（註、日本の美術学校に留学していた龔緑子と結婚した――小林）は昭和五年頃東京帝大の理学部の大学院に居り、少なくとも事変（満州事変）当初まで上海の自然科学研究所に勤めていたことが分かりました。（中略）兄定釗氏は一高を経て京都帝大の理学部を出、其後東大大学院へ入ったらしいのですが、その京都大学の時代の書簡から、更に一族の中にもっと沢山の留日学生があった事が分かり、それは同じ家の西廂の方を探して行くうちに、やはり昭和三年頃、東大工学部の冶金科を卒業した謝光遠氏兄弟である事がすぐに知れました。此の様にして知った様々な事実を綴り合わせて見ると、それは全く一篇の物語ともなるべきものです。（中略）光遠氏にも弟妹が沢山あり、当時光遹、光遹の二弟と、謝光希の一妹とがやはり日本に留学して来て居ます（『屻られし花』頁二二四～二三四）。

この文章には、実名で日本留学生たちの手紙と一少女の日記を「発見」した直後の驚きがそのまま素直に記されている。南昌から持ち帰った張家・謝家の書簡や一少女の日記による小説『趙君瑛の日記』（昭和一六年一二月刊）を書く段になって、初めて「仮名」にしなければ、彼ら彼女らに大変な迷惑をかけると感じたのである。以後、鈴木が書いたものは、戦後のものを含めて全作品がすべて「仮名」で統一された。

第三節　帰国後の執筆への衝動

鈴木は、戦場で想像もできない悲惨な運命に敵味方共に翻弄される様をこれでもか、これでもかというほど経験し又目撃した。その中で、これまで聞かされてきたであろう、「支那人」への異邦人感、蔑視観は消えさり、彼等への同情、共鳴、共感の念が胸の中に高まった。例えば、『戦陣秘帖』に収められている一九三九年五月二日の日記には、小説「蘇州河」の構想をしたことが記されている。戦後、この部分に鈴木は注を加えて次のように説明している。

「上海駐軍中、避難民の防疫作業で知り合った、台湾出身の医者と、その助手の可憐な中国の少女を主人公とした小説の構想。少女は上海市内でこの医師の助手をしていたが、日本に協力したというので、漢奸——裏切者として殺された」（同上書、頁二一〇〜二一一）。この小説の構想は戦争が人間の善意を踏みにじって行くさまを書こうとしたものという。

また、南昌で『趙君瑛の日記』等々の資料を発見し、解読していた時、次のような思いに憑りつかれた。

何時か私は此の事を一つの物語に纏めようと思っています。彼等留学生達が、今どの様な思想を持ちどのような気持ちでこの二つの民族の間の戦いを見ているか、また、行為としてどの様な実践の形をとっているかを具体的に知る事は出来ません。しかし、私は信じたいのです。少なくとも日本に学んだという事から、私達は彼等に対して実に心おきない文化人としての親しさを感じるのです。彼等の日記や書簡やからうかがわれる人間性の誠実さに大きな信頼を繋ぎたいのです。（中略）私達は信じます。そして大きな希望を持ちます。中国の中にもきっと私達と同じ様な思想に貫かれた、最も信頼すべき人間性を持った知識人が決して居なくはないのだと。そして凡ゆる国難を越えて何時かはお互いに心から語り合える日が来るのだと。此の様な考え方は、戦場にある為の人なつっこさがさせる一時の感傷でしょうか。それは何時か、時が明らかにしてくれるだろうと思います（『屻られし花』頁二三一〜二三二）。

鈴木は、先に記したように一九三九年一一月に大阪日赤に入院したが、病院を脱け出して四〇年初夏と四一年の二月に奈良・京都を訪れて、中国から奈良女高師へ進んだ南昌出身の留日女学生達の足跡を訪ねたり、女高師を訪問したりして、いろいろ情報を集めた。張佩芬を知っていた宇都宮敬子の友人や奈良女高師の渡辺先生から、直接留学生たちの在学時代の話を聞いた。留学生の中には、抗日的な人や、沈黙を守って戦争を語らない人、留学生同士で論難し合う間柄の人、好くピアノを弾く人、いろいろの留学生がいたという話も聞いた。戦後、鈴木夫妻は北京大学の宿舎に当時の留学生だった張京先女史を訪ねることになるが、それは戦後で、かなり後のことである。

鈴木は戦時中に、南昌で発見した「趙君瑛」の日記、留学生たちの書簡、日中関係の政治的、軍事的な関連史料を集め、種々の考証を加えて、四冊の書物を執筆、出版したのである。四冊全部で一一〇〇頁にも及ぶ大仕事であった。

あの大戦争の時代、両親ともに亡き時代、しかも自分が戦時中に三度も召集されたにも拘らず、その間の驚くべき情熱、執念、努力には驚嘆する以外にない。『屻られし花』、『遠東の人』（第一篇、第二篇、第三篇）である。前者は、実録であるが、後者は小説風の体裁を採っており、人物は皆仮名にしている。先に記したように、中国人の実名を記せば、関係者に大きな被害を及ぼす心配があったためである。

昭和一六年（一九四一）三月刊『屻られし花』（全二八八頁、戦時中の記録、自伝風）登場人物はすべて実名。時々支那、支那人という言葉を使用。南昌の留日学生と趙中瑛日記を読んだ後、支那、支那人の使用をやめた。一、二例外はあるが。

同年一六年（一九四一）一二月刊『趙君瑛の日記』（全三三三頁、小説）全員仮名。中国、中国人という言葉を使用。以後同じ。

昭和一七年（一九四二）四月刊『陳一族の手紙』（全三一〇頁、小説）全員仮名。

昭和一八年（一九四三）一一月刊『ある中尉の手記』（全二一九頁、小説風、戦時中の記録で自伝風）全員仮名。

昭和三八年（一九六三）五月刊『趙君瑛の日記』（全三三四頁、日記、書簡共に翻訳文）全員仮名。

平成七年（一九九五）三月刊『戦陣秘帖』（全二九〇頁、自分の戦線日記を正確に刊行。書簡、日記に言及なし。二八七頁に、書簡の一部の宛名の部分と趙中瑛の日記の一部の写真を公表）

鈴木は、一九九五年九月、「宮柊二講座」で講演した。その中で、従軍時代を回顧して次のように話している。二つの衝撃的体験があったと語っている。

戦争とは何かについて物を考え始めるには、少なくとも二つの契機があったように思います。一つは同じ戦場の直ぐ近くで、私と同姓同名、階級まで同じ軍医中尉の鈴木英夫君が戦死し、しかも一週間の間塹壕の泥の中に放置されていた死体を私が発見する、という出来事です。そのことを私の陣中メモは「十月十八日師団副官より（中略）屍体四十六体の検案を依頼（中略）し来る。使役兵手を付ける者無し。自らやる。顔貌はほとんど不明。臭気。鈴木英夫中尉の屍体あり。頭部正中線を、鉄兜の上より貫通。腹、千人針、血に染まっている。言葉なし」とあります。その「言葉無し」にどのような言葉を与えるべきか、それが「戦争」というものについて考えるきっかけとなったわけです。

第二の契機はそれから十日ほど後、中国側の最大の拠点大場鎮に入って、中国側の捕虜に出会った時のことです。後ろ手に縛られ、道端の柳の木につながれた三人の捕虜に私は前日日本軍の飛行機から撒いた投降勧告のビラを見せました。それには中国語で「投降すれば郷里に帰してやる」という意味のことが書かれていましたが、三人の内のリーダーらしい一人は、不敵ともお思える薄ら笑いさえ浮かべて、首を横に振りました。後の若い二人は、一瞬ベソをかくように顔をゆがめましたが、やはり首を横に振った。彼らはすぐ近くへ連れて行かれて、首を切られた。私はその光景を見ていられませんでしたが、逃げ遅れた女、子供たちの、魂も消えるような悲鳴によってそれが分かったわけです。しかし、この時の捕虜たちの表情は、それ以来私の眼底に焼き付いて離れなくなりました。一カ月の間私たちを傷つけ、殺し続けた敵の銃弾の背後には、この顔があったのだ、それは三人だけではない、何千、何万、何百万、いや何億という中国民衆の顔があったのだということを、がんと頭を殴られたように思い知らされたわけです。

考えて見れば私は、中国について、中国人について何一つ正しい知識を持っていなかった。従ってまたこの戦争がどうして起こったのか、私たちは何故戦うのか、これからどうなって行くのかも分からない。それからは行く先々で私は中国について、中国人の生活について出来るだけ虚心に在りのままの姿を見て行くように心がけました(「戦争と短歌」、『しろつめ草』頁一七九〜一九〇に収録、一九九九年四月刊)。

鈴木は杭州戦役が終わり、一九三七年の暮れからは上海郊外の古寺で冬を越し、翌三八年の夏七月までここに駐屯していた。その間、内山書店に通い、中国年鑑、上海年鑑、自然地理、風俗習慣、新聞雑誌などを買い漁って中国、中国人について猛勉強した。その合間に、戦場跡や近所の風景や遊んでいる少女たちのスケッチをしたり、片言の中国語で子供たちに話しかけたりした。こうした体験の後に、あの南昌・張家の書簡と一少女の日記を「発見」した。かくして、日本と中国は、敵対関係を越えて、ヒューマニズムの一点において、鈴木の心の中で格闘をくりかえした後、溶融・融合し、合体したのである。

第五章　中国学生たちの苦悶、苦闘の記録

鈴木英夫は、南昌に来るまで、こんなに多くの中国の男女学生がかつて日本各地の大学に留学していたこと、多くは抗日のため帰国したこと、しかしまた現に戦時中でもまだ沢山いることを知らなかった。彼らの書簡と日記を読んで感動し、自分と同じ知識と教養を持ち、同じくこの戦争に苦悩する中国の青年男女が沢山いることを知ったのだった。以後四ヶ月勤務の合間をぬって彼らの日記や書簡の読解と翻訳に励んだ。

その翻訳の途中、病にて日本に送還されたが、帰国後も翻訳を続け、また奈良、京都を訪ねて張・謝両家の留日学生の調査を続けた。彼らは皆、南昌の張家、謝家の人々や趙中瑛のような、具体的な顔と命をもった人びとである。この発見と帰国後の調査の続行とが、彼をして短期間に四冊の著書を上梓するという、驚くべき精神の高揚、「憑依状態」をもたらしたのである。彼は、次のように記している。『趙君瑛の日記』序章より。

・私達は常に今戦場になっているこの中国の不幸な民衆達の生活の実相に就いて大きな関心をもっていた（頁三）。

・「始めこの家で二、三冊の日本の本を探しだした時、私は唯懐かしいという気持ちで一杯だった。思いがけない敵地の奥で知人に会った様なよろこびを私は感じた（頁四）。

・（この家にいた張家、謝家の二家族の）沢山の手紙、ノートの類、更に此の家の末娘の友人の一女学生の日記等を発見するに及んで、私の気持ちは全く変わってしまった（頁五）。

・それは満州事変前後から今度の事変に到る数年或いは十数年の間の知識人の実際の姿を、ありの侭に知りたいと言う事であった（頁五）。

・現に生存している人達の秘密に属する信書やましてや可憐な一少女の日記等を竊み見る事は人間的に一つの罪悪である。併し私は敢えてそれをした。あまつさえそれを大勢の人の前に示そうとしている。その思いやりのなさの罪深いことを思うと私は心苦しさに堪えない程である。ただ一つの事が私の良心を慰めてくれる。それはこれを読むことによって私達日本人の幾人かが中国を識り、理解し、愛情を持ち得る様になるかも知れないという事である（頁六）。

この本名・趙中瑛の日記帳は、一九三四年（民国二三・昭和九）一月元旦〜七月一二日までの間に書かれた日記である。この時、彼女は南昌女子中学高等部（日本の女子高校）の三年生で、翌年三月卒業予定の一八歳であった。鈴木は、日本での出版物では筆者を仮名「趙君瑛」とし、趙中瑛という本名は使わなかった。『趙君瑛の日記』は昭和一六年に小説として出版されたもの。もう一つは、戦後の昭和三八年、全文の正式な日本語訳を出版したものである。両者とも同じ書名で『趙君瑛の日記』とした。従って、前者を昭和一六年版、後者を昭和三八年版と呼ぶことにする。後者は、当時日本の読書界で「中国のアンネ」として喧伝され多くの人に読まれた。

彼女の父の名は方若淵、母は趙氏、父は九江県の県知事であった。一九二八年（民国一七、昭和三）八月、江西省の各地で起こった共産党の暴動で多くの人が殺害されたが、趙中瑛の姉も父と同時に殺された。田中忠夫『革命支那農村の実証的研究』（衆人社、一九三〇年刊）によれば、方氏は国民革命の古くからの闘士で、農民の信頼も厚く、また九江県の労働者からも支持されていた存在だったらしい。残された家族三人は、母と一緒に南昌の周欽章（鈴木本の仮名、本姓は謝氏。九江県の役所に居た父の友人）の家に厄介になっていた。しかし、以後、趙中瑛だけが南昌の張氏に預けられ、母は郷里に近い漢陽の街に出てミッション・スクールの「訓女中学」の教師として南昌を去った。妹は、杭州の親戚に養女にもらわれて、遠方に去った。この妹は、小説『ある中尉の手記』

昭和一九年版では、「桂花」という名で登場する。

第一節　『趙中瑛の日記』（鈴木本では『趙君瑛の日記』）

本名は趙中瑛、南昌女子中学高等部三年生の一九三四年前半期の日記の抜粋を以下に紹介する。全文の数分の一ほどの抜粋である。又（　）内は総て筆者小林が付した。

二月二〇日
　留日学生試験を受けるには、江西へ籍を移さなければ駄目だそうです。それでなければ、湖北に帰って、そちらで受験しなければならないそうです。どちらがよいか、ママのお考えをお知らせください。

二月二一日
　九江の市政府の方は、共産党員の方が勢力を持っていた。パパは市政府の糾察隊にやられたのだという。私はパパの子に生まれたことを誇りに思っている。どんな苦しみだって、そのことを思えば耐えて行かれるはずだ。

二月二六日
（南昌市内の繁華街）車の上には伝声器《メガホン》を持った宣伝員が、二、三人ずつ乗っていて、走りながら「国難挽救の基礎、掃匪抗日に協力せよ」とどなってゆく。その度に人々は拍手する。

三月一日
　瑩（本名不明）は杭州の航空学校に入りたいという。どうして両親に、殊にママに納得させていいか分からないという。……「三年後を見よ。帝国主義諸国間には、お互いの持つ矛盾の結果、かならず戦争が起こる。その時こそ、わが中国の民族解放が成就される日だ」と、学校で教えられたことをそのまま信じている。……とにかく今夜は楽しかった。

三月三日

私の心の中には、何時も二つの日本がある。一つは学校の国恥記念日に聞いた「侵略者、欧美資本主義の手先、東三省（満州）だけでは足りず、華北までも併呑しようとする東洋鬼《トンヤンキー》（日本に対する蔑称）」、もう一つは、張佩芬姉たちが、平和に、おだやかに、南昌よりも恵まれた環境で勉強を続けられる日本。佩芬姉が帰ってくればもっとはっきり分かるだろう。

三月一一日

今日はじめて委員長（蒋介石）の姿を見た。遠くから、はるか向こうの壇上に見ただけだから、どんな顔かよくワカラナイ。彼は言った。「南昌各界の同胞よ。我が国は何ゆえに外国の侵略を受けねばならないのか。何ゆえに外国の軽視と欺侮をこうむらなければならないのか。それは我々一人々々が、自らを反省してみなければ分からない。……」。ほんとうにその通りだと思うわ。新生活運動は、結局は一人々々のことなんだわ。そう思いながら私の心は沈んでゆく。悔恨の思いが隻身に帰る。それだけで中国は解放されるだろうか。

三月一三日

今日は学芸会。残念ながら、天公われらを助けず、陰雨のため、さっぱり興が乗らなかった。私は準備していった、詩聖杜甫に関する論文を朗読した。……校長先生に『行雲流水』を借りて来る。

三月一八日

朝床の中で、朱偰の『行雲流水』の中の、恋愛史に関する一節を読む。くれないの桃のような、甘い蜜のような春の夢も、いつかは忍従の涙を伴う思い出と変わってしまう！　ほんとうにそうだろう。でも、過ぎ去った過去であるからこそ、いっそう情は深く思われるのではないかしら。

三月二〇日

郭沫若自選集を読む。「半生殃我是思蠢」。これは張学良の対句の中の一句だけれど、人はこの中の二字を『不肖』と呼びかえている。しかしむしろ「半生誤我是聡明」と言うべきかも知れない。人の心はとらえがたいものだ。

三月二六日

明日佩芬姉たちが帰ってくるという。……あの頃、佩芬姉は日本へ行くことを、ずいぶん思い悩んでいた。私は佩芬姉は謝光蘧よりも、弟の謝光進が好きだったのだろうと思っていた。私が南昌へ来た時は、光進は死んでしまっていたが、……。この光進も兄さんたちの後を追って上海の学校にゆき、五・三〇惨案の時に、巡警の鉄砲で殺されたのだそうだ。……蓮姉は今、守賢と結婚している。守賢と結婚するということで、佩芬姉の日本留学は両親に許されたのだそうだ。佩芬姉がはじめて日本へ行く時悲しそうな顔をしていたのを、私は覚えている。

三月二七日

家に帰ったら、佩芬姉はもう到着していた。張佩芳も瑩も待ちきれなくて迎えにやって来た。……私と佩芳は、綺麗な日本衣裳の人形のついた壁かけを、瑩は革製の鉛筆ケースと自来水筆（万年筆）をお土産にもらった。……私の煩悶とは何だろう。私は自らの苦しみを逃れ、安穏を願うために日本へ行こうとしているのだろうか。蓮姉に聞いた日本の同学のことは、私にさまざまな悩みの種をもたらした。私のしていることは、卑怯者の行為なのだろうか。佩芬姉の話では、日本の同学たちは中国のことについて、何も知っていないし、知ろうとも欲していない。毎日々々が、ただたのしく、平和で、彼女たちは勉強に熱中していられる。それに学校（奈良女高師）のある街は、日本中で一番古く、美しい昔からの都で、大きな寺院や、廟やが沢山あり、森や池にかこまれた夢のような場所だという。そこで勉強していられる人たちは、――佩芬姉ももちろんその一人だけど――ずいぶん幸福だと思うわ。しかしその人たちには、国家や民族のことは問題にならないのかしら。自分一人の幸福と平和を求めて、それで安心していられるのかしら。……私の心からは、一日だって中国の運命が離れたことはない。たとえ日本へ留学したとしても。

三月二九日

言葉も風習もちがう異邦人のあいだで、四年間も勉強を続けるというのは、大変な苦労かも知れない。でも私の前途は、まだまだ長い。どんな苦しみだって、最後の目標さえしっかりしていれば、きっと堪えて行かれるはずだわ、私の決心はかわらない。私が日本へ留学するのは、決して自分一人の安穏を求めてのことではない。

四月一日

今日のような一日が、永遠に私の記憶に残るだろうか。それは煙に似て軽く、波のようにやわらかく、やがて悠々たる時間の海のかなたへ過ぎ去ってしまうのだろうけれども(この日、両家のほぼ全員が謝家の墓参に船に乗って行った――小林)。

謝光蘧兄は、自分の学業が成就したこと(鈴木の小説では京都帝国大学医学部卒業となっているが、実際は大阪帝大工学部卒で、医者ではない――小林)を、父祖に告げるために、長いこと黙祷していた。

四月二日

(この日、瑩が杭州の飛行学校に行くことを含めて、皆でいろいろ話した――小林)話をしているうちに、謝光蘧兄が漢奸でなくて、熱烈な愛国者だということが分かって、私も瑩も安心した。瑩はそのことをひどく心配していた。私が何時か、賢兄は日本と戦争することには反対だろうと言ったので、瑩は謝光蘧兄を漢奸ではないかと思っていたらしい。漢奸は殺さねばならないし、そうなれば佩芬姉は悲しむだろう。瑩は佩芬姉を愛しているから、きっと自分もひどく悲しむに違いないと思っていたんだわ。

四月八日

佩芬姉が帰ってから、私の心は少しは落ちついたようだわ。私の決心はようやくきまった。ママに江西への転籍を許してもらったし、日本へ留学することが決して決して一身の安穏を求めてでないと分かったし、留学生試験には自信がある。

四月九日

校長先生が話されるには、溥儀はすでに北平へ到着し、日本人は兵を出してこれを保護していると。華北は数日ならずして、中国のものではなくなってしまうかもしれない。国勢日に危うし。私たちは亡国の徒になってはならないんだわ。

四月一〇日

私は貧しい孤児だ。だから大学まで進むには、どうしても省費（江西省の費用による）留学の試験にパスしなければならない。それも、欧米留学は、自分のお金も相当にかかるからどうしても日本へ行くよりほかに仕方がない。新聞には毎日黄郛（対日融和の主唱者、この時「北平政務整理院長」として、南昌に来て蒋介石と連日相談していた）のことが出ている。うまくやってくれるといい。

四月一三日

張佩芬姉は明日出発だと。瑩も一緒に行ってしまう。お母さんにわからないように「杭州に行ったら桂姉に会って頂戴」とたのむ。瑩は私の写真を一枚くれと言う。私が一番気に言っている、あの湖浜公園で写したのをやろう（註、鈴木氏の小説『ある中尉の手記』では、杭州の飛行学校に行った。瑩は一九三七年八月の上海郊外の日本航空部隊との空中戦で撃墜され、パラシュートで脱出した時、射殺された。その遺体の胸のポケットに趙中瑛の、この時やった写真がいれてあったということにしてある）。

四月一五日

「女子中学の校花」というあだ名は、私がつけたんじゃない。あの新聞記者がかってにそう書いただけだわ。それでもやっぱり同学の嫉妬をかう。本当に世の中は住みにくい。

四月一七日

（校内の陸上競技の予選会）第一予選会は二つとも一位。……決勝の結果は残念ながら塁球（ソフトボール）は一位、跳遠（走り幅跳び）と五〇m第二位、一〇〇m第三位。でもどうやらこれで、全省大会出場の資格は得られたわけだわ。

四月二一日

ママの手紙がとどく。写真が七枚も入っている。手紙の中にはこんな文句がある。「君瑛よ。母はあなたの他に何もいりません。あなたさえあれば、私は何の寂寞も、悲傷も感じません。どんな境遇の苦しみにも耐えて行くことが出来ます。瑛児！　私の宝玉、私の希望……」。一対の孤児と寡婦にとって、生きて行くことだけでも容易ではない。勉強は必竟は飯碗の問題だけど、私にとっては、一部分は母親のためでもあるんだわ。この幾月か、私の心は乱れすぎている。感情も、意思も、その日その日で次々と目まぐるしく変化してゆき、自分で自分の本心がどこにあるんだか分からなくなってしまう。

四月二六日

上海に行った瑩と佩芬姉とから、手紙が一緒に届いた……。瑩は『瑛……わが永念の友』等と書いている。（瑩は、上海の大学で英語を習い、杭州飛行場でアメリカ人教官の指導をうける準備をしている、という内容——小林）。

四月二八日

文化学会の日。……男子学生のほとんどは黄郛は売国奴だという。……一人がそう言うと、皆賛成する。

羅（羅君仁）さん一人は違った意見だった。偽国と華北の現状をよく知らないで、そんなことを論じて見てもはじまらない、とあの人は言う。……羅さんは昨年上海の光華大学を卒業して、回省したのだそうだ。（小林註、羅君仁は、汪兆銘政権の実力者周仏海の一党になった羅君強の弟であろうか？　その可能性が大である。羅君仁は大学を一九三三年に卒業。羅氏の故郷は、湖南省の湘譚県）……羅さんは、本当の勉強をするには、上海では駄目だという。上海は植民地で、物質文明の恩恵に馴れすぎ、人々は享楽ばかり追い求めている。

五月二〇日

巴金の『家』を読む。心の中に湧いてくる感動がこの幾日かの煩悶を追い払ってくれるような思いがする。『家』は巴金の『激流』の一部をなす作品で、一つの大資産階級の家庭が、次第に崩壊してゆく情景を描いているが、殊に祖父の死後、一家が急激に離散してゆく部分が、この一篇の最大のテーマになっているらしい。残念ながら時間がないので、ゆっくり読んでいるわけには行かなかった。……

五月二一日

名づけようもない空虚と煩悶が、私を周囲から締めつけてくる。……武漢大学に参観にゆく。心は陰陰として痛んでくる。ここに学ぶことが出来たら、どんなにか幸福だろうに。環境！環境！（五月二三日、南昌に帰る）

五月二四日

私は私を何もかも「了解」してくれるような人がほしい。そして同時に、私もまた、彼、あるいは彼女を完全に「了解」できるような人を。でも、このようにお互いに「了解」し合える知己が、どんなに見出しにくいものであることか。彼らの眼光は、私の心の内部を見通すことなどできはしない。でもそれはどうにもならないんだわ。孤独はこれが本性か。私は〝孤寂〟を怖れまい。

五月二五日

『国聞週報』紙で、李紋冰の『故国』という小説を読み、ひどく心を打たれる。ある亡国の一孩子（一人の子ども）が、征服民族の小孩に侮辱されて乱暴をはたらき、捕らえられて三年の徒刑に服するうち、牢獄の中で死んでしまう、という筋。この救いのない境地を悽哀に描出されると、私の心は裂けるように痛んで仕方がない。

六月四日

「丁玲返湘」（丁玲、湖南に帰る）の四文字がはっきりと眼に入ったとき、私はおどろきのために、自分の眼を疑うほどだった。……偉大なる丁玲はやっぱり私たちの間に留まっていてくれた。彼女がこれからも、もっともっと進んで社会の矛盾を描破し、人間の罪悪を明らさまにし、一切の酔生的なひとを目覚めさしてくれるといいのだけれど。私は丁玲を愛する。尊敬する。彼女ほど偉大な精神と人格を持った女性作家は中国にはいない。……

六月八日

人二（羅君仁を指す）は私に、「廬山に行きませんか」と誘った。私が自分の立場と境遇を考えるかぎり、その誘いは即座にことわるのが当然だろう。それなのに私の心は、あの一言ですっかり動揺してしまった。あのような資産階級の生活に、これほど強く心を惹かれるとは、自分ながら不思議だわ。……今年もし、牯嶺（廬山にある有名な避暑地。街路には、ケンブリッジ、オックスホード、エール、コロンビア等々の有名大学名が付いていたという——小林）へ行くことを許すようなことがあっても、私は決して彼の地へは行くまい（日記によると、彼女の大の親友の「蘭」（張佩芳）が、羅を愛していることを知っていた。——小林）。

六月二八日

（母が南昌に会いに来た日）しかし、その次にママの言いだした言葉は、再び私を絶望におとし入れてしまった。ママの話によれば、今年は留日学生は募集しないかも知れないという。二月に江西の留学生章程が変わって、英美（イギリスとアメリカ）と徳国（ドイツ）へは人数が増えたのに、日本へは逆に人数が減ってしまうという。湖北もやっぱり同様らしい……。私の胸はにわかに押しつぶされるような気がした。日本留学が駄目になる。そんなことがあるだろうか。私が最後の最後まで望みをかけていたことが、こんなにも易々と打ち砕かれてよいものだろうか。じっと上を向いていたまま、身じろぎもしなかったので、わたくしがどのようにその絶望に耐えていたか、ママは知りはしなかったろう。「でも、日本へ行けなくたって、他にいくらも勉強の方法はあるわ。ママと二人で、よくかんがえましょう」とママは慰めるように言った。「ママ、あたし何とか考えるわ。今はどう考えていいか分からないけど、でもきっと何とか考えるわ。ママも一緒に考えてね」と私は出来るだけ静かな声で言った。しかしその時不意に涙が目じりに浮かできた。私たちはそれから長いこと、真っ暗な部屋で、目を覚ましていた。……

七月二日

東亞日報に、昨日行われた新促（新生活運動促進会の略）の改組のことが出ている。新運は「発軔」「試験」「自由発展」の時期から、「組織統一」「計画確定」の時期に入ったという。昨日の新促の総会で、新しい役員が決まった。あの人の兄さん（註、羅君強は南京政府の高官、日本敗戦後に死刑）も熊首席も幹事になった。

七月九日

北伐誓師紀念日に当たる。青年暇期服務団の工作開始第一日。工専校の女性二人は教師だと言うが、一人は病気で欠席。……と私の三人でグループを作る……午後は希望どおり、衛生所へゆく。

七月一一日

今日の工作では、法国《フランス》医院の見学にゆく。構内は広く、大きな梧桐がこんもりと涼しい日かげを作っている。中庭にはカンナの花が深紅に咲き盛り、山鳩の声がきこえる。白い大きなひさしのついた帽子をかぶった法国人の尼さんに出会った。この人たちはもう三〇年以上も故国に帰ったことがない、と言う。おどろいていたら、「あの人、もっとえらいです。もう六〇年もフランスに帰ったことがありません」と言って、真っ白なあごひげを垂らした、背の高い司祭さんを指さした。司祭さんはもう六〇歳にもなるという。

七月一二日

夜勤先生の家へ行き、八角の自由日記一冊をいただく。「親愛なる私の友よ（註、今まで書いていた、この日記帳を指す）。声なき霊の知己よ、お前ともいよいよお別れね。最後にもうすこし、お別れの言葉を書かせてちょうだい。友よ、残念なことに、お別れの時になると、私は自分の思いを文字に書きあらわすことができなくなってしまいます。お前の純白な体のうえに、私は無惨にもいくつかの創痕《きずあと》を刻み付けてしまいました。そこには明らさまには言えない心の秘密を隠した隠語もあるし、悲しみの涙の痕もある。狂おしい歓笑も愛情の流露も、何一つ隠すことなく、私は純白なあなたの上に打ち明けて来ました。友よ、天地の間にあって、本当に貴いのはそれが〝真〟であるということだけです。そしてあなたの体が、すべてこの〝真〟によって成り立っていることに、私は満足しております。友よ。高貴なる私の霊の知己よ。願わくば別離の盃を乾すために、いましばらくの〝時〟を籍《か》しておくれ！

Children speak the Truth

呵、親愛的友人、無声談話的霊的知己。我們要暫別了。這裡我要対爾説幾句告別的話。朋友、対不起爾、愧我談了連将要離別時的心情、我都不能用文字表達出来。在爾純白的玉体上、被我無慘的刻画了無数的創痕。這創恨裡表現着各種情素、有難言的隠語、有悲楚的涙痕、有狂的歓笑、有真情的洗露。総之我是毫顧及的把一切都担担白的向儞述説了。朋友、天地間真可宝貴て記是「真」。而儞的本身就是「真」的組成。那摩一切、我満足了。朋友！高貴的霊的知己呵。暫時譲我們来狂歓的飲這別離之酒！〝Children speak the Truth〟

上記の引用は、鈴木英夫が訳した『趙君瑛の日記』の抜粋である。日記全体の約一〇分の一程度であろうか。以上の摘録を見ただけでも、趙君瑛（本名は「趙中瑛」）がいかに聡明、純情な人であり、また、南昌女子中学の「校花」と称された容姿端麗な人であったか、が想像されよう。しかし、この時、彼女は絶対的な孤独、孤絶の状態にあったのである。母の給料の内から送られてくる生活費といくばくかの奨学金でかろうじて暮らしている。亡き父の親友だった江西省南昌の張家、謝家両家に、唯独り居候の身である。彼女の唯一の望みは、江西省の官費留学生として日本の名門奈良女子高等師範学校に入ることである。これが一縷の望であった。自費で中国国内の大学に進学する経済的余裕はない。しかし、彼女の唯一絶対の留学の夢は、日本軍の満州事変以降の侵略の拡大によって、国民政府下の省政府の方針で断たれる。ここで彼女の日記は終わっている。

鈴木はこの日記を読み、この利発で可憐な少女と彼女を取り巻く張家、謝家の人々の歴史と悲劇的な運命が気になって仕方がなかったようだ。この日記と張・謝の両家族の書簡を軍務の合間にむさぼり読み、解読し翻訳した。また、一九三四年以降の国民党や南昌の人びとに関する関連史料を読みあさり、四ヶ月が過ぎた。すでに記したように、日記や資料を持ち帰り、大阪の病院に入院中も翻訳を続け、奈良京都に行き、中国人留学生のことを聞いたり、張佩芬、張佩芳、謝光蘧を知っているらしい人を訪ねたりした。そうしているうちに、すでに記したように、鈴木の頭の中で、「彼らが自由気ままに話し、笑い、怒り、議論するようになり」、昭和一六年、小説『趙君瑛の日記』を、千葉医科大学の宿舎でたった数日間で書き上げるということになった。

第二節　張家・謝家の人々の往復書簡の摘録

以下の摘録を紹介するに当たって、鈴木本（昭和三八年版）の仮名を、全て私が推定した実名に直した。鈴木の訳文が、本当に原文を完全に正確に訳出したものかどうかは、今や原本の「日記・書簡」が失われた（？）以上判断がつかない。しかし、非常に忠実に訳出しようとしたものであると推測できる。なぜなら、現書簡を捏造したり、改竄したりする動機、必要が、鈴木に全くないからである。（　）内は、鈴木註とした原註以外は著者小林の註である。

一九二八年（中華民国一七）

正月二七日（陰暦一二月二八日）

「父の死去に際して謝光蘧から、南昌の長兄謝光遠へ」（昭和三八年版・頁一四三。以下同じ鈴木本の頁）

現在わが国には、偉大なる事態が進行しつつあります（鈴木註、「北伐の成功」を指す）。しかも一方今年の全体会議では、蔣（蔣介石）は学生子女の政治運動を禁止しようとしています。……私は私たちがやったこと（鈴木註、復旦時代の大規模な学生運動五、三〇事件で終焉した）が決して無意味ではなかったことを信じます。あの時学生が起ちあがらなかったならば、今日の開放（鈴木註、「民族の解放」。国民革命の成功を指すのであろう）は、とうていこのように速やかには実現しなかったでしょう。中国は今、革命の時代を迎えています。そして、革命は価値の転換を生ずるものであります。……私たち弟妹は、まだ長いこと、勉強を続けなければなりません。私はつとめて兄の出費を少なくしようと決心しておりますが、兄も又、経済の節省をはかられんことを希望いたします（父の葬儀に莫大な金をかけるような非合理的なことをしないでくれと、懇願している)。

長兄よ、私がなぜ日本に学ぶ決心をしたかを思い起こしてください。復旦(復旦大学)では医学(彼は日本では医学を専攻していない。鈴木の創作か?)を教えません。それかと言って、私には欧美(ヨーロッパ、アメリカ)に学ぶだけの資力がありません。四年前、私たち学生は、解放に立ちあがりました。しかしその後の状勢はどうだったでしょうか。結局、問題は六国調査委員会に移され、外交問題と化し、学生たちの血痕はいたずらに彼らの取引の具に供されてしまったではありませんか。将来の中国に、真の解放をもたらすものは、私たち青年以外にはありません。ここ暫くの間、私たちは外界の一切に眼をつぶって、勉学に全力を尽くさねばならない時期なのです。私は近時健康がすぐれません。まして異国に一人留まって勉学する苦しみは、長兄も分かっていただけるものと思います。私は自分の目的を貫くまで、一切家庭のことは想起したくはないのです。しかしそれは不可能でしょう。人呼んで、私のことを自由の身と申します。もはや、父なく、母なく、妻子もまた無き故をもって言うのでしょうか。それは外見を知って内実を見ざる者の言です。身体良からず、環境好からず、常にみずからの傷心の事に思いおよべば、痛哭せんとするほどです。……(日付不明、三八年版)

七月一三日

「謝光邁から長兄謝光遠へ」

私が先に帰国の決心をしたのは、決して児女のたわむれではなかったのです(鈴木原註、この間にもう一通の手紙があったようです)。かえり見るに、現代にあっては、無銭は一種の罪悪だと思います。債の返却をこばんで、つぐないをしなければ、人のはずかしめを受けます。知人に融通を求めれば白眼と冷笑がこもごもに至るでしょう。しかも身は異境に住み、異人に交わってその信を失い、はては国家に傷みをおよぼします。かくのごとくあるよりは、むしろ学を捨て、家郷に帰らんことを私は願ったわけです。しかし、私は考えなおしました。他人になし得ることが、どうして私に出来ないことがあるでしょう。我も人なり、彼も人なり、です。そこで計画を変更して、この夏休みは帰国せず、債主方面には、出来るだけ事情を訴え、飯館（食堂）が私の食事を拒むといえども、八法外交的手腕を発揮し、決して餓えず、衣はもって肌を蔽えば足れりとなし、最小の出費をもって、難関突破の覚悟でおります。新政府の運営がうまくゆき、官費の遅れが恢復するまで数か月の辛抱と思います。

一九二九年（民国一八）
四月二九日

「謝光藼より伯父張痓章へ」
（従妹の張佩芬の進学について、伯父に日本留学を勧める内容）日本で勉強するについては、いくつかの利点があります。第一に日本の女子学堂が、設備その他について、中国よりすぐれていること。第二に、表妹がまだ年紀若く、日本語を学ぶのに容易であること。……第三に、費用の点です。現在日金は、以前よりやや高くなっておりますが、最初に日本に来る時に、衣服その他で約百元。その後毎月の費用が日金で約五十円。公費を受ければ、伯父上の送金が無くとも、最小限の生活は出来ます。どうか表妹の留学希望を重んじてやって下さい。彼女と私達兄妹も日本で仲良く助け合います。

一九三〇年（民国一九）
三月二四日

「謝光珍より、南昌の長兄謝光遠へ（日本語文）」
以下は小林の要約。東京女高師は定員一人募集、奈良は六人、両方受験するという、東京からの手紙。

四月一三日

「張定釗より、南昌の両親へ」

以下は小林の要約。張佩芬が奈良女高師に合格の知らせ。張佩芬が謝光蘧と婚約したことを祝う内容。張家では両者の婚約を条件に、娘の日本留学を許可したのであろう。

①五月六日、②七月二五日、③九月三日

「私、張定釗は、上海の自然科学研究所に就職が決定」と報告、赴任は来年（この年の九月に上海に視察を等々の内容等々）。

一〇月一〇日

「奈良在住の張佩芬・謝光珍より、南昌の張佩芳へ」、「張佩芬から両親へ」

最近写した写真を同封いたします。私が着ている着物は、日本の小姐のものです。私の隣の中国服の美人は日本の女同学です。お互いに着物を取りかえてみたのですが、どうも変てこですね。私の日常は、彼女たちと全く同じようです。毎日こんな着物を着た人と同じ部屋で生活しています。この服装はなかなか文雅で、趣味があるとお思いになりませんか。彼女たちはみな、実に勤勉で、朝から晩までよく勉強します。

一九三一年（民国二〇）

四月二〇日

「東京の張定釗より、南昌の両親へ」

……研究所の件（上海自然科学研究所への就職を指す）は、外交上まだいろいろと問題がありますので、外部へは秘密にお願いいたします。男（私）の研究は、一時の政治、外交にわずらわされず、中国百年の計として、基礎的、根本的学問でありますから、しばらくは一切の雑音をしりぞけて、研究に専心したいのです。

六月二五日

「東京の張定釗より、南昌の両親へ」

……帰国した友人たちの話によると、我が国の学術界、教育界の事情は、職を得るのに容易ではなく、現在の上海自然科学研究所員という地位は、なかなか得難いものでございます。三母舅も、国内の諸機関にくらべて、政治的影響をこうむることが最も少ない好位置だと言って賛成しておられます。現在の我が国は、学者を利用することは考えても、自由に研究をさせてくれるほど進歩しておりません。男（私）はしばらく国家の政治情勢を離れて研究に専心する考えですから、父上もこのことをよく御理解下さい。金五〇元同封しました。

「奈良女高師の同学の友人金珊美より、奈良に居る張佩芬へ」（①②③④）

（註、金珊美の本名は、「雷蓮芳」で雲南省出身、一九三〇年四月、奈良女高師の特設予科に入学、三一年三月卒業、同年四月本科理科に入学、三一年九月退学。雷蓮芳は、奈良女高師に在籍しながら、こっそりと東京女子医専に入学し、雲南省政府からの奨学金を、東京の方へ廻してもらえないかと担当者に交渉中）

① **四月一八日**　日本でなくったって、世界中のどの学校でも、そう楽々と学問の出来るところはありません。奈良だけが例外じゃないんです。現在の中国で、真に学問をしようとすれば、こうした苦痛を通してよりほかに方法がない。そういう現実の情況を、避けようとしてはいけません。私にくらべたら、あなたはまだまだ環境に恵まれています。お兄様の援助もあるし、未婚夫（婚約者）とも会えるし、お友達も大勢だし、贅沢言ってはいけません。

②五月一〇日　私は全く牢獄の囚人みたいです。医専へ通校しはじめた時、私には喜びと愁いが半々でした。しかし、とうとう愁いが本物になりました。どうしても胸の手術をしなければならなくなったのです（以下省略するが、結局彼女の病気は悪性ではなく、二週間の入院で済む）。

③九月二二日　最近三日間、東北（満州。一九三一年九月一八日、日本軍が柳条湖事件を起こす）で、我が国と日本との衝突事件が起こっています。あなたたちは奈良に居るので、それほど大変化は感じられないでしょうが、こちらの空気は恐ろしく緊張しています。最初の報道があった時、みんなちょうど呉さんの家に集まっていたのですが、一日中号外の鈴の音が町中に鳴りひびき、その音はやかましく、耳につき、何とも言えず不愉快なものでした。空気は劣悪です。愛国的感情が、この時ほど激しく湧き立ったことは、今までにありません。……万一正式に開戦が布告されたら、私たちはただちに帰国しなければならないでしょう。……よく注意して、如何なる変化にも応じえるように準備しておいてください。

④「在東京の留学生の帰国問題は、今のところまだ決定はしておりません。決定はしていないにしても、私の知る限りでは、誰でも即時帰国を主張しています。昨日（留学生）監督処へ行って来た曽君の話では、監督処としては、敢えて留まれとも言わないし、帰国したいものは自由に帰国してもよい、ということでした。先日東京市内の各学校は、留日学生連合会を開き、『我が国と留日学生が帰国する時は、すべて一致行動をとること。ただし現在のところ帰国すべきか否かは、もうしばらく情勢を見きわめて結論を出すこと』と決議しました。……しかし黙っている人の中には「もしそのようにして帰国してしまえば、もう再び日本へ来ることは出来なくなるだろう。そうしたら自分の学問はどうなるのか」という心配をしている人も沢山います」、「今朝の新聞紙上には世界各国連盟理事会（リットン調査団を指す）が、二回にわたって開かれた結果、中日両国に対して和解を勧告した。日本政府はすでに昨日声明を発して、不出兵の態度を明らかにした、と出ています」（これに続いて、金は、「しかし、これらは全て日本政府のでたらめだ」と

非難している）、「満蒙が中国を離れて独立してしまったらどうなるのか、ということです。中国にとっては、まさに青天の霹靂《へきれき》というべきでしょう。倭奴（日本人に対する蔑称）の手段、目的は、すでに朝鮮において、はっきりとその実例が示されているではありませんか」、「要するに、私も、他の多勢の人たちも今はただ帰国の時期の来るのを待つばかりです」。

一九三二年（民国二一）

「上海に滞在している張定釗より両親へ」（①②）

①一月一六日

先日来、上海は日軍の砲撃に遭っております。その情況はすでに省城へも伝えられていることと存じますが、全市、殊に中国地界（外国租界以外の地）の混乱は甚だしいものがあります。現在、市の北方港湾地区には、日夜砲声がとどろき、避難の民衆は数知れず、さまざまな謡言《でま》が流れております。ただし、法《フランス》租界《そかい》は平静を保っております。男（私）が見ますのに、今のところ中国も日本も互いに宣戦をしておりません。上海のごとき国際各国の勢力が入りまじったところでは、容易に全面的戦争にはならないだろうと思われます。日本に在る留学生たちも、みな無事のようです。緑子、謝光邃、張佩芳たちからも便りがありました。……彼らは今しばらく形成を見たうえで、今後の行動を決定したいと申しております。……現在上海には、南昌に関する誤った噂がいろいろ伝わってまいりますので、かえってそちらのことが心配です……（南昌に関する噂とは瑞金の共産勢力の脅威のことであろう。また、第一次上海事変がこの一月に始まっている）。

②（日付不明）

緑子は東京より引き上げて上海にまいりました。ただ今、二人で杭州へ来ています。……張佩芳等は、天津へ向かった由。たぶんもう叔父上の家に着いたことと思います。緑子は帰国の際、卒業証書と帰国の旅費をもらいました。

三月八日

「塘沽の張痓□（一字不詳）より、兄の張痓章へ」

以下は小林の要約。「……謝光蘧と張佩芳は無事に天津に到着した。張佩芳を南開大学に転学させようとしたが、英文の水準が高く無理である。塘沽は今は平静であるが、何時日本軍の攻撃を受けるか不安。天津は便衣隊の活動盛んにて、人心の不安が高まっている。長男は日本の中央大学商科を今春卒業して帰国、今は就職の道無し。最近蒋介石が保定に来て、張学良と会談した由。弟は国の前途を憂うるものであります」。

四月二日

「張佩芬より両親へ」

……児ら（私達）は当地にあって、しばらく戦況の推移を観るつもりでございます。時局は未だはっきりせず、最近では和平のうごきも出ているようです。児らの学業の問題は、いまのところ茫とした状態ですが、又は河北省立女子師範学院に転ずることもやむを得なくなるかも知れません。

五月三〇日

「張定釗より、南昌の両親へ」

……男は民国一三年（一九二四）京都帝大を卒業するや、更に数年の再留学によって研究を完成せんと願ったのでありますが、父母親のたっての御要求により、心を決して北京に赴き、職についたのであります（一九二四年、北京の中法大学孔徳学院教授に就任。この間、中国のロケットの父・銭三強らに学問と卓球を教えたという。一六年再び東京帝大理学部大学院に入学した）。当時、北京にあって、極力節省し余分のお金はことごとく家中に送金いたしました。その後、北京に居たのでは、学問の前途に全く希望がないこと、又経済上それ以上ののぞみがないことが分かりましたので、たまたま東京に於いて康子賠款の補助（日本が義和団事件に出兵して取った「義和団事件賠償金」の一部の拠出金）を得る好機会をとらえ、日本に渡ったのであります。それ以後は寿英（実名は「張佩然」？）張佩芳の教育費、あるいは生活費等、すべて男が負担してまいりました。……家庭を忘却しているのでないことも、おのずからお分かりいただけると思います。……父上の一生は、決してぜいたくな食事をとらず、華美な着物を着ず、金銭を無駄にせず、最小の望として、飢えず、寒からず、心の平安を保って日々を送る、ということにありました。それが現在のような苦しみに会うとは、まことに道理にかないません。……男は、久しからぬ将来に於いて、我が省内の情勢に、恐ろしい大変化が来るであろうと思っています。……父上が田舎に所有しておられる土地は、将来の運命に大きな禍いとなりはしないかと、男は怖れているのです。……「土豪」と認められて、さまざまな累（災難）を招くことになるでしょう（註、張定釗は南昌の父に瑞金を拠点にする共産軍が、父親を「土豪」階級として断罪することを心配して、田舎に持つ土地を手放すことを考えて見たら、と勧めている）。

一九三三年（民国二二）

一月八日

「天津にいる張定釗より、南昌の両親へ」

本年の元旦、日本軍は楡関（山海関）に攻撃して来たり、戦事発生して以来、天津・塘沽一帯の住民のあいだには、はげしい恐怖がひろがり、久大永利（叔父の製塩会社）の従業員たちの多くは、田舎に避難してしまいました。……黄海社も、社長以下辨事員にいたるまで、みな避難してしまって、私一人が数名の練習生と工人を指揮して、留守を守っております。彼らはひどくおびえていますが、今のところ兵火の心配はありません。憂国の至情は三舅父も婿らも変わりないとはいえ、住むべき家が戦乱の渦中におちいるかもしれないと思う時、誰しも心中の動揺を禁じ得ないでしょう（この時、張定釗は天津に行っただけで、南昌には帰郷しなかった）。

一月一五日

「天津にいる張定釗から、南昌の長兄の張鳳挙（本名、張定璜？）へ」

……年初以来、工人の多くは帰村し、弟は、ただいまわずか数名と共に、広い工場内に起居しております。長兄よ、現在のわが国の苦難は、すべてこれ革命の不徹底によるものだとお思いになりませんか。しからば、その不徹底の原因は何かというに、すべて民衆の頽唐、無知によるものです。一〇年前、弟は上海にあって、このことを痛感いたしました。この民衆の実情を知らずして、革命の効を急ぐとき、かならずや大きな錯誤を来すでしょう。日本軍はすでに東三省（黒竜江・吉林・奉天の三省）を併呑してなお飽き足らず、更に熱河、京津（北京、天津）の地を侵さんとしております。今直ちに武力を用いてこれに対抗せんか、敗れるのは必至であります。長兄も長く日本に学び、日本の国力を知っております。彼の力を侮るべきではありません。すでに有意なるわが国の青年の多数が、この戦事に一命を失っております。彼らの死を無駄にさせないために、指導者は如何なる成算を有するのでしょうか。民衆一人々々の自覚がない限り、国家の発展はあり得ないのです。日本の東三省侵略は、つまるところ日本資本主義の行きづまりの結果ではないでしょうか。彼らは国土小にして人口多く、最も弱いわが東三省が、彼らの力によって破られたのであります。倭奴を追え、というのは、言うはやすくして、実行ははなはだ困難であります。思ってここに至れば、弟の心血はまことに騒然たるものがあります。しかしながら、今ここに真に大切なことは、いたずらに一時の情熱におぼれることなく、むしろ百世の未来に対し、民衆の一人々々が自己を磨き、すぐれた力倆の持主となる途を進む、ということです。長兄のお考えは如何ですか。弟は事情の好転を待って、再び日本へ渡る決心でおります。張佩芬も共に参ります。弟は決して一身の安静を求めているのではありません。何より医学（医学は、鈴木の著書中の架空の専攻。実際は東京帝大大学院における理学部の鉱物の分光分析学である）の勉強を完成することが第一の目的です。

七月一日

「張佩芬より、南昌の両親へ」

私たちはあと一星期《いっしゅうかん》で暑暇（夏休み）になります。――七月八日からです。しかし私は、謝光蘧の都合で、それより早く、五日の日に船に乗って、塘沽へ行きます。本当は南昌まで帰りたいのですけど、南昌は旅途があまりにも遠すぎます。光遹は夏休み中、黄海社の医務室に勤務してお金を得なければなりません。今度の休暇には、二人の同学が南昌に帰ります。一人は李恕さん（住跡は千家後巷、うちのすぐ近くです）、もう一人は、龔建設局長（名は学遂。東京帝大出身の工学士で、前には南潯鉄道局長をしていた）の妹の均遂さんです。

九月二一日

「張定釗より、南昌の両親へ」

時局もすっかり落着き、最近では中日和平のきざしも見えて参りました。男は日本人の間で生活し、且つ研究に従事しております。佩芬妹はすでに奈良に帰り、勉強にはげんでいる由、最近、日金（日本円）百十円を送ってまいりましたので、中国銭に換えて家中にお送りいたします。

九月一日

「母趙華より、南昌の趙中瑛へ」

英児よ。貴女のお手紙、落手しました。また謝氏の家にごやっかいになるようになったとの由。感謝の心を忘れてはいけません。それと共に、父上の徳を思い起こして下さい。私たち母子は、天下に親しく身を寄すべき家もないのです。そのあなたに謝光遠さんがこころよく一房《ひとへや》を提供して下さるのは、故伯仙老人の御意思を体してのこととは言え、その恩義に深く感謝しなくてはなりません。

一九三四年（民国二三）

二月二〇日

「謝光蘧より兄謝光遠へ」

（二月一六日付の）書簡落手。長兄が省の建設庁に職を得られたことは、ひとえに龔庁長の御厚志によるものと思われます。庁長は前年欧美（ヨーロッパ、アメリカ）視察旅行の際京都でお目にかかりました。令妹が佩芬と同じく奈良女高師に在学中なので奈良へ訪ねて見えられたのです。その折のお話では、省内に於ける留日出身者の地位が、最近次第に困難を加えつつあるとのこと、我が国近時の政況が、このような方面にまで影響をもたらすとは、慨嘆にたえません。たしかに最近数年間は、欧美出身者（ヨーロッパとアメリカに留学した者）が政府部内に重く用いられる傾向があるようです。……日本人は、個人的には善良でありますが、国家としては私たち留学生のことを何一つ考えていてくれません。留学生が帰国して、自国においてどのような役割を果たすものであるかを、彼らは全く知らないのです。これに反し、欧美各国は一人々々の留学生が帰国後有利な地位を得るための支援を惜しみません。弟は現在卒業試験のため、多忙を極めております。卒業後も、なお数年は臨床研究のために日本に留まるつもりです。三月末に一度帰国して亡き父大人の霊前に学業成就の報告をしたいと思います（彼らの帰国時の一族と彼らの情況が『趙君瑛の日記』に詳しく書かれている。

九月九日

「張定釗より両親へ」

さて、佩芳妹は、羅君仁と話しあいの結果、彼女の学資一切を、君仁の家で提供してくれることになりました由、大慶に存じます。……佩芳のように日本へ留学させるのが、この際は一番よろしいと存じます。学資の点についても、上海は物価が高く、奈良女高師の方が低額で済むかも知れません。……君仁の長兄は、やはり日本へ留学したことがあり、男もよく存じております。彼等一家は信頼出来る人たちです。

「張佩芳より、南昌にいる親友の趙中瑛へ」(①②)

①一〇月二〇日

私は一〇月二一日に上海を出発して、日本に向かいます。羅君仁の叔父さん張氏――この人は北京大学の生物学の先生です――と、そのお嬢さんの、張京先さんが一緒です。

②一〇月二二日

昨日の朝一〇時に上海を出て、今日はもう蒼い蒼い海の上です。……張京先さんは、私が寂しいだろうと言って、私の部屋に引越してきました。彼女は大きなギターのケースまで運んできました。そして私が今まで聞いたこともないような、甘ったるい外国の曲を弾いて聞かせてくれました。……夕方長崎に寄港して、明日は神戸に着くそうです……。

一一月二日

「謝光邈より、南昌の両親へ」

義妹の張佩芳は、一〇月二三日無事神戸に着船。張佩芳は身動きできませんので、婿が迎えに参りました。船中、北京大学の張教授父子と同行だった由にて、思いのほか元気で到着いたしました。張氏は京都帝大出身で、このたび娘さんを奈良女高師に入学させるため、日本にまでお連れになったそうです。妹佩芳にとってはこの上ない友人を得たというべきでしょう。

一一月二日

「張佩芳より、両親へ」

私の日本語の先生はこの街（京都）にある女子専門学校を卒業したばかりの、きれいな、やさしいひとです。張京先さんと二人で、星期日（日曜）をのぞいた毎日午後、先生のお宅へ習いに行きます（この先生は宇都宮敬子、京都女子専門学校卒、一九三九年暮れから四〇年初め、鈴木英夫氏が彼女を訪ね、張佩芳の病死の模様を聞いたという。しかし彼女の「病死」という話は、真偽不明である）。

一九三五年（民国二四）

七月一三日

「謝光蘧より、南昌の長兄謝光遠へ」

弟の留学もすでに一〇年になりました。何時までも日本に留まることは本来の念願ではありません。何時かは自分が学んだ医学（実際は大阪帝大の工学部）を、我が中国のため、民族のために役立たせなければならないのです。その為には、まず我が国の現在の情勢を、詳しく、且つ根本的に見きわめて、自分をどの方向に向かわしむべきかについて考えなくてはなりません。弟は華北を見ようと思っております。現在京津（北京、天津）の地は、一見平静を保っているように思われますが、実際は果たしてどうでしょうか。国家、民族のために尽くすと言っても、弟の力倆は定まり、弟の環境はおのずからはたらくべき場面を決定いたします。この事実を無視して、いたずらに理想を追うよりも、おのれの力倆を最も有効に発揮できる職場を求めなければなりません。ゆえに京津地区は第一の候補地であり、ついで上海周辺が有望と思われます。弟は今次の帰国にあたり、親しく両地の医界（「財界」を鈴木が「医界」に変えたのであろう？）の現況を視察してみたいと思っております。……この時にあたり、留日出身者が政府からどのように待遇されるかということも、弟にとっては一つの重大な問題です。長兄よ。兄は、私の留学十年の苦心がどのようなものであったかを、よく推察してくださるでしょう。従ってまた、私の現在の念願をも、よく御理解いただけるものと思います。塘沽に着きましたならば、三舅母の家にしばらく滞在し、その後北京に至り、数日を視察に費やし、それより上海に向かう予定です（景山丸船上にて）。

七月一五日

天気はこのようにうららかですが、情況はかならずしも平穏とは言えません。今朝、門司（日本の大陸への海の出口の町）の水上警察の刑事だという男が、乗客を調べに来ました。別にどうということはありませんが、実に不愉快です。昨日甲板でこの刑事を相手に碁を打っていた商人風の男は、かって青島に居たことがあり、今度はまた北京に行って、何かうまい商売を始めるつもりだと言っています。日本の軍部が、また新たな策動を起こしている噂があります。あれを思い、これを思うとき、私たちの前途には、容易ならぬ苦難が待ち受けているようです。船中無聊のまゝ、長々と書きつらねました。

八月一八日

「京都の張佩芬より、南昌に帰郷した妹の張佩芳へ」

以下は小林の要約。「南昌からの手紙、写真を受け取った。宇津木先生が毎日来てくれるので寂しくない。動物園に二人で行った。趙中瑛さんは、今、衛生処でまだ働いていますか？」（この書簡によれば、趙中瑛は、奈良女高師への留学も国内の大学への進学もかなわなかったように推測される）。

一九三六年（民国二五）

七月八日

「張佩芬より、南昌の両親へ」

妹佩芳は、今年特設予科を終って本科に入り、日本の子女と共に課業を受けております。以前は毎星期日（日曜）ごとに京都に参りましたが、このところしばらくは顔を見せません。恐らく勉強が多忙のためでしょう。佩芳は今年の暑夏には帰省できないと申しております。……旅費の一部にと思っていたお金、日金（日本円）で五〇円を同封します。……上海の羅君仁さんから、京児（我が子）に宛てて。ロシア飴やいろいろのお菓子などを送っていただきました。

一〇月七日

「上海の張佩然より、両親へ」

以下は小林の要約。九月二三日に上海の日本軍人三人が海寧路で中国軍から撃たれ、一人死亡した事件の余波について記す（笠原十九司『海軍の日中戦争』（平凡社）によれば、これは日本海軍が仕組んだ一大陰謀であった）。

一二月二〇日

この日の手紙は長いので主旨のみ下に記す。西安で捕らえられた蒋委員長が洛陽に帰る、上海でも蒋歓迎の準備をする等々、西安事変のニュースを伝える。

一九三七年（民国二六）

六月二〇日

「京都にいる張佩芬から、南昌の両親へ」

心が乱れ、筆は振るえて、上手く字が書けません。佩芳の病気は重いと、謝光蘧は言うのです。……佩芳はきっと治ります。治らないなんていうことは、とうてい考えられません。私はきっと治して見せます。どうか父上も佩芳のために祈って下さい。筆が乱れてこれ以上書けません。

八月五日

「杭州の張佩然より、南昌の趙中瑛へ」

老端（張家・謝家の人々が「瑩」と呼んでいる人物）は戦争に行きます。彼は三日間の休暇をもらい、最初の二日は上海の哥々（兄）のところで、後の一日は私の家で過ごしました。……二、三日のうちに彼は前線に出動するのだそうです。彼は言いました。華軍は三日にして、上海の日本軍を全滅させるだろうと。そして敵の増援部隊は、ことごとく海中に追い落としてしまうだろうと。……彼は。中国はきっと勝つと言いました。倭奴をやっつけてやるのだと言いました。彼は三年間もこの日が来るのを待っていたのです。でもほんとうに三日間で倭奴をやっつけることが出来るのでしょうか。私は心配です。……一日でも早く我が軍が勝って、老端が無時に帰って来てくれるように祈っています（後に老端は八月に戦死したことが判明した）。

一九三八年（民国二七年、昭和一三）

「張佩芬より、趙中瑛へ」

鈴木註、日軍の漢口攻略戦がたけなわな頃、帰国していた張佩芬は老いた両親、兄嫁、京児などと共に南昌をのがれ、吉安から桂林へと避難していった。以下の第一信から第七信までの手紙は、その避難行の一家流浪の途中に、南昌に残った趙中瑛宛に出されている。

第一信　民国二七年一〇月一〇日付の書簡（以下の一～七の通信は全訳である）

瑛妹如握：

六日の朝あの碼頭でお別れしてから、もう五日の日が経っています（これから計算すると、張家一族が南昌から逃避行に出たのは、一九三八年一〇月六日ということになる）。最初の晩は沙具巷に泊まり、二日目は市叉街、三日目は豊城、四日目は樟樹鎮に泊まりました。今夜は果たして何所に宿ることになるのか、預料出来ません。毎日西風が吹いて船が思う様に進まないのです。一日々々と南昌は遠ざかって行きます。その事を思うと今にも私は立ち上がって、東流する河水に身を投じたくなるのです。夏書を為さんと欲して意万重。あゝわが心情の悲哀を知ってくれるものは、唯流れ去る贛江の濁流ばかりなのでしょうか。京児も御両親も割合と元気です。京児はまだ時々パパのことをたずねます。豊城へ泊まった夜は丁度中秋節でしたので、宿へついたのち船頭にたのんで町から月餅を買ってもらいました。棗泥や冬瓜ばかりで、去年の様な火腿月餅も、京児が好きな荳沙月餅もありませんでしたが、それでも旅の憂いをいくぶんは慰めてくれました。例の女学生たちは元気で、夜になると二人は岸へ上っては、月光のもとに美しい声で歌ったり、手を繋いで走ったりしています。子供達ともすっかりお友達になりました。南昌で服務団の工作をしていたのが、やっぱり永新の両親のもとへ帰ることにしたのだそうです。永新では新生活改進社で工作をするのだと言っています。豊城を過ぎる時、八日の下午にまた南昌は敵の鉄鳥（飛行機）の轟炸に遭ったという噂を聞きましたが、損害はどうでしたか。此所では新しい新聞は見られません。九日の晩始めて七日付の民国日報を読みました。箬渓が失陥した由、拓林もやがて危いでしょう。船の動揺がひどくてもう書けません。水東流、真孤零、ではさようなら、祝儞楽無窮。

寂寞なる蓮（張佩芬）　民国二七年一〇月一〇日　此の手紙、三湖鎮の自動車站の許站長に托します。

第二信　民国二七年一〇月一四日付の書簡

瑛妹　今日は朝から寥々たる朔風が濁水の面を吹きわたり、身も心も何所かへ奪い去られてゆくような、耐え難い寂しさです。三湖鎮からお送りした手紙は、無事着いたでしょうね。南昌を離れることすでに三〇〇（支）里、江岸には次第に山稜が迫って来て、もはや南昌附近のような広闊な眺めは得られなくなりました。このあたりは、至るところに樟の大樹が繁っており、樟樹鎮の名もそのために起こったものと思われます。昨夜は三和鎮泊まりでした。寂寞の日々は容赦なく過ぎ、既に一〇月も一四日になりました。あと、二、三日で吉安に着くことと思います。守賢（本名は夫謝光蘧）はどうしているでしょうか。前線へ出されるようなことはないでしょうね。（中略）この宿は建物が古く、壁もよごれ、旅舎とは名ばかりの粗末な家です。昨日から電気燈の光を見なくなりました。暗い油燈《らんぷ》の下で、今この手紙を書いています。外は幽黯な月光が流れ、隣室からは低語が聞こえます。この凄涼な光景を書き記すには、私の筆はあまりに悲し過ぎます。下次再談。

祝孋快楽　蓮（張佩芬）忙草

第三信　民国二七年一〇月一八日付の書簡

瑛妹　何と言ってこの状況をお知らせしてよいのか、哭いていいのか、狂笑していいのか分かりません。一七日の下午《ごご》五点鐘《じ》、船はようやく吉安へ着きました。早速中正医学院を訪ねて行きましたが、何と言う不幸でしょう。此所は五日前に閉鎖されて、呉先生も職員も、永新や遂川や、もっと遠くへ遷移してしまったあとなのです。私たちは、何所へ、誰を頼ってゆけばいいのか分からなくなりました。例の女学生二人は「一緒に永新へいらっしゃい」と言ってくれますが、誰一人知った人もない街へ行ったところで、この老人や子供連れの私たちに、どうして落着く場所があるでしょう。こんな時に夫が一緒だったら、とほんとうに思います。いっそうのこと、もう一度南昌へ戻ろうかしらと、幾度思ったか分かりません。父も母もそう思っているに違いないのですが、口に出しては何も言いません。思ったところで、もう南昌に帰る途は閉ざされてしまいました。父母も兄嫁も、子供たちも、皆寝てしまいました。聞こえるのは滔々たる江水の音と、時おりまじる狗の声ばかり。満天の星斗は深沈として嘆くがごとく我が心情には狂人に似た煩悶が覚えず充ちて来るのです。君妹……このような不幸を、何時まで私たちは味あわねばならないのでしょうか。戦事が止み、私たちが再会出来るのは何時のことでしょうか。前途渺茫として思うに堪えません。

蓮(張佩芬)上

第四信　民国二七年一〇月二五日付の書簡

瑛妹　この幾日か、降雨が連綿と降りつづき、旅愁をはらうすべもありません。京児たちも朝からぼんやりと、窓の外を眺めています。昨日パパが牙牌の占で見てもらいましたら、私たちの前途は「停々穏々、落々莫々、新竹解籜」と出たそうです。このことばを何と解釈してよいか分かりませんけど、文字を見ただけで、心は落莫としてしまいます。吉安の街は南昌の一〇分の一もありません。城内は市況もさびれ、商賈《みせ》も少なく、かえって城外の方が繁盛しています。昨日江岸へ出て見ますと、大きな木舟を作りかけているところが三ヵ所ありましたが、工匠の影もまばらでした。南昌の潮王州を思い出しました。そちらはこのころ警報がありますか。こちらは昨日の下午、六架の敵機が来て、約四〇分も街の上空を旋回していました。さいわい一発も放弾せずに北方へ飛び去りましたが、もし放弾されたら、今頃は瑩(通称「瑩」。「老端」とも呼ばれている。一九三七年八月、上海郊外上空で日本軍戦闘機に撃墜され戦死したらしいが、詳しいことは分からない。この時の空中戦については、日本国会図書館にある『上海激戦十日間』が詳しい記録である)のように弾下の鬼となっていたかもしれません。傷心の私にはかえってその方がよかったと思われたりします。夫へも手紙を出しましたが、何とも言ってまいりません。あるいはこちらの手紙が着かないのでしょうか。それともこちらの手紙が途中でつかえてしまうのでしょうか。呉先生がいらっしゃらないとすれば、此の地に永く留まることは出来ないでしょうし、と言って何所に行く当てもありません。今後どうしたらよいか相談してやったのですが、夫からは何の知らせもないのです。私の前途は、大波にただよう一介の扁舟のごとくです。この間の女学生たちは、一昨日永新へ出発しました。お別れに一緒に写真をとろうと言うので、城内の照相館へ行きましたが、軟片《フィルム》が手に入らないと言うので、駄目でした。残念ですが照片はお送りできません。下次再談。

祝爾快楽！　蓮（張佩芬）上

第五信　民国二七年一一月二〇日付の書簡

瑛妹　知らない間に、荒涼の冬が到来しようとしています。蕭々たる秋風が旅舎の窓外を吹きわたり、天地は褐色に枯れはててしまいました。近く吉安を去り、桂林へ向かうことになりました。当分はお便りを下さらないように。行先がはっきり分かりましたら、又お便りします。（中略）このまま南下して山中を越えるよりも、一度臨江までもどって、湖南から広西へ入ることになるでしょう。

祝爾秋寧　玉蓮（張佩芬）

第六信　民国二七年一二月二七日付の書簡

愛する瑛妹　桂林に来てから、もう半月余りになりました。南昌の模様は何一つ分かりません。こちらで、四番目の叔父さんが天津から来ているのに会いました。それから、葆修さんと淑貞さんが居ます。貞に、羅君仁さんのことをたずねましたが、失陥直前に漢口に居たということだけしか分かりません。上海では、東南日報の従軍記者になると言っていましたが、それからどうして漢口へ入ったのか、さっぱりわかりません。漢口失陥後のことも分かりません。漢陽の街は無事。今は日軍に占領されてしまいました。訓女女学校は法租界に移ったとのことです。たぶんあなたのお母さんも学校と一緒にご無事と思います。

（桂林には日本の飛行機が三回飛来し、一度爆撃を受けた。皆、郊外の洞窟に逃げ込んだ）

南昌はいかがですか。武漢広州失陥以来、国勢は困難を極めております。早く南昌を去って桂林に来て下さい。こちらには、知った人も三、四人居りますし、寂寞の時はお互いに慰め合うことも出来ます。とは言っても城内は避難の人たちが多く、物価は日ましに高くなり、生活は大変です。お手紙は左記に下さい。

「桂林楽群路社一〇八号、復興公司転交」、友玉蓮(張佩芬)

第七信　民国二八年一月一五日、蓮(張佩芬)より

愛する瑛妹　お返事いただけないのはどうしたことでしょうか。この前さしあげたお手紙は、届かなかったのでしょうか。それとも南昌には大きな変化があったのでしょうか。近来郷里の消息は何一つ聞かれず、新聞にも報道されません。両親もひどく心配しております。南昌を離れて、すでに三ヶ月以上も経ってしまいました。寂寞と苦痛の日々に、今私は堪えられなくなりました。どのような艱苦に遭おうとも、私は南昌に留まればよかった。苦しみが日夜私の身体を蝕んで行くようで、精神は異様に疲れ、毎夜凄惨な夢を見ます。逃難の人々によって市中は混雑し、旧知の人々ともしばしば行き会いますが、それでも此所は私にとっては曠野と同様です。もし京児が居なかったら、私は夫を捨ててこんなところまで来なかったでしょう。路上に出会う人たちの無心な笑顔を見ていると、これらの人はどうして心中の憂悶に打ち勝っているのだろうと、不思議にも、また羨ましくも思われて来ます。

このごろよく佩芳妹のことを思い出します。それも、大きくなって奈良へ来た頃の佩芳ではなしに、謝光賢と三人で遊んだ謝家の裏庭の柘榴の木や、お寺の梧桐の木のかささぎの巣やと一緒です。あのころは楽しかった。あのような平和の日々が、かっては私にもあったのだ。そう思うと、今ここにこうしている自分が、不思議に思われてなりません。

瑛妹　生きるというのは何なんでしょう。悲しみも、苦しみも、時が過ぎれば、何時かはそれは懐かしい思い出に変わって行くのが普通です。しかし今の今、私の心がさらされているような苦しみは、何時になったら過去の思い出として懐かしむ日が来るのでしょう。中国は今、国を挙げて戦争をしています。そして多くの人たち

が、国のために死んでゆきます。私のこのような心情を、人はぜいたくと言うでしょう。いや、あなただってそう言うにきまっています。でも今の私には、それをどうすることも出来ないのです。苦しみが消え失せる時、それは私の命が無くなる時です。瑛妹！　あなただけは分かって下さい。私のこのような心のすがたを。冬の到来と共に、今まで居た家は寒くていけないので、正陽街の方へ移りました。一日も早く再会の日が来ますように。お手紙は下記へ。「桂林正陽街西巷一号、玉蓮（張佩芬）収」

祝儞福安！

上に摘録した張家・謝家の人々の書簡、そして趙中瑛（「趙君瑛」の本名）の日記の「鈴木の日本語訳」が本当に正確なものかどうかは、いまや確かめることはできない。鈴木が無断で南昌の張家から日本に持ちかえった書簡と日記は、すでに原本を「処分」したという、鈴木家の御遺族の一人からの私の質問へのごく短い「返答」がある。しかし、もしかすると鈴木家の蔵の中にでも残っているのではないか、とも思う。鈴木の訳文だけでも、日本軍侵略下の中国の民衆の苦しみがいかほど耐え難いものであったか、よくわかると思う。

第六章　鈴木英夫は、なぜ戦時中に四冊もの著書を出版することができたのか

この問題は、以前から大いに気になっていた。こんな若い二〇歳代の無名な医学徒、駆け出しの一軍医中尉、しかも、彼は連続して三回も戦場に駆り出されたのに、彼の著書が、紙と出版の統制時代、どうして連続して四冊も出版できたのだろうか？　実に不思議である。自分の出征の状況や中国大陸における戦争経験などなら理解できる。しかし、『趙君瑛の日記』、『陳一族の手紙』などの著書が、どうして出版できたのか。私が、最初の著書『衂られし花』を読んだときからの、大きな謎であった。また、鈴木自身が、戦後には、戦争中に出たこれらの本について詳しく語らず、アメリカ軍の東京の爆撃で「昔書いた本は、ほとんど恢燼にきした」というような、曖昧なことを言っているだけで、戦時中の出版に関する詳しいいきさつを書いていない

ところが、昨年(二〇一五年)、たしか旭川の古本屋から、これで三冊目になる同一の古書『衂《ちぬ》られし花』を購入したところ、表紙の真上に、何と「文部省・陸軍省報道部推薦図書」という文字が仰々しく書かれていたのである。急いで、奥付を見ると、この書は、第一刷は昭和一六年三月三一日、旭川の古書店から取り寄せた三冊目は第二〇刷目であり、昭和一六年九月一〇日で発行されていた。では、本書はいつ、「推薦図書」になったのか。第一刷目から二〇刷目までを全部調べなければ分からない。何刷目から、この国家のお墨付きが付いたのかは、今は調べることができない。しかし、何刷目かに「推薦図書」に指定されたことは、明々白々となった。

これで、以後『遠東の人』三部作が、戦時中に次々に出版できた理由をほぼ推測することができる。つまり、戦争を宣伝する権力機関は、国民にバカ受けに受けて売れている『衂られし花』を「戦意発揚」に利用しようとして推薦図書に指名したこと。それもあってこの本が更にまた爆発的に売れたこと。その結果、鈴木は大変著名な人物になり、彼の懐に多額の印税が入ったこと。以上の推測が可能である。鈴木はこうした状況の急展開に

よって、次作以降の出版社も簡単に見つけられたに相違ない。かくして、自分の体験記の延長である『ある中尉の手記』、ドキュメンタリー小説である『趙君瑛の日記』、『陳一族の手紙』を出版することに成功したのだ、と私は推測する。

こう言い切ってしまえば、必ずしも鈴木の気持ちと完全には一致しないであろう。純真な鈴木青年には、陸軍省宣伝部等の国家権力を利用しようとか、利用できるという考えは全くなかったに相違ないからである。彼は、自分の戦場の体験と中国知識青年への同情、共感を素直に日本人に伝えたかっただけであろう。鈴木青年には国家の中国侵略に協力し、戦争を讃美し、戦争に加担しようといった意図は、全くなかった。彼の著書を読めばすぐに分かることである。そしてまた、彼の著書四冊が、実際に国民の戦意高揚に役だったとは思われない。なぜなら、『叺られし花』以外の書物三冊は、宣伝部の「推薦図書」に指定されていない。

昭和一六年ころ、東京の女学校にいた御園一子さんのように、『趙君瑛の日記』を「わが最高の思い出の書」として、戦後も大切に思い続けた人の存在が、それを証明している。第一章に紹介した御園一子さんの朝日新聞（大阪版）の「トップニュース」欄（昭和三八年一二月一三日付け）を読めば分かる。この一子さんの新聞への投書文が示しているように、鈴木英夫の『趙君瑛の日記』は、そのヒューマニズムによって、多くの日本の女学生たちに中国人への共感と同情の念を呼び起こした。

鈴木英夫の第一作である『叺られし花』のどこが、文部省・陸軍省の両宣伝部の「御眼鏡」にかない、推薦図書に指定されたのだろうか。以下は、私の推理、推測である。

鈴木英夫の名前が新聞を通じて全国的に有名になった切っ掛けは、召集を受けて初めて上海郊外の大場鎮での戦闘に参加した際の、きわめて偶然に満ちた事件に始まる。つまり、大場鎮に投入された第一〇一師団の同じ部隊には、「軍医中尉鈴木英夫」なる同姓同名の人物が二人おり、一人が戦死し、一人がその死体の検死に当たったのである。先に詳しく見て来たように、この二人の「鈴木英夫」は、同姓・同名・同年齢で、且つ有名な国立大学医学部の出身、同期、同師団の軍医中尉であり、しかも二人とも千葉県に住んでいたという、実に瓜二つであった。当初、どちらの鈴木英夫が死んだのか分からなかったので、両家とも自分の息子が戦死したと信じた。両家には弔問客、弔問電報、新聞記者が殺到した。しかし、状況が次第に明らかになると「偶然の一致」に大騒ぎになった。この偶然の一致が社会、新聞界、世論を大いににぎわしたのである。

戦死した鈴木英夫氏は、千葉県出身者で、東京帝国大学医学部出身であった。検死に当たった鈴木英夫は、神奈川県生まれで千葉医科大学の卒業生であった。しかも二人は、一度会ったことがあったという。

この時代、この二人の有名大学の医学部出身者は、エリート中のエリートであり、最高の知識人と国家・社会から尊敬を受ける対象であった。この大場鎮での激戦で発生した「驚くべき偶然」と「新聞記事の大騒ぎ」こそ、無名な青年を一躍有名な人物にしたのであり、以後、鈴木の四冊の著作が出版できる下地になったものであろうと、想像するのである。

もう一つは、最初に出版できた著書『屻られし花』の内容に時局にかなった部分があったことである。つまり、それは、鈴木英夫の父の「葉隠れの思想」であり、戦死した鈴木英夫の「古武士の様な死様」であった。

昭和一二年一〇月二九日付・「読売新聞」は、軍医鈴木中尉の戦死記事を次のように報道した。

「奇縁！　二人中尉」、「戦死者の血を洗えば同姓同名の尋ねる士——軍医を繞《めぐ》る悲しい挿話」、「よくよく盡きせぬご縁——生ける中尉の厳父曰く、先様の御冥福を祈る気持ちで一杯である——生きている鈴木家の話」等々。

各種新聞は、こうした大見出し、小見出しを付けて、センセーショナルに二人の中尉の戦場での悲劇と奇遇の物語を報じたのだった。当時の新聞の写真が、鈴木の著書『戦陣秘帖』の最後に、写真版で収録されている。おそらくこの戦死者に関する記事は、多くの新聞が大々的に報道したに違いない。これから二年後に、鈴木英夫が病気で帰国した時にも、やはり新聞社や出版社や読者たちは鈴木の名前を覚えていたであろう。帰国した時、もう彼は全く無名の存在ではなかったのである。

もう一つ、彼の著書が四冊連続して出版できた理由がある。『屻られし花』には、「戦死した帝大医学部での鈴木英夫の両親と生き残った千葉医科大学での鈴木英夫の両親との交換書簡が詳しく掲載されていた」。ところが、息子が生きていたことに喜んだ鈴木英夫の父は、この翌年に脳梗塞で突然死亡した。英夫が「チチシス」の電報を受け取ったのは翌年の夏、長江中流の南京でのことだった。

この父は、死の直前に東京帝大医学部出身の鈴木英夫中尉の両親に鄭重な弔辞を書いていた。それから半年後、この父は、生きていた息子に再び会うこともできず脳梗塞で急死したのだった。こうした事情が『屻られし花』には克明に記載されているのである。しかも、先に見てきたように、この父は、出征して行く息子に「死んで来い」と何度も言ったのだった。これに文部省・陸軍省の宣伝部が飛びつくのは当然である。彼ら国策官僚たちは、売れ行き絶好調の、この『屻られし花』を途中からではあるが「推薦図書」に指定して、これから戦地に赴く「日本男児」を教育するのに絶好の本として「指定書」にしたのであろう。

戦死した帝大出身の鈴木の最後は、生きている鈴木が検屍した。鈴木によれば次のような状態だったという。

その死体は数日間回収できなかったので、もう臭気を発していた。私は一人の将校の戦死体に行き当った。死んでいる兵の服装の大部分がひどくまちまちである中に、此の将校の武者振りは、実に見事であった。軍刀図嚢、軍医携帯嚢、拳銃、水筒、一点の隙もなくしっかりと身につけられた装具に、その人の覚悟の程が偲《しの》ばれた。弾丸はしっかりと紐で顎《あご》に結ばれた鉄兜の星章のあたりを剞るように貫通していた。小銃弾ではなくて砲弾か迫撃砲弾の破片に依るものらしかった。胸から腹にかけて、シャツの上からしっかりと国旗が捲きつけられ、その下から千人針が出て来た。国旗も千人針も、その中に包み込まれた沢山のお守りも血に染んで居た（『屻られし花』頁四六〜四七）。

鈴木がこの本を書いていた時には、明確な出版の意図も、出版社も決まってはいなかっただろう。そうしたことを事前に決めて彼は一連の書を書いたとは思われない、またそんな準備時間もなかったはずである。この原稿と後に続く『遠東の人』三部作は、昭和一四年暮れに大阪の病院に入院して、翌年の春に退院するまでに草稿ができあがり、昭和一五年から一六年初めにかけての約一、二年でほぼ完成したものと考えられる。だから、鈴木が、文部省・陸軍局の「推薦書」を狙って書いたものではない。昭和一六年一二月には、日本軍の真珠湾攻撃が行われて、太平洋戦争に拡大した時であり、病み上がりで千葉医大に居所を求めて帰った時であり、彼にそのような計算、準備をする余裕など全くなかったと思われる。彼が夢中で書いた処女作『屻られし花』が、時局がら爆発的に売れたのだ。既に引用紹介した父の言葉であるが、実に「不思議」な表現なので再度記しておく。

鈴木英夫は出征前日に、父から次のように言われた。この時、英夫は戦地に持って行く荷物の準備をしていた。

その時父は突然改《あらたま》って、私の方へ向きなおり、「一寸お前に云うことがある」と、洋服の儘きちんと畳にかしこまって、私が同じ様にするのを待つ姿勢になった。それから父は、「今日はお前に、『葉隠論語』を持って来てやろうかと思ったんだが、いろいろ考えた揚句止めることにした。そこで、いいか、何故止めにしたのか、その訳を今話すからよく覚えておくんだぞ」と、厳粛な口調で言いはじめた。「その意味はこうなんだ。いいか。そら戦争だ。弾丸が飛んで来た。という時になって、慌てて『はがくれ』を引っ張り出して読んだって間に合うもんじゃあない。『はがくれ』の精神が実行出来るもんじゃあない。『はがくれ』は念々日々の道なんだ。言葉じゃない。精神だ。『はがくれ』を戦場へ持って行くようじゃ、『はがくれ』の精神が分かったとは言われない。そこでお前には、いままで『はがくれ』を余り読ませてないから、今お父さんがたった一言でその精神を言ってやる。これだけはよく覚えておくんだぞ。いいか。それは『死ね』ということなんだ。戦場に行ったら死ねばいいんだ。〝武士道とは死ぬことと見つけたり〟だ。〝死に狂い〟という言葉もある。余計な事を考えるんじゃないぞ。死ね。死に狂いだ。いいか。分かったか。

アジア・太平洋戦争の最中には、「大日本帝国軍人の精神」の「純粋型態」を示すものとして大いに推奨され、「葉隠れ武士」を理想型とする軍人が多く養成された。武士道を生きるということは、究極的には武士のように立派に死ぬことなのだと解釈され、飛行機に乗って自爆攻撃を敢行する「特高精神」（神風特別攻撃隊などの玉砕を美化する）の神髄を示すものと推奨された。鈴木の父は、この一人しかない息子を心から愛し、早くに母を亡くしたこの子を心から不憫に思っていた。また、この優秀な成績で難関の旧制高校を経て、千葉医科大学に合格したわが子をどのくらい愛していたか知れない。また、この息子も父をこよなく愛していた。父子ともこのことをよく知っていた。だから、父が「死ね」といい、子はその言葉に凛となったのである。戦時中は「櫻花のように見事に散って行く」ことが、美しい大和魂の精華とされた。

恐らく、戦意高揚を狙う文部省・陸軍省宣伝部は、「戦死した東京帝大出の鈴木軍医は、完璧な軍装をして弾丸飛び交う戦場で武人として勇敢に戦い斃れ、それを検屍した鈴木軍医は葉隠れ武人の精神をもって弔意を示した」と言って国民に宣伝し、皇軍兵士の「模範」に仕立てようと考えたのであろう。

『馭られし花』と『遠東の人』三部作を書いていた鈴木には、そんな軍部の思惑は、全く関係はなかった。内容を読んでも、戦意高揚の宣伝書籍では全くない。しかし、戦争報道部の思惑は全く違っていたのである。

鈴木の本は、爆発的に売れたが、鈴木は「戦意高揚のための宣伝小説」を全く書かず、昭和一八年から二〇年にかけて孫呉と新島にと、二度も軍医として召集された。

鈴木が一心不乱に「趙君瑛」と「中国人日本留学生たち」の「運命」について、深い同情と共感を示して著述したのは、昭和一四年から一六年の間であった。もっと正確に言えば、昭和一五年前後の一年余であったように思う。『趙君瑛の日記』などは、復員直後、昭和一五年春に千葉医大に戻った直後の数日間で、まるで熱に浮かされたようにして自然に出来上がったと、後に書いている。

四冊の著書の内、最初の『嘲られし花』の第一刷は、昭和一六年三月二七日の発行。二番目に出た『趙君瑛の日記』の第一刷は、昭和一六年一二月二〇日の発行。三冊目の『陳一族の手紙』の第一冊は、昭和一七年四月三〇日の発行。四冊目の『ある中尉の手記』の第一冊は、昭和一八年一一月二〇日の発行である。以上の四冊は、内容の連続性からみて、ほとんど一年か半年程度の間隔で書かれたものと思われる。当時二〇代の青年は、いつ戦争に徴兵され、いつ死ぬか分からなかった。というよりも、絶対に自分は戦場で死ぬ運命を免れることはできないと考えて生きていた。鈴木は、この四冊の書物を何年もかけて書き、いろいろ推敲して文章を練り、その後ゆっくりと世間に発表する、そんな悠長な時間は、自分には絶対にない、と考えていたはずである。

また軍医であり、歌人でもあった鈴木には、戦意高揚の様な文章や作品を書く気持ちは全くなかったであろう。また、軍部報道官も、鈴木の作品に「戦意高揚」を求めることはできない、つまり利用できないと判断して、彼にこれ以上の「期待」を持たなかったであろう、と想像する。

従軍作家として有名になった人物は、石川達三、林芙美子、火野葦平が代表的人物である。

日本で「ペン部隊」が発足したのは、一九三八年八月(昭和一三年八月)であり、鈴木英夫が上海戦線に投入された一年後である。ペンクラブは、第一次近衛内閣の時、近衛邸に著名な作家を集め、東条英機が出席して発足した。役員は二二名で、日本を代表する文学者が役員になった。この「ペン部隊」結成後に本格的な作家動員が始まるのである。一九四二年五月(昭和一七)、「日本文学報告会」が結成された。会長・徳富蘇峰、常任理事・久米正雄・中村武羅夫、その下に戦後日本の知性を代表する作家、学者、翻訳家、出版社社長等々まで網羅する、文学報国会が結成されたのである。国家・軍部は、いちいち彼らの意向を確かめることもなく、著名な者全部を否も応もなく組織したのであった。その中の良心派、自由主義者の中で、戦争協力を真剣にやらないものも沢山いた。これに反対し、協力を公然と拒否すれば食を断たれ、職を失い、石川達三のように正直に日本軍の虐殺を書けば裁判にかけられた。もちろん、戦争を讃えた詩を書いた高村光太郎も、戦時中の「中国人虐殺」を讃美したのではなかった。彼は、世界全体を植民地にして帝国主義を謳歌する白人優越主義に反対し、真珠湾攻撃以後の戦争を讃美したのである。戦時中、内心では、必ずしも戦争を讃美したくもなかった火野葦平は、最後は自殺してその生涯を終わっている。

従軍作家として最も活躍し、最も有名になった林芙美子については、陳亜雪が『林芙美子の南京視察旅行』なる詳細な研究論文を書いてＰＤＦとして、公表している。芙美子も又、軍部に踊らされ、利用されていた作家にすぎなかったようである。軍隊という人殺し集団が、「敵国人」とされた人びとを虐殺している真っ最中に、例えば、南京事件の最中、それを見せられて、ペンで抗議をしたり、疑問を呈したりすることは不可能である。だから、陳亜雪が書いているように「芙美子は、神経衰弱、阿呆状態になった」のである。

一旦戦争が始まれば、「ペンは鉄よりも強し」ではなく、「ペンは、絶対に鉄よりも弱し」なのである。戦争でもないのに、自国民が殺されている最中の文化大革命の時代に「抵抗の文学」が可能だったのか、ひとことでも「反対」を叫べば直ちに殺された。一九六六年八月、この「紅い八月」、北京の作家、知識人は声を揚げるどころではなかった。

戦争が始まれば、日本軍の負け戦や汚点を書くことは許されず、戦争の暗黒面を書くことは許されず、敵を憎々しげに描かねばならず、日本兵の勇敢さとこの戦争が正義の戦争であることを書かねばならない。これが戦争とペンの古今東西にわたる「普遍的関係」である。ペンは平和な時代に平和を維持する上において有効なだけである。一旦戦争や革命が始まれば、ペンを持つ人は殺されるか、沈黙を守る以外にない。戦争が終わり、平和な時代になってから、戦時中に筆を曲げた人を非難するのは卑怯である。いや遅すぎるのである。

文学報国会は、永井荷風に無断で会員名簿に彼の名を記入した。それを知った荷風は、日記に次のように記した。

五月十七日。細雨烟の如し。菊池寛の設立せし文学報国会なるもの一言の挨拶もなく余の名を其会員名簿に載す。同会々長は余の嫌悪する徳富蘇峯なり。余は無断にて人の名義を濫用する報国会の不徳を責めてやらむと思ひしが是却て豎子《じゅし》をして名をなさしむるものなるべし。返して捨置くこととす。（以下略）

（永井荷風『断腸亭日乗　五』、岩波書店、昭和五六年、三四六頁）

これに抗議しようとした永井荷風さえ、如何とするもなしの状況だった。やはり見て見ぬふりをする以外になかった。

戦争や文革の様な革命の場合には、ペンで戦うことはできない。鈴木英夫は、思いがけなく、この戦争とペンという、絶対矛盾の関係の中で、一九三〇年代の中国留学生と、日本留学に希望を託す「趙君瑛」の苦衷を知り、それを見事に描写してドキュメントとして、又小説として出版できた。あの戦争中に、若干二〇歳代の無名な一軍医鈴木英夫が、かかる芸当を演じたことに、私は驚く。そして、又、鈴木が彼等彼女等への同情の心を戦後も長くもち続けたことに感銘を受けるのである。

そしてそのすべての発端は、次の偶然によって最終的に決定されたのだった。日本軍のある青年軍医が一九三九年五月、殺伐な戦争の真最中、南昌市内で偶然にも「趙君瑛の日記」（本名、趙中瑛）を読んだ、そしてまだ見ぬこの少女に「恋心」を持った（少女の日記を読んだ老骨の私は、そう確信するのだが）。この一皇軍軍医は、あろうことか敵国シナの一人の少女・趙中瑛に恋し、さらにまた、張佩芬や張定釗ら留日学生達の書簡を読み同じ知識人としての悩みに共感し、彼等に彼女等に同情の心を持ったのである。恋情は、国境と敵味方の差異を越えることがある。

第二次大戦直後、フランスやイタリアでは「ドイツ兵士や将校を愛した女性の頭髪を刈り、街頭でさらし者にした」が、男女の愛情や恋慕の気持ちは、敵味方を越えることをもあるのである。日記と書簡中の「趙中瑛、張佩芬、張佩芳、謝光珍」なしに、鈴木英夫の『遠東の人』三部作の執筆はあり得なかった。北原白秋の詩歌に憧れる、大正ロマンテシズムとヒューマニズムの、良き時代精神が昭和の鈴木青年の心の中に生き続けていたのである。

第七章　江西省南昌市の「趙中瑛」と張家・謝家の関係者の人物探索

第一節　趙中瑛について（鈴木氏の著作では「趙君瑛」。本名は「趙中瑛」）

趙中瑛の父の名は方若淵、母は趙氏、父は江西省九江県の県知事であった。一九二八年（民国一七、昭和三）八月、江西省の各地で起こった共産党の暴動で多くの人が殺害されたが、父は趙中瑛の姉と共に殺された。田中忠夫『革命支那農村の実証的研究』（衆人社、一九三〇年）によれば、方氏は国民革命の古くからの闘士で、農民の信頼も厚く、また九江県の労働者からも支持されていた存在だった。生き残った家族三人は、母と一緒に南昌の周欽章（鈴木本の仮名。本姓は謝氏。九江県の役所に居た父の友人）の家に厄介になった。しかし、趙中瑛だけが南昌の謝家・張家両家に長く預けられ、母は郷里に近い漢陽の街に出てミッション・スクールの「訓女中学」の教師となるために南昌を去った。妹も、杭州の親戚に養女に出され遠方に去った。この妹は、小説『ある中尉の手記』昭和一九年版では、「桂花」という名で登場する。

趙中瑛は、女学校に通っていた。成績抜群、スポーツ万能、容姿端麗で、「女子高校の花」と謳われていたという。彼女は、卒業後に、張佩芬のように日本の奈良女高師に、江西省の官費を獲得して留学するつもりだった。しかし、日本軍の侵略は一九三二年の上海事変、柳条湖事件、満州国の樹立と連続的に拡大しており、趙中瑛は日本に留学するか、止めるか大いに悩んでいた。また、この時期は、恋愛感情にも目覚めてゆく。母には財産も金銭の余裕もなかったので、留学するには公費でなければ不可能だった。ところが、母から日本留学試験はとりやめになるというニュースが入り、打ちのめされる。こうした孤独、孤立、逆風の中にいたにもかかわらず、趙中瑛は豊かな少女らしいみずみずしい感性をしめす日記を毎日書いていた。

鈴木軍医は、この日記を読むうちに彼女や張家・謝家の人々の状況が詳しく分かるようになり、彼ら彼女らは、鈴木の頭脳の中で勝手に話し始め、行動し始めた。鈴木は、昭和一六年版『趙君瑛の日記』に於いて、見たこともない中国人一少女の日記を盗み出し、盗み読みする「はしたなさ」を告白している。しかし、鈴木軍医は、彼女の日記の魅力と日記から現われて来る中国青年達の苦闘、苦難に激しく心を揺さぶられることになった。そしてとうとう彼女の日記や張家・謝家の人々の書簡を日本まで持ち帰り、戦時中に小説を書き、戦後は完全翻訳までしたのである。日記の概略は、本書の紹介（摘録）で見られたい。

第二節　南昌・張家（鈴木本、「陳家」一族）の人々

父・張痓章（仮名・陳文祥）＝張一族の長、南昌在住、商店と醤油製造工場等を経営した。屋号は「成康祥」といったが、うち続く兵火と社会の大変化によって没落した。母は、姓氏不詳、彼女の義弟は天津に居り、彼女は一九三七年五月に天津、北京に遊んでいる。なお、張痓章の弟（仮名、陳文桂）は日本留学組であり、その息子は、一九三二年に東京の中央大学商科を卒業してすぐ帰国したらしい。

①張定釗・長男（鈴木本の仮名・陳啓明）

一九〇二年、江西省南昌に生まれる。大正時代に日本へ留学、名古屋の旧制八高予科を経て、第一高等学校に学び、京都帝国大学工業科に入学。後に同大理学部化学科に転部。一九二四年卒業。同年北京中法大学孔徳学院（蔡元培が創立した）の教授となる。しかし、二年間で退職し、一九二六年、再び日本に来て東京帝大理学部化学科の大学院に入学し、片山正夫教授に指導を仰ぎ、物理化学を専攻。一九三一年四月、再び帰国して上海自然科学研究所の正研究員となった。妻は、日本美術学校在学中の龔緑子である。龔緑子の在学は『留日学生名簿』で

確認できる。

以上の研究歴、研究テーマについては、八耳俊文の研究『上海自然科学研究所化学科の中国人研究員、張定釗の生涯と業績』(『地質学史懇話会会報』、第三二号、二〇〇九年五月三〇日発行)に詳しい記述がある。八耳論文によると、張定釗の研究の中心テーマは「岩石中の稀有元素の量的分布に関する研究」であり、研究熱心、卓球などスポーツに堪能、真摯で誠実な人柄であったという。

張定釗は、一九三一〜一九四五年まで上海自然科学研究所に勤務。この研究所では岡田家武の研究班に入った。一九四五年八月の日本敗戦まで正研究員として勤務し、中国各地の希土類元素を含む鉱物の探索と分光分析をテーマにした。

この研究所時代、彼は田史郎・小玉数信等と合同で、四川省の塩水、中国の蛍石、中国各地の河水や黄海・東海等の海域中の海水鐳の含量、上海市井水中のラジュームの含量の季節変化等々を分析。日本の敗戦後、この研究所は国民政府中央研究院に接収された。張定釗はここに残留することが許可されなかった。そこで、一九四六年初め、台湾に渡り、台湾大学化学系主任となった(『回憶録——接収台湾大学日記(一九四六年)』、『国立台湾大学校刊一九四七、第五期』)。台湾では、国民党政府が一九四七年に「二・二八事件」を起こして、反政府分子、学生の大虐殺を行った。そのため張定釗は、また大陸に戻り、四川中国科学院の分院の成都分院で研究を続けた。そして、一九五二年八月、長春に行き「中国科学院物理化学研究所」に入った。八耳は、張定釗の足跡は、一九五三年まで辿ることができるが、以後は不明としている(以上は八耳論文、及び廖正衡・島田健三等主編『中日科技発展比較研究』遼寧教育出版社、一九九二年六月、頁八三九)。

張定釗の身辺のこと、日本と中国の狭間で苦悩する姿は、鈴木英夫の昭和三八年版『趙君瑛の日記』の第二部「陳一族の手紙」に収められた数通の書簡から知ることができる。同書一五〇〜一五四、一六〇、一六一、一七八、一七九、一八三、一九三、二〇六、二一七の各ページに、張定釗が両親等に出した書簡の邦訳がある。これらの書簡を見るに、張定釗という人物は、家業衰退の父母の生活費や奈良女高師に留学して来た妹の張佩芬の授業料や生活費、更には上海にいる妹の張佩然の生活費としても、かなりの金額を送金している。彼はまた、江西省の国民党軍と共産軍との交戦によって、大混乱が起こると心配し、父に江西省の土地の処分も検討するように勧めている。一九三一年前後の両親宛ての手紙は、上海の自然科学研究所への就職、就任状況を知らせる内容だった。

一族のある方のメモによると、「張定釗は、一九九〇年ごろに死去した」ということである。

・付録1　張定釗の人柄についてのエピソード。一九二七年張作霖がソ連大使館にいた李大釗のこども李葆華等々を逮捕しようとした時、張定釗の援助などにより、日本に逃げることができた。その李の息子は東京高等師範に入学したが、九・一八事変が起こったので抗議して帰国したという。また、張定釗が北京中法大学孔徳学院の教授だった時、日本で習ったピンポンを生徒たちに教えた。そのため、北京の大会で優勝した（銭三強の回顧録『徜徉原子空間』頁五九、百話文芸出版社）。

・付録2　自然科学研究所で張定釗の無二の同僚であった岡田家武については、八耳俊文の「岡田家武の江戸化学史への関心」（青山学院女子短大総合文化研究所年報、第一四号、二〇〇六年）、同「地球化学を生きた人・岡田家武」（青山学院女子短期大学、第三六回同窓会総会の講演記録、二〇一〇年）、同「上海自然科学研究所化学科の人々の戦後」（『アジアの自然と文化』青山学院女子短大総合文化研究所年報、第一六号、二〇〇八年一二月）に詳しい記録がある。これらの論文には、張定釗の業績や生涯に触れた箇所が有る。佐伯修『上海自然科学研究所』（宝島社）によると、「岡田家武は、張定釗と最も親しい地球化学者であったという」。岡田は、妻と共に完全な中国人になることを決意し、名前、言葉、食事、付き合い、服装、全てを中国人化することを目指した特異な人物であった。岡田は、中国で行った結婚式は、同僚の張定釗の同席を求めただけで、他には誰もいなかったという。彼は日本敗戦後も中国に残留し、中国社会科学院の四川省分院や大学等で研究を続けた。しかし、一九六六年九月に日本のスパイの容疑で逮捕され、七〇年九月、獄中で死んだ。妻も一九七〇年に逮捕、一〇年間投獄の後に釈放。息子は一九七三年に逮捕され、五年間投獄されていたが、母と共に一九八一年、日本に帰国したので、上記のような事実が判明したという(佐伯修『上海自然科学研究所』(宝島社)による)。

この研究所の職員は、一九三二年、日本人研究者・職員四四名、中国人研究者・職員一〇名。一九四一年、前者が八三名、後者が二八名であり、日本人が圧倒的に多かった。給料は、基本給は国籍の差がなかったが、諸々の手当てが日本人には付き、全体では日本人の給料は、中国人の二倍になったという(同上書)。張定釗は、給料の中から、家族に多くの仕送りを続けた。

この研究所は、庚子賠償金(義和団事件で敗北した清朝が日本に支払う賠償金の一部)で作られたもので、国民政府からは設立に反感を持たれていた。初めから終わりまで、日本軍の中国侵略、上海上陸、爆撃、日中戦争の影響を受けて、反日抗日の中国人の怒りの中で、いつも戦々恐々としながら研究を続けるという、きわめて悪条件に置かれ続けた。実際、昭和一五年には、東京帝大を卒業して、中国の綿の品種改良を目指して綿の実の採集に出かけた研究者・肥田達太郎は、上海郊外に調査に出かけた時、抗日ゲリラに殺されている。張定釗など中国人スタッフの心は引裂かれ、苦悩が絶えることがなかったものと想像される。

張定釗は新中国建国後も、科学研究の第一線で活躍したことが、廖梅先生の調査で判明した。彼は長春の科学研究所で重要な研究を続けたが、一九六八年の文革中「階級隊伍を純粋化する運動」で、「日本のスパイ」とされ、惨酷な迫害を受けた。しかし、生き延びて名誉回復され、科学者の世界でも一定の栄誉を受けた。そして一九九〇年頃、死去したことが分かった。また、彼が一九三四年に江西省の南部でウランを含有する希少鉱石(ウラン、ラジューム、コバルト、プルトニュームなど放射性質を持った金属)を探索発見し、「分光分析」を初めて実施したことが、中国核工業史、核科学史の定説になっていることも知った。しかし、

『当代中国核工業』、『鈾《ウラン》世紀風雲録中国核科学史話』の両書とも、張定釗が日本で物理化学を学んだことに言及していない。張定釗については、本章の最後に詳しい資料を添付しておいたので参照されたい。

②張佩然・長女（鈴木本の仮名・陳寿英。家族には「然姉」と呼ばれ、「張寒西」とも呼ばれたという）

鈴木の小説中では、早くから上海に出て公安局に勤務。私生活にいろいろ困難があり、某男と秘かに結婚し、男児「海児」なる名の男子を生み、南昌の両親に預けた、とされている。しかし、張家の子孫によると「生涯結婚せず。従って海児という子供もいなかった」とされる。しかし、真偽不詳である。兄の張定釗が、一九三〇年代初期にしばしば仕送りをしている。

しかし、鈴木の張家書簡の邦訳によれば、次のような話になる。上海にいる張佩然から、一九三三年（民国二二）五月二日付けで、南昌の両親宛てに書簡が出された。それには、「結婚してかなり長くなり、男児も生まれた。しかし相手のことは訊かないでほしい。その内、この苦境も切り抜けられるでしょうが、しばらく男児は御両親に見ていただきたい。この手紙の返事は長兄にしてほしい」と書いている（鈴木昭和三八年版『趙君瑛の日記』頁一八九〜一九〇）。鈴木は、この手紙によって小説を書いたが、それは事実と思われるが、これ以上詮索する必要はあるまい。

③張佩芬・二女（鈴木本の仮名・陳玉蓮）は、一九一四年生まれ。兄張定釗の勧めと援助によって省立第一女子中学卒業後、一九三〇年（昭和五）に奈良女高師特設予科に合格、官費生。三一年四月、理科から保母養成科に転科し本科に進学、三四年卒業。在学中に謝光蘧（鈴木本の仮名・周守賢、大阪帝大工学部卒）と結婚。一九三五年二月、子ども「京児」（謝書城先生によると、本名は「海児」だとのこと）を出産。それ以前、満州事変で一九三三年、一時中国天津に避難のため逃げるが、また大阪へ。一九三四年一月、夫謝光蘧と共に一時帰郷。一九三七

年、日中戦争が勃発し、子どもを連れて南昌に帰国。一九三八年、張佩芬は、日本軍が南昌を占領する前年(三八年一〇月)に夫を南昌に残し、両親と子供を連れて吉安、さらに桂林へと逃避行に出発。

『ある中尉の手記』昭和一八年版、頁一三五～一四五頁には、鈴木の邦訳による、張佩芬が流浪先の桂林等から南昌に残った趙中瑛(仮名は趙君瑛)宛に出した七通の書簡がある。この鈴木訳の書簡は、『趙君瑛の日記』(昭和三八年版、頁二三三～二四一)に再録され、再び世に紹介された。謝書城先生によれば、張佩芬は、一九一四年に生まれ、一九九六年頃、北京で死去したという。

・付録1　鈴木の小説では、張佩芬の夫・謝光蘧は、仮名「周守賢」とされ、周は京都帝国大学医学部卒、京都の大学病院で勤務中、日中戦争が勃発して帰国。南昌で医療に当たっていたが伝染病に罹り死亡した、という架空の物語にされた。この小説を書く時、鈴木は謝光蘧については、明らかに意図的に「事実と違うことを創作した」のだ。自分と同じ医学徒、医者に仕立てた方が、小説として成功する、そして日本軍の南昌占領と共に死んで犠牲になる、というような鈴木が書く小説の意図(日本軍の中国進撃は、実は日本を愛して長年に日本に留学した京都帝大医学部出身の学者、医師までも無惨に殺してしまった、そういう残酷な戦争なのだ、と日本人に訴えること)によって医学部卒、医者に仕立てられたのだと思う。

張佩芬が両親や趙中瑛宛に送った書簡は多い。その文面からみるに、佩芬は極めて聡明、且つ親切、誠実な人柄だったようだ。鈴木の小説では中心人物の一人になっている。張佩芬は、一九三八年、日本軍の南昌占領から逃れて、両親と子どもを連れて流浪の旅に出た後、桂林から南昌に残った趙中瑛宛に何通もの書簡を送っている。それらを読めば、戦禍を逃れてあてどもなく桂林まで流浪し、疲れ果て、艱難辛苦に押しつぶされそうになっている張佩芬一家、一行が目に浮かんでくる。私が、南昌留学生家族の歴史を調べ始めた契機の一つとなったのは、彼女の哀切きわまりない桂林からの趙中瑛宛書簡によってであった。

そして張佩芬が、日中戦争、国共内戦、文革を生きぬいたということを、私は二〇一六年に廖梅先生から御聞きし、本当によかったと思った。鈴木英夫も、このことが最大の気がかりであったろうと思う。

・**付録2**　張佩芬の奈良女高師時代には南昌出身の他の二人がいた。一人は、李恕（一九三一年四月、家事科入学、一九三六年卒業）、もう一人は、龔均遂（一九二八年四月予科に入り、三一年本科に合格、三七年卒業）。父の龔学遂は、東京帝大卒の工学士、南潯鉄道局長であった。南昌出身の日本留学生は、どうしたわけか非常に多かった。

④張佩芳・三女（鈴木本の仮名・陳玉蘭）

一九一七年生まれ。中学時代には、趙中瑛と最も良き友、同学であった。上海大夏大学に学ぶ。一九三七年、謝光蘧の弟と結婚した。一九五〇年以後、重慶図書館や成都鉄道部第二設計院に勤務した。一九八九年に北京で死去した。以上は、二〇一六年に張家の子孫と思われる人から得たメモによる。しかし、次の付録1の鈴木の物語が真実のようにも思える。

・**付録1**　鈴木は、張佩芳（小説の仮名・陳玉蘭）について次のような物語を書いている。佩芳は、南昌女子中学時代、趙中瑛（仮名・趙君瑛）と無二の親友であった。一九三四年当時は、高等部（女子高校）の同級生且つ親友であった。この頃、南昌にいて青年活動をしていた「羅君仁」（本名？）と知り合い、婚約する。その後、羅の実家の援助で一九三五年四月に奈良女高師に入学した。しかし、京都で病死した。親友となった張京先（鈴木の小説では「楊文華」という仮名で書かれている）は、新中国建国後、北京大学の夫陳濤――日本の慶応大学卒、中共党員、胡風反革命事件に連座、下放一五年、のち名誉回復し、北京大学に復帰、北京大学の宿舎に住む――と共に『漢日辞典』を完成した。

鈴木の本『趙君瑛の日記』によれば、「趙君瑛」は「羅君仁」という人物を好きだったらしいが、この恋の相手を陳玉蘭(張佩芳)に譲り、羅に愛を告白しなかったという。鈴木の小説では、陳玉蘭は日本に行き奈良女高師に入って間もなく、一九三七年、蘆橋溝事件が発生した七月七日の未明、「粟粒結核に罹り、脳膜炎を起こし、京都の病院で死亡した。上海から婚約者の羅君仁(上海博物館準備委員会の秘書課に勤務中)が駆けつけて、火葬した。姉の張佩芬は羅君仁と共に妹の遺骨を抱いて帰国、南昌へ持ちかえった」とされている。しかし、張家のある子孫の方は、これらは皆、鈴木の創作であり、彼女は日本に行ったことはない、としている。しかし、鈴木の小説の方が事実だったとも思える。夫羅君仁の兄は羅君強である。羅君強は汪兆銘政権の高官で、日本敗戦後、「漢奸」とされ死刑になっている。

・付録2「老端・瑩」について。

鈴木の『峢られし花』には「張佩芬の下の弟老端の消息」と書かれている。また、昭和三八年版『趙君瑛の日記』には、仮名の陳啓瑩、通称「瑩」として出てくる。彼は南昌男子中学卒。一七歳で中学卒業と共に杭州の航空学校に入学した。小説『陳一族の手紙』昭和一七年版(頁二九六~三二〇)によれば、戦闘機乗りとして日本空軍と戦い、一九三七年夏上海近郊の上空で撃墜されて死亡した。「瑩」のような若い中国軍機の飛行士の死は日本の新聞に大きく報道されたという。「燃え落ちる愛機から落下傘で逃れようとして地上から打たれて死んだ瑩の死体は日本軍の陣地へ落ちたが、そのけなげな「抗日少年」の最後は、敵ながら天晴な勇士であるとして、日本軍でも厚くその死体を葬ったのだった。その事はすぐ租界の新聞にも出た」とされている。これは鈴木が「かくあらん」とした物語であったかどうか不明である(『ある中尉の手記』昭和一八年版、頁一一二の記載)。「瑩」が実際に戦死したことは、張佩芬が桂林から、南昌にいる趙中瑛に出した手紙(一九三八年一〇月二五日付け)に「瑩」のように「弾下の鬼」になるところだった、と書いていることによってわかる。

廖梅先生の張家の子孫から入手したメモによると、この少年は、張家の人ではない、という。しかし、彼は鈴木本・『趙君瑛の日記』には、彼女とごく親しい人物、家族の一人のように書かれている。私の想像では、鈴木の単なる創造の人物ではなく、家族のように親しく、何でも話せる少年が、何らかの理由で彼女らの身近で家族のように暮らしていたのではないだろうか。この若者が抗日愛国の精神に燃えて、実際に杭州の航空学校に入学して日本軍と戦って死んだのではないだろうか、そうした新聞記事が実際にあったのではなかろうか、と私は思う。

鈴木の小説『趙君瑛の日記』では、一九三七年八月、彼は出撃前に杭州にいる「趙中瑛」の妹「趙中桂」に会いに行った、とされている。これは張佩然の書簡に書かれていることなので、こうした若者がいたことは確かだと思われる。

・付録3　謝光遠の書簡について。

昭和二年秋、南昌の謝家にいた病床の父親から、東京帝大工学部鉱山冶金科に在学中の謝光遠に手紙が届き、帰国を促した。彼はそれに応じて帰国した。以後、日本には帰らなかった。翌年、昭和三年、満州事変勃発（「金珊美の手紙」が当時の留学生たちの抗日運動の高揚、学生達の動揺を伝えている、頁一三〇参照）。次男の謝光蘧（周守賢）と張佩芬（陳玉蘭）の二人は一時帰国する。翌年、上海事変が起こり、二人は再び帰国するも、南昌には帰れず、再び日本へ。金珊美の本名は、張佩芬の奈良の同学「雷連芳」であろう（雷は、雲南省桂林出身、奈良女子高師範に在学しながら、こっそり東京女子医専に入学して、省の官費支給の件で悩む。徹底抗日の精神の持ち主、一九三一年の張佩芬宛ての書簡多し）。一九三九年に張佩芬は、戦火を逃れて南昌を脱出して、雷の故郷の桂林に行った。この親友を頼って、張佩芬は桂林に行ったのだろうか？

・付録4　昭和九年、謝光蘧（仮名・周守賢）は大阪帝大工学部醸造学科を卒業、鈴木の小説では、先に記したように、京都帝大医学部卒、京都帝大病院勤務、後帰国し、南昌で死んだという、架空の話に変えられている。謝光蘧は張佩芬と結婚し一九三五年二月に出産、子供を幼名「京児」(海児?)と名付ける。昭和一一年八月一日、南昌の爺の張文祥に子どもの手形がついた手紙を出す。謝光蘧は帰国後、経済学の専門家として活動し、ソヴェット経済を分析した論文を書いたりした。小説『趙君瑛の日記』(昭和一六年版)によれば、日中戦争勃発のために帰国した京大医学部出身の医師・謝光蘧は、一九三九年春、日本軍が侵攻する南昌市内で難民救援活動中に急性肺炎に罹り死んだという話にされているが、これは事実ではないようである。この話は、鈴木が『ある中尉の手記』で書いている、「蔡」という人物に聞いた話である。

廖梅女史探索の資料に依ると、謝光蘧は解放後まで生き残って、「一九六三年、天津塘沽区副区長」になったとする確かな資料があり、日本軍の南洋攻略戦で死亡してはいなかったらしい。しかし、文革で如何なる運命を辿ったかは不明。

第三節　南昌・謝家の人々(鈴木の小説では周一族)

南昌・謝家代々の系譜。《以下は、謝書城・廖梅、その他書籍による情報》

第一代・謝喬年。第二代・謝復生。第三代・謝炳南(死去。一二人の男の孫、七人の女の孫。その内、五人が日本・フランス・アメリカに留学した)。

謝家・第四世代(謝炳南の子ども)

① 長男・謝湘(一八七〇~一九二九年)字は仁孫、中医、清末の挙人、江西省永豊県の知県(県知事)を歴任。その息子・謝光遠(一九〇一~一九七六年)、謝光達(一九一〇~一九六一年)、謝光籧(一九一〇~一九六九年.謝光巨とも書く)、謝光適(一九一四~一九八六年)、謝光遂(一九一六~)、女・謝光瑾(一九一六~一九八七年)。

②**二男・謝淇**（?～一九五二年）字は雲孫——工商業に活躍し、炭鉱「萍郷煤礦」経営、漢冶萍礦の漢口辨事処主任、南潯鉄道科長等を歴任。八人の子どもあり。正妻は一女三子を生んだ：謝光珍（一九〇九～一九七五年）、謝光逖（一九一一～一九七四年）、謝光邁（一九一二～一九七五年）、謝光道（一九一四～二〇〇〇年）である。姨太太は四人の女の子を生んだ：謝光瑜（一九二六～）、謝光瑛（一九二九～）、謝光球（一九三〇～）、謝光琳（一九三三～）である。

③**三男・謝浚**（一八七三～一九四四年）字は哲孫、裕民銀行・実業銀行の経理・主任、九江卞主任。——長女・謝光璧（一九〇九～一九七七年）、長男・謝光遷（一九一一～一九九五年）、二男・謝光迴（一九一七～一九五六年）、三男・謝光選（一九二三～二〇一六年）、四男・謝光進（一九二五～一九八四年）。

一九二六年より、謝家の家運が急速に衰退しはじめたので、南昌にあった大邸宅を売り、小さな家に引越した。一九三三年には、一〇数人いた家族が、幾つかの家に分散、分裂した。謝浚（哲孫）は銀行業が破産し、済南市に移住した。妻の鄭寿薇は長女が嫁に行った無錫の家に一時身を寄せた。謝光選は、母について一時無錫に行ったが、その後は父がいる済南に行った。それから、謝光遷・謝光選・謝光進の三兄弟は、一緒に重慶に出て活路を捜した。謝光選は明誠中学に入り、苦学して工学の道に進み、ロケット開発に携わるようになり、「長征三号」の開発を主導して名をあげて謝一族の誉れとなった。

謝家・第五世代・謝淇（?～一九五二年、字は雲孫。鈴木の小説では、仮名・周欽章）の子女。子供達は、みな海外に留学した。日本へは謝光遠・謝光蘧・謝光珍・谢光逖。アメリカへは、谢光道。フランスへは谢光逖（先に日本へ、後にフランスへ）

謝家・第五世代（謝湘・謝淇・謝浚の子ども）

①**謝光遠**（仮名・周守遠、一九〇一～一九七六年）。昭和三年頃、旧制七高を経て、東京帝大工学部鉱山冶金科

へ、この年、父危篤の報で帰国、南昌へ。南昌工業専門学校教授。再び日本にくることはなかった。一九三五年頃、湖北省黄石象鼻山鉄礦山管理署の処長。一九五九年後、江西省冶金工業管理署の処長。謝光遠は弟二人、妹光珍の三人を日本に留学させた。

謝光遠の長子・謝書城は、一九三一年に生まれた。天津大学卒、一九五六年入党、一九九三年重慶の会社の高級技術者、一九七八年「槍弾製造」に従事。現在、北京在住、二〇一六年五月、廖梅先生と互いの連絡始まる。謝書城によれば、謝光遠は江西省で技術者として重用されていたが、次第に格下げされて、ついには工業系夜間学校の教師になった。文革以前に病で退職していたので、文革による被害はなかったが、居住区では批判を受けたという。一九七六年、心臓血管の病気で死去したという。

② **謝光蘧**（一九一〇～一九六九年。或いは「謝光遽、謝光巨」とも記される）。鈴木の小説では仮名・周守賢である。彼は、九州戸畑市の明治専門学校に在学（昭和六年頃、満州事変の前年）、満洲事変後、張佩芬と一緒に帰国、天津の叔父の家に滞在したことがある。大阪帝大の工学部（醸造科）に入学し、張佩芬と結婚し、京児（謝書城先生の指摘では、本名は「海児」である）をもうける。

謝光蘧が何時帰国したかは不明。おそらく一九三七年中。鈴木英夫の小説『遠東の人』では、謝光蘧は京都帝大の医学部卒ということにされている。さらに又、すでに記したように、彼は帰国後、南昌市内の難民救済にあたり、ここで羅病死とされている。南昌に帰国以後の謝光蘧の最後については、鈴木が南昌に駐屯していた時に、日本の中央大学を卒業し、日本軍の宣撫班だった人物に、かなり確かな話として聞いたという。鈴木は、光蘧が一九三九年春、日本軍が侵攻する直前に病死した、とした（『趙君瑛の日記』三八年版、頁二四八～二五一）。『ある中尉の手記』頁一八三～一九四では「萬姓」という人物の噂話と言うことになっている。おそらく、鈴木が南昌にいた時に、張家・謝家についてさまざまな噂話を直接聴いたのだろう。その中から、より確からしい話によって、鈴木がこの物語を創作したのであろう。

廖梅先生の謝家の子孫に対する聴き取り調査によると、謝光蘧は、一九四四年、久大塩業公司の海洋化工研究室の副主任の職を得た。そして、直ぐ、ここの資源委員会がアメリカに送った実習生に選ばれて、アメリカのビール工場に実習に行った。翌四五年、実習期間は終わったが、実業家・侯徳榜が工場設設備をアメリカから購入する仕事ができて、助手に採用さてニューヨークに留まり、二年後の四七年に帰国した。

新中国建国後の一九四九年、天津市首届各界代表となる。五一年天津市商工会代表。六三年第三届河北人民代表大会の代表に選出。同年、塘沽区副区長。文革中は、監督労働を受けた。一九六九年に原職に復帰したが、直ぐ死亡した。

③ 謝光珍（鈴木の小説では仮名・周光珍）は、張佩芬と共に、一九三一年四月に奈良女高師に入学。奈良女子大に在学の記録あり。江西省官立南昌女子中学校高中部師範科卒業、三一年四月奈良女高師に入学、三七年三月卒業。『奈良女子高等師範学校とアジアの留学生』（二〇一六年三月、敬文舎）によれば、昭和一二年度に東京文理科大学・東洋史科の聴講生として在籍していたという記録がある（頁五五）。

野村鮎子女史の文章（『舎人』一四号、二〇一六年四月号）（「『奈良女子高等師範学校とアジアの留学生』を編集して」）に、次のようにある。

二〇一五年、上海にいる謝光珍の孫から連絡があり、その後、奈良女子大に現れた。その時の、この孫の言によると、「謝光珍は中国に帰国後、国民政府教育庁に勤める男性と結婚し、一男一女をもうけたが、一九五七年、夫は反右派闘争の中、反革命分子として投獄され、彼女はそのショックで精神を病み、教職を辞した。夫は五年後に釈放されたが、六六年に文革が始まると、再び始まった迫害に堪えられず、自宅で首を吊った。第一発見者は妻の謝女史であったという。夫の名誉回復は七九年、謝女史はそれを見ることなく七五年に没した。謝女史の卒業旅行の作文が奈良女子大学の保管資料の中に残っていた。原稿用紙の一マス一マスに鉛筆書きの字が丁寧に嵌めこまれている。几帳面な人柄であったことが知られる。お孫さんは静かに涙を流し、「八〇年前の祖母がここにいます。母校で大切に保管していてくれたことに感激し、感謝しています」と語ったという。

④謝光遂（一九一六〜二〇一六年在世）すでに一〇〇歳、謝書城の最も若い叔父である。

・**付録1**　謝光賢（仮名・周守進）。鈴木の本では、彼は復旦大学在学中、一九二五年の「五・三〇」惨案の際、上海での抗議デモの最中に路上で射殺された、とされている。しかし、謝書城先生によると、謝光賢は謝家の人ではない。この人物は、謝家の兄弟には存在しない、鈴木が創作した人物であるとする。おそらく、鈴木は持ちかえった書簡の断片から上記のように推理し、設定したのであろう。鈴木は「五・三〇」惨案の悲劇を特に際立たせる目的で、上記のような人物構成をしたものとも思われる。しかし、真偽不明である。

・**付録2**　謝光逖（仮名・周守善）。謝一族の人であるが、謝光遠の舎弟ではないともいう。東京高師（戦後・東京教育大学、今の筑波大学）の文系に在学、昭和六年、七年に在学記録有。廖梅女史探索資料によると、九・一八事変で帰国し、一九三八年フランスに留学、後に台湾のローマ教皇庁に派遣されて外交官となったという。

・**付録3**　謝光選——中国ロケット「長征三号」の製造者

祖父・謝炳南——父・謝哲孫（母・鄭寿微）——謝光選（長兄・光遷、次兄・光迴——大児女光璧）。南昌市で生まれる。一九二二年一一月五日〜二〇一六年二月二日、北京で逝去、一九四六年重慶兵工学校大学を卒業、一九九一年中国科学院士。★廖先生の増補：谢光遹娶张佩芳，他们的次子谢书奇书面回答了一些问题，不愿再和我联系。因为铃木的书中说佩芳和光遹都不幸去世，谢书奇可能不太高兴。即谢光蘧和谢光遹兄弟娶了张佩芬和张佩芳姐妹。鈴木や私の記述と違うことも多いが、今はそのままにしておく。

・**付録4**　羅君仁（張佩芳と婚約の真偽について）。『趙君瑛の日記』では、趙君瑛（本名、趙中瑛）が心ひそかに慕っていた人物。君仁は、南京政府の要人周仏海の配下にいた羅君強の弟の可能性が高い。羅君強は、日本敗戦後、「漢奸」として死刑になった。その悪影響は、文革時代に張家の方々（元日本留学生とその子孫の方々）にも及んだであろう。羅は一九三三年に上海にあった光華大学を卒業し、湖南省の故郷に帰郷。羅の父は「銀行家で、大変なお金持ち」だったという。羅君仁（張佩芳と婚約）は、日中戦争以後、国民政府関係の仕事をしていたのではないか？　謝・張両家の子孫は、趙中瑛女士のことを知っており、趙中瑛の写真もあるようであるが、現段階（二〇一七年九月）では、情報・写真とも入手不可能である。

第四節　南昌留日学生家族——謝光珍とその子孫の歴史

鈴木著作に出てくる人物と物語はどこまで事実なのか。また鈴木は、誰をどのように、そして何故に創作したか。これが最後に残った問題である。このことは逆に、元日本留学生たちが、帰国後にどのように生き、どのように死んだかを明らかにすることと同じである。しかし、そのことはきわめて困難な仕事である。彼ら彼女らは日中戦争で生き残ったのか、生き残ったとすれば、国共内戦、中華人民共和国の建国後にどのような人生を送ったのか、それを探索しなければならない。まさに中国人にとって現代史は、日本の侵略戦争、内戦、革命、更には漢奸問題へと続く地獄の底を這いまわるような過酷で困難な時代だった。触れぬことも多いのである。

中国から民国時代に日本に留学していた女子学生の姓名・入学記録・卒業記録等々は、『中国人女性の日本留学史研究』（著者・周一川、国書刊行会）、『奈良女子高等師範学校とアジアの留学生』（奈良女子大学アジア・ジェンダー文化学研究センター編、二〇一六年）に詳しく記されている。その留学生の一人謝光珍の帰国後の生涯がわかるようになった。その情報源の一つは野村鮎子教授から得たものである。それは次のような情報であった。近年、上海在住の李黎さんという女性が奈良女子大を訪問し、祖母・謝光珍の留学中の記録を見に来た。女子大には、謝光珍が在学中に書いた作文が保管してあり、見て頂いた。李さんは、このようなものまで数十年も保管してくれて本当に有り難いことです、と言った。この時、李黎さんは、李旭主編『徐朗秋先生紀念文集』（二〇一三年六月刊）一冊を大学に寄贈してくれた、と。そこで私は、野村教授から、この著作の全文コピーを頂戴した。この著書を拝読すると、謝光珍の生涯もほぼ判明した。

もう一つは、廖梅先生から頂いた、以下に紹介する資料である。

廖梅「謝光珍の子・孫へのinterviewの記録」二〇一六年七月受信。mail受信者・小林一美

Interview　廖梅《謝光珍の長男徐旦民、長女徐立民の娘李黎にインタビュー》

日時は、二〇一六年六月二六日夜

付記

廖梅先生は、謝光珍の外孫の家で、謝光珍の長男徐旦民と謝光珍の娘の徐立民（一九四三～一九九九年）の娘・李黎を訪問してインタビューを行った。以下は、このインタビュー記録を、私（小林）が日本文に訳し、それを廖梅先生に校正していただいたものである（公表することをご本人たちに承諾して頂いた）。

謝家の人々について

謝淇、字は雲孫（廖註添加：一八八〇～一九五三年、南昌・九江間鉄道の財務科長を歴任）……謝淇の正妻の子に一女三男。謝光珍（女）、謝光逖、謝光邁、謝光道の四人である。第二夫人の子に一男三女。謝光瑜、謝光瑛、謝光球、謝光琳の四人である。

■インタビュー《謝光珍（一九〇七～一九七五年）の生涯とその夫・徐朗秋（一八九七～一九六六年）及び家族の歴史について》

・徐旦民：母は、謝家の長女で、家では〝才女〟と言われていました。

（以下、「徐」とのみ記す）

・廖梅：謝光珍は一九二七年に高校を卒業した時、すでに二〇歳だった。その時、どうして結婚しなかったのですか？　媒酌の話はなかったのですか？

・徐：（笑い）この話は母が話したことはありません。ですから聞いたことがない。私たちは本当に知らないのです。母が卒業後、謝光遠が日本留学に連れて行ったのです。謝光遠は義和団賠償金による公費留学生でしたが、母は私費留学生でした。先ず言葉を習うため奈良女高師の予科に入り、後に大学（小林註、東京文理大、現、筑波大学の「東洋史学科」の聴講生となった）で学びましたが歴史・地理の専攻のようでした。一九二七〜三七年まで一〇年間留学していました。ですが、精神方面の疾患がでました。謝光珍は一九二七年〜三七年の間、つまり留学中の期間中ですが、その間に中国に帰国し、一、二年、精神方面の治療をしたことがあります。

（廖註：根据一九三三年日华学社学报部编《留日学生名簿》，谢光珍一九三三年四月因神经衰弱归国，未注册；《留日学生名簿》亦注明谢光珍是官费留学生，廖梅推测可能光珍初到日本时是自费生，后申请官费）

・李黎：お婆ちゃんは、学業をやり終えたのですよ。

（以下、「李」とのみ記す）

・徐：卒業したのかね？

・李：奈良女子大学に記録があります。当然卒業しています（小林註、奈良女子高等師範は卒業の記録あり、東京文理大は不明）。私は、インターネットで、中国留日同窓会が「お婆ちゃん」の卒業をお祝いする写真を捜した。私は野村鮎子教授に訊いたところ、当時は学業を完成することが大変困難な時代で大変多くの学生が中途で辞めている、と聞きました。

・廖梅：一九三七年七月の『申報』に、次のような「文化中学」の広告があります。この学校は、何炳松――アメリカのプリンストン大学に留学、北京大学・北京高等師範学校等の教授、暨南大学学長を歴任、歴史家――が創立したが、この学校に招聘した教職員の多くは、国立大学・日本帝大・ドイツのベルリン大学出身者で、その中の教職員の名簿に謝光珍という名がある。これは、あなた方の母親なのかどうか分からない。しかし、時間や出身が比較的近い。

・徐：母はその話をしたことはありません。そうかもしれない。

・廖梅：一九三八年、江西省で省第一回女子統一戦線の救亡組織〝江西婦女社〟を創立した時、幹事会に一三人がいた。その中の一人に謝光珍という名があります。これはあなた方の母でしょうか？

・徐：母はその話も言ったことはありません、そうかもしれない。

・徐：母は、後に重慶に行き、教育部で働いた（小林註、国民党蒋介石政権の「文部省」）。教育部社会教育科にいた父と知り合い、一九四〇年、重慶で結婚しました。父は、すでに結婚しており、一男四女があった。抗日戦争が勃発後、父は政府の教育部に随って重慶に来たのです。元の妻（最初の妻）である素秋ママは、日本占領地の故郷に残していましたが、父は素秋ママとの正式な離婚届を新聞に発表して、謝光珍母と正式に結婚し、一九四二年に私・旦民が生まれ、一九四三年に立民が生まれました。

一九四四年、父は国立西北大学で秘書兼総務長になり、職位は中国文学系副教授でした。母は、家庭の主婦として、父に従って陝西省漢中の城固県に行きました。抗日戦争勝利後、学校が西安に移転するのに従って、西安に移りました。この学校の移転と学校再建のための委員会の役員になりました。

一九四八年、父は蘇州に帰り、国立蘇州社会教育学院の教授に任ぜられました。学校は、拙政園にあり、私は小さいとき拙政園に住んでおりました。中は大変広く、水樹楼台はたいへん美しかった。

一九四八年、国民政府の梵蒂岡《バチカン》公使館に勤めていた四番目の叔父・謝光逖がお金を送って来て、外公外母（母方のお爺ちゃん、お婆ちゃん）のために家を買って面倒を見てくれと言って来ました。当時、私の父は蘇州にいましたので、父にその仕事をやらせたのです。父は文人でしたから、どうしてこんなことが上手に出来ましょう。十全街一五三号に石庫門の一戸建ての家を買いましたが、日当たりは悪く、北向きの家で日が射さなかった。この家が我が家の本宅になり、外公（お爺さん）・外婆（お婆さん）・姨外婆（外公・謝雲孫の側室）・姨大お婆ちゃん（謝雲孫の父・謝炳南の姨太太）が、皆ここに住んだ。わが一家四人は、ここには住まず、外の借り屋に住んだ。一九五三年、外公が亡くなり、謝光道叔父が北京に母を連れて行き、姨外婆も娘に連れられて去った。老宅は姨太太が住みましたが、彼女には子供がありませんでしたので自分は一部屋に住んで、他の部屋は人に貸して家賃で暮らしたのです。一九六〇年に病死しました。後、蘇州社会教育学院は他の学校と合併されてなくなりました。

一九五三年、父は復旦大学に付設された工農速成中学の国語の教師になりました。この学校は、後の復旦大学附属中学であり、五五年に大学について上海に移ったので、私と妹も一緒に上海に移りました。上海では一年余り小学校で学んだ。私が入ったのは邯鄲路にある邯鄲路小学校で、後に赤峰路の上の五六中学に進みました。妹が入ったのは四平路にあった小学校で、後に四平中学に合格しました。我われ二人は、上海で初級中学に半年ほど学んで、また蘇州に帰ったのです。

母は、当時はパパについて上海には行かず、一人蘇州に留まっていました。五四年、母は蘇州第二初級中学で国語の先生をしていました。この学校の前身は、教会学校の英華女子中学です。母は民主党派「民盟」に加入していました。五〇年代、母は政治的な批判を受けなかった。彼女にはなんの問題もなかったからです。父は以前国民党に入っていましたが、母にはこのような問題はなかったのです。校長は母に対して大変よかった。母の人となりは正直で、情熱を持ち、不公平なことを見ると、すぐ言いだそうとした、そうした人柄でした。

一九五七年冬、母は蘇州第二初級中学から家の近くの第三中学に転勤になりました。当時、更年期の精神分裂症（日本でいう「統合失調症」のこと）を患っていたので、仕事上の失態を犯しました。第三初級中学では国語の先生になることができず、図書館の先生になりました。生徒に図書指導したり本を買ったりするのが責任となったのですが、お金が合わなくて自分で弁償したりしました。学校側は母の精神状態が好くないのを見て、彼女に退職を勧めました。退職金をもらって、学校とは何の関係もなくなり、学校の退職教員にも数えられなくなったのでした。私は、学校はこんなことをすべきではない、学校は真面目ではないと思ったものです。当時母は、五〇歳であり、気持ちが悪く、パパは家に居らず相談する人もなかったので、学校の意見に従って退職したのです。

一九五七年、党中央は「大鳴大放」を呼びかけ、人々が指導者に意見を述べることを歓迎しました。党を助けて整風を行おう、と。父は批判文章を書いて新聞に発表しました。間もなく全国的に〝反右派闘争〟が展開されました。当時の規定では、各単位が五パーセントの右派分子を出すことになっていたのです。しかし、学校が区分けした右派分子の目標数が不足していたので、一九五八年夏、学校は〝反右派の補充〟を行いました。父には歴史問題（一九四九年以前に国民党に参加していた）があった。〝反革命分子粛清運動〟の時、すでに結論が出ていたのですが、さらに〝補充追加〟によってで、右派分子の隊伍に入れられたのです。

五八年、母も上海に来て家族全員が一緒に暮らすようになり、国権路の復旦大学第六宿舎に住みました。父は右派分子にされて以後、非常に憤慨しました。母は精神状態が好くなく、フェニトインナトリウムを飲まなければならなかった。それで、家には医者の処方箋があった。

父は、当時一七歳だった私に、三輪車の上に載せた家にある『辞源』、『辞海』、『文心雕龍』などを四川北路にあった古本店（廖註：魯迅がいつも行っていた旧・内山書店と同じ道路にあった）に売りに行かせました。四〇余元でした。隣りが薬局だったので、このお金で処方箋にあるフェニトインナトリウムを買ったのです。私は何のために薬を買うのかを知らなかった。父と母が一緒にその薬を飲んで自殺するためであり、薬を買って家に帰ると、二人はそれを一緒に飲んだ。発見後、第二軍医科大学附属病院に運んだところ、医者は凄い腕を持っており、父母を生き返らせたのです。これは一九五八年の夏のことで、記憶は極めてはっきりしています。

父が自殺を考えたので彼を批判する人々はさらに激しく怒り、彼を監禁して審査しようとしました。五八年一〇月一〇日、父は、「歴史反革命分子」の罪状で五年の徒刑という判決が出て、公職は罷免となり、上海の提籃橋監獄に入れられたのです。この監獄に入れられるのは皆政治犯ばかりで普通の犯罪者は入れられなかった。以前、汪兆銘の妻の陳璧君が閉じ込められていたし、「四人組」が粉砕されてからは、上海の四人組分子の、あの徐景賢なども投獄されたところです。

父が投獄されたことは母を刺激し、病状はすぐ悪化しました。私と妹は初級中学を卒業して、同じ住宅に住んでいた隣の人からあるニュースを聞いたのです。ある鉄道省の天水鉄道専門学校というところが、上海からの生徒を募集している、と。ここは中等専門学校で、食事と住まいが付いていた。私と妹はこの学校を受けることを決めました。私の入学は一年遅れでした。腕白小僧でしたから、よく勉強しなかったのです。小学校から初級中学に上がるには試験はありませんでした。

私は、中学校は結果的には一年遅れで妹と一緒に卒業したのです。妹は聡明で勉強がよくできました。私たちは虹口区のある学校で試験を受けました。志願者はたいへん多く、塀の上を乗り越えて入ったのです。私は妹を手で支えあげて塀に乗せ、妹は私を引っ張り上げ、二人とも塀を乗り越えて校内に入ったのです。

五八年八月、私たちは天水鉄道学校に入学しに行きました。汽車でまる二昼夜かかった。まず蘭州に着き、ここで一ヶ月余、学校による配属を待った。そして再び蘭州から天水に行った。学校は、天水市内よりまだ二〇キロも離れたところにありました。妹は年齢が一番若くただの一五歳でした。学校の同年生には上海出身者が大変多く、皆から上海方言で名前を呼ばれました。勉強のことでは、国に感謝しています、国は私たちを見捨てなかったのです。父は入獄の判決を受け、母は精神病を患い、私と妹はたちまち落ち着くところがなくなったのでしたから。この学校には寝るところも食事も付いており、私たちは日々生きて行くことができたのです。

私たちが学校に行った後、母は独りで復旦の第六宿舎に住み、自分のことは自分でやったのです。五八年の下半期、母は上掛け布団を包んでそれをまいて「火をつけた」ということでした。この言葉は適当ではない、当然、「燃焼」というべきだが。隣の人が発見して、学校に報告し、陳望道校長を驚かせた。当時は、校長だけが専用車を持っていたので、部下に車で母を病院に送らせた。五九年の春節に、私と妹は上海に帰省し、病院に母を見舞いに行った。およそ半年後に母は基本的に回復して退院したのです。

復旦大学では、母を故郷の蘇州の旧宅に送った。当時は今のように、引越しの時、家財道具を全部捨ててしまうようなことはありませんでした。復旦大学の車は、家にあった古い家具、古い日用生活品を全部蘇州に送り返してくれました。復旦のこのやり方は正しい、仁義をつくしたということができます。母は蘇州でやはり一人で暮らし、自分のことは自分でやったのです。

一九六一年夏、私と妹は卒業しました。この学校は大学や専門学校の性格を持っており、卒業生を全国の鉄道に配分しました。学校は、私たちを天水から最も東方の、しかも母のいる蘇州から最も近い勤務先に配属してくれたのでした。当時の政治は、清廉でした。私は蚌埠鉄道局蚌埠建設部に配属になり、主に鉄道の不動産管理をやり、妹は蚌埠鉄道局の徐州電報電話部の一部署に配属になり、鉄道局の信号通信の管理をやりました。

六三年、父が出獄しました。両親は、しばらくは一緒に比較的平穏な生活を送ったのです。地区では父を工作の対象としており、派出所の人がいつも見に来ていましたが、皆、父はよく改造された人だと考え、彼にたいしてかなり礼儀正しく接していました。

・李：私が聞くところでは、外公（祖父）はいつも衣服をきちんと着て、公園を散歩していた。お婆ちゃんは気質のよい人だった。

・徐：着物は皆、古い衣服だった。あの時は貧しかったから古い衣服を着るより外はなかった。

・徐：一九六六年、「文革」が始まった。父はこの地区で紅衛兵から攻撃を受けた。陳伯達が「一切の牛鬼蛇神を一掃せよ」という文章を発表し、父に対する打撃は大きかった。紅衛兵は、父に無理やり「故郷に出ていけ」と言った。故郷にはもう何も残ってはいなかった。父は、自分には「天に一片の瓦もなく、地には立錐の地もない」と言った。六六年九月、父は母を支払いの使いに出し、調整した入れ歯をとりに行かせ、自分は首を吊って自殺してしまいました。

・廖梅：彼は、その時、こんなことをすれば心を病んでいる妻はどうなるのか、考えなかったのでしょうか？

・徐：そうです。父は考えなかった。この点から見れば、父は利己的です。彼は、自分の困難だけを考えたのです。彼の性格がそうさせたのです。

・李：名誉と節操が大切なのですよ。

・徐：父は一本気な性格で、むしろ玉砕しても決して屈しない、というものでした。

・李：私とママ（徐立民）がその部屋に行くと、ママは室内の天井の梁を指して、私に、外公（徐立民の父、謝光珍の夫徐朗秋を指す）は、あそこに行ったと言った。

・徐：あの時、私は父の頭を手のひらで支え、葬儀館の人が足を持ち上げたのだが、靴を履かせるのを忘れてしまった。やはり近所の人が靴を履かせるように言った。その後、母は蘇州で独りの生活をしました。六七年、私と妹の立民は同じ時期に結婚しました。六八年三月、私の妻と妹は、相前後して、一日違いで、蘇州の病院で子どもを生みました。母は自分の孫を見たのでした。母は、先ず私と蚌埠でしばらく暮らし、後に徐州に行って妹の一家で生活し、妹が母の世話を見ましたが、一九七五年の冬にこの世を去りました。母は後に中風になったのですが、意識ははっきりしていました。

・李：私はお婆ちゃんが部屋の中をあっちに行ったり、こっちに来たりしていたのを覚えています。その頃、中風はなかったけれど、ほとんど家の外には出なかった。お婆ちゃんの精神状態は、好くはなかったが、しかし晩年には意識はかなり穏やかでした。父と母が外に出たので、孫をみて忙しく手伝ってくれました。私は小さかったので大人の事は分からなかった。しかし、お婆ちゃんに対する大まかな印象はあります。お婆ちゃんは大変温和で、子どもには病気があるとは分かりませんでした。ある時、私がママの銭一毛をとって飴を買い、お婆ちゃんにも分けてやったことがあります。ママはもちろん私を叱ろうとしましたが、お婆ちゃんに分けてやったと聞き、何も言わなかった。パパは、お婆ちゃんの晩年のことをかなり知っています。

・徐

：私は子供の時には背が高かったが、小さな子どもだった。腸チフスになったことがあります。チフスは大変重く、療養期間は、特に飲食に気を付けなければならなかった。もし万一、食べ物で腹を壊すと死ぬのでした。母は本当によく看護してくれて、心から私の世話をしてくれたのです。母の南昌の家は東湖の百花洲の辺りにあった。もし戦争がなく、「文革」がなかったなら、我が家は本当に好かったのだが。

終

：以下の文章を廖梅先生に送信し、徐・李両氏に伝えて頂いた。

謝光珍女史とその夫徐朗秋、その子ども――長男徐旦民氏と娘徐立民さん、その娘李黎さん――達は、日中戦争と建国後の長い時代、何という凄まじい、過酷な時代を生きたことでしょうか！　父は自殺、母は心の病気という逆境に打ち勝って。子どもたちは、想像を絶する窮状に負けず、自ら進んで故郷から遥か遠方の、西北辺境の天水市の鉄道学校を進路に選び、立派に鉄道員となり、御母堂の謝光珍を引き取り、最後まで老後の面倒を看たという。なんという健気《けなげ》な子供達なことよ。あの反右派闘争から文革時代へという、恐怖と貧窮の時代に、幼い兄と妹が立派に勉強して共に鉄道員として成人し、結婚し、子を育て、さらにママを引き取り、ママもまたそれに応えて孫の世話をよくしたという、本当に心うたれる物語です。長く心を病んだ謝光珍さんは、最後はこの親孝行の二人の子供達に、心から感謝し、嬉しかったことかと、私にも想像できました。

わざわざ日本に留学に来られて一〇年間も学んだ謝光珍さん、貴女の人生は本当に苦難の連続でしたが、よく子供達とともに敢闘しましたね、こんな立派な子どもやお孫さんを持つことができて、本当によかったですね、と彼女に言いたくなりました。それにしても、謝光珍女史は、せっかく日本に留学されたのに、日本、日本人は戦争を起こし、大量の軍隊が中国に攻め込んで、貴女の故郷の南昌を戦禍に曝し、貴女方一族を不幸のどん底に落し込んでしまいました。本当に申し訳ありませんでした。あの時代の日本人に代わって、私はお詫び申し上げます。

徐旦民氏が最後に言われた、〃母の南昌の家は東湖の百花洲の辺りにあった。もし戦争がなく、「文革」がなかったなら、我が家は本当に好かったのだが〃。この最後の言葉は、心にしみました。このインタビューを多くの日本人に読ませたいものです。今の日本人には、「親孝行」という言葉はもはや「死語」になっています。この言葉を久しぶりに思い出したのでした。このインタビューをし、記録に残し、私に送信してくださった廖梅先生にも、心から感謝申し上げます。

二〇一六年一〇月二〇日早朝

◇補足1　参考文献

李旭主編『徐朗秋先生紀念文集』（二〇一三年、六月　自費出版）

・徐朗秋は安徽省蕭城県東道馬の人、一八九七年〜一九六六年九月一〇日縊死。

・最初の妻・王素秋との間に一男四女あり。長男・侠民、長女・淑民（アメリカに移住）。

・一九四〇年、重慶で謝光珍と再婚、長男・徐旦民、長女・徐立民――夫・李治平。

◇補足2「謝光珍年表――廖梅先生紹介」

一九五一年三月　在苏州加入民盟（苏州民盟档案，光珍属于教育组，介绍人为吴锡法、周致云）

一九五二年一月　参加工作

一九五三年　徐朗秋任复旦大学附设工农速成中学语文老师（学校在苏州）

一九五五年　徐朗秋随学校迁往上海，谢光珍留在苏州

一九五七年八月一五日　在苏州参加民盟整风扩大会议第七小组会议（据民盟大会记录档案）

一九五八年三月八日　因病退职

一九五八年夏　俩夫妻在沪自杀未遂
一九五八年八月　儿女赴铁道部天水铁路专科学校读书
一九五八年一〇月　徐朗秋入狱
一九五八年下半年　在宿舍用火将席子点燃，被送进精神病医院
一九五九年春节　儿女回沪，去医院看望母亲
一九五九年三月一日　根据日记，光珍从精神病院出院
一九五九年五月　恢复民盟组织生活
一九六〇年　由复旦大学派车送回苏州
一九六一年夏　儿女毕业
一九六三年　徐朗秋出狱，回苏州
一九六六年九月一〇日　徐朗秋自缢身亡

◇補足3　謝光珍の子ども二人が行った「天水鉄道学校」の前史について

日本の「天水会・会長橋本武司」の二〇一四年一一月一九日の「天水会記事」に次のようにある。

（前略）新中国建国後間もない一九五〇年晩秋、突如私たちに東北（トンペイ：現中国東北部）を立ち去る命令が下った。終戦直後留用になった時の命令と大きく異なっていたのは、対象者が各地に分散していた鉄道関係者全員であり、携行荷物に生活用品の持参が認められていることであった。移動は二等客車で快適であったが重病人にとっては辛い道中だった。では帰国できるのではないかとのことで、思いは祖国日本へと飛んだ。集結地が天津、北京、済南の大都市と知り帰国の夢は大いに膨らんだ。しかし天津では噂のようではなく、当然ながら帰国請願運動は盛んになった。結果は西北地域が新任地に決まり落胆と不安に襲われたが、若者にはまだ見ぬ彼地の物見高さの期待もあった。さて、天津から三日客車に揺られ、西安を経て宝鶏に到着。それから

先は試験線路とのことで、有貨車に乗り換え途中脱線事故で九死に一生を得て、未だ見たこともない〝天水〟に到着した。北京、済南からも三々五々、技術者三〇〇余名、家族を含め約九〇〇名の日本人が駅周辺、天水城内に集結した。天水は三国志にも出てくるシルクロードの交通要衝の城砦であったが、「水を買う」「電気が無い」など環境が今までにない激変した辺境の地であった。しかし、各人の住居が割り当てられ、貨車に乗せた生活用の荷物を受け取るまでの間は、料理店で朝夕二回の食事の接待が受けられた。その処遇と配慮に満足した。住居は旅館や旧地主住居跡、四合院内の一室などに分散して住むようになった。天水はその名の通り清水が湧き出る小泉が南門の近くに在り、樹木も茂り黄土高原のオアシスの地である。一方、隴海鉄路の終点であり、行く手を三〇〇〇m級の山また山、黄河の支流や谷また谷に阻まれ、難工事に長らく手付かずの鉄路建設基地であった。目標は西北幹線鉄路を建設する国家プロジェクトであり、全国から優秀な鉄路技術者が動員された。中国と日本の技術者および工人（労働者）が協力してトンネル五四坑と橋梁一一三脚に挑戦することになった。物資は少なく、時には工具から造らねばならない場合もあった。日本人技術者は主に路軌道敷設と信号、機関車、車輛の整備と運転などの職場に多数が就き、夫々任務に最善を尽くし協力して、計画よりも半年早く、蘭州まで三五四キロの難工事を完成させた。天水、蘭州駅では盛大な開通式典が行われた。（以上）

最近の研究書に、堀井弘一郎著『「満州」から集団連行された鉄道技術者たち』（創土社、二〇一五年）がある。また、中国人二七人がそれぞれの思い出を書いている『新中国に貢献した日本人たち』（中国中日関係史学会編、訳者武吉次朗、日本僑報社、二〇〇三年。原書は、北京で発刊された）があるが、この書には「天水・蘭州間鉄道」建設につくした日本人技術者への言及はない。また、天水に行った謝光珍の二人の子供達も、日本人たちの鉄道建設の歴史と貢献の話を聞いたことはないという。

◇補足4　「新中国における張定釗の業績」

中国にある張定釗の記録、資料（廖梅蒐集）について、以下に補足する。

張定釗は、新中国でも物理化学の第一級の学者として活躍した。張定釗は、一九三〇年代、上海自然科学研究所にいたころ、上海のテニス界でも極めて有名であり、イギリスとの国際大会にも出場する名選手であった。新中国になってからは、社会科学院長春研究所に移り、「他首次在我国用光谱分析方法研究稀土元素」する第一人者となった。一九六四年には次の科学書を共同執筆している。裴蔼丽，沈联芳，程建华，欧阳远珠，黄本立，张定钊：《混合稀土元素光谱图》，北京：科学出版社，一九六四年。

一九六四年に政協長春市第四届委員会委員となり、「無党派愛国民主人士」の区分に分類される委員になった（資料来源：长春市地方志编纂委员会编《长春市志・政协志》，二〇〇八年一月、頁三八）。

中国の核科学研究の歴史において、張定釗が一九三四年、最初に江西省南部に「ウラン鉱石」を探索発見し、分光分析を行ったことが、ウラン鉱石の放射線研究の第一歩だと認められている。『当代中国核工業』（頁九）、『核世紀風雲録中国核科学史話』（頁九）を参照。

この両書にある、張定釗の一九三四年の研究業績については、八耳俊文論文「上海自然科学研究所化学科の研究員、張定釗の生涯と業績」（『地質学史懇談会会報』第三三号、二〇〇九年五月三〇日）にある、次の事実が相当するものと考える。張定釗の「中国産含希元素鉱物に対する分光分析は一九三三年から一九三五年にかけて一八〇種の標本について行われた。その結果を張定釗は、一九三五年四月の初め武漢大学で開催された中華学芸社年会で「江西産タングステン、モリブデン、スズ、ビスマスを含む砂（漢字表記を上記のように書き改めた――小林）中之希有元素之分光分析研究」の演題で発表している。この前年の一九三四年八月一三日、上海で中国化学会第二回年会が開かれ、張も参加した。張はこれとは別に、一九三四年の初めより山東省および浙江省産の蛍石に関心をもつようになった。そしてそこに含まれる希土類元素に着目して各試料の全分析の一方、各成分を分光分析する研究も進めた」（頁六～一三）。

まだ原子力開発に向けて、ウラン鉱石を探索分析する段階ではないが、張定釗の、一九三四年以降の、上記のような希少金属の分光分析が、以後の中国のウラニウムを含む鉱物の分光分析の第一歩になったのであろう。また、張定釗自身は新中国建国後も、ウラン鉱石探索とその分光分析に深く関係していたものと想像する。今後の研究課題である。彼の文革時代の記事と研究所での写真を三四三頁以下に付しておく。

◇補足5

「岡田家武について」——張定釗と共に、上海自然科学研究所の「化学科」を二人で担った岡田家武については先にも少しふれたが、ウィキペディアには次のように記されている。

岡田は一九三一に上海自然科学研究所の研究員となり、以降、第二次世界大戦後まで長く中国に留まった。岡田は、「マテオ・リッチのように生涯をかけて中国で中国人のために学問する志をたて、そのための手続きとして中国人になりきろうとした」とされている。一九三四年には、大槻俊斎の曾孫、俊重と結婚し、夫妻は上海の中国人街に居を定め、「日本人の作ったものは着ない、食べない」を実践したという。その一方で岡田は、中山優、橘樸、三品隆以ら、木村武雄に連なるグループとの接触をもち、日中戦争期には、大川周明に接触するなどして、「日中戦争終焉のための画策をおこなっていた」とされる。中華人民共和国成立後は、中国名を馬植夫と改め、四川省成都市へ移り住んで華西大学教授となり、関連する諸機関でも教鞭を執った。この頃には地球化学に関わる研究はしなかったが、民間薬の研究などに取り組んでいたという。しかし、文化大革命期の一九六六年九月一四日に、四川省公安部によってスパイとして逮捕、投獄され、一九七〇年九月に獄死した。岡田より遅れて、妻・俊重や長男も逮捕され、強制労働キャンプに送られたが、一九七八年八月に長男が、一九八〇年五月に俊重が解放され、二人は一九八一年一月に日本に帰国し、岡田家の消息が明らかになった。

・張定釗の経歴と業績については、次のように記されている。

张定钊　男，1902 年生，江西南昌人，1924 年毕业于日本京都帝国大学无机化学系，1943 年在日本东京帝国大学理学部大学院获理学博士学位。1945 年任上海自然科学研究所研究员；1946 年任永利化学工业公司南京硫酸铵厂技师；1948 年任国立台湾大学理学院化学系主任，1950 年任中国科学院上海物理化学所研究员，1952 年来所任研究员，1975 年退休。为长春市政协四届委员。 他首次在我国用光谱分析方法研究稀土元素 并于 1940 年发表在我国《学艺》杂志上的。广东 江西、湖南所产钨矿的光谱分析研究”论文中公布了铀的检出，这是我国产铀的首次发现。

在本所斯间，担任光谱分析组组长、所学术委员会委员，从事光谱分析的研究工作。

—来源：中国科学院长春应用化学研究所所志编辑委员会编《中国科学院长春应用化学研究所所志》，1991 年，内部发行。第 11-12 页。

・「文革中の一九六八年における張定釗の受難」

由于杨善济专案没有任何进展，机关其他专案也是如此。就在我们一筹莫展之际，杜副主任带着我们机关专案组的全体成员，去所实验室专案组取经。

我们刚一跨入实验室专案组大楼的走廊，就听见“妈呀——哎哟——妈呀”的撕心裂肺的惨叫声，令人毛骨悚然，一阵心悸。我们到这里的各个专案组一看，多数都是暴力审讯，逼迫招供。我们看见一个受审者，他叫张定钊 是研究电化学的研究员 有人举报他是“特务”。他在日本留过学，回国后分到上海自然科学研究所工作。1953 年，他和杨善济一样响应国家支援东北建设的号召来到我们研究所。他的胸前挂着一块十多斤重的大铁饼。审讯他的办案人员戏称，他是国民党的“有功之臣”，这是蒋介石奖给他的“特级勋章”。他脖子上的铁丝已深深地勒入肉里，惨不忍睹。有一个被誉为研究所“七大才子之一”的青年电化学专家，名叫华保定，在这次“清队”中，因承受不了莫须有的罪名而触电自杀。还有一个叫华莩的老革命，因交代不出“清队”，被逼得跳楼自尽。

耳闻目睹睹一件件、一桩桩惊心动魄的事件，我的良心受到了强烈震撼。

我认为我们这样做，有悖于党的政策，于是我写了一篇《清理阶级队伍，要注意政策》的文章，于 1968 年 12 月初寄给了《吉林日报》。1969 年 1 月初，《吉林日报》发表了这篇文章，还加了“编者按”。这篇文章的主要内容是:清理阶级队伍，不要施于暴力，不要刑讯逼供，要重调查研究，要重证据，不要轻信口供。

——资料来源：今来：《在“清队”中，我暴打专家杨善济先生》新文化报 /2012-09-09/ 第 Z04 版面 / 新文化周刊

張定釗の写真

1952 年初夏，吴学周带队上海物化所在迁长春做调研工作。图为他们在长春南湖公园的合影（右起吴学周，钱人元，沈青囊，张定钊，梁树权，徐晓白，刘惠）

1954 年光谱组获长春应化所先进小组称号中为组长张定钊博士研究员，右 2 为副组长吴钦义据我所知已仙逝的有：前排左 3 何泽人，左 5 麦振夏，左 6 吴钦义；后排左 2 刘宝善，左 3 沈联芳

光谱物理班原子光谱专业毕业生和老师合影 (1963.7.15)
头排 (坐) 为老师、工作人员及班干部。中坐长者为张定钊研究员

第五節　鈴木英夫著作目録（歌集は除く）

(A)『𠮟られし花』（女子文苑社、全二八八頁、昭和一六年三月三一日刊、実録）

内部構成は、「はがくれの父」、「𠮟られし花」、「ミモザの花季」、「九江景物詩」の四部構成になっている。これは中国戦線から帰国後、最初の著作である。鈴木や父親、友人達の書簡をそのまま転載しており、戦争体験が克明に描かれている。七〇余年後の今日でも、大きな史料的価値が有る。

(B)『遠東の人』小説三部作

第一部「趙君瑛の日記」（大同印書館、全三三三頁、昭和一六年一二月二〇日刊、小説）
第二部「陳一族の手紙」（大同印書館、全三一〇頁、昭和一七年四月三〇日刊、小説）
第三部「ある中尉の手記」（大同印書館、全二一七頁、昭和一八年一一月二〇日刊、小説）

以上の三冊（全部で約八六〇頁）は、昭和一六年から一七年の、僅か一、二年間で執筆されたものと考えられる。南昌のある民家で発見し、無断で帰国時に持ちかえった日記、書簡をそのまま掲載、出版すれば、実在の人物が特定されかねないと危惧し、更にまたこの二つの家族に実害を及ぼす可能性があるので、登場人物を仮名にし、尚且つ小説風に仕立てたようである。小説だから、会話の部分が多いが、決して架空の話の創作ではなく、南昌で発見した日記、書簡の内容に忠実に従い、それを正確な資料としており、史実から大きく逸脱しているようには思われない。著者は日本が引き起こした戦争に翻弄される中国知識人に対する同情と彼らの苦難に満ちた運命に対する深い理解を表明し、当時、戦争で狂気のように戦勝に沸き立っている日本国民に戦争の真実の姿、悲惨な現実を伝えようとした、と感じられる。

(C)昭和三八年版『趙君瑛の日記』（文献社版、全三三四頁、昭和三八年五月二五日刊）

この書は、「趙中瑛の日記」と「南昌二家族の手紙」を正確な書き下し文にし、戦後一八年経った一九六三年に改めて上梓したもの。日本軍が占領した南昌市で、一九三九年春、将校宿舎の裏の家で、二家族の書簡、趙中瑛日記、書籍等々の資料に出会った経緯、軍人としての経歴を、改めて読み直し、正確に翻訳した。昭和一六年から一七年にかけて刊行したものより簡潔に再現されている。

(A)書の一部「ミモザの花季」には、家族への手紙に「南昌で興味深い日記や書簡」を発見し、かなり読んだと書き送った手紙が何人か実名で掲載されている。

(D)『戦陣秘帖――若き軍医の見た日中戦争――』（湘東文庫、全二九〇頁、平成七年）

鈴木軍医中尉が、医療現場の責任者として記録した「陣中日記」であり、そのまま手を加えず、出版したもの。軍医として記録したカルテ風の日記である。これは史料的価値もある重要な記録である。戦争中の写真、従軍日誌、スケッチ、南昌市で発見した日誌、書簡の写真等々が多数収録されている。

(E)『北原白秋の思想』（短歌新聞社、昭和六〇年九月二四日刊、全二二四頁）

この書に戦争中の履歴や当時の考えを示す若干の記述がある。同書一六九頁には、昭和一六年には、「短歌論の性格」（昭和一六年一月）、「歌人と翼賛」（昭和一六年九月）、「戦場での短歌」（昭和一七年六月）の三評論を短歌雑誌『多磨』に発表したとある。

(F)一九四五年八月一五日の敗戦以後の南昌関係の随筆集

（1）『コスモス一万本』（伊麻書房、一九八三年）

『謝光珍の手紙』、『趙君瑛の日記』、「西湖の正月」、「上海ブルース」、『戦陣秘帖章の紹介文』、「孫呉熱始末」（第二回目の出征時、孫呉に軍医としていた時の話をモチーフにした小説）も収録されている。

（2）『しろつめ草』（柊書房、一九九九年）

「『遠東の民』梗概」、「九江物語」、「日中交流秘話――譚覚眞氏を巡る人々」（これには、北京大学で韓日辞典をつくった陳涛先生のこと、張京先訪問記も入っている）、「『自然』――上海自然研究所遺文――」（この短文には、張定釗の「希少岩石中の分光分析」に関する優れた業績、二代目所長・新城新蔵が南京に出張してすぐ病死した事件、肥田達太郎が上海郊外で綿の種を採取中にゲリラに射殺された事件、等々が書かれている。鈴木は、フランス租界にあるこの自然研究所を遠くから眺めたことがある、という）も収録されている。

（3）『のうせんかずら』（柊書房、二〇〇〇年）

「異象」、「活字に飢える――戦地からの手紙――」、「蠍《さそり》の歌」（激戦の最中、負傷し狂ってどうしようもなくなった兵士にモルヒネをたくさん注射して処置したことを長歌の形式で語っている）、「小随筆六篇――杭州の鳩」等が収録されている。

（4）『神に似ざるもの』（柊書房、二〇〇二年）

日中関係史をテーマにした短編小説。

以上

第八章　民国時代の中国軍隊（蒋介石軍、共産党系八路軍）の構成、性格
——日本軍隊、兵士との比較において——

本論では、日本軍だけを観察してきたが、日本軍と戦った中国軍とは、いったいどのような軍隊であったのか、どのような人々が兵士になり、どのように訓練され、またどのような補給体制や医療体制が整えられていたのか、またどのような歴史的社会的な性格を付与されていたのだろうか、こうした中国軍側の戦備の状況、実態、問題について検討しておきたい。

また一方、一九世紀以来、列強と称された近代国民国家の、世界分割競争をくり返してきた軍隊は、どのような独特の性格をもっていたのか？　特に、後進資本主義国、半封建的な性格を濃厚に持っていた日本軍の特徴とは、どのようなものであったか、そうした問題にも言及したい。

今や、列強の世界分割戦争、つまり帝国主義戦争の時代は、二度の世界大戦を経て終わった。「軍事強国」への道は、人類の恒久平和の目的にかなうものではなく、また現実的な道でもないことが、原水爆の登場によってますます明確になっている。しかし、一方で一向に戦争は無くならないし、軍備の増強、科学兵器の開発と殺傷能力は増大しつつある。「強国」になることは、本当に人間に幸福をもたらすものなのか、「人類史の進歩」、「科学技術の発展」といわれるものは、人類に如何なる未来をもたらすのか、等々の根源的な疑問は、今でも続いている。中国の現政権は、建国一〇〇周年にあたる二〇四九年までには、世界最強の軍事大国になるなどと、公然と言っている。明治から昭和初年までの日本も、「世界最強の軍事大国」への仲間入りを目指すといっていた。いまや、中国と日本は、立場が逆転したようにも見える。しかし、唯それだけならば、人類には「歴史の進歩」がないということになる。「世界連邦共和国」を理想とする立場から、軍隊と兵士に関する、大小の問題につい

て、また過去と未来について、若干の考察を加えたい。
まず、日中戦争時代の中国の軍隊の性格から始める。

第一節　中国の軍隊、兵隊は、古来いかなるものであったか

中国では、古来、一般に兵士は「兵匪」と併称され、兵と匪賊は一体であると思われ怖れられてきた長い歴史がある。諺にも、「よい人は兵にならせず、よい鉄は釘にはせず」とあり、兵士になるのは、また兵士にするのは「人間の屑だ」と考えられてきたのである。中国では、すでに春秋戦国時代の後期に「誇り高き貴族・武人」の階級支配、身分制度はくずれ、特に宋代以降、北方騎馬民族の征服王朝を除く諸王朝では、武人が文人を抑える時代はなかった。宋代以後になると、「科挙官僚」が（そうした家柄を「書香の家」と称し、人々は「読書人」と讃えた）圧倒的な権力と名誉と利益を独占し、「武官・武人」はモノの数にも入れられず、圧倒的な劣位に置かれたのである。有名な『水滸伝』を読めば、この時代、如何に官兵が堕落し、民衆に怖れられる「ゴロツキ」と化していたかがわかる。

明代には、こうした状況を変革するために兵制改革を行い、「衛所制度」を創設し、「軍戸」という、兵士になる戸籍をつくって軍隊に編成する「世襲の兵士戸籍」をもうけた。これも、上に立つ官僚と将校たちが、戸籍人数・軍量・経費をごまかし、中間搾取を常に行い、自分達の懐を肥やしたので、「衛所制度」は明末にはまったく崩壊して、満州族騎兵軍団と戦う力はなく、簡単に征服された。

最後の征服王朝・清朝になると、満州族が帝国を支配し、「満州八旗・蒙古八旗」が、帝国軍隊の中核軍となった。これら少数騎馬民族の「騎兵軍団」はかなり強力な軍団であったが、地方にいる「漢人八旗・緑衛兵」は、最低のゴロツキ的兵士ばかりになった。農民反乱や邪教反乱がおこると、軍隊が派遣されたが、彼らは本気

で戦わず、将校連中は官の支給する軍量や兵士の賃金をごまかし、官に兵隊の数を水増しして報告して経費を横領した。また反乱討伐にでると、デタラメに農民や平民を殺して、沢山の賊匪を殺したと偽った。このような官軍であったから、人民は「兵匪」として、彼らを大いに恐れたのである。

こうした長い歴史と伝統によって、辛亥革命で、初めて近代的な国民軍の性格をもつ「新軍」が組織され、活躍した。しかし、「中華民国」時代にも、各地に軍閥が割拠し、互いに自己の利益と地域の利益のために大小さまざまな戦争をやっていた。やっと蒋介石を棟梁とする国民党による「北伐戦争」以後になって、国家全体を統括する国民党中央軍らしきものが創設されたが、「西安事変」に見るように、軍閥割拠、軍閥抗争はすぐにはなくならなかった。しかし、一九三〇年代には「国共内戦」が本格的に始まり、蒋介石は、日本など外国勢力と戦うよりも、「共産匪賊」討伐を優先した。

一般概説書によると、中国軍の近代軍隊への大飛躍は、一九三二年の「北伐戦争」によってであった。その結果が端的に現われたのが、一九三二年の日本軍の第一次上海事変の時である。ここで初めて、中国軍は日本軍の予想以上の抵抗・防衛戦を行った。この時、上海で奮戦したのは「第一九路軍」で、将軍は蔡廷鍇であった。

蔡廷鍇は貧農の家庭に生まれ、当初は学を志したが、一九〇九年に広東新軍に参加し、軍歴を始めた。一九二〇年、護法軍政府の鄧鏗・李済深らが率いる粤軍（広東軍）第一師に加入し、ここで軍事訓練と教育を受けた。以後、粤軍の各地での戦いに加わり軍功をあげた。一九二五年七月に国民政府が広州で成立すると、国民革命軍に参加し、第一〇師に配属された。一九二六年、中国国民党による「北伐」が開始されると、蔡は第一〇師第二八団団長に任命される。湖北省での呉佩孚との戦いで軍功をあげ、「鉄軍」と呼ばれた第四軍の一員として高い名声を得た。一九二七年に蒋介石と汪兆銘（汪精衛）が対立すると、当初、蔡廷鍇は汪を支持し、北伐を続行した。汪が反共に転じると、蔡は葉挺に従って南昌起義に参加した。しかし、蔡はまもなく中国共産党への思想的違和感から離脱し、陳銘枢らの粤軍に再合流した。その後は、陳銘枢に従って蒋介石を支持し続け、反蒋派の軍隊と戦い、軍功を重ねた。一九三〇年、蒋光鼐と蔡廷鍇は、国民革命軍第一九路軍を組織することになり、蒋光鼐が第一九路軍総指揮、蔡が第一九路軍の軍長に任命された。一九三一年（民国二〇）から、第一九路軍は江西省などで共産党掃討に参加した。しかし、紅軍の予想以上の戦闘力に苦戦し、損害も大きかった。この時の苦戦から、蔡廷鍇は共産党との内戦をあくまで継続する蒋介石の方針に疑問を抱くようになっていく。満州事変が勃発すると、第一九路軍は江西省から南京・上海方面へ動員された。三二年（民国二一）一月、日本軍が上海へ進軍してくると、国民党中央は蔡廷鍇ら第一九路軍に撤退を勧めたが、蔡はこれを拒否し、両軍の衝突が開始された。兵力は第一九路軍が日本軍の半数の上、日本軍の方が装備・火力で圧倒的に優勢だった。しかし蒋光鼐や蔡らの指揮の下で第一九路軍は懸命に抗戦し、三〇日以上も持ちこたえた。最後は力尽きて撤退したが、この時の戦いぶりは中国国内から大きな賞賛を受けた（第一次上海事変、淞滬抗戦）」。以上が、種々の概説・歴史辞典をまとめた極めて簡単な蔡廷鍇の評伝である。死者は日本軍が約八〇〇、中国軍約四〇〇〇であった。

これらの記述から次のことがわかる。中国の軍隊は、全国各地の軍閥混戦を長く続けており、一九二七年の「北伐戦争」を契機にして第一九路軍のような愛国的な奮戦を行うことができる軍隊が生まれた。広東の新軍のような部隊が一部に生まれてきたのであるが、しかし、それはまだ蒋介石の、軍隊に対する全国的な統帥にはほど遠いものであったこと、一九三〇年代に入っても、軍閥混戦の分裂状態は完全には解消されなかったこと、等である。

蒋介石は「安内攘外」、つまり一九二一年に誕生した中国共産党を最大の敵とし、共産党軍を退治してから、日本の侵略と戦う、という基本方針を立てていた。こうして、一九三四年までは江西省瑞金を中心とする中共の「中央革命根拠地」の殲滅に全力を挙げた。しかし、敗北した共産党中央軍が「長征」を経て、陝西省延安に大移動をするにしたがって、蒋介石は、国民政府軍の主力軍を西安方面に移動集中していった。かくして、上海を中心にする長江一帯は、お留守になった。しかしながら、蒋介石が西安で逮捕監禁されるという事件が一九三六年に勃発した。この事件が、満州の抗日勢力を代表する張学良・楊虎城らによって実行された、蒋介石の監禁事件いわゆる「西安事件」である。この事件によって、その後の国民党と共産党の合作が行われることになった。両党が、一致共同してやっと統一して「抗日戦争」を戦う方向、つまり第二次国共合作がおこなわれ、抗日民族統一戦線の方向が決定された。一九三六年のことである。

こうした中国国内のゴタゴタに付け込んで、一挙に中国の最重要地帯、上海・杭州を中核にする長江デルタ地帯を攻略するという、日本軍の軍事的冒険主義が実行に移される。

笠原十九司『海軍の日中戦争』（平凡社）によると、第二次上海事変は、日本海軍が主導したそうだ。ここに本格的に、日中戦争が始まった。一九三七年八月、日本軍は、第三師団（藤田進中将）と第一一師団（山室宗武中将）を基に上海派遣軍（松井石根大将）を編成し、八月二三日に上陸を開始したが、宣戦布告をせず、支那事変という呼称を使った。

中国軍は、上海・江蘇省南部・浙江省を担当する第三戦区を設定し、司令長官を馮玉祥、副司令長官を顧祝同とし、軍の総兵力を投じて蒋介石が最高指揮をとった。八月二三日の日本軍上海派遣軍の上陸に対して、中国軍第九集団軍（張治中）、第一五集団軍（陳誠）、第一九集団軍（薛岳）が迎撃したが、強力な艦砲射撃や航空支援を受けた日本軍は、兵員数で優勢な中国軍を甘く見ていた。当初、陸軍が上陸すれば簡単に中国軍を撃破できると考えていた日本軍は、思わぬ苦戦に増援を要請し、日本側は第九師団（吉住良輔中将）、第一三師団（荻洲立兵中将）、第一〇一師団（伊東政喜中将）、重藤支隊（重藤千秋少将）の増派を決定、一〇月上旬には続々と上陸を開始した。

九月二一日、中国軍第三戦区の司令長官を蒋介石が兼任し、戦線の建て直しを図ったが、日本軍の火力の前に増援の第二一集団軍も壊滅的な被害を受け、さらに一〇月二五日から二六日にかけて大場鎮を日本軍に占領され、戦線を後退、縮小せざるを得なくなった。日本軍は、増援部隊として三個師団と一個支隊（第九・

一三・一〇一師団)を増派し、さらなる増援として、第一〇軍を編成した。すでに指摘したように、日本軍は一万人近くの戦死者、三万人以上の負傷者をだした。

一九三七年一一月五日、上海南方の杭州湾北岸に日本軍第一〇軍が上陸を開始し、一一月九日の松江陥落を機に、中国軍は全線で撤退を開始した。中国軍主力が撤退した後も、南市と浦東には二〇〇〇人程度の保安隊が残留して日本軍への抵抗を続けたが、一一月一二日には組織的抵抗は完全に終わった。上海戦で予想外の一万もの死者を出すという大損害を出した日本軍は、面子は丸つぶれ、国民に申し開けの出来ない苦境に落ちった。そこで軍事的大冒険である「南京攻撃、占領」へと突っ走り、途中と南京市一帯で大虐殺を起こしたのである。

この際の、「南京大虐殺」には、無差別に殺害された中国人の被害者数については大論争があり、その人数について所説がある。まだ正確な人数を確定することはできない。しかし、中国人の死傷者数は、少なくても数万人に及び、大虐殺が行われたことは間違いない。中国軍と民間人の損害については、日中戦争全体を通じて論ずるべきであり、ただ南京城内の死傷者の数字だけを争っても、日中戦争の本質的な問題と日中両国の犠牲者への供養にとってあまり意味はない。上海戦線だけでも、中国軍と民間人の死者は三〇数万とも、二〇数万ともいわれるほど巨大なものであった。

一九三七年から一九三九年までの、上海事変、徐州作戦、武漢作戦、南昌作戦等々の大戦の時には、蔣介石を中心にする国民党軍も、比較的大規模な会戦を行う準備を整え、大量の兵員を動員、投入することができた。しかし、これら一連の大会戦で中心になっていた中核軍隊をほとんど失い、また穀倉地帯や人口豊富な大陸の海岸線一帯を失ったので、以後はじり貧状態に陥った。かくして、首都を南京から武漢へ、さらに重慶へと長江上流に移動して行き、ついに軍量徴発と兵士徴募を奥地の四川省だけに頼ることになった。

大移動したのは、政府機関や役人たちだけではない。日本軍の侵略による戦禍が及んだ広大な地域から、大量の難民が奥地へ、奥地へとなだれ込んだ。南京占領、武漢占領、徐州占領などによって大都市が陥落する際には、何十何万という難民が潮のように被占領地を中心に四方八方になだれ出し、流れ込んだ。たとえば、日本軍の武漢攻撃作戦の時には、難民が江西省南昌市のような周辺都市に逃げ込み、次にその南昌が攻撃されると、南昌の人も一緒になって湖南省の長沙、雲南省昆明へと逃げ出した。老人や女子供の多い家族や、銭もツテもない下層民は、途中で乞食になったり、病死・餓死したりした。穀物、野菜、肉、衣類の値段は暴騰し、物価は天文学的数字にまで跳ね上がり、これらの物資を持っているものは売り惜しみ、政府と軍隊は民間から大量の物資、穀物、金を巻き上げた。数億の民は、塗炭の苦しみにあえいだのである。それでも元気なものは、兵隊、匪賊、盗賊、ごろつき、遊民、或いは、大地主や土豪の用心棒になったりして生き延びるチャンスがあった。

以上のように、日中戦争の間、難民・流民を行政が助けるというようなことはほとんどなかったので、中国では全国各地、至るところに行倒れや餓死者、病死者の死骸が転がっていた。数百数千万人が難民になり、中国人全体が生きるか死ぬかの瀬戸際に立たされたのである。日本の右翼反動派が騒ぐ、「南京事件の死者数」などは、当時の中国人全体の被害者、犠牲者の天文学的な戦禍、被害に比べれば、九牛の一毛に過ぎないといえよう。

こうした日中戦争下の中国農村社会において、政府・軍隊による兵士の徴募と軍量の徴発、税の徴収がどのように行われたのか、兵士の質と量はどのようなものであったかを、詳しく資料を調査し、研究したのは、笹川裕史と奥村哲である。以下、彼らの研究書『銃後の中国社会』（岩波書店、二〇〇七年）によって見たい。

「日中戦争のほぼ八年間に、国民政府統治区（日本軍占領下、中共統治区を除く）において、約一四〇五万の成年男子が徴兵され、この内約一二〇四万人が各部隊に配属された。これに加えて、戦争遂行に必要な開発事業や防衛施設の建設などの肉体労働にも、大勢の人間が強制的に駆り出された」（頁二）。

国民政府が逃げ込んだ、重慶・成都を中心にする四川省の人口は、約四七〇〇万人で、同時期における日本国人口の約七〇パーセント強に当たった。一三歳以上の人口の約七〇パーセントが農業に従事し、彼らの八二パーセントが「不識字」、つまり字を書いたり読んだりできなかったという。また、旧中国農村社会は、各地に大地主、大土豪が君臨し、公平な福祉や行政サービスなどはどこにもなかった。

旧四川省農村が如何に地主支配によって、強権的に維持されていたかは、四川省のある大地主の家に嫁に行った日本女性、福地いま『私は中国の地主だった』（岩波書店、一九五四年）に詳しい。これを見ると、農民の多くは大地主の小作人として集団的に抱え込まれていた。小作料は、実に七割もの高率であった。また、各県には何十人もの大地主がいて、彼らは大土豪のような権力を振るっていて、反抗するものを殺すものさえいた。だから、新中国が成立すると、多くが打倒され、家屋敷から田地田畠、山林をすべて没収されたり、殺されたりした。

中国共産党は、新中国建国後に、四川省全体で土豪劣紳、土匪匪賊、ごろつき、殺人犯、邪教の親分などを一挙に約四万人殺した。特に悪質なものは、公開裁判・即処刑にした。こうした公開処刑について、四川省の成都の南方にいた川口孝夫は著書『流されて蜀の国へ』（私家版、一九九八年。川口は、「白鳥事件」の直後、党の命令で中国に逃亡していた）の中で、文革時代の公開処刑について、次のように書いている。匪賊、土豪劣紳、極悪人などの公開処刑の時には、処刑場所に群衆が押し寄せる。処刑が終わると、雪崩をうって集まり、死体から衣服を剥ぎ取る。それは、死刑囚の身につけていた衣類を持ちかえって身につければ、健康に良いという迷信のためという。新中国になってからも、こんな迷信が四川の農村には広く行われていたのだ。蒋介石政権下の四川省の農村社会がどんなものであったか、想像がつくというものであろう。

国民政府の地方役人は、農民を脅しつけて強制的に兵卒を集めたり、税金や税量を出させたり、不公平で理不尽な方策で農民を搾取、動員、徴発した。こうして、弱いもの、貧しいもの、運の悪かったものが、戦争に動員されたのである。金持ち、大地主、有力者たちは種々の方法で政府の命令をごまかした。上記の笹川・奥村両氏の研究書の「結語」を紹介しておく。

「戦時徴発の厳しいノルマを達成するために、露骨な違法行為や暴力さえ使って社会的な弱者に負担を押し付ける末端の政府職員」・「富や権力を駆使して、食料の供出をごまかし兵役逃れを画策する利己的な地域の有力者」・

「わずかな隙をとらえて、入営前に、あるいは兵営から次々と逃亡して身をひそめる若者」・「有力者や役人による不正な収奪を司法機関に訴えてもその主張を聞き届けられずに零落してゆく農民」・「最低限の生活保障も得られず、保管、運搬中の食料を、群れをなして強奪する飢民」・「食いはぐれて自ら進んで替え玉となり、軍隊に入隊しては逃亡をくり返す流浪兵士」等々。

こうした徒輩が激増して、中国社会はますます混乱と窮乏の度を強めた。国民政府の徴兵制度は、一般的には一九三八年に始まり、四川省では、一九三九年に本格的に始まった。

それ以前、中国社会は、中華帝国晩期の清代も含めて、満州八旗、蒙古八旗以外では、主に遊民層が集まる「募兵制」が中心だった。初めて一九三八年から、蒋介石が「徴兵制」を適用したのである。しかし、人民大衆の大多数は兵士になることを好まず、兵役逃れをした。しかし、やむなく飯を食うために、また替え玉になってお金を稼いだり、兵匪になって金や物を強奪したりするために、兵隊になる人も多く生まれたのである。要するに国民政府軍は、欧米諸国や日本のような、いわゆる「近代国家の軍隊」である国民軍ではなかったのである。敗戦後、中国戦線で降伏して帰国した日本兵士の大部分が、「日本軍は戦争に負けてはいなかった」と考え、また公然とそのように言うのは、以上の理由による。

中国軍は負け戦になると将校でも下級兵士でも、すぐ戦線から勝手に逃亡し、自国の農民から略奪して、敗兵ごろつきになり、住民を襲うのが古来当たりまえだった。以上のように「兵士弱体」「兵士の匪賊化」「敗残兵の土匪化」の伝統はまだ民国時代にも色濃く残っていた。

国民政府の軍隊の多くが定員を欠いていたことは、常識だった。一個師団は、定員が約一一〇〇〇人であったが、一九四三年戴笠が蒋介石に送った電報で次のように証言している。「現在中央軍の各師団は、「現有の戦闘兵は八、九〇〇〇人いる」と称したが、実際は欠員が巨大であり、第三六師団はわずかに約四〇〇〇人、第八八師団はわずかに四五〇〇人、第八七師団は五〇〇〇人しかいない」と。蒋介石も、これが常態であることをよく知っていた。彼は、一師団の欠員が、三〇〇〇人ほどなのは常識であると言っている。平時には、一個師団分の資金・軍量の支給を受けながら、戦闘の際には半分の兵士の戦いしかしない。そして五〇〇〇〜六〇〇〇人が死傷したとウソの報告を上に上げて来る。陳誠は、日中戦争後期の軍政部長だった。彼は晩年、戦時を回顧して次のように言っている。「国軍の予算定員は五〇〇万であったが、実際上、軍量を食うものは七二〇万人に上っていた。当局の推測では、もし、国軍に存在している兵士の実数に基づくならば、実際に戦闘に当たれる軍隊は三〇〇万とするべきであった」と言っている。大多数が、字が読めず、しっかりした軍事訓練も受けず、補給も療養の援護もないというものだった。以上は、楊津涛『国軍抗戦時真実兵力多少』（『短史記』一七九期、二〇一四年六月二〇日）による。

以上のように、中国国民政府軍の実態は、いわゆる欧米列強の「近代国民国家の兵士」とは全く異なる存在だったのである。一九四二年、国民政府高官は、これまで四川省で一〇〇万の兵士を徴兵したが、九割は強制的に集めたものだった、やはり、自ら志願して戦いに出る知識青年の志願兵がなければならない、と。そこで一九四三年から、高学歴の志願兵を集めた。その数は約五万弱にたっした。一部の高等教育を受けた知識人、生まれて以来世界をよく見聞きしていた都会人、士官学校等で軍事訓練を受けた正規軍人、こうした数パーセントの人びとは、ナショナリズムの洗礼を受けて愛国心に燃え、民族意識に鼓舞されて比較的日本軍と勇敢に戦ったようである。日本兵士の短歌にも、そうした事例と思われる中国兵士の姿が描かれていた。近藤芳美『戦争と短歌』（岩波ブックレット）から、幾つかを紹介する。

・戦死せる南昌大学生の跡といへば、赤き十字架に涙ぐむなり
・うら若き敵の屍よ、細き指あわれ、美しく爪を切りたり
・頑強なる抵抗をせし敵陣に、泥にまにれしリーダーがありぬ

・炕のなかにひそみて最後まで、抵抗せしは青白き青年とその親なりき
・涙拭いて逆襲し来る敵兵は、髪ながき広西学生軍なりき

中国軍（国民政府軍）の全体を分析、研究した本に、張瑞徳著『山河動——抗戦時期国民政府的軍隊戦力』（社会科学文献出版社、二〇一五年）がある。以下、これによって簡単に中国軍の基本的性格を見たい。本書は、陸軍の組織構造、人事運営、訓練教育、参謀人事、蔣介石の軍令等々、多岐にわたって論じているが、ここでは兵士たちの置かれている状況についてのみ記す。日中戦争前の中国軍は、一七七師団、独立歩兵旅団六〇、独立歩兵団四三、……憲兵団一一団、将校一三万六〇〇〇余人、兵士一九〇万人弱、合計二〇〇万余人であった。ドイツ製の武器で装備された近代的な中核軍は、ただの八万余人しかなかった。一般の兵士は、ある山西省の一部隊での調査によると、手紙を書けるのは一三パーセントで、他の大多数は読み書きできなかった。しかし、一九三八年のある湖南省の新兵の八割が字を読めたという記録もあるが、これは例外的記述であり、九七パーセントが文盲であるという記録もある。戦争が始まると兵隊の質は日に日に悪化し、著者は「一般的に九〇パーセント以上の兵士が無学文盲であり、科学的常識がないものはほぼ一〇〇パーセントだった」と書いている。

一九四一年、第一四師団のある将校によれば、兵士の体格は虚弱なばかりでなく、白痴のような状態で教練に耐えられない。師団では、各軍営で訓練に耐えられる兵士だけを選抜して突撃隊を組織し、集中的に訓練した。他のものは各隊に管理させた。訓練などという話ではない。彼は戦争をする日が来た時、ただ山上に多数の我が兵がいるように見せかけられるようにと希望した。一般に新兵には軍事訓練をし、また補助教育をしなければならなかったが、アラビア数字を覚えさせるのに二、三週間が必要だった。またメートルを教えるにも二、三週間必要だった。弾道の放物線を説くのに二、三週間、射撃を訓練するのに二、三ヶ月必要だった。一九四三年に知識青年に試験をやって募集した。これで実際に軍に入ったのは一〇万人。専門学校以上が一〇パーセント、高校以上

が二三パーセント、初級中学六〇パーセント、小学校七パーセントで、軍人らしい姿が増して大いに助けになった。知識青年と言っても、ここには大学出身者はほとんどいなかったらしい。日本人の感覚では、これくらいの学歴では、彼らを知識青年とは呼ばないだろう。

以下も、主として前掲の張瑞徳『山河動―抗戦時期国民政府的軍隊戦力』の研究に依って記す。

兵士の給与の件であるが、戦前、中国軍の将軍・佐官・尉官のような高級軍人の給料はきわめて高かった。一般の兵隊もまあ生活ができるほどであった。ところが、戦争が始まると、広東・浙江・江蘇・山東などの肥沃な沿岸部や長江流域の穀倉地帯、工業都市、交通の要衝などが、皆日本軍に占領されてしまったので、全ての物資は猛烈なインフレに見舞われた。政府の税収は激減し、食料は市場から払底したので、軍人・一般兵士の給料など紙くずのように価値を失った。戦争が中期以後になると、軍人の待遇は苦力、車夫にも及ばなくなり、それで一般の人から兵隊は低い職業と見られ、兵士になるのは恐ろしいことだと思われた。こうして軍人の地位は「一落千丈」となった。戦争後期には、その社会的地位は「乞食と同じ」となった。給料では食えないので、脱走兵は続出、軍人の勤めを果たさず、物資や食料をかすめ取って売ったり、軍律を守らず、不法行為をしたりするのが普通になった。高官は、兵員数をごまかし、物資を横領、転売するものが続出した。こうして真面目な人で軍人になる者は居なくなったので、政府は徴兵制度を実施したが、民衆はあらゆる手段を講じて逃れようとした。これが中国軍の実態であり、軍隊・軍人が急激に堕落腐敗してゆく過程であった。

第二節　中国共産党系「八路軍」の性格

以下は、笠原十九司『日中戦争全史』(下巻、高文研、二〇一七年)によって記す。

一九三七年の「抗日民族統一戦線」が結成され、これまで「紅軍」とよばれた共産党軍は「国民革命軍第八路軍」に改変され、華中の共産党軍は「国民革命軍新編第四軍」（新四軍）に改変された。この二つの共産党系軍隊は、これまでの国民党軍と大きな性格の違いをみせた。一九三五年から延安を中心にした共産党軍は、初めは五万にも足りない軍隊であったが、進出した農村では一律に土豪、大地主、土匪などを鎮圧し、「人民裁判」で悪辣な者を殺して土地改革をやり、高利貸資本を抑圧して大多数の下層階級の心をつかみ、国民党との違いを鮮明にした。日本軍との正面からの戦いはさけ、軍事力の温存、拡大を中心とする「ゲリラ戦法」を基本にした。毛沢東の「敵攻めれば我退き、敵止まれば我止まり、敵退けば我攻める」というゲリラ戦術と、「人民のものは針一本、糸一本獲らない」という人民規律を徹底して守ったので、急速に農村に勢力をのばした。また、「政治七分、戦闘三分」の割合で、出来るだけ損害を少なく、人民の党への獲得を多くする方針をとった。こうして、各地にゲリラ戦争地区である抗日根拠地をつくり、ついには「解放区」となし、「辺区政府」をおいて、共産党軍の勢力下に編入していった。こうして「山東抗日根拠地」、「晋（山西省）冀（河北省）魯（山東省）抗日根拠地」、さらに「豫」（安徽省）の一部を加えた、大行山脈を中心にする根拠地も作られていった。

一九四〇年には、大規模な「百団大戦」という、これまでなかった大戦争を日本軍に行うまでに成長した。この戦いの前に、八路軍・新四軍は六〇万人以上、民兵は二〇〇万という大部隊に成長し、日本軍占領地域内部の解放区の人口は約四〇〇〇万人に達していた。こうして数十万の兵を投じた「百団大戦」を敢行し、多大なる損害を日本軍に与えたが、その多くは鉄道線路、電信柱、トンネル、橋と道路の破壊等であった。日本軍は数千の死傷者を出し、八路軍も数万の死傷者をだしたらしい。また日本軍は本格的な「三光作戦」と言われた大反撃を行い、八路軍は支配地域の多くを失った。この戦いを提起し主導した朱徳・彭徳懐は、文革中に「毛主席の教えに背いた」、「時期早々であった」と非難された。現在、「戦術で勝利し、戦略では敗北した」と称されている。全体的に言えば、毛沢東の戦略戦術は、国民党軍に「抗日の主役」をやらせ、自分たちは兵力増強、戦力保持だったと言うことができる。

第三節　日本軍兵士「宮柊二」の戦闘、戦争

戦後、北原白秋の高弟で、歌集『山西省』などで有名になった宮柊二は、主に山西省で下士官として五年間、戦った。彼は山西省北西部の寧武県に駐屯していた第一軍麾下の「独立混成旅団第三旅団第十大隊第二中隊」に所属した兵士だった。彼の中隊は、寧武県城から西南三二キロにある東寨鎮に分遣されており、これが彼ら部隊のホームグラウンドであった。幹部候補生になるように何回も誘われたが、すべて断り一兵卒としてやり通した。彼は大学卒ではなかったので、大学出の特権のようなこの制度にあやかるのは恥と思っていたのであろう。また下級兵士として自分は「おそらくは知らるるなけむ、一兵の生きの有様をまつぶさに遂げむ（幹部候補生慫慂を再度断わりて）」とその兵士哲学を短歌に託して語っている。昭和一六年六月に陸軍兵長、そして同月、下士官（伍長・軍曹クラス）勤務となったが、それ以上にはならなかった。

彼が戦ったのは主に共産党の「八路軍」であったように思われる。宮は、一九三九年から五年間、山西省の陣中でつくった歌を時々に日本に送り発表した。彼のこの時期の歌は、すべて『宮柊二集』（岩波書店、第五巻、一九九〇年）に収められている。その多くは、戦地である山西省の北部の戦場から、横浜にいた東京女高師卒の恋人に送って、文法等の間違いを正してもらい、雑誌『多磨』などに掲載しつづけた。

宮は、敗戦後の一九四九年に『山西省』（古径社）を発表して有名になった。この歌集は、日本兵士が戦闘の実態、戦場の状況、兵士の心理を一切の感傷を拒否して描写した、古今に希なる戦場歌として有名になった歌集である。兵士の生死をやりとりする瞬間をここまで透徹した精神で観察し、分析し、凝視した戦場歌はほとんどない、と一般に高く評価されている。

上記第五巻の多くの歌の中から、私の感覚で選んだ幾つかを紹介する。宮柊二集・第五巻「初出」による。また、読みやすく意味が分かりやすいように、私が適当に、歌の途中に句点を入れた。

山西省にて昭和一五年〜一七年作。

肩寄せて綾目も分かぬ夜の磧《かわら》を、睡りつつゆけば幾度もころぶ
戦友《とも》の顔に流るる汗の氷ゆく、この激しさを何と云わむかも
おそらくは知らるるなけむ一兵の、生きの有様をまつぶさに遂げむ（幹部候補生慫慂を再度断わりて）
おほかたは言挙《ことあ》ぐるなくひたぶるに、戦ひ死にき幾人の友
こときれて地に伏す戦友を抱き上げ、あはただしくは調ぶその創の跡
額《ぬか》染めて流るる血潮を拭ひやり、あわれともさびしともわれは云ひ難し
自爆せし敵のむくろの若かるを、哀れみつつは振り返り見ず
夜にいでて疾風のごとくに兵団が、河を渡りし六二回
ねむりおる体の上を、夜のけもの穢《けが》れてとほれり通らしめつつ
山西省五台県砲水廠の高地に戦ひて、激しかりき雨中に三日
敵襲のあらぬ夜はなし、斥けつつ五日に及べ月繊くなりぬ
敵中に楔《くさび》を入れて三日二夜、戦ひ疾りて朱家庄に迫る
虫鳴きて蛍寒く飛べり、少年の密偵を殺し了《おわ》んぬ
胸元に銃剣受けし捕虜二人、青邃峪に姿をのまる
三万の敵追ひつめぬ、直接に七千は山に我と対峙す
落ち方の素赤き月の射す山を、こよい襲はむ生きる者残さじ

甕の類あまた並べし家ぬちに、遁げ遅れたる女ぞひそむ
限りなき悲しみといふも、戦ひに起き伏し経れば次第にうすし
磧《かわら》より夜をまぎれ来る敵兵の、三人迄を迎へて刺殺せり
ひきよせて寄り添ふごとく刺ししかば、声も立てなくくづをれて伏
俯伏して塹に果てしは衣に誌し、いづれも西安洛陽の兵
汾河《ふんが》も源をさらに十里遡り、蕭々たる林に戦ひ死ねり
をりふしに君等を偲ぶかなしみの、おかし来たれどわれはひるまず
浮かびくる中共論理の言葉群、春耕、犠牲、統一累進税
歩哨を狙撃し来たりしかの夜は、一〇〇の婦女隊員をりしと伝へ来

昭和一八年の帰国後に

必勝を絶対として顧《かえりみ》す、顕《あき》つ神天皇《すめろぎ》の統べます軍（大東亜戦争二周年を迎へて歌へる）
還り来て幾日か経にし雨ふかき、庭の蓬を刈らむと母言ふ
大陸ゆ死なず還りし下士官を、早や召したまへ南いくさに

敗戦直後と以後の長い年月の間に

銃殺台に登る半ば、降りて言ひし陳公博の言葉悲しも
わがこころ平らぎかねつ、山窪の沈黙のごとき落葉みしかど
兵隊の末の老いたる臑《すね》をなで、腕を撫しつつ年送りせり
中国に旅する君を羨《とも》しみて、咲くリラみつつわれ家ごもる
中国に兵なりし日の五ヵ年を、しみじみと思う戦争は悪だ
中国の旅をばなして洛陽で、俑を求めし一五年前

山西省で戦った宮柊二の五年間の戦闘、戦場の有様と日本兵士たちの感情、精神がどのようなものであったか、またこれを迎え撃った共産党軍・八路軍兵の抵抗がどのようなものであったか、それらをきわめて鋭く切り取り、描写している。北原白秋門下の親友・軍医鈴木英夫の戦場が、長江以南の肥沃な地域であったのに、宮が五年の長きにわたって戦場にしていた山西省は、黄河以北の茶色の黄砂が舞う茶褐色の高地であり、冬は寒風ふきすさぶ荒地と化す山岳地帯であった。人々の生活は貧しく、飲み水にもこと欠く荒寥とした大地の谷川に、宮の部隊はテントを張って本拠地とし、そこから四方八方に急襲、遠征を繰り返して八路軍ゲリラと戦う日々だった。八路軍は追えば逃げ、待ち伏せし、夜はしのびよって急襲し、隙あれば狙撃をした。宮の短歌には、そうした日々の緊張と日々の攻防戦が生々しく表れている。

八路の兵の果敢さもよく示されている。ある年の日記に次のように書かれている。

・「六月〇日、夕日の中にその肩の銃をキラキラ光らせ乍ら正に二、三百名の敵が西進して前進してくる。攻撃に移る。銃砲声は夏天の黄昏を傾け揺らせて鳴りつづける。この戦闘八時三十分終了。わが戦死〇名、負傷〇名、確認せ敵の遺棄死体〇〇、捕虜〇名、鹵獲兵器――」。

・「六月〇日、〇〇城に入城、壊れかけた民家の屯が城壁の中に白けつつあり既に住民は逃亡して一人として居なかった。町中の通りは荒れに荒れてその上を水が流れ、夕焼雲を映していた。……戦死者の茶毘を一三時三〇分より執行する。荒れ果てた町の一角で。城壁の破壊個所の修理初められる。夏天の下に黒く群がって働く苦力、苦力、苦力。城壁は高さ三丈、幅十二、三間位あろうか。……この城壁で思い出した〇〇作戦の時の入城した街の城壁に拠る我々の弾丸の下を潜り突進し来たった敵の十二、三人が遂にチェッコ二銃をひっさげ城壁通過門の中に入ってしまった。しかし、そこで彼等はわが友軍から猛烈に射撃され、引き返すべくは城壁上から手榴弾及び弾丸の雨を浴びねばならず、為に彼等はチェッコ軽機の弾を撃ちつくしてそこで全部が自爆して了った。今でも敵とは申しながらその壮烈果敢さが強く印象にのこっている」（宮柊二集、第六巻「青い杏」、昭和一六年一月の「短歌新聞」掲載）。

八路軍の兵士には、党の政治と軍事に関する教育がよく行き届いており、また党員たちは学習会を毎日のようにやった。こうして農村の真面目な青少年を優秀なゲリラ兵士にしていた。それで日本兵にもなかなか手ごわい相手であったことがわかる。しかし、まだ国府軍、八路軍・新四軍とも大多数の兵士は、国家の普通義務教育を受けたことがない兵士たちであったから、明治時代から忠君愛国の教育を徹底的に叩きこまれていた日本軍兵士と正面から戦う実力を持ってはいなかった。日本軍は、普通、中国兵士の数の数倍と戦う力があると考えられていたし、また多くの兵士がそのように信じていた。

宮柊二は、一九四一年六月二二日、後に妻となる女性に長い手紙を書いて、戦地における近況を書いて送り、それまで「中原作戦」に切り込み隊となって戦った体験を詳しく書いている。この一個大隊（数百人）による決死行は、同年五月七日から六月一五日までの約三〇数日間であった。

私たちの部隊は敵の中央を突破し、内包囲圏をつくれといふ命令を受けており、楔入、突破、追撃、反転といふ風に動いたわけであります。軍ではこれまでの多くの戦闘の経験から〈支那軍に対しては、支那軍のいかなる大軍の包囲の中に陥っても、われの一個大隊はよく一昼夜を抗し得る〉といふ結論を得て、私達の部隊が、その所謂一個大隊の役目を帯びて二〇数万の敵の心臓部にしゃにむにと突き入ったわけです。その七日の夜から全滅を考えねばならぬ状態を帯びた戦闘につぎつぎぶっとおほしに会ひつつ第一期を終わりましたが、そのようにしてわたくしたちが敵の中にあって戦ってゐる時、友軍の他の大部隊が敵の外側包囲を完成したわけです。敵は既に日本軍の進攻を予期していたらしいようでした。敵は私達の進攻二日ばかり前にすっかり交代して、西安、洛陽で訓練を受けた精鋭が守備につき進攻した私達にあたったわけで、さすがに中央軍だといふ感をつよくしました。然し八路軍と違って崩れたら潮のように崩れてゆきます。これは彼らが弱いのではなく、新聞などにもあったとほり、日本軍の戦略の成功と彼等の指揮統帥系統に何か不十分のものがあったのではないかと思われました（宮柊二『砲火と山鳩』河出書房新社、頁七三～七四）。

ここには、国民党の軍隊は、中央軍しか日本軍と正面から戦えないこと、「中原作戦」では、西安、洛陽の精鋭の中央軍がでてきて日本軍を迎え撃ったこと、彼等は大軍で強力であったが、負けると雪崩れるように敗走したこと、その原因は指揮命令系統に問題があったのではないかと思われること、等々重要なことが書いてある。一般に中国軍は、日本軍とは一対一では問題にならず、五・六倍の兵が必要だといわれていた。中国軍は、蔣介石が指揮したといわれているが、元々各地方の軍閥を基盤にしており、トップの高官だけを中央から派遣しても、指揮命令系統が統一できず、また下士官・兵士は方言しかわからず、しかも文字が読めないのが九割を占めていたので、長期に近代戦を続けることは極めて困難だった。宮の上記の体験談は、こうした日中両軍が戦った大きな会戦の特徴を鋭く見抜いていた、といわねばならない。

私はこのように書いてきたところで、すでに買ってはあったが、積読のままだった大学時代の後輩・笠原十九司著『日本軍の治安戦』（岩波書店、二〇一〇年）を探し出して読み始めた。すると冒頭の「プロローグ」に、山西省の「三光作戦」に最もプロ級になった兵士、「殺し屋」となったものとして、宮柊二が取り上げられていた。笠原氏は、日本を代表する日中戦争の研究者であるが、私はこれまで日中戦争を研究したことは全くなかった。笠原氏は、かねてから「南京大虐殺の研究」で有名になったが、それ以外に華北の日本軍の治安戦や毒ガス戦の著書もある。氏の研究は、きわめて実証的且つ全面的であり、内容は大いに信頼できる。しかし、宮をプロ級の「殺し屋」だと非難することは、今だから言えることである。愛国者は純粋な国民国家兵士になるのが理想である、というのが近代国家の純粋理念であった。かかる意味において、宮は「旧大日本帝国」においては、「真正の日本兵士・皇軍兵士」だったと言うことができる。

第四節　前近代的な中国軍隊と国民国家日本軍隊との相違

旧中国の国家社会を知らず、また軍隊・兵士の歴史を知らない多くの日本人は、中国戦線における「上海攻防戦」、「南京占領」、「徐州作戦」、「武漢三鎮の攻略」とかいう「言葉・用語」を聞くと、「ノルマンディー作戦」、「マジノ線突破」、「バルジ大作戦」、「スターリングラード攻防戦」と同様な、近代戦争、会戦で中国の大軍を撃破したというような「戦争場面」を想像しがちである。

確かに、中国軍にはドイツ人の将軍が軍事顧問として来ており、中国軍は、ドイツ兵器やチェコ製の有名なチェッコ機関銃など大量の兵器を買っていた。だから、中国軍は、近代的軍隊であったと想像し、そして日本はそのような近代戦争に勝ち続けていたと考えがちである。しかし、それは中国軍の実態に合っていなかった。

日本軍は、まがりなりにも「近代国家の国民軍」であったが、中国軍の実態は、「募兵制」の伝統をひき、一般住民から「兵匪」と恐れられる純粋の「国民国家の軍人」とは言えない、半ば旧来の軍隊のままであったのである。だから、日本人は、「軍人が便衣で住民の中に隠れていた」ので、皆殺しにせざるを得なかったのだといった論法で、虐殺を正当化するが、中国人からいえば日本人の勝手な論法だということになる。つまり、日本軍が戦った相手兵士は下層大衆であり、正規の軍服を着ていても、普通の農民の服装(便衣)を着ていても、愛国主義に燃える軍人などでは全くなかったのだ。義務教育は無く、字も読めず、全国共通の言葉もない、方言だけしか知らない人々、これが八、九割をしめる一般的な兵士だった。国家から厚い保護を受けたこともない民衆、大多数がむりやりに兵士にされた哀れな民衆であり、或いは飯を食うためにやむなく軍隊に入った下層大衆であった、ということになる。「軍人」と「国民」、そうした厳然たる区分は、欧米日の国民国家の「徴兵制軍隊」、同じ愛国心に燃える国民国家にしか存在しなかった。

近代国家の国民軍兵士は――従って、日本軍兵士は、他人の国に行って、そこの人々を勝手に「正規軍の敵兵」として殺すこと、また自分が戦死することを已むを得ないことと思い、それを不思議とは思わなかった。どうして他国の見知らぬ人びとを殺し、女性を犯し、食料を強奪することが正しいのか。日本人に、どうしてそんな権利があるか、といった根本的な疑問を持つことはなかった。悪いのは、通州事件で日本人や朝鮮人を二〇〇数十人も虐殺した野蛮で無知蒙昧の支那人であり、蔣介石軍であると信じて疑わなかった。

それに対して、日本と日本人は、発展した世界に冠たる近代国家であり、万邦無比の神国、天皇を頂く国体を擁する国である、というわけである。神国日本は、野蛮で遅れた支那と支那人を支配する権利がある、という神話が作りだされた。こうして明治時代の国家教育を通じて、「弱肉強食を国是とする新日本人＝皇国臣民、八紘一宇の理想を実現する大和民族・日本人」という、夜郎自大の国民に変質していった。

日本の軍と政府の理屈は、必ず先に野蛮な虐殺事件を起こし、発砲し攻撃してきたのは支那人である、支那が最初に手を出し、仕掛けてきたのだといったたぐいの「単純な論理、いや言いがかり」である。敵は先に「通州事件」、「尼港事件」(これはロシアのこと)、「盧溝橋事件」、「大山事件」を起こしたのだ、だから支那が悪い、ロシアが悪い、彼らが先に手を出して多くの同胞を虐殺したから、かれら敵国への報復が必要であり、自国人の生命と財産を守るために出兵するのだ、という理屈から戦争が始まるのが通例である。国家が戦争をする時には、昔も今も全く同じ理屈をこね、自国の戦争を正義と言う。このことは古今東西変わらない。

普通、人間は個人的には、兵士になって軍隊の命令のままに、人を殺したり殺されたりすることは恐ろしく、嫌なことである。だから徴兵によって軍隊に取られることを嫌がり、あらゆる手段を使って徴兵逃れをする。

これが平常時の普通の人間の心理であり真実である。しかし、近代国家日本国は、逆に弱国を、他国を戦争で破り、敵兵を沢山殺して支配し、植民地を沢山つくるのが、偉大な国民国家の責務である。そうしなければ、偉大な国家、偉大な国民になれず、又自国の存立を守れないのだ。その為に勇敢な兵士を作り、彼らこそが真っ当な日本人、愛国心をもった真の日本人、真の武士道的兵士であると信じさせたのである。特に日露戦争で一〇万もの戦死者を出して以後の日本では、兵役拒否などは卑怯者のすることで、日本人にあらず、非国民であるということになった。自ら陸士、海兵に行き、特攻隊に志願する人こそ真の日本人であるとされた。かかる呪縛は、極めて強固なものとなり、多くの天皇と国家のために戦死することを名誉とする青少年を生んだ。国家権力者ばかりか、国民までもが好戦的な国民に変質していった。こうした日本軍の歴史については、小冊子ながら半藤一利『あの戦争と日本人』(文春文庫)の一読をお勧めしたい。

こうして、近代国民国家は、物事の道理を逆転した。国民はすべて一糸乱れず愛国心をもち、近代的兵器で武装し、国家の正規軍兵士となって、大君のために身命を賭して戦い、他国に侵入し、徹底的に敵兵を殺すこと、これこそが真の日本人の雄姿であり、それができる日本人は世界で最高に優秀な兵士である証拠である、ということになった。それに対して、すぐ敗走し、すぐ軍服を脱ぎ、便衣を着て民衆の中に逃げ込む「支那軍兵士」は、弱兵であり、卑怯者であり、人間の屑であるということになった。隠れている兵士をつまみ出して銃殺するのは、民間人を殺したことにはならない。便衣を着てテロを企てる卑怯な敵兵である。彼らを見つけ出し、銃殺して何が悪いのか、という論法が誕生した。ただ、整然と隊伍を組み、科学兵器で武装し、毒ガス弾をまいて勇敢に戦い、効率よく敵兵を殺して戦争に勝つこと、こうした近代的軍隊を擁すること、これが近代の強国の証拠であるということになった。それがまた、近代科学技術の先進性を示す証拠である、ということにもなった。しかし、その結果うまれた日本軍隊とは、いったいどのようなものであり、いかなる結果に終わったのか？

吉田裕の著書『日本軍兵士――アジア・太平洋戦争の現実』(中公新書、二〇一七年)によれば、中国大陸(満州を除く）には一九四一年から四三年にかけて毎年六八万人、四四年には八〇万人、四五年には一二〇万人もの陸軍部隊が釘づけにされており、また日中戦争開始以降、敗戦までに、中国本土（満州を除く）で戦没した日本人の軍人・軍属、民間人の総数は四六万五七〇〇人。それ以前の満州事変における日本軍の戦死者数は、一万七一七四人（靖国神社に合祀されている人数）であったという（頁二二～二三）。日中戦争時代に大陸にいた全日本人は、二〇〇万に近かったであろう。日本陸軍兵士の兵器・装備は、日露戦争時代からほとんど進歩しておらず、神がかりの突撃主義と内務班内におけるシゴキ精神が横行していた。兵士は、補給がきわめて不十分のまま、三・四〇キロもの装備で、昼夜兼行の強行軍をやらされ、略奪や強姦、捕虜刺殺を命じられるのが常態になった。軍紀は乱れ、多くの兵士は強行軍から脱落した。落伍兵は自殺したり、野戦病院で戦病死したり、あるいは野垂れ死んでいった。日本軍の強さと言われるものは、こうした非人間的な「皇国国体信仰」と上官の命令を絶対視する「命令主義」と「古参兵の内務班内での恐怖支配」による、理不尽な世界が生み出した結果でしかなかった。日本軍の多くの兵士は、無駄死をさせられたと言っても過言ではない。

近代国家に発展し、地球上に多くの植民地をもち「列強」と称された「近代の強国」は、どのような地域に、どのような歴史的条件のもとでうまれたのか。また日本はなぜ国民国家に成り上がることができ、中国は半植民地国家に成り下がってしまったのか？

江戸時代約二百数十年間、日本人の人口の八割は農民であった。約一割が・職人・町人であった。残りの約一割弱が武士階級であった。武士階級だけが刀剣槍をもつ世襲の武装した支配階級であった。武士は多くが城砦を取り巻く都市に住み、農民から税量をとり、共同労働に駆り出した。人間は上下の階級に分かれ、武士階級支配による専制が貫徹されていた。農民・職人・町人階級は、名字帯刀を許されず、定住、職業を固定され、自由に職業を変えたり、よそに移動、移住したりすることは厳禁になった。日本の武士階級は、同じ支配階級でも、旧中国の地主・官僚・商人の三位一体の在り方とは全く違った存在であった。

日本の武士は、基本的に長子相続であったから武士の戸数と武士間の階級・家格はほぼ一定であった。彼ら武士は、一般には城下町に結集して住み、武芸と学問にはげみ、戦争がなかったから、刀を差した官僚且つ読書人であった。彼ら武士階級は、土地を買って地主階級になることも、商売をして商人を兼業する商人階級にもなることはできなかった。武士階級の事実上の君主は、各藩の「藩主」であって、徳川将軍家ではなかった。武士は直接藩主に忠誠を励んだのであり、中国のように皇帝一人が帝国全体に君臨する政治体制とは全く異なっていた。日本の武士は、土地集積もできず、商売で金を稼ぐこともできなかった。かくして彼らは、腐敗堕落しようにもその方途がなかったのであり、幕末には諸藩の財政は破綻状態であった。かくして世界史上、まれなる清潔な支配階級である武士の世は終りになったのである。

中国の金持は頭の良い子は科挙官僚に、商売の上手な子は商人に、家系を守るにはせっせと土地集積をして、子孫を地主にすることも忘れなかった。財産は、男の子に均分に相続したから、子孫は世代ごとに財産を減らす心配があった。そこで宗族の団結が必要になり、族譜をつくって一族の団結、共助、協力をはかった。このように、日本の封建社会と中国の郡県体制は何から何まで違っていた。

中国では争いは、各人が訴訟により、また暴力により、また賄賂によって解決した。各個人が、あらゆる才覚を動員して問題の解決に挑んだが、日本では、各村落内部で、各共同体内部で処理され、御上に訴えるのも基本的には、村共同体、商人職人の共同体が主導権をとった。だから、百姓一揆は、基本的に村落共同体連合として発生し、展開したのである。藩内に農民の大一揆が起これば、藩がとりつぶされ、藩主以下武士階級が全体で責任を取ることになり、石高を減らされたり、転封されたり、ひどい場合は藩がとりつぶしになった。中国には「藩」というものも「世襲の家臣」もなかったので、一揆や反乱を起こせば一家・一族が殺されたり、投獄されたりするだけだった。日本農民は、基本的に自然経済の下に、部落共同体の中で暮らして来た。部落には、共有林、共有財産、共同水利、共同労働、共同祭祀が強固に存在していた。武士階級は、大商人になったり、多くの田地田畑を買い集める大地主になったりすることを禁じられていたから、農村に権力・金力を持ち込めなかった。こうして、階級・階層のすみわけが整然と行われたのである。この農村における農民の、共有林・共同水利・村祭り・村祭祀等々の共同労働、農民文化が日本の歴史社会、伝統文化をつくってきたのである。中国は血縁社会として進化し、日本は地縁社会として進化した。日本の農民は、村共同体の中で、文字を学び、本を読み、行政をやって知力・学力を高め、幕末には「豪商・豪農」階級を生み出した。こうした歴史社会と伝統文化の在り方がまったく異なる日本と中国は、近代化への歩みも、また近代の性格も大いに異なるものとなったのである。

さて、明治維新の革命は、こうした日本固有の「封建制度」「階級支配」を転覆して、一挙に武士階級の体制に終止符を打った。そして天皇の下に皆同じ「臣民=国民」をつくり出し、同じスタートラインに着けた。一応、憲法をつくり、カッコ付きではあるが自由・平等・人権を建前とする国民国家をつくることに成功した。これまで封建制の下に長期に呻吟して来た農民・商人・手工業者・エタ・ヒニンという被支配身分は無くなったのである。この明治維新が、長い江戸時代のあいだ中、身分制の束縛を受けてきた約九割を占める彼等日本人に如何に解放感を与え、如何に歓喜させたか、また如何に西洋文化に恩恵を感じさせたか測り知れない。誠にそれは驚嘆すべき出来事だったのである。明治維新は、絶対主義の勝利であり、封建制時代の最後の国家の国家構成体である、といった講座派の歴史理論は間違いだったとおもう。それ以降の内外の諸情勢、諸原因が作用して、この世界史上最も遅れてやっと成功した市民革命を絶対主義国家のような明治国家へ、という「逆行形態」を生みだしたのだ。「天皇の全面的権威の下に同じ日本臣民になり、同じ国民になった」という形態において、この位相においてだけ「日本の国民国家」は成功したのである。

日本が、不平等条約の下でも、なんとか独立国家の体面を保持できたのは、インドの「シーポイの反乱」、中国の「太平天国の反乱」がイギリスなど西洋列強の日本到達、日本侵略を遅れさせ、日本が明治維新をやり、近代的な政治社会に移行できる時間的な客観的条件を与えてくれたからである。これが国際的条件において、日本に有利に働いたのである。

また、国内条件としては、封建制国家の方が、旧世界帝国よりも、市民革命をおこなって近代国民国家への転換がしやすい。近代資本主義国家へ早く転換でき、国民国家として成功したのは、ヨーロッパの封建国家だけである。オランダ、イギリス、フランス、ドイツ、イタリア等々の諸国は、みな封建制国家であった。一九世紀の旧帝国には中華帝国、ロシア帝国、オスマン・トルコ帝国、オーストリア・ハンガリー帝国、ムガール帝国等々があった。ヨーロッパ諸国と日本の位置は、中世においては旧帝国の支配が直接に及ばなかった地域、貨幣経済が経済の主流を占めることがなかった帝国の周辺地域である。古代中世の世界帝国の文明・文化を安定的に享受できる、しかし、帝国の金・銀・銅を中心にした貨幣経済に巻き込まれない帝国の周辺に位置していた。このことが、きわめて大切な要件であった。

西洋だけに中世封建制度が確立し、やがて資本主義が生まれ、それが強力なブルジョアジー階級を生み、市民革命を成功に導いたが、それがどうして可能になったかについては、欧米に種々な学説がある。この問題はその道の専門家に任す以外になく省略する。

つまり、封建制社会は西ヨーロッパと日本だけに発展成長した、というところから始めよう。どの西洋の封建国家も、領土は狭く、内部に遊牧国家、遊牧生活者を沢山ふくまなかった。生産力も生産様式も農業が中心であったが、後半には商工業者も台頭した。国内の階級関係は、国王・貴族・封建領主・市民・農奴・職人という階級矛盾が中心であり、最大の問題だった。この階級対立関係は、単純である。

ところが、近代以前の中華帝国などは広大な領域内に多種の少数民族をかかえ、その周辺には遊牧系の異民族（彼らは時に藩王国・外藩・朝貢国となった）をかかえており、また内部に王侯貴族・官僚群・地主・農民・商工業者・奴隷等々の階級対立をかかえていた。領土は広大で、多種多様の気候風土・人種・民族・言語・風俗習慣、それに宗教の違いが顕著であった。周辺から遊牧民の侵入は絶え間なく、しばしば征服されて征服王朝が興亡を繰り返した。つまり民族対立、宗教対立、人種対立、生活習慣等々の対立、矛盾は、西洋や日本の封建国家とは比べ物にならない複雑さだった。だから、旧世界帝国はどれも皆、強力な一神教を国教としたり、強力な中央軍、官僚制＝官僚群をつくったりして帝国を形成し、持続したのである。

旧大帝国は、一部に資本主義が生まれても、帝国内部の複雑な利害関係、対立関係に呑みこまれてしまう。生まれたばかりのブルジョア階級は、複雑極まる帝国内部の矛盾を解決し、調整し、帝国の支配構造を変革することは至難の業であった。だからロシア帝国や中華帝国では、共産党の暴力革命でしか帝国体制を転換できなかった。しかし、旧帝国体制は現在でも残存している。またトルコでは青年トルコ党の「軍事運動」だけが成功し、またインドではあまりに複雑すぎてどちらの革命も成功しなかった。西洋の小さな国々は、資本主義が生まれ、発展し、市民階級が急速に実力をもって台頭し、市民革命を起こし、いち早く封建貴族階級を打倒することができた。階級区分が明確であったから、革命の対象、革命の目的が明確だった。

まず先進資本主義国のオランダ、イギリス、フランスでは市民革命が成功し、ついで一九世紀後半になってドイツ・イタリア・日本の市民革命がまがりなりにも成功し、国民国家が誕生した。しかし、上記の日独伊の後進資本主義国は、市民階級の力は不十分で、一応近代国家を生み出すことには成功したが、封建遺制と国内分裂的状況が続いて、二〇世紀の世界恐慌のその中からすぐファッシズム勢力が台頭した。日本は、上記のような市民革命の未熟さと封建遺制、それと古代以来の天皇制の宗教的呪縛から完全には解放されていなかった。日本国民は「天皇の臣民、皇国の民」として形成された。

第五節　敗戦直後の満州における日本人、中国人、朝鮮人

この近代国家＝国民国家という国家形態、歴史的段階こそが、また恐るべき性質をもっていた。一応、不十分ながら市民革命に成功した明治国家は、軍事的近代国家＝近代日本の道を決定的なものにした。近代国民国家に移行する過程で、みんな同じ日本人であり、日本国民＝臣民というものになったからには、国民は徴兵制度＝国民皆兵に移行し、全国民が愛国心に燃える「天皇の兵士」になるのが、当然のこととされた。封建制度のもとでは、暴力支配は武士階級が、農・商・工・被差別部落の人々に向かっていたが、全国を統一した「国民国家」の軍隊は、対外防衛、つまり国家対国家の戦争を行う国家暴力となった。警察・検察・裁判所は、国内向けの「小規模暴力装置＝警察」であるが、「国軍」は、外国向けの「巨大規模の暴力装置＝軍隊」である。この国民兵士の主権国家は、基本的にはすべての外国・外国人を敵と想定する。だからいつも仮想敵国を設定し、同盟国や友好国関係をつくり、絶えず戦争目的を変更する。

しかし、それだけでは日本軍隊の全体は分からない。つまり、大きな戦争には、一般大衆には分からない国家戦略、世界史哲学というものが最上層部にはあるということである。日本軍でそうした世界方略を考えた代表者は、石原莞爾と永田鉄山である。両者に共通なのは、「近い内に世界最終戦争がおこり、最後にただ一国が完全勝利する。日本が、この最終戦争に勝たねば必ず従属国に転落する」という確信であった。日本には、資源がなく、アジアに同盟国はなく、欧米列強の軍事力、経済力、工業力がない。日本は、必ず世界最終戦争に敗れる。ではどうするか、種々の対立抗争を伴いつつ、満州を確保する、いや支那全部を占領して人的、物的資源を、土地を確保してこそその備えができるという、世界史の現状分析と世界戦略が立てられた。軍内に統制派と皇道派という対立はあったが、このような未来像は、軍部中枢ばかりでなく、高級官僚や政治家にも、共通な見通しに

なっていたのではないかと思う。もちろん日本の一般大衆や中下層兵士は、そんな難しい戦争哲学、世界戦力地図、勢力地図を詳しくは知らなかったであろうが、国家の上層部には、一般的感情として大きな戦争拡大の必要性として流れていたのではないかと思う。戦前の日本人は、列強との競争や世界戦争の話が大好きで、政治を論じ、戦争を好み、欧米やロシアとの優劣の意識が濃厚だった。しかし、敗戦後には、日本人は高邁な政治や哲学の理論、理屈を言うのは好まなくなったし、又できなくなった。しかし、戦前・戦後を通じて日本人は、本質的な理論よりも、集団の理屈、共同体の掟を重視し、それに従う点では一致する。

戦前の、国民・臣民として国家から強制的に且つ普通教育によってつくられた「臣民＝国民」は、無慈悲な戦争行為を勇敢であり、是とする。しかし、中国のような大国の、前近代的な帝国に育った人々には、敵味方も知らないで生きている沢山の人々がいた。中には、日本と戦争をしていることも、よく知らない人々もいたのである。「これを無知蒙昧だ」と蔑んではいけない。敗戦で満州から逃げて来た日本人や、中国に残留してしまった日本人の、多くの手記に「命からがら逃げあるいていた時に、貧しい中国人や朝鮮人の家族や老婆に一命を助けられた」という話がいっぱい出て来る。

例えば山口盈文『僕は八路軍の少年兵だった』（草思社、一九九四年）を読むと、次のような興味深い話が書いてある。彼は、一九二九年、岐阜県加茂郡の寒村に生まれ、高等科を卒業すると教師の強い勧めで、一九四四年三月卒業と共に満蒙青少年義勇軍に行くことにし、すぐ茨城県の内原訓練所に行って訓練を受けた。同年五月、新潟港から釜山港にわたり、ソ連とも国境に近い勃利訓練所に配属、所長は退役海軍少将、隊員約一五〇〇名であった。以後「夏には連日肌を焦がす炎天下での農作業、冬には雪をかき分け、零下三〇度を超す山中での伐採作業」、「義勇軍の中の一番の苦痛は、先輩や力の強い隊員の理不尽な制裁であった」。まさに「きいて極楽、見て地獄」。なんと、ある夜、木刀を持った隊員五、六名が宿舎に殴り込みにきて、友人の一人は重傷を負って死んでしまったが、犯人もうやむやにされてしまった。山口は、その時、別の関東軍の部隊の工場に派遣されていた。ここでも毎日、古参兵の猛烈なしごきをうけ、対抗ビンタなど日常茶飯事。四五年八月、ソ連軍が満州に侵攻し、隊員はばらばらになった。

東京城の関東軍残兵はソ連軍につかまり収容所に入れられたが、山口はチビで、病気にかかっていたのでシベリア連行から外されて、延吉の収容所に廻されることになった。もちろん徒歩で約一五〇キロ以上歩くのであるが、連行するソ連兵はなく、適当に歩くのである。山口は、赤痢にかかっており、五〇メートルおきに、下痢の連続、ついに「直腸が肛門から出て入らない。そこに無数の銀蠅がたかって噛むのでいたくてたまらない」。「肛門がぶら下がっているので股を開かなくては歩けない」。誰も居らず、とぼとぼと日暮れに下半身丸裸で、尻を出し、蟹股でやっと杖にすがって歩いていると、あとから誰かが呼んでいる。「ヨボ、ヨボ」と呼ぶので振り返ると、朝鮮族の老婆であった。哀れきわまる姿を見ると、「ヤスミ、ヤスミ」といって自分の家に連れて行ってくれた。中には、若夫婦のような男女がおり、山口の姿を見てびっくりしている。老婆が若夫婦に何か言い、温かいお湯を入れたタライをもってきて、彼のお尻から全身を洗ってくれたので、大腸は引込んだ。その上に、征露丸などの薬を飲ませてくれたり、夜はレンガを暖めて腹に宛ててくれたりし、夜中に又新しい暖かい煉瓦に替えて手当てをしてくれた。「僕には、このお婆さんが観音様に見えた。人の情というものをこのときほどありがたいと思ったことはない」。翌日、この家を出ようとすると、老婆が「行ク無イ、行ク無イ」と言ってくれたが、どうしても家に帰りたいと言って、このおばあさんに見送られて延吉に向かった。しばらくするとまた脱腸したが、歩きとおして、ソ連兵支配下の捕虜収容所に入った。

ここで親切な日本人看護婦の世話で、脱腸と下痢の治療をしてもらった。ここには隔離病棟があり、関東軍の将校や兵士もいた。将校は相変わらず部下に威張り散らし、酒を飲み、徴発(近所の住民から食料を盗ませること)をやらせ、酒をのんで下劣な馬鹿話ばかりしていた。このような軍隊内の階級を未だにひけらかしている元日本軍将校連中に、部下はみんな黙って従っている。山口はこんな日本軍の実態に驚愕したという。また、この収容所には満蒙開拓義勇軍の連中が沢山いたが、驚いたことに相変わらず先輩連中が、後輩に命令し、しごき、果てはリンチまで加えている様子にも驚愕したという。ここでも「貴様ら生意気だぞ」と怒鳴られて、「革ベルトでしこたま殴られた」。まさに旧日本軍の弱肉強食がソ連軍管理下の収容所でも変わらずに続いていたのである。開拓団の拓友たちは、毎日のように死んでいった。この先輩連中のしごきに耐えられず、死体処理の当番の日に外に出た時、三人の友人と脱走した。一時ソ連兵につかまったこともあったが、ごまかして逃げた。逃げ出すのに成功したものの、あちこち逃げあるいて夜になってしまった。

その逃亡中、ある夜、いい匂いのする家の軒先に三人が固まっていると、「突然、門が空き、独りの老人が石炭ガラを盛ったカゴをさげて出て来た」。山口らは、手まねで腹が減ってどうにもならないと訴えたところ、家の中から四、五人の男がでてきて取り囲んだ。その内に主人らしい老人が中に入れという。「老主人は、釜の豆腐汁をドンブリによそい、僕たちに差し出した。飲めというのだろう。僕たちは有難く頂戴して豆腐汁をむさぼるように腹の中に流し込んだ。それは五臓六腑にしみ渡るようであった。こんなに旨いものがこの世の中にあったのかと思った」という。「飲み終わると、またお替りをくれた。まさに命の水であった。この夜は、オンドルが通った暖かい部屋に寝かせてもらい、翌日起きてみると日中で、白い饅頭と豆腐と白菜の入った温かいスープが用意してあり、二日間も寝て、その家の手伝いなどしていたところ、ソ連兵が来たから逃げろという手まねで言う。そこでまた三人で逃亡した」。

朝鮮を目指して逃走中、ソ連兵につかまり、又逃げる。延吉近くで自警団に発見され、朝陽川日本人居留委員会に引き渡される。ここで半年くらい中国人や朝鮮人の家に手伝いに行って食べ物をもらった。

当時は、国民党軍、共産党軍、ソ連軍が入れ代わり立ち代わりして、大混乱の極まった時期で、日本人引揚者は各地各処で連日のように死んでいたので、山口もある時に中国人の家に雇われ、又ある時にソ連軍につかまり、また延吉では羊を盗んだ罪で死刑判決を受け投獄されたが、しばらくすると監獄が八路軍の支配下に入り、日本語のよくできる隊長に助けられ、無罪放免となり、以後ここで働かしてもらって生き抜き、ついには八路軍の少年兵になるのである。まさに山口は死骸がいたるところに転がる敗戦後の混乱と飢餓の満州で生きぬいたのであった。まさに波乱万丈、死者続出の原野で親切な朝鮮人老婆と中国人老人、それに八路軍兵士に助けられて生き抜いたのであった。

私がこの体験記を読んで大いに感銘を受けたのは、朝鮮人の老婆、中国人の老人とその家族たちの、山口少年に対する「親切さ」である。もし立場が違えば、日本人はこのような親切を、敵国人となった見知らぬ少年に出来たろうか、ということである。自分も含めて、大いに怪しいものと思えるのである。昔の日本人ならば、自警団や青年団が出動して、捕えて半殺しにしたことであろう。

もう一つ、ショックを受けたことは、「日本人社会」における、先輩、後輩、身分の上下関係の凄まじさである。あの海軍兵学校でさえ、「上級生の鉄拳制裁、しごき、いじめ」が堂々とまかり通っていたというから驚きである。ついに山口は、次のような日本人に対する疑問を発する。

満州の日本人の集団では、どこでも先輩や古参兵が山口たち少年にしごき、リンチ、いじめなど陰湿きわまる暴力をふるった。「これは戦争という特殊な状況の中での異常な行動だったのだろうか？　それとも日本軍隊独特のものだったのだろうか。あるいは、日本人はもともと集団になると、強い者に付和雷同して、枠からはみ出ようとする弱い者をいじめるという気質を持っているのかとよく考えることがある」（頁二九）。『夜の春雷』を書いた田辺初年兵も、古参兵に殴られていたことが、すでに紹介した戦線日記にも毎日のように記してあった。あるいは又、穂苅甲子男が書いた『シベリア俘虜記』（潮書房光人社文庫、二〇〇九年）にも、寒冷期の旧石器時代の再来のようなシベリアの捕虜収容所において、「捕虜となって、ソ連兵の監視下にあるわれわれも、いまだその内部は昔の軍隊組織そのものであった。厳然たる軍紀というよりも、階級組織は徹底していったといっても過言ではなかろう。特にわが中隊においては、この階級的存在や、下士官の横暴な態度と行動は、昔の軍隊にも優るとも劣らぬ過激ぶりだった」（頁七九）。隊長、下士官、兵長などは、「飯やパンの配給量は兵たちの二倍以上と、半ば公然と決まっていたのである。……隊長などは、缶ズメなどが配給になると、独り占めしていた」という。

私が考えるに、日本人は江戸時代の身分制度の差別と、そこにおける身分共同体、村共同体の掟に従うという、日本人文化を形成した。それは明治以後、今日まで所属共同体の上下関係（支配と従属の関係）に、無条件に従う人間を生み続けているのだと思う。戦後、一応民主主義になった日本でも、私の経験では大学においても、研究会やサークルで上級生と下級生、先輩と後輩の間には、厳然たる「上・下関係」が牢固として存在していた。一九五〇、六〇年代、体育系大学では、「一年生は奴隷、二年生は人間、三年生は天皇、四年生は神様」という話をよく聞いた。天皇と神様は入れ違うこともあったらしい。いまでも日本人は、所属共同体の「和」を乱さないように、上司、幹部、会社等々に最大に気を使う民族である。官僚の世界でも上下関係は決定的な秩序となって生きている。

一般に言われている「皇軍兵の勇敢さ」とは、軍隊内の上官の命令に従わねば、半殺しに遭うという、リンチ・しごき文化が生みだした結果ではないか？　降伏は絶対悪であり、最後は自決せよ、玉砕せよ、という非人間的な軍律がまかりと通っていた。

宮柊二の兵士としての「律儀さ、徹底性」は、じつは彼の自由意志から生まれたものではなく、この江戸時代からの日本人の「負の文化遺産」を逆に「共同体の美学」と読み違えることから生まれたのではないか？　彼は、実に豊かな感性を持った歌人であった。その彼は、兵士としては自分の意思を全く殺していきる兵士ロボットになることを選択した。そこに「日本軍人の美学」を発見しようとして、本末逆転が起り、彼は自我を殺した。

宮柊二のように、異国の大地で兵士の「生きの有様をまつぶさに遂げむ」ために、「生きる者残さじ」と容赦なく敵兵を殺し、報復せんとするよりも、満州の貧しく無知な人間が、侵略国の放浪の日本人少年の命を救ってくれたという話の方が普遍的価値をもった「人間的な、且つ又高貴な行為」ではないか？

戦時中、日本国内にいる中国人や朝鮮人が日本人の町や村を逃げあるいていたとき、日本人は助けたであろうか？　私は、残念ながら、そうした事例をほとんど知らない。一九二三年の関東大震災の時には、朝鮮人が井戸に毒を入れているとか、日本人を襲っているといった流言飛語が飛び交い、それを信じた多くの日本人が、東京・横浜・千葉・埼玉で朝鮮人を数千人、中国人を二〇〇人ばかり虐殺したという。有名な新劇俳優兼演出家の千田是也は、朝鮮人に間違われて殺されそうになった。彼はこれを記念して「千駄ヶ谷のコレヤ（朝鮮人）」を俳優名にしたという。その後、日本人は虐殺した朝鮮人、中国人の数や場所や殺した人びとの詳しい調査や責任追及をほとんどしなかった。日本のように近代国民国家に滑り込んで近代国家になった国ほど植民地・半植民地の人々を差別し、虐待したのである。ナチス・ドイツの事例を見るまでもない。

科学技術の進歩は、人間の質までも、必ず進歩させるのではない。一九世紀から今の二一世紀まで、人類は世界中で想像を絶する「戦争での大殺戮」をやり続けているのを見ても、人間の本性は殆んど変わらないのである。だから、国際連合とか、国境なき医師団とか、そうした平和を守る組織と国家を超えた国際的な協力が必要になっているのである。日本人社会の非合理な構造と行動「親分―子分、先輩―後輩、アニ弟子―オトウト弟子、上司―同期生、初年兵―上等兵、上級生―下級生」、つまり共同体の上下関係の論理で生きる日本人は今も生き続けている。

日中戦争期の中国軍隊と日本軍隊の比較研究は、中国人論、日本人論を越えて、国家社会の伝統、歴史、文化の差異にまで発展する。大いに考えるべきことであろう。

付録　軍医岡村俊彦の戦線日記『榾火《ほだび》』に見る日中戦争の実態

岡村俊彦は、小田原中学を出て日本医科大学を卒業し、外科専門の軍医として徴兵された。時に二七歳。以後、軍医中尉鈴木英夫がいた第一〇一師団の衛生隊・佐々木部隊に属し、まず上海戦に投入され、以後、武漢作戦の一翼を担い、江西省南昌の攻略作戦に投入された。約二年半の後の一九四〇年一月南昌から帰国した。岡村は、最初は見習士官、最後には軍医少尉に昇進した。この間、実に克明な戦線日記を書きつづけた。帰国後は、小田原医師会会長、個人病院の経営で多忙を極めて、日記を読み直すこともなかなかできなかった。しかし、五〇歳を過ぎてしまい、今やらなければ戦争で斃れた兵士たちに申しわけないと思い、中国で死んだ戦友たちの二三回忌に当たる一九六〇年、ついに積年の思いを遂げようと病院を二ヶ月余休んで家にこもり、戦線日記を整理した。妻や子供たちの協力も得て、五ヶ月かけて原稿を完成した。そして、翌年の一九六一年(昭和三六)、『榾火』と題して上梓することができた。出版に当たって、元上官の鈴木英夫に序文と跋文を書いてもらった。鈴木英夫軍医は、この著書の冒頭に推薦文である「序にかえて」を書き、江西省の山中における激戦中の野戦病院で、重傷を負って気が狂った自国兵士に次々とモルヒネを打ってあの世に送ったことを記した『蠍《さそり》』と題する「長歌・反歌三首」を載せた。

出版にあたって、岡村は日記の原文を整理したのであるが、「戦争評論」や「あとがき」等以外は、「原日記」の内容を変更したり、事実を改変したりした形跡はない、と私は思う。重要な上海戦、南昌占領戦に関する重要な証言であり、今日、若干の追記した評論以外、史料的価値は大いにあると判断する。

先ず、軍医・岡村俊彦の中国戦線での従軍経路を示す。

一九三七年

一〇月八日　第一〇一師団・歩兵第一連隊に入隊。

一〇月一四日　神戸港を出港。

一〇月二〇日　呉淞嗎頭（上海の近傍）に上陸。上海戦に医療の増援部隊として投入される。これ以前、日本軍は八月下旬に上陸してから、九月末までに既に数千数万が死傷するという、大損害を出していた。岡村たち一〇一師団の補充兵は、それを全く知らされずに上陸した。

一〇月二〇日〜同月二七日　蘊藻浜クリーク戦闘に参加、蘇州河渡河作戦。

一〇月四日午後一一時出発命令下る。陳宅に向う。直に天幕を撤収し医局を整理、愈々各隊の進撃はじまる。午前一一時第三師団が大場鎮まで一〇〇米の地点に進出、日本軍機の急降下爆撃盛ん。

一〇月二八日〜一一月一一日　蘇州河を渡河、浦東の掃討戦へ。

一一月一二日〜同月二〇日　大場鎮、嘉定、大倉へと追撃、上海に駐屯、羅店鎮に向う。

一一月二一日〜一二月九日　王家屯に駐屯警備、七宝鎮へ残敵掃討へ、さらに王家屯へ。

一二月一〇日〜同月二四日　杭州城の攻略戦、三橋埠の繃帯所へ。

一二月二五日　杭州市に入城。

一九三八年

一月八日　杭州城内に駐軍警備。

一月九日　同所、駐軍警備　浦東掃討へ。

三月二七日〜四月六日　崇明島に敵前上陸、警備第三部皐寧に出動、原隊に復帰、鈴木隊に配属さる（上海）。

七月一三日〜同月二〇日　南京へ出発　作戦準備、これより佐竹支隊に配属され出動。

七月二一日〜九月一八日　彭沢県にて警備、蔬斯橋、湖口の残敵掃討。
九月一九日〜同月二二日　佐竹支隊の指揮下に入る、長江を遡り、江西省の九江市に上陸。
九月二三日〜同月三〇日　合掌山より瑞昌攻撃戦、季家山の戦闘。
一〇月一日〜同月一七日　箬溪県の戦闘で第一〇六師団の救出、甘木関の戦闘で第一七師団、第二七師団を応援、この行軍途中、日本軍は大損害を受ける。
九月一五日〜一〇月二七日　主力軍は廬山山麓の隘口街までの戦闘、徳安県城の攻略戦。
一〇月一六日〜同月二八日　箬溪県の野戦病院に入院、この日退院し、佐竹支隊に原隊復帰し、箬溪、瑞昌の警備。
一一月二九日〜一二月一三日　箬溪の警備、原隊復帰。
一二月一八日、一九日　楊庄に到着し、駐軍警備本部に合流。
一二月一九日〜翌一九三九年一月二一日、楊庄に駐軍し、マラリア検索班に配属。

一九三九年

一月二二日〜同月二三日　楊庄の渡河点の繃帯所へ、修水川の渡河戦に備える。
三月二五日〜同月二六日　安義の追撃戦、南昌の攻略戦。
三月二七日以後、江西省の省都・南昌周辺地区の警備、西山万寿宮の警備に配属。
三月三一日〜四月二八日　藤堂部隊の指揮下に入り、廬山山頂の攻略戦へ。
四月二九日〜八月九日　歩兵第一二中隊に配属、西山の警備隊、万寿宮に駐屯。
八月一〇日〜一一月七日　南昌を出発、九江へ。
一二月九日、九江を出て上海へ。
一九四〇年一月一九日、芝浦港に入港、帰国。

■岡村日誌にみる戦場の詳細な実態、激闘の上海戦から周囲の諸県への追撃戦の実情
——岡村俊彦の日記『榾火』摘録——

以下の摘録は、全体の数分の一であり、特に重要部分のみをピックアップしたものである。長々と摘録し、紹介する理由は、「戦争の日常の表情」を微細に観察するためである。多くの戦史は、戦争の推移を「鳥瞰図」として描写する。しかし、それでは戦争の推移、戦争の外観は分かるが、兵士達一人ひとりの「肉体と表情」は見えない。私は、岡村俊彦の戦線日記を通じて、戦争の「虫観図」を作り、戦場の詳細を個別具体的に見たいのである。戦争を師団単位の、千・万人単位で視たり、語ったりするのではなく、一人ひとりの表情、感情、つまり眼と血、つまり身体・肉体を通して知りたいのである。まずこの点をはっきりしておきたい。

このような観点から、日中戦争に迫った著作に、米濱泰英著『一橋人からの陣中消息——如水会員の日中戦争』(オーラル・ヒストリー企画、二〇一七年)がある。第一〇一師団の編成、兵士の徴募状況、兵士の出身地、上海の呉淞クリークの戦況、死傷者の数等々については、米濱氏の著書を参照されたい。

一九三七年度

岡村軍医が呉淞クリークに上陸する一ヶ月前、同師団の曹長・三好捷三が見た情景を、先ず記しておきたい。

「呉淞の岸壁にはいあがった私の眼を射た風景は、まさに地獄であった。修羅の巷もこんなにひどくないだろうと思われるほどの残酷なものであった。岸壁上一面がみわたすかぎり屍体の山で、土も見えないほど折り重なっていた。まるで市場に積まれたマグロのように、数千の兵隊の屍が雑然とところがっていた。それと同時にヘドロのようないやな死臭が私の鼻をついた。……それらの死体はみな、内臓腐乱のために発酵して丸くふくれあがり、その圧力で身体の軟らかい部分が外にふきだしていた。眼球が五、六センチも顔から突き出しているので

ある。なかには蛆虫のかたまりとなりはてて、幾万もの虫がウヨウヨとかたまりとなってうごめいている物もあった。私はこのありさまを目にした瞬間、脳貧血をおこして倒れてしまいそうになった」（『上海敵前上陸』頁五八～五九．米濱泰英氏の著書から転用）。

こうした日本軍が大損害を出した約一か月後に、岡村軍医や上司の鈴木英夫軍医のいる第一〇一師団の部隊が上海クリークに上陸したのである。以下、岡村日記の記述を紹介する。

第一部　岡村俊彦日記『榾火』――上海戦以後の全戦線における日記を摘録――

一九三七年

・一〇月一九日、呉淞桟橋に到着しクリーク一帯に展開。一〇月二〇日吉田隊に配属。「周囲は死臭充満、他の軍医に聞くと〝二、三日で慣れますよ〟と云う、初めて繃帯所を見る、担架で続々と傷者来る、その場で死亡するものもある」（頁四九）。

・一〇月二二日、戦況依然として膠着状態。「早朝霧の中を便所に行く、蓮江中尉から鉄パチ（鉄カブト）とエンビ（小型シャベル）をもって行く様に注意さる、流弾に脱糞中にやられるからだと、なるほど脱糞中にぶすという弾着音が時には近くに埃を立てる、充分に糞もできない早々に引きあげる」（頁五一）。「見渡す限り綿畑だ。傷者再び続々と来る。……流弾多い、白天幕を、竹で偽装した。土を踏むとブクブク軟い処がある。聞くと下に敵兵の戦死体が埋れているとのこと。どの傷者も泥と血にまみれ疲労感が強い、飯盒でミルクをうまそうに飲み、やっと戦況を語りだす。重傷者は胸に縫いつけられた部隊名、階級、氏名、肌につけた認識票を見る。これは収容部の仕事だ、傷者夜間まで続く。担架兵、収容出来ない傷者のある事を残念そうに語る、よく此の敵弾の中を行くものだと感心する……」（頁五一～五二）。

・「一〇月二三日、晴れ気温高し。……本日、西部季家橋を占領す。夜にはいり敵の射撃猛烈なり」(頁五二)。
・「一〇月二五日、晴。……担架にて運送された兵一名絶命せるは哀れなり、負傷者続々来る、……千人針の腹巻を撃ち抜かれている者認識票で助かっている者等々、種々貴重なる経験をする」(頁五三)。
・「一〇月二六日、晴。昨日の戦死者を火葬にする、高く上がる火を見て感無量なり。(原注。繃帯所死亡の場合は戦死、野戦病院で死亡せる場合は戦傷死、繃帯所と野戦病院の途中にて死亡の場合は戦死と云うことを知る)」、「……午前中遠距離砲撃さかん、頭上を列車の走るごとく通過してズシン、ボカンと白煙を上げる、傷者続々と来る、……午後になって傷者益々烈しく、特に胸部貫通銃創多く、悲壮きわまりなし、担架の上で大場鎮が見えたと絶叫する兵、歓喜する兵、戦況を目を輝かせて語る兵等。嬉しさに泣くものもありこれが戦争というものか、今夜は疲れはて、屋根のないくずれた家の土間に横になる、患者用ミルクをのむ、夜中に至り敵の空爆盛んなり、警報しきりに伝わるも起きる気力なし、……大場鎮に突入せりと、ただ感涙す」(頁五四)。

★寸評

暴力事件などとは全く無縁の一青年が、中国に着くなり、猛烈な射撃、狙撃、戦死、死臭に襲われた。しかし、ある軍医は「二、三日で慣れますよ」といった。まさにその通りで、岡村は、故郷の小田原をでて、一ヶ月も経たずに、「戦場は日常になり、屍体になれた」。人間というものは、あっという間に何事にも慣れる動物であるようである。

・「一〇月二七日、晴。三時命令受領、八時までに出発準備完了せよとのこと、一同準備を始める、焚き火、天に沖す。八時出発、大部隊の行軍は初めて、馬のいななき、患者車の響きが朝の空気を破る。追撃戦だ、日本兵、支那兵の死屍、まさに累々たり、農民らしき死体もあり、思わず合掌す。一〇時大場鎮に入る、日章旗ひるがえる、万歳を叫ぶ、……二名の捕虜を逮捕す、一五、六歳の少年兵なり、途中多くの捕虜に会う、上海市まで五キロ、上海方面の黒煙天に冲す。……下痢一日一二回、立つとフラフラする」（頁五五）。

・「一〇月二八日、晴後曇。傷者なし、農民五名を手当てする、一四、五才の男の子の頸部創口特に大なり、男二名を使役とし色々聞く、祝いのブドー酒を飲む、……炎々と市街の炎上するのを見る。下痢一日八回になり食欲出る、疲れて眠る、敵機の空爆あり」（頁五五）。

★寸評

戦場で捕らえた捕虜の運命はどの様なものであったか。これについて、米濱前掲書（頁九二～九三）は、次のような史料を紹介する。「天谷支隊、俘虜六〇〇殲滅せし由（兵営において）」（上村参謀副長日記）、「敵の降伏するもの約五〇〇に算せしも、其の後尚抵抗に意を顕せしを以て尽く之を撃殺せり」（松井司令官日記）というように、「皆殺害したようである」。

・「一〇月二九日、晴。午後、少し遠くの民家まで行く、仲々立派な家がある、オルガンをひいている兵もいる、拳銃の試射、夜食に水牛の肉を食べる、うまい。医長上海連絡より帰る。新鮮な茶の匂いに一同喉をうるおす。久し振りの御馳走に一同満腹、兵隊の歌声も聞こえる。司令部にて三〇名の捕虜を見たり。……いろいろのデマが飛ぶ、休戦か、森田大尉に頭髪を刈ってもらう。故郷に帰れる話がある、……休戦か……」（頁五五～五六）。

・「一〇月三〇日、雨後曇。雨中を行軍大場橋に到着、時に八時三〇分、破壊された家屋を修理し宿舎とする、それより徴発に出る、「ネギ」「キャベツ」「トマト」「サトイモ」等々収穫多し。宿舎の周囲には死体多く屍臭ただよう、夕食は各隊共競争で御馳走を作る。……やれやれと思うつかの間、再び弾雨下に行くのかと思うと淋しくなる。しかし、これが戦争だ。夜に入り敵のチェッコ機関銃音烈しくなる。パンパンと連続して聞こえる、空爆も同時に盛んになり、敵襲あるを予期し、不寝番増員ねむれない」(頁五六)。

・「一〇月三一日、大雨。寒くはない、丁度日本の九月頃の陽気だ、朝から大雨、ここが上海だとは思われない、隣家に生き残った女子供がいる、裏の家には盲目の老人がいた、マッチとタバコをやったら非常に喜んでいた、大雨の中を、野糞をする、これを兵隊間では爆撃するという。味噌がなくなってもう一週間になる、味噌汁の香りが恋しい。死体の浮いているクリークの水をまだそのまま飲む気になれない。……二人の兵隊が黒い豚をつれて来る、夕食にと拳銃で殺す、始めてドラムカンの風呂に入り今までの汚れを落とす、……」(頁五七)。

・「一一月一日、小雨、薀藻浜クリーク渡河作戦並びに蘇州河までの追撃戦の事実証明書及び日誌の提出、……夜に入りて盛んなる砲撃、酒に酔った頭にひびく、本日まだ進撃命令なし」(頁五八)。

・「一一月二日、曇後雨。八時頃小清水少尉と兵五名同伴、上海日本租界に始めて行く、トラックに乗り六キロの道路を上海へ、九時三〇分到着、小清水少尉と日本料理トンボにて久し振りの日本料理を味わう、テンプラ、サシミ等下痢気味の腹へおさめる。空爆の音を聞きながら日本の女性のお酌で飲む酒の味、今までの苦労を一掃した思いだ」(頁五八)。

・「一一月三日、曇・明治節。今日は明治節、九時全員整列、皇居遥拝式、君が代合唱す、異境の空に各隊の叫ぶ万歳の声ただ感激あるのみ。自然に溢るる涙また涙。……銃声いんいんたり」(頁五八)。

・「一一月四日、曇後晴。……隊長以下一同野菜徴発に出かける。五時頃より裏のクリークにて安全ピンで作った針で魚釣りをする、岩松見習士官大ウナギを二匹釣り上げる。……夜に入り益々銃声砲声盛んとなる、歩兵一連隊・二連隊応援出動せるに大隊長戦死、軍医三名戦死或いは負傷で生き残りし。尾崎軍医が疲労した顔で淋しげに語る。蘇州河の総攻撃、……友軍を夜に至るも救出できず。一同しんみり食事をする」(頁五九)。

・「一一月五日、曇後雨。本朝より日本空軍による空爆南方面に於いて盛んなり、黒煙盛んに上がる、やりきれない気持ちで魚釣りに熱中せるも収穫なし……」（頁五九）。

・「一一月六日、曇後雨、気温高し。杭州湾北岸に日本軍敵前上陸し直ちに敵を後方より追撃中。戦線変化なく依然として待機命令。午後再び上海に行く、一一時花月にて食事をする。マグロの照り焼き一円五〇銭に驚く。師団司令部の伍長に会う。伍長の話に我が軍の戦死者一万名の骨上げを終り、昨日某部隊第三大隊分の一八〇体の遺骨を輸送するつもりでいたが、情報部より一〇〇体の遺骨だけを内地に送れと注意あり……」（頁六〇）。

・「一一月七日、風雨寒冷。起床後も体痛む。昨夜から本朝にかけ雨風強く破壊せる家屋の屋根より室内に雨風入り寒さに一睡もできず。昨日釣ったウナギ、フナ等を食す、美味忘れ難し、ザボン二個宛て支給さる。……」（頁六一）。

・「一一月八日、曇後晴、気温寒し。……一三時江湾鎮に行く、すべて破壊されその破壊力の強大さに驚く、復旦大学に開設された第二第四野戦病院に行き内藤軍医に会う、お互いに健在を祝す。宿営地前方家屋炎々ともえる。……」（頁六一）。

・以下は、一一月五日付で出した便り――「秋晴れ、五週間続いた雨も上り、砲爆撃で破壊された原型なき家屋の一部残がいの下に入る、ぬかるみ行軍の疲労が未だとれない、家の周囲には支那軍兵士の戦死体多し、この頃ではクリークの水の臭さ感じなくなって来た、砂糖か塩で味をつけて呑む。豚とねぎを徴発、今晩はすき焼きを楽しめそうだ。周囲の家はまだ炎上している」（頁六一）。

・「一一月九日、晴。以下は、弟・妹に書いた手紙――食料が欠乏して来た。待機もあきたが弾雨下にも行きたくもなし、然し今の生活環境は無我、いつでも死に対処する準備は出来ている、淋しさもなければ、これ以上の慾もない、開業している時のわずらわしさから完全に解放されているのだ。只　留守を守る母達の健在を祈るのみ。空爆盛んとなる。嘉定・南翔の攻撃白熱化す、南の方面で日本機が一機白煙を上げて墜落して行く、火薬庫の爆発炎上、戦争だ、これが戦争だ、休みなく戦争は続いていく……」（頁六二）。

・「一一月一〇日、晴、寒冷……今日も嘉定・南翔方面は激戦続く。機関銃、迫撃砲の音を近くに聞く。友軍の砲撃は艦砲射撃か、巨弾が頭上を列車の如きごう音を立てて飛ぶ。……屍体の浮くクリークで釣りをする。本日は大漁、夕食に食べる」（頁六二）。

★寸評

岡村軍医は、上海に上陸してまだ一ヶ月たらずなのに、もうこの頃になると、汚い池の水をのみ、死体が浮いているクリークで魚を釣り、そこの魚を食べて平気になっている。

・「一一月一二日、曇後雨。早朝下士官以下一五名と上海市に行く、一五時帰営して驚く、一兵もいない馬も車輛も影なし、隊長の書いた紙がある。既に南翔方面に出発せる由、上海よりの購入物全部捨てる。雨中を無我夢中で部隊の後を追う。足の弱い私はともすれば兵隊におくれる。軍装は雨で重い、泥土に足がのめり込む。大場鎮より四キロ先で部隊に追いつく。……行軍は泥土の中に続行、南翔へ、南翔へ、夕食も雨中で立ったまま行う。泥土膝を没する難行軍、歩行も思うにまかせず疲労の極なり、蓮江中尉と最後尾を歩く、ただ無言、二〇時に至るも宿る家もなし、雨益々烈しく寒さ身にしむ、追撃戦の急なるを思う。……途中たき火せる民家を認む。第二野戦病院とのこと、……極度の寒さに眠れず、たき火中の不発弾で一名受傷する」（頁六六五）。

・「一一月一三日、晴。八時出発、部隊の最後尾に従い嘉定に向い追撃、本日の里程約二〇キロ、一一時間の大休止で畠にそのまま眠る。……再び部隊と離れる、佐々木部隊は何処、隊長は何処、後を追って前進又前進、……嘉定陥落せりと。ただ機械的に歩くのみ、何処まで続くこのぬかるみの行軍よ、途中敵兵の死屍多く、中には車輪にひかれ内臓の出ている死体、殆んど裸になりその肌の美しいのが印象的、雨水と泥土で洗われたためであろうか、……嘉定城に到る、大きな城壁をめぐらした町、城内に入りしも地理わからず、島田上等兵空腹疲労のため意識不明となり倒る。……大行軍のため落伍者が多い。夜寒さ身にしむお互いに抱きあって眠る、突然附近より一五ミリ砲の猛烈な発砲あり、嘉定城内敵影なしと云う、いつか眠りに落ちる」（頁六五～六六）。

・「一一月一四日、晴、寒冷。（本隊分からず、ひたすら前進……）部隊に追いつけずやや不安なる前進目的地分からず、途中一名の農民を雇い道案内とする、一八時三〇分疲労し農家に宿営す。ここが大倉とわかり支那人夫にタバコをやり帰えす」（頁六七）。

・「一一月一六日、雨暖。……早朝起床、此の地は陸家屯と云う、自給のため徴発命令出る。……徴発隊帰える。鶏二羽黒豚三頭の戦果、久しぶりで賑やかな夕食、……夜豚一頭で部隊中ブタ汁、すき焼き、いろいろな歌が出て郷里を思う……」（頁六八）。

・「一一月一八日、雨暖。五時三〇分起床、小雨降るを見て今日の行軍の困難なるを思う、七時三〇分陸渡橋に集合し、衛生隊は一〇一師団の最後尾を行く、軍馬のいななき、車両のひびき、再び大行軍始まる、雨中行軍にて沼地の如き道を嘉定城に向う、途中大クリークあり堤の並木紅葉が美しい、行軍は苦しく無言、時間が立つにつれて隊列より離さる、落後する、顔ぶれはいつも同じ、……」（頁六九）。

・「一一月一九日、雨。早朝より雨がジメジメと降る、気分悪し、野菜を探しにでた兵がニラ、イモ等を持ち来る。……二二時就床するも寒さに眠れず、隊長二四時頃独り起き火をたく。雨は風をともない吹き込む、その寒さ痛みを覚ゆる程なり」（頁七〇）。

・「一一月二〇日、雨。……明日の行程七里と聞き、再び行軍の苦しさを思う。雨降り寒し。……」（頁七一）。

・「一一月二二日、曇。……雨盛んに降り泥濘道路に難行軍、風寒く顔や手が痛い、帽子のひさしから雨のしずくがたれる、愈々冬の来たるを思わす、はくいきも白い、約三〇分で羅家店に到着、やや大きな市街だが、すっかり破壊されている。散兵壕の大きさ、数の多さ、竹林で一本も立っているものがない全部中央で折られている。一四時大場鎮に到着、……。屍臭周囲に充満。……一八時二〇分、宿営地・王家屯に到着す。足蹠に靴傷出来、その痛み堪え難し、やっと足をひきずりつつ辿り着く、先発隊が作って呉れたベッドにもぐりすぐ眠る、寒い夜だ、今日の全行程は雨中二八キロ、再び難行軍をかみしめる、夕食する元気なし」（頁七二）。

・「一一月二四日、晴。朝食後蘇州河戦跡に行く、河幅約三〇米、渦水滔々と流れ渡河戦の苦労を思う、道路といわず田畑といわず支那兵の戦死体散を乱して横たわる、「野戦荒城屍山を作る」の詩を思わす。……砲撃爆撃により大きな穴がいたるところにあり、一つの砲弾の跡には、四、五人の屍体が散乱……屍臭辺りにただよい誠に凄惨たり、ある農家の竹やぶの中には一家であろうか、一〇数名の農民の死体がある、中に母親に抱かれた幼児の死体実にあわれでもあり涙をさそう。見渡す限り戦死体、〝屍山血河〟と昔の日露戦争一〇三高地の詩にあるが当時は、そんな馬鹿なひどい誇張だ、と思った現実は、それ以上の惨状である。神経も麻痺する程だ、一か所で一五、六名戦死している場所で女の農民二名が野菜取りをしている、には全く驚いた。一六時帰隊後、勅語奉読式に参加、天皇陛下万歳を三唱す。……日本軍無錫に突入の報をきく……」（頁七五～七六）。

・「一一月二五日、晴。味噌汁の味を忘れていたが今朝から出るようになった。外は霜で真白だ。内地からの手紙配布さる。上海周辺の秋の景色は美しい。空はあくまで清澄、山鳥や種々の鳥のさえずりも聞こえる、心の余裕が出来たのだ。農民が戻って来て家を造り田畑に出ている。乾パンを分けてやる、ある一軒の農家で敗残兵をみる、負傷している。一同の恐怖の顔、黙って見逃してやる」（頁七四）。

■《論評》

岡村軍医の日記は、どのように書かれ、どのように残され、どのように整理、出版されるに至ったか。岡村は当初から毎日克明な日記を書いていた。もちろん、数日間書けなかった日もあり、そうした場合には、後日一気に数日間分を思い出して日記として書き留めた。駐屯していた場所を移動する際などに、「いつもの通り新聞記者や知人に依託して内地の留守宅に発送した。だが不幸にも、崇明島と上海警備の五ヶ月間にわたる日記だけ、憲兵の検閲にひっかかり没収されてしまった。従軍中の日記を克明に書いておいたのに、この部分だけ欠けてしまったのを、今となれば、なによりも残念に思っている」と、本書の出版時に書いている。

彼によると、別の作戦に動員されて大移動する時には、憲兵の日記等々の文書検閲があった。こうした検閲、没収、処罰を怖れて、これまで発表された兵士の日記は、一般的には自己規制というバイアスがかかっていたということを忘れてはならない。

知識人階級に属する多くの軍医は、多くが、こうしたカルテのような日記を書いていた。そうした記録によって、帚木蓬生は、「軍医たちの黙示録」として『蠅の帝国』・『蛍の航跡』（共に新潮文庫）を書いている。この両書ほど、戦争の悲惨、軍隊の残酷、驚愕すべき戦場の無惨な地獄の「表情」を記録したものは、日本には他にないのではなかろうか。この岡村軍医のも、その人間を生かす、助けるという職業柄、他の多くの下級兵士の日記に比べて遥かに資料的価値の高い日記を残す結果となった。

岡村は、出版に当たって日記を整理する際、分かりやすいように文章を整えたり、少しは詳しい説明を書き加えたりしたものと思われる。そうした意味で、かなり脚色された部分もあるかもしれないが、しかし、戦争の全貌を正確且つ克明に記録しており、史料的価値の高い著作となっている。『梢火』最終章の「支那事変を一軍医が診断する、及び予後に対する意見」(頁三八三〜四〇二)は、完全に出版時に書き加えたものであり史料的価値はないが、この戦争に対する反省と今後の日本の針路に関する重大な教訓となっている。

岡村の日記を読み、戦死した中国兵への同情心がない、日本軍の殺戮、強姦、略奪の詳しい記載がない、といった批判をもつ日本人や中国人がいるかもしれない。しかし、戦場の兵士が、毎日の戦場での出来事や感想を書き残すといった行為は、この死傷者数万という激戦の最中には、全く不可能であり、またいかなる軍隊でも、戦線で自国軍の誤りを批判するなどという行為は、あり得なかった。またいかなる時代の軍隊でも許されることではなく、明らかな「裏切り行為」且つ「軍規違反」なのである。もし、兵士の詳細な日記が敵側に渡ったら多くの情報が漏れるので大変なことになる、からである。

火野葦平の報道小説である『土と兵隊』、『麦と兵隊』などを、実際に戦場にいたインテリ兵士は皆取り寄せて読んだが、皆「これは真実の戦争ではない」と批判した。鈴木英夫も、宮柊二も、小津安二郎も、火野葦平の作品を批判している。しかしながら火野の作品も、軍部によって検閲され、多くの削除改竄を受けたものであった。この岡村見習士官(後に少尉に昇格した)の日記も、一度検閲で日記五ヶ月分が没収の憂き目を見ていた。だから、当然、以後、岡村は十分注意し、かなりの自己規制を行ったことは間違いない。以上のことを念頭に置いて、感想を述べたい。

上海戦とその周辺の諸県での戦争がいかに激戦であったか、いかに中国兵が勇敢に戦ったか、また如何に日本兵士の損害が強大なものだったか、よく分かる。この上海戦と追撃戦で日本軍は死者約一万人、負傷者は三万以上に上った。第一〇一師団でも死傷者は二〇〇〇人近くに達した。また、この日記によると、日本軍の作戦が極めて強引なもので、十分に準備を整えていなかったこと、例えば輜重、食料などの供給、備蓄や傷病兵に対する治療、保護、輸送等々の準備の不十分さが分かる。軍中枢は「支那兵は弱い」といった蔑視観によって、兵士の多大なる死傷など予想していなかった。岡村医師に召集令状がきて、その日のうちに入営させられたのも、軍中枢が上海戦の初段階で多くの軍医が死傷するなど全く想定していなかったからである。上海戦で四、五万にものぼる戦死者、戦傷者をだした軍部は、南京でも占領しなければ、国民に面子と権威・威信を保てない、だから急遽、南京への現地軍の急襲を許したのではないだろうか。

この日記によって、人間というものは、いかに残酷な戦争、悲惨な現実にもすぐ慣れるものであるということを知る。時に二七歳の岡村見習士官・曹長は、一九三七年一〇月七日の午後二時、小田原市内の個人病院において召集令状を受けとり、看護婦たちも又母も泣く中で、仏前で遺髪を刈り、親族と別れの盃をかわし、軍歌に送られて家を出、同日、五時間後に小田原の歩兵第一連隊に入営した。一〇月一九日には上海近郊に上陸。直ちに弾丸がヒュー、ヒューと飛び交い、死傷者が続出する戦場に投入された。「周囲は死臭充満、他の軍医に聞くと〝一、三日で慣れますよ〟と云う。初めて繃帯所を見る。担架で続々と傷者くる。その場で死亡するものもある」（頁四九）。

岡村は、戦時訓練を全く受けたこともなくて、軍隊のことを全く知らなかったし、また任命された看護兵の規則とその仕事の内容もまったく分からなかった。小田原で亡き父が開業した個人病院の後を継いで、「外科医を開業していて、突然数日でそうした激戦地に連れてこられた私は只とまどうばかり、小銃弾のうなり音も何が何だか分からず、真に我に還ったのは大陸に上陸して一週間くらいたってからだと覚えている」（頁二五）と回想している。

上陸した最初、いささか動揺して部隊長に感傷めいたことを言ったところ、「軍隊に感傷は厳禁だ」と叱られたという。そして、たった二ヶ月の間に、中国農民が宝にしている農耕に必要な水牛を殺して喰い、大切な豚、鶏、家鴨を奪ってきては喰い、死体の浮いているクリークで鯉や鮒、ウナギを獲るばかりか、汚いクリークの水さえ平気で飲んだ。農民には、水牛一頭を日本兵に喰われることは、一家の生死にも係わることである。しかし、いつ死ぬか分からない、疲労困憊して恐怖と飢餓に悩まされている兵士、人間同士が殺し合いをしている最中には、水牛一頭、豚一匹、鴨一羽、そんなものを現地調達し、殺して喰うことは当たり前のことであり、戦場では何でもないことになったのである。上海戦では、中国の二〇万以上の軍民が死んだのではなかろうか。

もう一つ言えば、鈴木や岡村が戦った上海戦線という場所――上海郊外、蘇州、無錫、嘉定、大倉、嘉定、平湖、震沢、松江、南尋等々の諸県、つまり長江下流デルタ地帯は中国の中で最も豊かな農業生産力が高い地域であり、綿作、綿工業、養蚕業が極めて盛んで、商品生産力が最も高い地域でもあった。だからこそ、飢えた大量の日本兵が穀物や野菜や家畜を略奪して喰うことが出来たのである。これ以外の、特に長江以北の華北の地域はきわめて貧しい広大な地帯であり、多くの農民が日本兵の略奪や放火に抵抗したであろう。中国農民が抵抗すれば、飢えた日本兵の殺戮、放火略奪はそれに正比例して増大し、多くの中国民衆を殺し、女性を犯すことになったであろう。岡村たちは、家畜を簡単に手に入れ、またクリークで多くの鯉、鮒、ウナギを獲って喰ったが、豊かな長江下流デルタ地帯だからできたことであった。

では、多くの中国兵を砲爆撃で殺した日本兵は、人間的感情をみんな失っていたのだろうか？　岡村日記には、日本兵士と特定の馬、鳩、鶏、子牛との濃厚な愛情関係を示す事例が書かれている。沢山の人間が連日殺し殺されている戦場に於いて、日本兵は、沢山の「敵」や家畜を奪い、殺して食べることを連日やりながら、しかし、一方では可愛い動物には「愛情」を注ぎ続けている。この地獄の様な状況の中で、傷ついた心を慰藉、慰撫しないと心の平衡を保てないからであろう。

（1）「一五〇〇メートル離れた農家に行く、友軍の馬一頭足の骨折で倒れている。我々を見て悲しげに頭を上げて起きようとする、その様実に哀れである。水を与えれば嬉し気に呑み、草をつみ与えれば飢たる如く食べる、我々の去るのを悲しげに頭をあげて見送る、涙を流しているが如し」（頁七三）。その五日後、「先日の馬の処に行く、元気に立つようになった。嬉しそうだ、まだ歩けない、草をやり水をやる、元気にいななく……」（頁七五）。

（2）「山道ぬかるみ行軍に再び落伍、落伍すると殺されると云うが仕方がない、昨日甘木関（江西省の激戦地帯の街）宿舎で拾った小犬が私になついて一緒に行軍している。私が休むと小犬は私の雨ガッパに入って休む、昼食を分けて食べさせる、雨益々烈しく降る。山の泥土はすべる、あるきにくい、近くで銃声しきりに聞える、帽子のひさしから雨のしずくたれ眼鏡くもりて歩きにくい、雨ガッパぬぎ、背嚢につける。小犬は疲れたのか止まって私を見る。ついに悲しげに見送る小犬を捨ててひたすら雨の中を歩く、落伍兵に次々と会い、黙々とあるく、砲車の跡が深い水たまりになっている、時々足をとられ転倒しそうになる。ただあるく、ひたすらあるく、雨はげし」（頁一六三）。

（3）「第三野戦病院開設さる、毎日暑さで眠れぬ日が続く。矢島准尉鶏一羽持って来る。飼育するとのこと」（頁九七）。「矢島准尉が飼育している鳩、准尉と一緒に寝る。鳥でも可愛いがるとあのようになるのだ。夕方になり就床の時が来ればコッコッと鳴き准尉の腕に首をのせて眠る」（頁九八）。数日後の移動に際して「矢島准尉は鶏の処分法を考えている、殺すにしのびないのであろう」（頁一〇五）。

（4）「（修水渡河作戦の真っ最中、一九三九年三月一九日、戦友が続々戦死、負傷して担架で運ばれてくる最中のこと）一四時ころ、治療部の使役の牛出産し、可愛らしい子牛を蓮華畑に見る。もう立ち上がって母牛の乳房を探し求めている。自然の本能的な力と云うか感に堪えず。多勢の人が見に来た」（頁一八七）。「昨日生まれた子牛は母牛と一緒に兵用のテントをかぶって寝ている」、「裏の蓮華畑に出て見ると修水河一帯に火焔ものすごき情況なり。生まれたばかりの子牛が農家の庭をピョンピョン跳ね廻っている」（頁一八八）。

——以上、岡村の戦中日記の記載に見るように、毎日、敵味方の膨大な戦死体を眺め、数十・数百の重傷者を手術したり介護したりする仕事、この阿鼻叫喚の繃帯所、野戦病院に於いては、軍医は精神の平衡を保つために馬や鳩や鶏といった無辜の生き物に精神の慰藉を求めるのだろう。また、そうした絶体絶命の時には、馬・鳩・鶏のようなものでも人間に「同じ生命体同士」としての愛情を持つのであろうか。そういえば、鈴木英夫軍医も、上海戦線で永く一羽の鳩を飼って可愛がっていたことがある。

第二部　江西省内の激戦、「彭沢、瑞昌、陽新、箬渓」戦線の日記の摘録

一九三八年

・「七月二一日、晴。彭沢（江西省の長江に面した県）に上陸」。

・「七月二五日、晴。もう上海を出て揚子江を二週間、数日前に占領された彭沢という山間の小部落に入る。飛行機は乱れ飛び、砲声は山に轟く、一つ山を越せば敵陣、周囲は生々しい戦場の姿、破壊された農民家屋の中に出動順序を待つ。昨晩の豪雨で屋内も屋外も水浸しだが、兵隊はその中に軍装のまま眠っている。……今や全将兵の前進あるのみ」（頁九六～九七）。

・「七月二八日、晴。……千人針の腹巻に虱がわき捨てる。毎日前方で砲声、銃声あり、とくに夕方多し、第一〇六師団相当多数の犠牲者を出しているとの事、前線の近きを知る」。一日鈴木隊長（鈴木英夫中尉）と彭沢の城壁に登って四方を眺めた。揚子江が眼前に広がり、四方は山一つ見えない広大なる大陸の景色があった。「はるかに来つるものかなの感あり」（頁九七）。

・「九月六日、晴後曇。……歩一飯塚連隊長の戦死の報入る」（頁九八）。

・「九月七日、酒、タバコ支給さる。久しぶりに日本酒を飲む。野戦病院より蓄音機を借用、隊長（鈴木英夫軍医）達とレコードに聞き入る」（頁九八）。

・「九月八日、晴。飯塚部隊長は戦死……、　前の加納部隊長も戦死、あの時の将校の殆んどが蘊藻浜クリークで戦死したらしい、……」（頁九九）。

・「九月九日、曇。早朝より銃砲撃前方の山岳に轟く、総攻撃か、歩五七連隊出動す、星子に向かう。……飯

塚部隊長は盧山南方で戦死せりと、後任として近歩より布施隊長来任さる。この戦闘にて敵に三〇万の打撃を与えたりと……」（頁一〇〇）。

・「九月一三日、曇。（彭沢を出発し、湖口に向う）トラック二輛、敵襲を受けて小隊長以下全員戦死、その死体収容並びに討伐に従うべく、歩兵二個分隊と共にトラック二台に分乗し、流動橋に於いて主力部隊と合流、湖口に向い、途中の戦死者を収容したる後、掃討戦に参加。トラックの上の真中でいい気持になっていた。突然揚子江側の東方から銃弾、チェッコもあり敵襲だ、トラックのエンジンが止まるやいなや乗車中の執銃者は飛び降りて応戦、しばらくは相互の銃撃戦盛ん、軽機も撃ち出す。私と衛生兵の三名は中央に乗っていたため降車の機会を失い、トラックの上に伏せ、味方の銃撃を聞く。佐藤衛生兵はトラックの影から撃つ、敵弾トラックにあたる。機会を待って、かけ声と共に降車、道路傍のみぞに伏す。……中隊長と共に戦死者の現場へ、湖口との中間か、惨たんたる光景、トラックはまだくすぶっている。道路傍に横倒しになり、隊長の少尉、伍長、兵等の戦死体を運ぶ、……」（頁一〇二）。

（以後、九月一四日に九江に集結せよ、との命令により大移動始まる）。

・「九月一七日、晴。（九江行きに乗船し、情況を聞くに）野戦病院にはビタミン剤欠乏せりと、現在の入院患者二一〇名、後送したくても南京並びに九江の平坦病院共に五〇〇〇名以上収容し、これ以上不可能なりと、一〇一師団当面の敵情変わらず戦死者毎日約三〇名宛、苦戦の程が想像出来る。砲兵は当分の間弾丸一日六〇発の制限を受けたりと、……」（頁一〇四）。

以下は、「合掌街戦闘日記」（昭和一三年九月二三日より一〇月一五日まで）の抜粋。

・「九月二二日、曇。九江に集結した部隊、出動命令で出発する。上陸し、盧山近くの星子南方の西孤嶺の敵野砲――重砲六門の猛砲撃を受け、戦傷者続出す。隘口街まで後三キロ。慰安所開設さる、兵隊で一杯である」（頁一〇六）。

・「九月二六日、晴。九江新停車場着、……五キロも行かず足の裏痛む。豆の形成か関田軍曹や青木上等兵が右足をひきずって行軍していた姿を思い出す。晴天の上、木陰なく暑さに苦しむ。もう汗で絶えず顔や眼鏡をぬぐわないと先が見えない、昼食後の五キロ行軍には参る。ボツボツ落伍者がでる、……トラック、車輛何百台も通過す。黄塵万丈は決して嘘ではないことを知った。……苦しき行軍なり、ついに落伍する、足をひきずりつつなお四キロようやく宿舎に着く、二六キロの行程、一七時三〇分、夕食を食べる元気もなく藁の上に横になる」(頁一一一～一一二)。

――兵士は完全軍装すると約三〇キロ～四〇キロの重量を身につけることになり、これを背負って泥道を一日に二六キロも急行軍することは大変な苦痛であり、強行軍は以後約一〇日間つづいたので、死傷者、落伍者続出といった状態になった。

・「九月二九日、七時五〇分出発、大家田村に向かう。(瑞昌県に入る)山間を河ぞいに行軍、むし暑し、苦しき行軍なり。午前中に一六キロばかり歩く、足の痛み強く小林上等兵と一軒家に休む。雨にぬれた軍服乾かず寒し、一時間半休みて部隊の後を追い行軍、途中に軍馬の死体支那軍の戦死体多し、……」(頁一一三)。

・「一〇月一日、雨、季家山の東南。六時出発。一キロにして第二七師団衛生隊の繃帯所あり、雨中さらに一キロ進出、旅団司令部に到る。敵弾飛来烈し。佐枝少将にお目にかかり、副官より命令を受領、司令部の後方一軒家に於いて直ちに繃帯所開設、担架兵は第一大隊第三大隊方面に出動、一時間後続々と負傷者搬入さる、泥土と血液、雨で軍服もぐしょ濡れ、惨たり、一名の負者は下顎部なく呼吸困難なるため気管に応急に穴をあける、戦死に到るもの三名、雨益々烈しく降る、破壊された家屋傷者で充満、手術、処理に走り回る、衛生兵に命じ片っぱしから破傷風血清を注射す、銃声烈しく、攻撃盛ん、砲弾落下す、第三大隊長島少佐両下肢破片創にて収容、顔なじみの人なし。時に九時、第三大隊後退せりと、中隊長、小隊長戦死、一個小隊全滅の状態との事、一四時、血だらけの手に、いもをつかみほほばる、美味なり。担架兵勇敢に活動す、傷者収容三〇数名となる、鈴木隊長（鈴木英夫中尉）等合流す、永島少尉兵二名と衛生材料を持ちて応援にくる、両眼つぶれたる兵、私のめしをむさぼり食べる、如何にも哀れなり。一〇時、旅団長来訪され、一人一人に激励の言葉、私にも「軍医さん頼みます、頼みます」の言葉に感激す、一六時第三大隊攻撃再び開始、担架の出動を求める、一六時、患者後送す、本日は下肢傷者多し、山岳戦の為ならん、後からは手榴弾創のみ、白兵戦始まる、一七時第三大隊は第二七師団と共に第一線に進出、傷者収容の要請続々来る、担架間に合わず、急造担架を作る、一七時三〇分、腹部貫通二名死亡、一八時一時間毛布にくるまりまどろむ、二〇時三〇分、肘関節部粉砕創傷者来る、止血困難なり、夜襲あり、近くに銃声盛ん、直ぐ担架兵外に出て応戦、繃帯所内の燈火（ローソク一本）を消せの叫び声しきり、集中攻撃を受ける、前方のクリークにて止まり、担架兵帰る。傷者探し得ず、声を出せば近くで射撃されると、収容の傷者しきりに「軍医殿、軍医殿」或いは「衛生兵殿、衛生兵殿」と叫ぶ。敵の来襲再び盛ん、夜明けまで続く、繃帯所に迫撃砲弾落下、私は手当て中なるもすぐに横倒しになり傷者と共に無事」（頁一一五〜一一六）。

・「一〇月二日、曇天、季家山の東南。八時半より友軍の砲声轟く、収容中の兵一名死亡、繃帯所内死臭充満して気持ちわるし、中隊より死体引き取りに来る、付近で火葬す。砲声益々盛ん、重砲到着し砲撃開始轟きわたる、八時半傷者の後送を始める、いもにて立食、一一時連隊機関銃隊長加藤少佐右膝関節貫通で収容す、機関銃小隊長は重体、永島准尉が手伝ってくれて手術早く行わる、一三時いもにて食事する。一六時、死亡せる兵を一名土葬にす、遺髪を取る、……出血多量での疲労で次々と死亡……水牛を殺して一同で食べる。将校四名少佐一、中尉一、少尉二、兵三〇名来る、幹部将校の受傷戦死多し、全部重傷者なり。……夜襲益々烈しく銃弾家屋を貫く、とっさに横転くぼ地に伏せる、助かる、夜明けが待ち遠しい二時より三時特に烈しい、一睡もせず、〃岡村軍医は此処にいる〃と叫ぶ」（頁一一五〜一一六）。

・「一〇月三日、曇後晴。銃砲声の夜は明ける、忘れたように静かなり、よくあれだけ敵も弾薬があると感心する、豆をいるようだとたとえに言うが、そんなもんじゃない、友軍沈黙しているのが心配。永島軍医より私をしきりに呼びに連絡をよこすが、当方も重傷者絶えまなくて出られず、雨後のため下痢マラリア患者続発している。……衣類汗と血液の匂いでくさし、夜襲盛ん、繃帯所危険を感ず」(頁一一七)。

・「(一〇月四日付けの手紙の一節)久しぶりの秋晴れ、前線の銃声もパッタリ止んで、兵隊達はクリークでのんびり歌を昌いつつ洗濯。昨日は明治節でスルメ、冷酒、少し飲み過ぎた。東天に向かっての万歳は支那陣地にも聞こえただろう……」(頁一一八)。

・「一〇月四日、晴、……一六時漢口陥落の報しきりに伝えられる、デマでもこの場合は嬉しい、少しくらい明るい話が欲しい、一三時友軍飛行機の空爆、重砲の轟き、二四センチの重砲来る、第二七師団配属、一七時側面の敵の銃声遠くなる、裏山で前日戦死せる第七中隊長並びに小隊長准尉等の火葬、私達と彭沢から行動を共にしてきた連中なので感無量、合掌す。戦死せる光岡大尉の飯盆を当番兵よりもらう、私のがないからだ、当番兵が顔をこわばらせ大尉の遺品整理中、野病のトラック流弾多く通過不能、私の繃帯所に避難し一泊す、夜襲あり、応戦不能の場合は本隊に連絡をとる予定、近くに輜重車輌馬匹充満露営す、缶入り酒を飲みて徹夜す、夜に入りても本部よりの連絡なし」(頁一一九)。

・「一〇月五日、晴後雨、暑。夜が明けるころ一同少し眠る、月明下に流弾しきりにうなりをあげて飛び、ロバのいななきは淋しきものなり、歩三(歩兵第三中隊)近角少尉一八時に火葬、続いて准尉の火葬の煙裏山に上る。矢島准尉先発、一〇時三〇分、第三群出発、急行軍、追撃戦だ本部の連絡員に会う、司令部の先発隊と箬渓に入りしと。……第二七旅団長以下この方面の戦闘を終り続々と引き上げて来る。思わず〝御苦労様〟と声をかける、皆若い兵隊だ。道路上には支那兵の戦死体が生々しく転がっている、敗走の混乱を思わせる姿だ、捕虜も沢山来る、皆一七、一八才くらいに見える。中に将校もいる、黙して語らず。道路は一〇間おき位に戦車壕ありズタズタに切れている、山麓には堤防の如き壕バリケードあり、車輛、砲は通行不能、徒歩部隊のみ前進す、峠を越えて山下の部落に出る。射撃側面からあり、約五〇〇米の処、着弾その他から近距離射撃の様子、あぜ道を一名づつ飛び出して通過す、前の一名途中にて受傷、畠中に転がる、直ちに手当、五〇〇米が十里位に感ずる。旅団司令部の一軒家の隣りに宿営す、雨降り始める、箬渓には第二七師団充満せりと。此処から箬渓まであと四キロ位、同盟の記者から苦戦の様子その他のニュースを聞く。藁にもぐりて眠る、此処は張家と云ふ部落」（頁一二〇）。

・「一〇月六日、晴。いも畑で秋空を眺めながら気持良い脱糞。一〇時野砲、輜重車輛が前進し来る、ガラガラと急迫しつつある様だ、その早さに驚く。小林上等兵に下着類の着換えを頼む、目的地の箬渓へついに到着する、営舎を設営、久し振りに洗濯す、どの隊も洗濯もので賑やかだ。……」（頁一二〇〜一二一）。

・「一〇月七日、晴。六時出発準備完了。食欲のない口に無理につめ込む、八時出発するも進行おそし、野砲の後を行く。小柳軍医先発、捕虜二名旅団よりもらいて使役にする、三日めしを食べずヒョロヒョロする。午前中四キロ進む、前方にて戦闘開始、野砲展開し、砲門開く。重機関銃の音山々にこだまする。一三時三〇分、担架まえへの声あり。暑熱をさけ木陰に休む、前の家屋炎上、一五時に至も前進せず、野戦給水班来る、富士部隊という。第三群に前進命令、砲兵を越え、一キロ前方の繃帯所へ急行、小銃弾、敵のチェッコ機関銃弾土煙をあげる中を前進、歩兵散開前進中、迫撃砲の射撃集中さる。中隊長、歩兵隊長、兵三名その場にて戦死。一時に三〇名の負傷兵担ぎ込まれ繃帯所内大混雑す。今にも命絶えんとする兵、既に死亡せる兵、重傷者多く「軍医殿、軍医殿」と絶えず呼ばれる。野戦病院は後方六キロの地点、まだ開設せず。後方もまた困難、傷者続々と来る。衛生兵腹部貫通にて直ちに開腹する。リンゲル処置行う、東京の小久保上等兵なりと、遺言を聞いてやる、蔵前であるという、頭部をやられ言語障害にて発音になやみ、自分でももどかしがる、思わず涙が頬を伝う。悲惨なり……「今までよく頑張ったな、苦労した、苦労したな、苦しいか、まっすぐ家に帰れよ」と言わざるを得ない。……「軍医殿、お蔭様で楽になりました。家の者がそこに迎えに来ていますから帰らせてもらいます」と元気に話しだす。「静子、静子」と呼びながら死んでゆく少尉、衛生兵も泣きながら手当している。……私はこの頃から既に赤痢にかかっていたのだろう、一日一〇回以上の粘血便に悩み、身体は出征時一九貫あったのが一四、一五貫になった。体温は三八・九度出ている日が多くなった。……二〇時奥田大隊長受傷して来る。一三時負傷者続々と運ばれる。ついに夜明けまで続く、支那兵のバリカン一丁、当番兵拾って来て私の頭を刈って呉れる」（頁一二三〜一二四）。

・「一〇月八日、晴後雷雨。……一九時砲声盛ん。ヨカローという部落の東方、五〇米先に砲列をしき、砲声耳を突き破るばかり。真夏の如き太陽がギラギラしている、暑い。夜中収容の傷者の患者膀胱穿刺血尿一五〇〇cc絶望の様子、……患者全部後送し終る。担架兵に損傷なし。ただ、やっと立っているくらい疲労強度。一三時傷者再び続々来る、右前腕粉砕、胸部貫通の兵、止血困難を極む、三〇分かかりて終了。……小島少尉と話し合う、命令受領者篠原曹長帰隊、愈々重大事を思わす、鈴木隊長担架兵と共に自ら先頭に立つ、第一線に追及、全滅を期しての夜襲、思い残す事なし、もう九江出発の時遺髪も残して来たはずだった。この明月の下での戦死もよかろう、何の感想もない、捕虜とならずひと思いに死なしてもらいたい、負傷者七名来る。直ぐに後送する、連絡兵来る、恐怖に口もきけず、第一線の惨状を語る。……初めての後退つまり退却である。突然繃帯所前後に敵迫撃砲弾落下、道路上も大きな音響を立て、土煙上る、連続して落ちる。兵隊の叫び、医扱の搬出、重傷者の搬出、軍装を正してしばらく眼をつぶる。家屋にも砲弾落下、入口庭にも落下し始める。第一線に行った鈴木隊長等帰隊合流する。外は月明下、準備なってひと息に飛び出す。すでに敵のチェッコ身近く着弾、第一線はじりじり後退しつつあるのだ。野砲隊が馬のいななきと兵のかけ声と共にガラガラ音を立てて追い来る。担架をかついだ兵、衛生隊も担架をかつぎかけ足になった。……真昼の様に明るい道路上を野病、衛生隊、輜重、野砲、歩兵等が混然として後退、只ひたすらに退却、兵隊の叫び、軍馬のいななき、車輛のひびき、一台音響に聞える、四キロあまり後退して一息つく。中天の満月は身ぶるいするほど物すごい。それにしても命令受領後二〇分間でよく撤退準備が出来、ここまで来られたものだ。……四〇度の熱、一日一〇数回の粘血便のたれ流し……」（頁一二四〜一二八）。

・「一〇月九日、曇後晴。雨が上がって晴れ間を時々見せる、あれから鈴木隊の位置までどう追及したのか覚えていない、夢うつつで歩いていたのだろう。出発時間の一九時まで藁の中でぐっすり寝る、一九時出発の声がかかり当番兵に起こされ、今日は闇夜だ、夜行軍だ、二一時やっと前進開始、楽な行軍だ、……箬渓に入り町を通過す、印象的な古都、直に山岳に入る、木蔭のない山道を五キロ、戦闘部隊予備隊を抜き前に出る頃前進不能となる。……傷者なお続々来る。雨が降り出して、皆重症ばかりだ、再び一名死亡する、……徹夜でカンパンを齧りながら手術、手術続行、ホタルが飛んでいる淋しい光を点滅させながら」（頁一二九〜一三〇）。

・「一〇月一〇日、晴時々雨。……東の空が白んできた、朝を迎えたが傷者を後送する事が出来ない、担架再び出動、担架兵の勇敢さには頭がさがる、隊長の処に連絡二名出す、戦死体のみ下に降し三〇体を火葬にする、新補充兵の戦死体哀れなり、本年八月の召集兵にして未教育なりと、軍服はまだ新品だ。久しぶりにて生味噌をなめる、前進せる第一群の繃帯所まだ開設せず、傷者続々来る、重傷者のみ。第一〇中隊長壮烈な戦死をされたと。傷者輸送のため兵站トラック一台山麓にくる、直に重傷者一九名を後送す。一四時三〇分、雨の中、第一群繃帯所より、「重傷多し応援頼む」と連絡兵来る。第一繃帯所は道路上で休けい中に迫撃砲の集中攻撃を受け混乱状態になれり、死傷者多数出たと、宮川衛生兵、塩野軍曹も負傷しながら連絡に来る。相当の損害を察し約三〇〇〇米の第一繃帯所に駆けつける。第三繃帯所は石田軍曹に処置を命ず、小林軍曹には外科器械を持ちて追ってくる様に命ず。第一繃帯所付近大混乱を呈す。直に手術、手当を始む、工兵隊の三宅中尉の部下の手当てに時間をとられる、皆相当興奮している、前方一〇〇〇米に盛んに土煙をあげて迫撃砲弾落下、地響きを立てている、その度に傷者続いて来る、砲兵多くやられる、空爆盛んなるも山陰の敵陣に対する効果少なし、夕闇の中で郷里の高橋上等兵に会う。前進全くできず、先発の一ヶ大隊連絡なし、迫撃砲、山砲、盛んに落下し繃帯所危険、敵機来襲す、ローソクの光で手術をする、屋根に砲弾落下思わず伏す。手術の手を時々止める程の敵の攻撃、悲観論ありて気がめいる、ひたすら軍医としての責任に徹するのみ、傷者ただちに充満し、土間の藁の上でうめく声、叫びを上げる声、両手で耳をふさぎたくなる程だ、すでに一〇〇名以上となる、担架足りず、今夜も徹夜で傷者の手術、手当をなす」（頁一三〇〜一三一）。

・「一〇月一一日、曇。暁にトロトロまどろむ、七時傷者多勢来る、道路まで傷者を寝かせる、衛生兵担架兵疲労困ぱいしてそこここに倒れ眠る、八時、前進命令出る、野砲、発車直前の炸裂で多くの戦死傷出る。準備完了出発を待機す。傷者後送のトラック到着す。患者車五台に担架患者を乗せ、独歩患者二五名を野病に送る、野病は箬渓に後退開設しているはず。旅団命令、「一三時三〇分旅団は一〇六師団の危機を救うべく如何なる犠牲を払うとも前進す、有力なる空軍もこれに協力する予定、衛生隊は旅団に続行すべし」。……一四時三〇分旅団前進開始。第二群つづく、腹痛あり、下痢粘血一日五、六回になる。一六時、敵兵敗走の報に一同喜ぶ、一六時三〇分第二回目の患者後送、兵站より糧秣弾薬多量に来る、兵一同喜びの声、夕焼けの空に活躍する我が空軍の急降下爆撃、掃射、誠に痛快なり。一八時旅団高級副官戦死の報あり、師団との連絡員水野伍長大腿貫通さる、旅団次級副官戦傷、一九時現在旅団本部までの道路上はまだ戦死者の死体収容出来ざる状態、一度に一〇数名の傷者来る。一名上膊部より切断す、水野伍長他三名応急処置の後野病に後送す。二〇時、「岡村軍医前へ」の連絡あり、第二群応援に折からの月光の下をかけ足、四〇〇〇米前進、迫撃砲がそれまで至る処に連続落下していたのが、私の前進の時には道路上には落下しなかったのは幸せだった、急に悪寒あり、路傍で検温四〇度近くある、フラフラしながら行軍、眼前かすむ。第二群は大混雑なり、重傷者多し、直に手術、熱が高いので裸体になる。時々眼が見えなくなる。旅団参謀来る、傷者の多い痛々しい姿に言葉なし、私に向かって「頼みますよ、頼みますよ」と云い出て行く、傷者のとだえた時に余り苦しいので藁の上に横になる、隣は戦死将校だったが、家に帰った夢を見る」(頁一三一～一三二)。

・「一〇月一二日、曇。夜通し、悪寒と熱に悩む、傷者続々と来て一〇〇名を突破す、すぐ前の放列で発砲した弾が自隊の放列の上で破裂、戦死傷者一〇数名、一度に来る、「岡村軍医殿」の声に起き出して手術、手当をする、一名大腿切断す、高熱なるため苦しい、塩基を呑む、チフス、赤痢、熱帯マラリア等考える、野病にはこれだけの傷者が出ているいま、考えるのも嫌だ(小林。自分が病気だと言って野戦病院に入って、治療を放棄するなど、考えたくもない、の意)。倒れるまでこの傷者を見てやろう、死に対する恐怖感はない、このままでいれば病死しなければ戦死だろう、二三時頃よりいくぶん熱降下し気分良くなる、便意あり前の畑に行く、脳貧血か突然わからなくなった、気がついて見ると畠の中で驚いた。わずか数分だったが、私の一番楽な時間だった。そこには戦争はなく、血なまぐさい臭ではなく花園の様な処を飛んで家に帰る処だった、数日間下痢便をたれ流しずぼん股下は臭くてやりきれない、当番兵に水をもらい、すっかり洗った、綳帯で応急の越中ふんどしを作り、戦死者のずぼんを頂戴した。多くの兵隊をこれから助けるのだからと云いつつ。一三時食欲出る、当番兵にカユを作ってもらい生味噌で食べる、塩なきため馬用の食塩を焼きて用う、野病からミルク一缶もらう美味なり。一五時、戦車隊応援に来る、援軍来ると一同歓声を挙げる。戦車一七台、歩兵三個大隊到着、昨夜野戦病院敵襲を受け戦死者一名折から後送して来た衛生隊特務兵の連中銃をとりて応戦、敵を撃退、野病部隊長より感謝されたりと、後送トラック活動順調、敗残兵多く出没し、クリークで洗濯中の兵一名狙撃されて戦死す。本日六時、水野伍長ついに死亡、誠に残念なり、よい男だったのに。永い間のご苦労だった良く働く下士官を失ってしまった。旅団司令部との連絡再び不通となり、戦車にて連絡をとる他なし。前線固着状態にして前進せず、傷者多数あるもまだ収容出来ず。二二時悪寒あり、三九・六度、バクノンを自分で打つ。砲声盛んなり」(頁一三三～一三四)。

・「一〇月一三日、曇　下桂堂。朝は三八度五分、重湯を少し摂る、前線変化なく援軍の一七師団まだ到着せず、傷者多く既に六〇〇名に及び重症多し、傷者が来れば寝てはいられない、前線には未収用の傷者が多く転がっているとの事を担架兵が語る、鈴木旅団長到着す、ついに待っていた一七師団が来て呉れた。一八時と二〇時に悪寒発汗多量にあり、四〇度二分、意識もうろうとしてくる、再びバクノンを打つ、死に直面せる思いあり。気分は楽だが呼吸が苦しい、ブドー糖二〇cc注射してもらう」（頁一三四）。

・「一〇月一四日、雨。前身焼けるような暑さ、小柳軍医に応援してもらう、チフスの疑いあり、一一時、八度五分（三八度五分）になり、気分稍や良、チフスであるとすれば皆に迷惑をかける危険あり、野病に入る決心をする、この傷者を置いて申し訳ないと思うがやむを得ない、一七師も来た、戦車も来た、もう大丈夫だろう。一時、前進命令下るも中止、まだ前進不能。午前中後送せる患者繃帯所へ引き返して来る、野戦病院敵襲を受け合掌街に後退しつつ交戦中なりと。雨降り出す、寒し、野病に入院を中止、一五時頃より繃帯所周囲に迫撃砲弾落下し始め益々烈しくなる、陰惨な空気に包まる。一〇一師団長・伊東中将、戦傷の報入る、一〇六師団は瑞昌に血路を開きたりと。一七師は一五、六日に九江に上陸との事、此処に到着は二〇日頃になる。糧秣の補充つかず、使役の牛を殺して食べる、いもも掘りつくしてない、尾崎隊本部に宿を明け渡し、隣室に移転す、小林一等兵の努力に感謝する、今日は傷者重症なく、休養出来た」（頁一三四～一三五）。

以下は、『箬渓日記』（昭和一三年一〇月一六日～昭和一四年二月二一日）から抜粋。盧山戦を終えて、日本軍は陽動作戦で二手に分かれた。この時の九江から箬渓に、徳安に至る間の中国軍の攻撃はもの凄く、激戦が続き、第一〇六師団（この師団には、後に有名になった小津安二郎映画監督も、下士官として従軍していた。彼も生死の境をさまよったことはまちがいない）はこれまで見てきたような大損害を出した。それで、第一〇一師団、第一〇六師団は、修水河の手前で越冬した。

・「（昭和一三年の）一〇月一六日、晴。早朝より傷者搬送さる、一昨日の傷者にて創口は腐敗しつつあり、ガス壊疽、破傷風血清を打つ、八時出動命令あり、永島少尉出動、一一時、皆に別れて野病へ、直に病室に入り……疲労が強いから当分安静にする」（頁一三六）。
・「一〇月一七日、晴。冷え冷えとした風を感ずる」（頁一三六）。
・「一〇月一八日、晴。夜の寒さに再三眼を醒ます。ガラ空きの各室此処二日間で充満す。朝露を踏んで裏山を散歩する。修水川が朝日で美しい、天気もすっかり恢復した。先日来の苦しみがうそのように思える。ゴロゴロと支那軍兵士の死体があるがもうなかば白骨化している。……本日は悪寒なく下痢五回になる、痔が痛む」（頁一三七）。
・「一〇月一九日、晴。腹痛にて眼が覚める。便意あれども排泄なし、絶食して診断を受ける、急性大腸炎併発。また重湯にする。……一〇六師団の傷者後送され、この野病に来るらしい。包囲され救出された傷者、患者約七〇〇名とのこと。……第一七師団は甘木関前方一〇キロの地点まで進出せりとの事だ。傷者収容は一〇六師団衛生隊、第一七師団衛生隊並びに本隊との共同にて行っている。甘木関の苦戦は傷者の一つ話になっている。鈴木隊長（鈴木英夫中尉）始め小柳、永島両少尉に申しわけなかった。併しよくそれだけ多数の（一〇〇〇名以上）傷者、患者を救出したものよ。努力の程がしのばれる。見習士官一名収容さる。粘血濃便三回、排便時が苦しい」（頁一三八）。

■《論評》——廬山から瑞昌、箬溪、甘木関、徳安に到る日本軍の惨憺たる状況——

岡村は、この『梢火』をまとめた時、当時の戦況について、次のように総括している。

「箬溪作戦は、一〇一師団の主力を以って東孤嶺、西孤嶺を抜き、徳安に到り南昌に入る。第一〇六師団は隠密の内に行動し、全力を以って九江より山間地帯を甘木関に到り南昌に迫る。この両主力師団の行動を自由ならしめるよう一旅団で佐枝支隊を編成し、陽動的に瑞昌から箬渓に到り、甘木関より徳安、南昌に入る。つまり、一つの犠牲打であり、当初から報道陣の人びとにもサーカス支隊と呼ばれていた。きわめて危険性の高い犠牲者も多く出る事を想定しての行動がとられた……。第一〇一師団は東孤嶺、西孤嶺の山岳戦で苦戦し、中々前進出来ないでいた。しかも多大なる犠牲者を出し、傷者の収容、戦死者の遺体の収容に困難していた。師団長の伊東中将も下顎部に受傷され、歩一連隊長の飯塚大佐は戦死、各部隊の中、小隊長がバタバタと倒れる上、軍からは〝まだか、まだか〟とさいそくさる……」(頁一七一～一七二)。第一〇一師団は、これまで見て来たように、多大なる損害を出したが、それにもまして第一〇六師団の犠牲はより大きかった。岡村軍医は、「第一〇六師団の秘話」と題して野戦病院に入院中に、同じく入院していた第一〇六師の兵士達から、見聞きしたその惨状を次のように書いている(頁一四一～一四九)。

・「馬廻嶺方面から、徳安にむかった第一〇六師団の実情こそ、戦争の悲惨きわまる本当の姿だった。内地の新聞は、景気のいい進軍譜ばかり書きたてていたが、敵の包囲から救いだされて野戦病院へたどりつく兵隊のひとりをそのまま見せてやりたかった。戦争の話は、後になるほど美化され、脚色されがちだが、あの時のことを思えば、誰だって二度と戦争を繰りかえしたくない。野戦病院で、うつろな眼をしている兵隊から、やっときき出した一〇六師団の秘話に限りない涙を注ぎたい」(頁一四二)。

・「廬山をはさみ、東を一〇一師団主力、中央を一〇六師団、西側を佐枝支隊が徳安へ進行した。敵に包囲され、食物もなくなり、友軍の投下する物資も大部分敵にとられ、馬が弾にあたるのを待っていたと、その兵隊は語った。弾にあたって倒れれば食べてよいと言われていた。三名の兵が谷間に水をのみに行った。クリークに前かがみになり口をつけたが戻ってきた兵は一名だけ、二名はクリーク中に首を突っ込んだまま絶命していた。そう云えば今晩も一名の兵が死んだ、昨日まで水筒を持ってフラフラと歩いていた兵だったが」(頁一四二)。

・「一〇六師団の兵の生きている兵隊だけ、第一〇一師団、佐枝支隊が血路を開いて連れて来たが、糞も小便もそのまたれ流しの兵が多くて臭くていけない。臭いのは一〇六師団の兵隊だとすぐわかる。合掌街の野戦予備病院の患者は、現在数一五〇〇名、これ以上は収容出来ずと、ここも兵站病院と同じ惨状を呈している様だ。下痢患者が飯盒かかえたまま便所で座り込んでいる姿は哀れである。粘血便を出していて普通食を食べる、平静な常識では考えられないかも知れない」(頁一四二)。

・「併しそれでも一〇六師団は一方は甘木関、一方は瑞昌に血路を開けたのだった。一〇六師団の野戦病院等の多くは各隊毎に分断され、その行方は不明であり、殆んど全滅せりと。もう一〇六師団の話は、私ももう沢山だと思うようになった。あまりにも悲劇的な話ばかりだからこちらの意気までくじけてしまう。同室の一〇六師団の中尉神経衰弱症状あり、滝中尉に注意する。同室の中尉四〇度以上を出して苦しい呼吸をしている」(頁一四二)。

・「(一〇月二〇日記)甘木関の戦闘では一〇六師団の患者一〇〇〇名以上を収容、重傷はいない。なぜならそれまでに死亡したからとのこと。戦没者五〇〇体、戦死数は不明、一ヶ中隊で約二〇名位が健在、将校は殆んど全滅せる由、惨たんたる状況を語る。それ等の傷者を収容治療中に砲撃を受け、車輌の勝又上等兵は戦死、石井衛生兵、担架兵一名受傷、一〇六特務兵一〇数名受傷せりと。鈴木中尉も弾雨下、傷者を自ら凹地に引き入れては手当をした話をする。……夕方より敵の射撃始まる。隣の見習士官は高熱で苦しそうだ。私も便所に行く途中倒れ衛生兵に背負われてかえる」(頁一四三)。

・「一〇月二二日、晴、寒冷。腹痛で眼が覚める、すっかり疲労する。重湯少量摂取。……兵隊が寄ると食べ物の話だ、甘い物が食べたいのは私等も同様である。今朝も一〇六師団の患者が「羊かん、羊かん」と云いながら絶命したという。草柳上等兵の肩につかまり、可愛相なその兵の処へ行き冥福を祈る。夕方発熱す。

戦線は静かなり」（頁一四四）。

・「一〇月二二日、晴。ばく大なる犠牲をはらったが、徳安に第一〇一師団入城せりと」、「夜中衰弱せる一〇六師団の患者一名死亡、毎日のように死んでゆく。内地にいたら、と思うと胸がつまる。衰弱で倒れるのだから哀れである」（頁一四五）。

・「一〇六師団患者一〇〇人入院、人間らしい顔をしていない。ほこりに塗れ、秋虫の如くやせた身体、呼吸をやっとしているだけだ、悲しい姿だ。口を満足にきける者一名もなし。これらの兵はそれでも包囲下に生き抜いた生き残りの兵達だ。一〇六師団中尉一名入院、同室となる。見るかげもない姿に衛生兵まで目を丸くしてしまう程である。それでも将校の生き残りとしてたくましく生き抜いて来た人だ。早速小林上等兵に云ってクズ湯を上げる、涙をボロボロこぼしながら飲んでいる。二週間も鉄かぶとで南京豆をツブして生で食べていたという。まだそれが出来る者はいいが出来ない病人は皆死んでしまったと語る」（頁一四六）。

・「一〇月二四日、曇後晴。……二二時衛生兵の一等兵、発狂し来院、恐怖と疲労のためだろう一〇一師団でも一名あり。昨日突然内地に帰ると云いだし、衛生兵が止めるのに骨を折った。桜井少将の『肉弾』を思い出す」（頁一四八）。

・「一〇月二五日、晴。……食事時のめしのうばい合いは衛生兵も制しきれない程だ。特に、一〇六師団の兵がすさまじい。小林一等兵いもで羊かんを作り同室の将校に配る。一〇六の中尉、猛烈な食欲だ」（頁一四九）。

（以後、一〇一師団は、大幅な兵員補充と毒ガス兵器を含む兵器の補充を行い、翌年三月以降の、修水河渡河作戦、南昌攻略の準備を行うために、ここで越冬した）

第三部　一九三九年春、修水河渡河作戦から南昌占領まで
——「修水河渡河作戦日記」（昭和一四年三月一三日〜三月二三日）より、抜粋紹介——

・「三月一七日、晴。（修水渡河戦の開始）　二四時三〇分本部員の見送りを受け、星空の下を出発、非常にねむい、夜行軍、第八師団の山砲と共に前進す。前方の山盛んに燃えている。五時建昌車站に到着す、……鈴木中尉等と待機す。車站裏山にそのまま眠る。修水川は約一キロ前方、小高い所に登って見ると悠々と流れている大きな川である。途中で二つに分かれ支流あり。菜畑が綺麗だ。太陽の光が暑いくらいである……一七時、第一繃帯所に到着す……猛烈なる砲撃は小春日和の空を振るわす、繃帯所は敵前約四〇〇米に開設、鉄道線路の下にあたるため銃火をさけるに良き処なり。一九時支流渡河開始さる、傷者続々と来る。約八〇名を手当てする。一時三〇分、小柳少尉と交代したまま横になる」（頁一八三）。

・「三月一八日。晴　暖。敵銃弾堤を越えて飛来す、……傷者既に前庭を埋める。血のしたたる顔、軍服と、春の菜畑と、私は一仕事を終えてから野糞をする、頭上をヒューンヒューンと銃弾が飛ぶ。……午前中の傷者は小銃によるもの多く、午後に至りて迫撃砲、野砲による爆傷創者多くなる、三名の兵殆んど同時に絶命せり。……二〇時引き続き傷者陸続と来たる、野戦病院との連絡未だつかず、彼我の銃声猛烈を極める。暗夜に砲火は稲妻の如き光をはき、渡河の安否を待つ」（頁一九六）。

・「三月一九日、曇、暖。敵砲弾炸裂の音に目覚める、丁度内地の港に着いた処で夢を破られたのだ、今朝はどんより曇った日だ……昨日は奇跡的にお守りを破り腹部の皮下で弾丸が止まっている兵隊がいた。……側腹部貫通の兵は今朝絶命、種々手当をしたが、可愛そうな兵だ、一七日までの日記や奥さんの手紙を大切に持っていた。頭髪を封筒にいれてやる。……菜の花畑に仮埋葬する……一六時担架兵佐久間腹部貫通で来た

る、終末呼吸に入り遂に絶命す、一同合掌するのみ。……雨降り始める。夜中永島中尉に起こされる。陰部爆創睾丸露出し陰茎なし。出血多く手術に手間取る、露営の傷兵多く、この兵隊の処置困る、雨を防ぐ家も充満、僅かにテントにて覆う、厳しき寒さなり、私達は屋根裏にもぐる」（頁一八七）。

・「三月二〇日、晴時々曇。（日本軍総攻撃の日）……敵の射撃多きため散会前進、一六時三〇分、総攻撃の火蓋きらる、砲声殷々天に轟き地を揺さぶる、正に壮烈な光景、前方三〇〇米、五〇〇米あたりに敵砲弾も盛んに落下す、時々水柱高く上がる」（頁一八八）。

・「三月二一日、曇、雨、寒。傷者早朝より続々と来る、渡河開始さる。まだ雨降りか、傷者も担架兵も泥んこで誰やら顔も分からない、我々も感情が麻痺したためか悲痛の思いも起こらない、担架兵の「お願いします」と云う声に只機械的に無言で手当てに当たる。悲惨が極端になると人間感情はすべてなくなり、ただ本能だけが最後まで残るのだろう、……傷者は三日或いは四日間も何も食べていない兵が多かった、水だけ飲んでいたと云う、傷口は爆創が多く、すでに水で白くふやけていた、ガス壊疽破傷風予防を徹底的にやる。……傷者はどんどん後送しているがすぐにたまってしまう。もう前庭に約三〇名が痛みにうめき寒さを訴えている、……児玉伍長他二名戦死五名負傷せりと、今元気に出ていったのに。綳帯所悲痛なる空気に包まれる……今日収容せる傷者は二八〇名、なお三〇〇名以上ある見込み、移動できずそのまま待機す。沼田上等兵らを後送す、人命尊重少なきことを嘆く。庭の傷者のうめき声でとても我慢できない一夜が明けた」（頁一九一）。

・「三月二三日、晴。……一七時工兵隊宅中尉に再会お互いに健在を喜ぶ、渡河戦にて四〇名の部下の内約半数を失うと悲痛な面持ちで語る。握手して分かれる。一九時、傷者絶え間なく来る。手榴弾創多し、白兵戦が始まったと傷者語る。収容者四二名中二名死亡。私の腕も顔も血だらけだ、止血に困難なるもの多し」（頁一九二）。

「修水を渡った両師団（百一、百六師団）は二月二一日の払暁までに、中国軍の奥行二キロにわたる陣地を突破して二手に分かれ急進撃し、第百一師団は二七日に南昌を攻略、同日第百六師団も南昌南方で鉄道を遮断した。この作戦の戦果はより西部で南下した第六師団も含む第十一軍全体で、敵の遺棄死体二万四〇〇〇、捕虜八六〇〇とされ、同軍の廬山周辺での作戦を中心にした武漢攻略戦時の（敵の）遺棄死体一四万三〇〇〇、捕虜九六〇〇にはおよばなかったが、（日本軍の）戦死者は武漢作戦の四五〇六名に対して約五〇〇と少なく、損害の割に戦果が大きかった」（『第百一師団長日誌』頁五五二）。この渡河作戦で日本軍の戦死傷者が比較的少なかったのは、渡河直前に大規模な毒ガス攻撃を行った結果だといえよう。

第四部　南昌占領、破壊され燃え続ける南昌市街

（これより、鈴木英夫、岡村俊彦両軍医の所属部隊は、修水河を渡った後に、西側を大きく曲がってまず安義県に入り、西山に進み、南昌へと向かった）

・「（一九三九年）三月二三日、晴後雨。……支那兵の戦死屍を多くみる。まだ生々しく、死後硬直も現れず、たった今戦死したようだ。おびただしい鮮血が道路上に流れている」、「本隊と離れてただ一人になってしまった」、「後方から戦車が土煙を上げて来る。道路の両側には処々敵兵が倒れている。胸をやられている兵、頭蓋が破れて脳漿が飛び出している兵、このあたりは敵軍の衛生隊の跡らしい、ブリキ製の箱があり、薬品が詰まっている、惨たる光景だ、空腹とわびしさの内に夕暮れ迫る」、「二三時、安義と南昌の十字路に出る。安義に向け歩き続ける、部隊の足の早いのをうらむ、突然敵の側射をうける、近距離だ、泥土上に伏せる、側の石に弾が当たり火花をちらす、匍匐前進す、無事に危険地帯脱出」、「夜行軍」（頁一九七〜一九八）。

・「三月二四日、晴後曇。（小林。安義にて休息し、部隊に追いついて南昌へ急行軍、途中、豚・鶏の料理を食べる）この家の片隅で女と子供がこの様子にふるえて見ている、可愛らしいおかっぱの女の子もいる、あまりいじらしいので傍らに行って声をかけてやる。……しばらく置いてくれ、決して貴女や子供さんがたには、危害を加えるような事はしない。私達は医者の部隊だ、と云ったら、すっかり安心した様子、子供達は泥だらけのひげ面の私達を初めてみてニッと笑った、なにかこころ温まる思いがした」。又出動命令、「もう疲れて口をきくのも嫌だ、冷えた上に南京豆や豚を食べ過ぎたためか腹の具合がおかしい、野糞をする、もう下痢便だ、がっかり」といった状態で眠り込んだ（頁二〇〇）。

・「三月二五日、晴後曇。七時出発、冷たい空気が気持ち良い。部隊本部の落伍兵に会う。部落に入る度に女の悲鳴と豚、鶏の叫び声、これが戦争だと眼をつぶる。私には行軍が精一杯なのだ、残念だが仕方がない、痛む足ひきずりつつ行軍する。……友軍が盛んに爆撃している……途中路上で傷者一名担送する。腹部貫通だから急がないと駄目だ。こんな処で流弾にあたった兵、可愛相に思う。……柴山には、すみれの花が咲いている、紫の色が新鮮で美しい、幾重にもある山道を通り南昌へ向う。行軍路上にでる、死屍多し、戦車にやられた様だ、本隊は何処まで行ったかわからない」（岡村は、この日、誰もいない家にはいり、藁の上に軍装のまま倒れ込んで寝たという）（頁二〇一）。

上記の「部落に入る度に女の悲鳴」との記述は、日本の落伍兵が中国人部落にはいると、強姦事件を起こしていたことを証言した資料として重要である。岡村は、「私には行軍が精一杯なのだ、残念だが仕方がない、痛む足ひきずりつつ行軍する」と書いている。この記述は、彼が戦線日記を出版するために整理していた時に、「事実だとして」書き入れたものであろうか？

・「三月二六日、曇。（部隊を追い続ける）　軍行上敵戦死体多し、南昌へ南昌へ各部隊は先を競う如く前進又前進。

（本隊に追いつき、豚鶏で祝宴）」（頁二〇二）。

・「三月二七日、曇。一八時歩一の牧野隊南昌に突入せりとの報来たる。ついに南昌は陥落したのだ、感激の涙声で万歳を叫ぶ。午前中は迫撃砲弾が飛来したがやがて已む、二〇時南昌の火焔、夜風に赤々と燃え、風強きため大火になりつつあり落城の悲劇をみる、戦死者に対する供養の焔に見える」（頁二〇四）。

・「三月二八日、曇。一時三〇分、南尋線の南昌車站に到着、火焔で真昼の様に明るい、破壊された橋梁が長々と河面に横たわっている。対岸のビル街数百米が炎上しているようだ、風にあおられて、ぐんぐん燃え広がってゆく」、「青天白日旗や毛布が散乱している。敗走の時の状態が眼に見えるようだ。直にその敵さんの毛布にくるまり眠る、寒さとのみ（蚤）何回も目をさます。火焔はまだ烈しく、爆発音、焼け落ちる音、人馬のざわめき、しきりなり」（頁二〇五）。

・「三月二八日、曇。（岡村隊は、河を越えて南昌市内に入る許可が出ず、待機）鈴木中尉連絡のため南昌市に始めて行く。帰隊の時老酒、砂糖等沢山持って来てくれる。鶏にてスキヤキをする。陥落の喜びの夜。稲妻と雷鳴あり。豪雨沛然と降る。南昌市街まだ火焔と黒煙に包まれている」（頁二〇六）。

・「三月二九日、雨時々曇。（南昌市街に入る）市街はよくも破壊されたものだ。大きな商店が並んでいる。江西の中心地だけはある。各商店は皆入口をレンガにて積み上げ、セメントやしっくいで固めてある。病院、医院のようなものも少なくない。薬店は相当沢山ある」、「一五時無事帰隊、徴発の老酒で祝杯」、「永島中尉一人静かに酒を飲んでいる。何を考えているのだろうか。雨もりのポタンと云うのを聴きながら眠る」（頁二〇六）。

・「三月三〇日、雨後晴」。岡村は南昌市内に入れず、佐竹支隊について郊外の諸県の残敵を求めて討伐行に派遣される。佐竹支隊は、第一〇六師団に従い、奉新方面に出動された。岡村軍医の日記は四月三日で終わっている。

さて大損害を出し、血と糞尿にまみれた一〇六師団には、有名な映画監督の小津安二郎軍曹がいた。田中眞澄著『小津安二郎と戦争』（みすず書房、二〇〇五年）によると、幸運にも生き残った小津は、奉新県城内で国民党宣伝部の「日本兵士への呼びかけ」伝単を拾って来て、数千字もある中国語のビラの全文を書き写して、帰国時に持ちかえっていた。前掲書にその全文が掲載されている。小津は、この戦争の汚さや、日本兵士の惨状や残酷さや日本軍の侵略戦争という本質を知ったがために、戦後、自分の映画には「ただ日本人の古き時代の美しき良き側面」しか描く気が起きなかったのであろう。彼が主役にいつも使った原節子も、美的感性を同じくしていた上に、戦時中は「国策映画」に多く出演していた。だから、小津と原節子は、お互いに戦争の欺瞞性と日本人の悪徳の意味をよく分かっていたのであろう。小津が、日本の皇軍兵士であったことを隠していた、彼は戦争責任を逃げていた、戦争映画を撮らなかったといった批判をするのは底の浅い批評である。

■戦線日記『梢火』への全体的な論評

(1) 隠されていた日本軍の大損害

岡村日記の武漢攻略戦における一環である「第一〇一師団、第一〇六師団による徳安・箬渓・甘木関一帯の戦場」の、実に悲惨な状況を見て来た。このような多大なる損害を出した日本軍部の責任は重い。戦局を全く見誤った結果と言わざるを得ない。中国軍の戦意の高さ、彼らの迎撃体制の構築、日本軍の実力への過信、進攻計画のずさん、等々の原因を指摘できるだろう。軍医鈴木英夫は、戦後『戦陣秘帖』を出版した時、次のようにこの作戦を厳しく批判している。

「この間に於ける一〇六D（Dは師団）の悲惨な状況は軍上層部の作戦の、完全な失敗であった。漢口攻略戦を側面から支援する目的で、一〇一D（第一〇一師団）は、蒋介石の北伐以来の重要拠点であった南昌を目指して南下したが、戦線は廬山南方の山岳地帯で完全に膠着状態となり、加納部隊長や連隊長はじめ多くの死傷者をだした。軍はこの状況を打開するため、右側方（西側）から敵の側面を奇襲しようと、一〇六Dに一週間の食料を持たせて、山岳部の道なき道を強行突破させようとした。しかし、この方面の中国軍の兵力は、軍の予想よりもはるかに強大で、一〇六Dはたちまち弾薬も食料も尽き、わずかに出発地点の瑞昌方面へ血路を開いた一部隊を除いては、四キロ四方の谷間に孤立し、実りかけた田圃の稲を手で集め、鉄かぶとの中で籾を落として、わずかに飢えをしのいでいた。軍は、この情報が外部に漏れることを怖れて厳重な報道規制を行ったため、新聞にも伝えられず、真相は不明なままに終わった。私たちもこの情報を外部に洩らすことは固く禁じられていた」（鈴木英夫『戦陣秘帖』頁一六九）と、戦後証言している。

こうした戦闘、戦場での真実を国民に知らせなかった、いや敗北を勝利といい、日本軍の数々の蛮行――捕虜や民間人の殺害、家畜や野菜等の略奪、家屋への放火、民間女性の強姦、ウソの戦果の発表……を許し、こうした悪行を報道管制して国民に知らせない、また責任者を処罰せず、重要書類を湮滅し、戦中・戦後、誰も責任を取らないで国民をあざむいていった。こうした隠蔽体質は、戦後にも引き継がれていった。

（2）捕虜の運命は？　彼らはどうなったのか

日記中には、上記の日記にあるように、沢山の「捕虜」を戦場で得たことが書いてある。一体こうした捕虜を日本軍はどう処置したのか？　それについて岡村軍医は一言も書いていない。ところが、鈴木英夫中尉は、『戦陣秘帖』（一九三八年一〇月七日の日記、頁一六三）に「朝起きると部落の別の家から支那兵ぞろぞろと出てくる。皆少年。すねが細いのですぐ分かる。彼らもふらふら、戦意なし。司令部へ連行。（すぐ後で皆銃殺された）本道方面銃声。砲声。箬渓附近の張宅へ」と書いている。このカッコ内の「すぐ後で皆銃殺された」という部分は、日記の原文には書かず、鈴木が昭和三八年に『戦陣秘帖』を上梓する時、カッコに入れて書き加えたものであろうと想像される。中尉と雖も、このような「捕虜皆殺し」を日記に書いて、もし憲兵の検閲に遭い、問題になれば大変なことになったものと思われる。だから、鈴木は戦後になって、カッコつきで「すぐ後で皆銃殺された」と書き入れたのであろう、と推測するのである。

第一〇一師団の師団長・伊東政喜の孫の伊東兵次は、政喜を評して、「彼は剛毅な軍人というよりも、今日流にいうヒューマニステックな武将であったといえよう。第一〇一師団は中国兵の俘虜を用役に使っていたが、転進にあたり司令部の内情を知りすぎるとの理由で銃殺するところをやめさせ、『そんなむごいことをするな』と衣服と糧食をあたえて郷里に帰した」(『第百一師団長日誌』頁五七九)という。これが本当のことなのか、たまたまあったことなのか不明であるが、一般に日本軍は、「捕虜は皆殺し」にしていたのであろう。日本軍は、南京を占領した時に大量の捕虜を殺害したが、これは南京に限ったことではなく、一般的に日本軍は捕虜になった中国兵、ゲリラはみな処刑していたようである。「南京事件」の時にも、「便衣」に着替えた正規兵だとして、誰彼かまわず処刑している。敗戦直前の沖縄戦で、日本軍の多くは捕虜になることを拒否し、また沖縄住民にも「米軍への降伏」を許さなかったのは、自分達が中国戦線や東南アジアで「捕虜皆殺し」をしていたために、自分も「敵の捕虜になれば必ず殺される」と怖れたものとも言われている。

(3) いたるところ「脱糞」し、且つ「糞尿に塗れて行軍」した日本兵たち

兵隊が一番日常的に苦しんだことは数々ある。内務班の古参兵の新兵へのリンチ、衣服の盗難、慢性的な飢えから始まって、理不尽な規則、命令等々。しかし、多くの兵士が日記等に書いているのは、下痢、脱糞関係の記述である。岡村軍医は次のように書いている。『下痢考』現地に来て先ずやられるのが腹、つまり下痢だ。兵隊の中にはそのまま耐えられなくて参ってしまう場合もある。支那人の子供達が道路傍でやっている便を見ると皆

下痢便だ。支那では腸カタル程度のものは疾患の内に入っていないのかもしれない」。日本兵は、必ず腹をこわして下痢になり、食欲が全くなくなり、こうしたことを繰り返して次第に慣れて来るという。岡村軍医は箬渓作戦の時、高熱を発し、下痢が止まらなくなった。急行軍の最中部隊から脱落し、一日に一〇数回もの下痢をし、先に紹介したように「野糞」ばかりしていた。しかし、部隊から離れてやれば、その最中に狙撃されるので鉄かぶとを被り、姿勢を低くしてやる必要があった。また、急行軍の時には、出発命令が出ると、脱糞中に無理に中止して部隊を追うことも度々だったらしい。臨時宿舎の周りには兵隊がする野糞がいたる処にあり、第一〇六師団の兵士だった小津安二郎（監督）などは、多くの兵隊の糞の形状を観察して「脱糞考」まで書いている。岡村軍医は、下痢便をたれ流ししながら行軍と手術に追いまくられたこともあった。「数日間下痢便をたれ流したずぼん股下は臭くてやりきれない。当番兵に水をもらい、すっかり洗った、繃帯で応急の越中ふんどしを作り、戦死者のずぼんを頂戴した」（頁一三三）という。また、廬山で狙撃され動けず、雨の山中で雨合羽を被って身動きできなかった時、「頭の上の方でねている兵隊の大便が雨と共に流れてくると、その臭気に堪えられず、横に転がって位置を変える、……」こともあった（頁一七八〜一七九）。

第一〇六師団は、多大な損害を出したが、やっと全滅の危機を脱して箬渓に辿り着いたが、その様子はといえば、「（生きている兵隊だけは）、第一〇一師団、佐枝支隊が血路を開いてつれて来たが、糞も小便もそのまたれ流しの兵が多くて臭くていけない。臭いのは一〇六師団の兵だとすぐ分かる。……下痢患者が飯盒を抱え込んだまま便所に座り込んでいる姿は哀れである、……」といった状態だった（頁一四二）。

小津安二郎は、戦中日記（一九三八年三月一日付け、徐州作戦の途中）の中で「人間の尻の穴ハ丸いものだとバかり思ってゐた。だが戦争に来て到るところの野糞を見ると、どうも人間の尻の穴は丸いとばかり限ってハいない。ゐないどころか、丸いのはなはだ少ない。三枚羽根のコンプール・シャッターから絞り出したような三角のや四角のや種々だった。その色彩も赤いのや虎斑のや色とりどりで、蚌埠では胡瓜を食い過ぎて青い糞に驚いた覚えもある。戦争と糧秣と衛生と生理と排泄と誰か考現学的にくらべる奴はいないのか、糞尿譚の作家火野葦平にして『糞と兵隊』というのはどうか」（都築政昭『「小津安二郎日記」を読む』頁一四八、ちくま文庫）と書いている。小津日記には、あちこちに「脱糞」の苦楽、いや「楽」が多く書いてある。野原で脱糞する時だけ、兵士は個人的な自由と快感を感じることが出来たのであろう。

それにしても、ところかまわず「野糞」をして歩いた日本兵の尻の始末には、中国人民もさぞかし大いに苦労したことであろう。

（4）「現地調達」をし、略奪した家畜の肉ばかり食べる日本兵

『梢火』を読むと、いたる所に「徴発」の文字が見える。上海から杭州に行く間に、「自給のため徴発命令出る」、「周囲には野菜もなし、……野菜を探しにでた兵がニラ、イモ等を持ち来る」、「アヒル二羽けんじゅうにてうち青木上等兵水に飛び込んで捕らえる、夕食にする」、「夕食は水牛一頭を殺して牛めし、あすにそなえ下痢の腹につめ込む」等々の記述がある。彭沢から徳安をへて南昌までの戦場では、「担架中隊にて牛二頭を殺し分配す……夜、牛肉を焼きて酒を飲む」、「水牛を殺して一同で食べる」、「大好物の里芋がこの辺は豊富なので毎日里芋をたべる」、「糧秣の補充つかず、使役の牛を殺して食べる、いもも掘りつくしてない」、「豚と鶏で満腹の腹をつき出し横になっていると、出動命令あり……冷えた上に南京豆や豚をたべ過ぎたためか腹の具合がおかしい、野糞をする、もう下痢便だ、がっかり。……私は落後、近くの家に泊めてもらう。歩三の落伍兵三名がはいって来る。すぐに鶏の料理をはじめている、豚も一頭つれている一人の兵は老酒かめをかつぎ持って来た。御馳走になる豚は遠慮して鶏の粥を食べる、水っぽい」、「徴発の老酒で乾杯」、「夕食は前の分隊でスキヤキの御馳走になる、商売人だけあってうまいものだ。風の中を次の部落まで徴発隊をだす、豚数頭もち来る、豚の顔を見るともう食欲がなくなる。寒冷とノミにせめられ眠れず、起き出して永島軍医中尉と老酒を飲む」等々の記述がある。私（小林）は、

信州八ケ岳南麓の代々の百姓家に生まれたので、家で大切に飼っていた馬・牛・羊・鶏・うさぎ等々が、いかに農家にとっては大切なものかを知っている。日本軍は、延べ数百万の兵士が、一〇年近くも広大な占領地で中国農民の大切な家畜を略奪して、厭きる程食べていたのである。

この日本軍の常態になっている「徴発」という略奪こそが、日中戦争がなんら「聖戦」でなかったことを端的に示しているばかりではない。この「徴発」という行為こそが、兵隊たちの悪の行為、行動の始まりだった。日本軍が徴発に行けば、強いものは抵抗する。抵抗すれば、銃ですぐ殺すことになる。「徴発」は、事実上、軍の命令であるから手ぶらで帰って来るわけにはいかず、何が何でも「徴発」して帰らねばならない。飢えた挑発隊が、もし若い女性を捕えれば、「強姦」が起きやすい。岡村の日記には、先に記したように一九三九年三月二五日、南昌市郊外のある農村部落でのこととして、次のような重要な記載がある。「七時出発、冷たい空気が気持ち良い、部隊本部の落伍者に会う、部落に入る度に女の悲鳴と豚、鶏の叫び声、これが戦争だと眼をつぶる、私には行軍が精一杯の力なのだ、残念ながら仕方がない、痛むあしをひきずりつつ行軍する」。

この記述は、実際の「戦線日記」にはなく、岡村が『梢火』としてまとめ、一九六四年に整理・刊行する時に書き加えたものだと、私には思える。「徴発と女の悲鳴」が、日本軍の行軍の先々の部落でいつも起こっていた、というような記述を、いつも強行軍の度に落伍する岡村が書いている余裕があるわけがない。また、そんな記述を日記に書いていていたら、検閲で見つかった時に大変なことになる。岡村は、敗戦後、日本軍の「強姦」の問題が世間で取りあげられた時、この事実を書かねば自分の良心が許さないと、かねがね思っていたのであろう。それで、後に、この文章を書きこんだのだと思う。それにしても、「部落に入る度に女の悲鳴と豚、鶏の叫び声、これが戦争だと眼をつぶる」と日中戦争の「真実」をよく書いてくれたと、その良心に感謝したい。戦線で書いていた日記『梢火』は、驚嘆すべき克明さ、正確さ、長大さで抜群の戦争記録であり、中国人民の獄のような苦難、災難を思いつつ、氏の医道精神に敬意を表したいと思った次第である。

写真

鈴木英夫『戦陣秘帖』より

鈴木英夫、上海、大夏大学にて（1938 年 4 月）

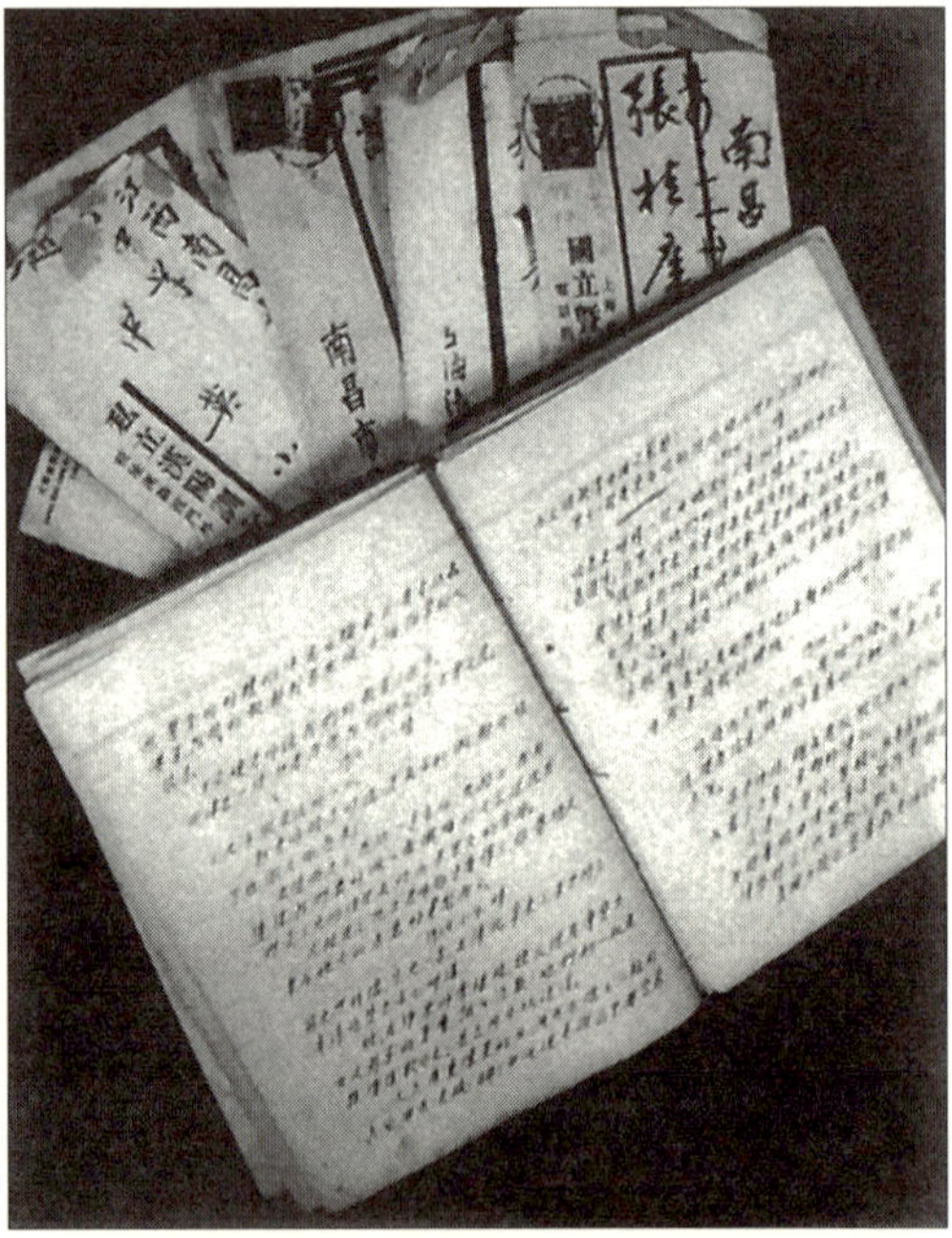

鈴木軍医が南昌市の張家・謝家から持ち帰った書簡と女学生趙中瑛の日記

鈴木英夫『戦陣秘帖』より

奈良女子高等師範学校の中国留学生たち 1937 年 2 月 20 日
前列 5 名左より銭亜慎、干軼風、謝光珍、李徳輝、張東光
後列 6 名左より徐庄、関秀蓮、陳加立、徐瑛、毛利釗、利潤萍
（関秀蓮之子回憶録「淘不尽的大愛——慈母関秀蓮離世三十五周年祭」2009 年 10 月より）

1993年3月20日　修水河渡河時の小津（鎌倉文学館蔵/協力・小津ハマ）（『小津安二郎と戦争』より）

関連書籍

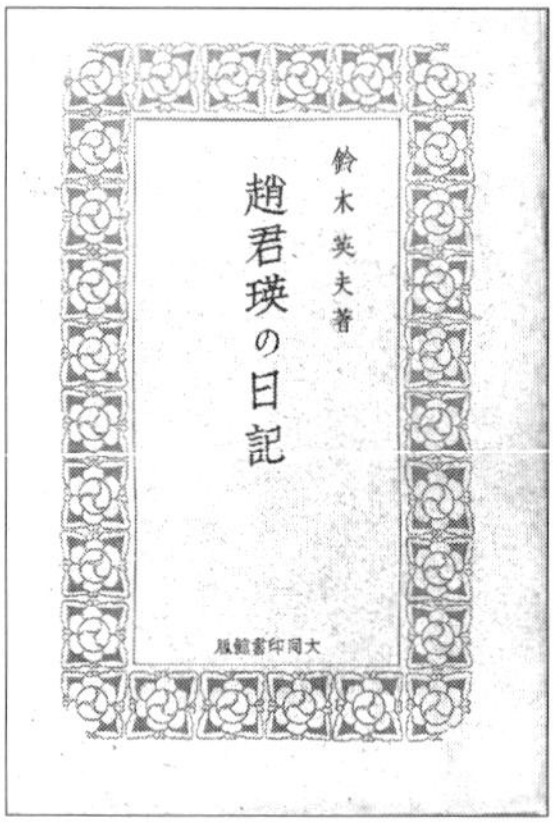
鈴木英夫著
趙君瑛の日記
大同印書館版

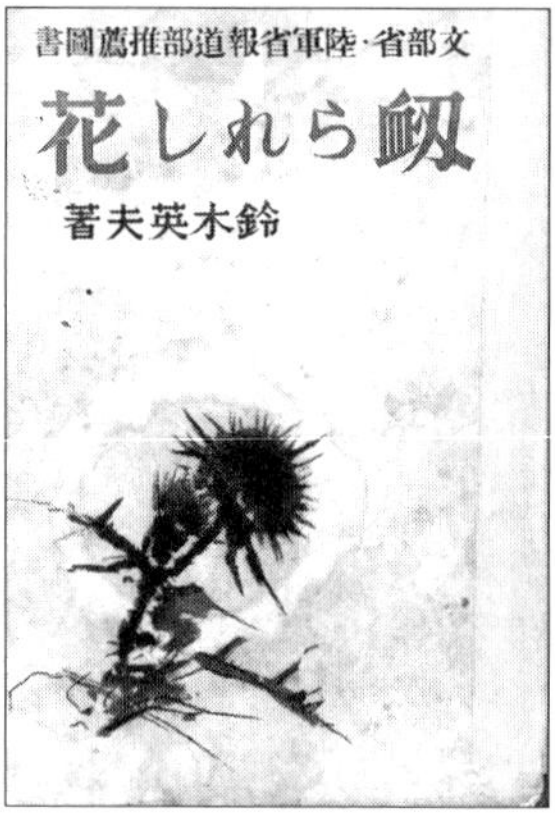
文部省・陸軍省報道部推薦圖書
衂られし花
鈴木英夫著

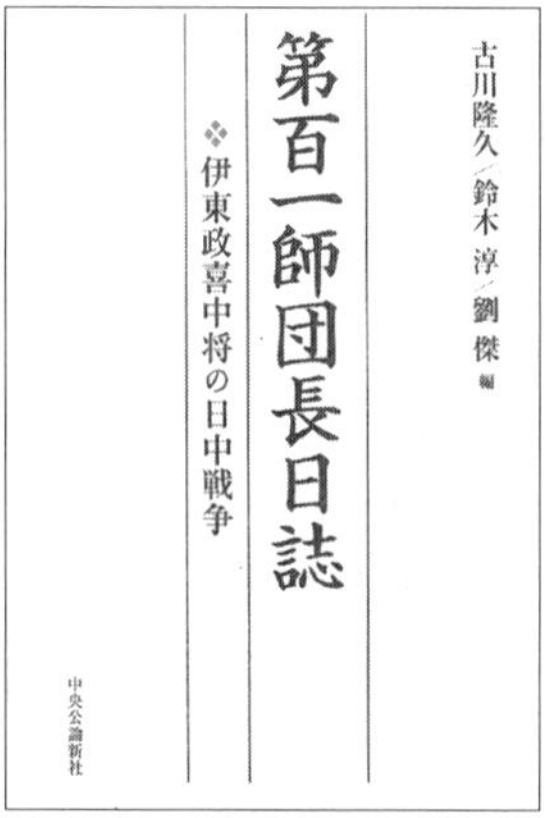
古川隆久／鈴木淳／劉傑 編
第百一師団長日誌
❖伊東政喜中将の日中戦争
中央公論新社

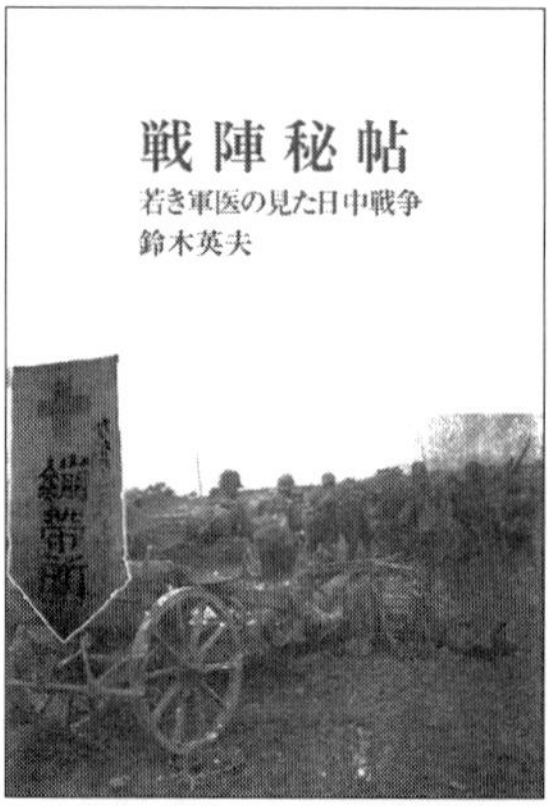
戦陣秘帖
若き軍医の見た日中戦争
鈴木英夫

一橋人からの
陣中消息
如水会員の日中戦争
米濱泰英
オーラル・ヒストリー企画

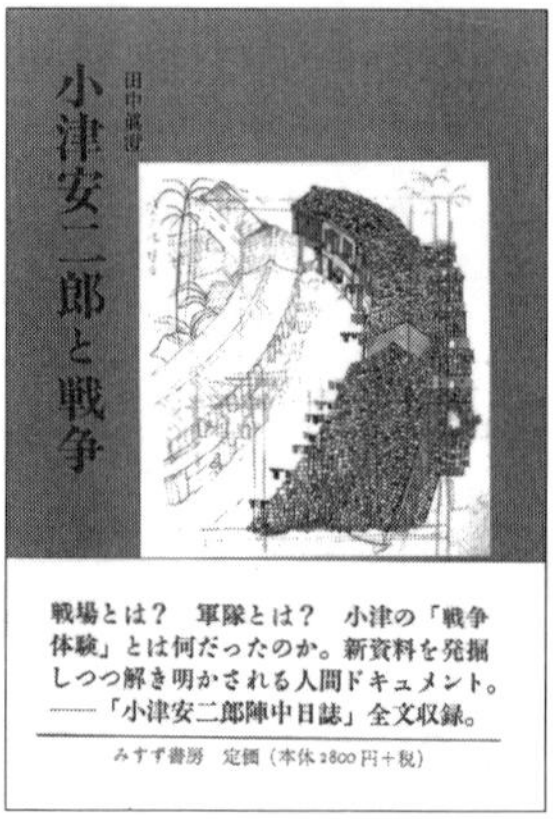
田中眞澄
小津安二郎と戦争
戦場とは？ 軍隊とは？ 小津の「戦争体験」とは何だったのか。新資料を発掘しつつ解き明かされる人間ドキュメント。
――「小津安二郎陣中日誌」全文収録。
みすず書房 定価（本体2800円＋税）

第四部　日本陸海軍将校養成学校生徒等の戦中、戦後

第一章　御園喜博「海軍兵学校生徒」の戦中・戦後の彷徨

紹介

――御園喜博（一九二五～二〇一一年）。八ヶ岳南麓にある長野県諏訪郡落合村（現在、富士見町）に生まれる。旧制諏訪中学卒、一高に合格するも三ヶ月で退学、海軍兵学校へ。敗戦後、東京大学農学部に学ぶ。大阪府立大学、岐阜大学教授、岐阜大学名誉教授。主要著書に『デンマーク』、『農産物市場論』、『現代農業経済論』（上記の書は東京大学出版会）、『市場』（岩波書店）、『兼業農業の再編』（御茶の水書房）他多数がある。退職後、小説『八ヶ岳』、『怒りの大地』、『釜無川』等、故郷信州諏訪を舞台にした長編のドキュメンタリー風の農村小説、自伝的小説五作を書く（ペンネーム御園大介）。御園は、この第四部の第二章の小島晋治とほぼ同じ戦中世代であり、生死を分かつ瀬戸際に立たされた世代であった。戦後は共に学問に生きたが、生涯、戦死した人びとを記し、また追悼しつづけた。陸軍士官学校にいた山田充彦、沖松信夫、石井和夫等々の証言を末尾に付記する――。

■御園喜博先生の御話

二〇〇八年九月四・五日、蓼科東急ハーベストクラブにて
参加者　御園喜博・一子、小島晋治、加々見一郎、久保田文次、多田狷介、坂本昭・和子、小林一美・信子

小林　これから、御園先生の青春時代のお話を伺います。

御園喜博

小林先生からこのお話を頂いて、実は考えちゃったんですよ。こういう話は恥ずかしくて、恥ずかしくて、半生隠し通したい、というとおかしいですが、人に語りたくない。話をしなくてはいけないということで……。しかし、この年になるともういいかという気にもなりましてね。東大出版会の石井和夫さんに言われたことは、一人で二つの人生をかの機会だからやりなさいと、激励を受けましてね。その時、石井さんに言われたことは、一人で二つの人生を生きた人は、私もそうだけれども、こういう話をする人はいないから、やってみなさいと。人生の前半は恥だろうけれど、話しなさいと言われ、それで話す気になったんです。それがひとつで、もうひとつは今日と明日に分けて話させていただきますが、前半の軍国少年というのが、小林さんにいわれたのは、私はいやでいやで……。

後になって大学院に行くようになって、いくらか知識とかインテリジェンスとかにめざめた頃になりますと、半生は知る人ぞ知るですから、心に黒い茶色のカーテンを張っていて、そこに立ち入ってほしくなかったんです。ところが、数年前にこんなことしていてはいけないと思って、ある小説(『八ヶ岳』三部作等)を書いた。そうしたら気が晴れたんです。はっきり申し上げますと、私と一高にはいったクラスは違うけど、後に卒業して同業者になった斎藤仁(東大法卒、農業経済研究者、千葉大教授、主要著書は『農業問題の展開と村落自治』日本評論社、一九八九年)さんという人に本を差し上げたら、すっかり気が楽になりましてね。今日はそんな話をさせていただきます。私、教師稼業を何十年もやりましたけれども、話がとんでしまうので、メモに基づいてお話させていただきます。

一、諏訪中学時代、新校長の軍国主義教育

ご承知のように出身は富士見町の、一応、小林さんと同じ旧落合村の生まれ。小林さんより一二歳年上です。昭和一三年（一九三八）、旧制諏訪中学に入学しました。私が四年生になった頃に、校長が替わりました。長野県の教育課長をやっていた人です。これまでそうした人物が、県立の公立中学の校長に天下りするということは、聞いたはなしでは、前例がほとんどありませんでした。なぜかというと、諏訪中学は県下でもかなり有名校でありまして、松本中学と一二を争うほどでした。皆、旧制高等学校に憧れて一高、三高を模範にし、生徒の自治、自由ということを伝統にしていた校風でございました。私どもが入った時、なにが自治かわかりませんでしたが、中学生が運動会からなにから全部自分達でやり、先生は顧問教官のように眺めているだけでした。生徒にできることは生徒にやらせる校風を誇りにしていたわけです。

ところが太平洋戦争が始まる直前になりますと、それではいけない、諏訪中学も自治をはずせということになったらしいですね。それまでの校長・佐藤貞治（昭和一二年赴任）先生は、大変温厚な方で、その方が諏訪中学の先輩だったかどうかは知りませんが、昔ながらの校風をそのまま継承して下さっていた先生でした。ところが、あれじゃだめだということで差し替えになりました。

私どもが四年生になった時、昭和一五年三月には、吉沢俊一（昭和二〇年一二月まで校長として在職した）という、ちょび髭を生やして、ずんぐりした人が、新しい校長としてやってまいりました。この人は、国民服を着ているんですね。背広じゃなくて。そして式典の時には国民帽でカーキー色の国民服を着るんです。朝礼のときには、敬礼をするんですが、校長先生が演台に立つと、生徒会長が「校長先生に敬礼」と号令をかけます。まあ私が号令をかける役なんです。国民服というけれど、襟に中尉の紋章をつければ中尉になる。諏訪神社で集団参拝の時は、それを着て将校のゲートルを巻いて、軍刀こそ下げなかったけれども中尉気取りでね。そういう校長がやってきました。それからもうひとつ、それまでは生徒は先生に帽子をとって挨拶するんですが、それはいけないと。

朝礼でならっている敬礼をしなさいと、それからなるべく集団登下校をしなさいと、生徒が五人以上なら指揮者をつけなさいと、そんな教育をはじめたんですね。

私もいやだったけれどもね。配属将校もそう言ってにらんでいる。やらせるのでしょうがないですね。さすがに四年生で反抗する人はいませんでした。五年生になったら、いまでも覚えているのは、一年半ぐらいは敬礼をやらなかった同級生がいるんですよ。偉い奴がいましたね。

二、諏訪中学の「公民科」の授業について

それ以前から「公民科」という、修身のような科目があったんですね。その公民科は、昔は教頭の牛山伝蔵先生がやっていたという話ですが、僕らの頃は校長自身が四年生、五年生を受け持ったと思います。公民科の教育はもう牛山教頭にはやらせないんです。この牛山教頭は諏訪中学の名物教頭で、当然、校長になってもいい人でしたが、教頭でもいいからここに置いてくれと言って、ずっと教頭で通した人です。

公民科の授業はなにかというと、いまでも覚えていますが、「国民総動員」などを詳しく教えるんです。「物資動員計画」、「人的教育計画」も皆、決戦、大戦に備えなくてはならないという、こうしたことを中学の公民科で習うのです。教科書には違うことが書いてありますが、教科書なんか見ない。公民の教科書にもなく、これまで先生が言ったこともない問題、「日本国民の将来のことを中学生としてどう思うか、それを論ぜよ」というのが試験問題なんですよ。

この吉沢校長先生が来たのは、開戦の直前の昭和一五年で、一六年の日米開戦の後になったら、国民精神を発揮し、気を引き締めるというような、そういう教育ばかりです。心身共に丈夫で五体健全なものは陛下のために尽すべきだ、というようなことをさんざん言うわけです。「海兵」（海軍兵学校）を受けろ、「陸士」（陸軍士官学校）を受けろ、とかと云う風にはすぐにはならなかったが、丈夫なものは受けるべきだというようなことを言いはじ

めたわけです。わたしも、かなり影響を受けたと思います。その校長は、息子を予科練（海軍飛行予科練習生の略。大日本帝国海軍における航空兵養成制度の一つ。志願制。予科練《よかれん》と略称。戦争末期に多くの特攻隊員をだした）にやったという話を聞きました。その後、息子がどうなったかは知りませんけれども。

専門学科だけをこつこつ教えてくれるいい先生もいたんですけれども。先生方はゲートル巻いて諏訪神社に参拝させられました。私たちはほっとかれて、校長はそんな時は意気揚々としていましたね。

大きな発表が新聞にあると、朝礼でその解説をやるんですね。当時は景気のいい話は昭和一七年頃まで。ミッドウエイで負けるまでは景気のいい話をすればできましたから、校長はそんな話ばかりしていました。

註（整理者小林の註、以下同じ）

この校長の訓話が、いくつか御園大介著『八ヶ岳』（第二巻）に再現されている。「八紘一宇の理想による世界新秩序建設のときが、いよいよやってきたわけです。今こそ宿敵英米を撃破して、東洋平和、いや全世界の平和を確立しなければならん。大御心に沿い奉り、我々全国民は打って一丸になって、皇室の弥栄のため，わが大日本帝国の発展のために一路邁進せねばならん。……戦局はいよいよ苛烈になっておるが、前途は必ずしも楽観を許さない。この際、有意なる諸君は進んで陸海軍を志願し、全国民の先頭に立って国を守るべく、大いに奮起してもらいたい。五体健全なる中学生諸君には、海軍兵学校、陸軍士官学校という、前途有望なる道が洋々と開けておる！」（頁三〇五）。

三、「海軍航空飛行隊」に行った宮沢武男さんのこと

僕が諏訪中学一年の時に五年生だった先輩で、同じ落合村上葛木出身の宮沢武男（四〇回生）さんという勉強もでき運動もできる方がいました。僕らが三年の時、彼は「予科練」に行った。なぜ海兵に行かずに予科練に行ったのか、そのへんはちょっとわかりません。その方が海軍二等兵になっていて、珊瑚海海戦という大きな戦いで

ゼロ戦一〇機から一二機で、敵の爆撃機を守っている戦闘機を撃ち落とすという戦闘をやった。その時、彼はゼロ戦隊の一番機であった。彼は、機銃の弾が尽き、敵機と至近距離になった。しょうがないということで、敵に体当たりして敵機二機を落として自爆した。この勇敢な宮沢さんの情報が入ってきました。

諏訪中学の生徒会があって、その会長を宮沢さんがやっていて、私が五年生になった時に、諏訪郡の南部出身者がつくる会の会長をすることになった。宮沢さんの先輩や後輩から、なにかするべきだと突き上げられて、宮沢さんの追悼文集を作れということになった。結局一人で先輩やら後輩やらに手紙を出した。そして焼き付けから編集を一人でした。武男さんの家族からも手紙をお預かりして本にしました。素人の中学生なのによくやったと思いますね。二〇〇冊できたけれども紙の支払いができないんですよ。しょうがないから、親父に二〇〇円借りて支払いました。この追悼文は、以後今日まで見たことがない。実家にでも残っているだろうか？

自分は弾丸がなくなったら、体当たりまでしただろうかと、他にやりようがなかったのかと。彼の死には興奮というか、衝撃を受けましたね。こういう人が体当たりでもしないと日本が勝てないんだと思いました。そんなことがありましたから、こういう人がいるのに私が一高（旧制）でフランス語を三年も四年もやっていていいんだろうかと思うんですよ。それで一高を退学して、海兵を受験して合格したんです。

註

上蔦木出身の熱血漢・宮沢武男は、中学五年生の昭和一三年夏、海軍甲種予科飛行練習生を志願し、霞ヶ浦航空隊に入り、成績抜群、首席を通し、恩師の銀時計を拝受し、一九四二年の珊瑚海海戦で敵飛行機を撃墜し、最後には敵機に体当たりして自爆した（御園大介『八ヶ岳』頁二七九〜二九一）。『諏訪清陵高校同窓会「会員名簿」創立一一〇周年記念』によると、こうした戦局の中で、諏訪中学にも軍人志願者が急増した。しかし、つらつら考えるに、この宮沢飛行士の敵機体当たりの壮挙は本当の話だろうか？　軍部のあの「大本営発表」だったのではないかと私（小林）は疑っている。

四、旧制一高の受験と入学の経緯、そして三ヶ月で退学

この校長だけに責任を負わせるつもりはありませんが、私も影響を受けたことは確かでした。それで五年生になってなんとなく、上の学校に行こうと思っていました。諏訪中学校は進学校とかいっても、結果的に高等学校に行く生徒が多かったというだけで、そのために特別な受験教育は何もしてくれませんでした。普通のことやって試験を受ける。成績のいい人は受かり、また運のいい人は学校の成績がそれほどでもなくても受かった。私もなんとなく東京で受けようと思って昭和一八年に第一高等学校を受けた。受けようと思ったのは正月を過ぎてからで、試験は三月ですから、とくに受験勉強の仕方も知らないし、誰も教えてくれないから応用問題などをやっていましたら、受かっちゃいましてね。ところが一緒に受けた同級生、彼は運動も勉強もできる男なんですが、仲が良かったので示し合わせて、発表の時は、一緒に東京に見に行こうと約束して行ったら、彼は落ちてしまいました。彼は卒業してからなにもしないでいるわけにもいかないし、「いいよ、俺は海兵を受けるから」と言って、五年生の同級生で彼一人だけ一二月、七二期生として海兵に入りました。一年浪人して一高に行くのはいやだから、「海兵」はやさしいから、たぶん通るから行く。お前が兵隊で来た時は上官だから鍛えてやると、冗談を言っていました。私は、いろいろ考えていたら一高に行くのがいやになってしまいました。

註

御園大介『八ヶ岳』（第二巻）によると、入学手続きが過ぎたのに、一高が入学を許したのは、当時一高には二人の先輩、万葉集の権威となった五味、原子物理学の上田の両氏が先生になっていて、校長の安倍能成や事務方を説得したため、特別の計らいだったという。『諏訪清陵高校・同窓会名簿』を見ると、御園と同学年の四四回生では、小松昇ひとりが海兵に行っている。御園と一高の試験に行ったのは、この小松であろう。この学年は在校生約二一〇名、旧制高校への入学者数は不明。陸軍士官学校に進学した人六名、陸軍航空士官学

校三名、海軍経理学校・陸軍経理学校に各一名。しかし、すぐ来た敗戦をはさんで、東京帝大・京都帝大に進学した人九名、早慶一七名、東京高等師範七名などである。御園より一学年下の四五回生では、陸士・海兵に行ったものは一二名に達した。この時代、陸士・海兵・高師は、授業料無料だった。

だんだん一高に行くのがいやになって、海兵に行こうか大いに迷ったのです。そのうち、ちらっと同級生に手紙をだしたら、一緒に海兵に行こうと、参考書を送ってくれたりして、お前も受けろという雰囲気になって……。

そうこうしているうちに一高の新学期が始まってしまいました。一高生には諏訪中学の先輩が二名いたんですが、彼らがわざわざ東京から富士見の私の家に来て、「お前どうしてこないんだ、せっかく受かったのに海兵に行くなんて、お前は頭で勝負して、お国のために尽くせ」と説得に来たのです。私が、「もう締め切りすぎたけど、間に合うかな」と言いましたら、「いや、一高の校長(安倍能成)に説明して絶対了解を得る」と言い、「諏訪中学に行って、担任に会って学校からも頼んでもらえ、待っているぞ」と言って帰りました。それで、担任だった牛山伝蔵先生に会った時、「ぜひ行ってくれ」と同じようなことを言われるんですね。畳に髭がつくぐらいにして「頼む、わしからも頼む」といわれまして、こうなったら「はい」と言うほかなかったですね。それで、一高に行ったんです。

註

文中にある「一高になぜ来ない。手続きの期日は過ぎたが、校長を説得するからすぐ書類を出せ」、「海兵など何だというのか」と言いに来た先輩の一人は北原道雄氏であった。北原道雄・四二回生については、兄の北原文雄が編集した『学徒兵北原道雄と沖縄戦』(私家版、一九九九年)を見られたい。この北原兄弟は、高遠出身で共に諏訪中学の出身者である。兄の文雄は一高、東大、そして東京理科大の名誉教授となった。

一高ではもう授業が始まってからかなりたっていました。五〇人くらいのクラスで後ろから二番目くらいの席が用意してあった。教科書は揃うまで二週間くらいかかるから、なにもなくて座っているだけです。第一志望のドイツ語が取れなくて、第二語学はフランス語をとった。英語はかなりできるから、英語は敬遠して。フランス語の授業はもう四、五ページは進んでいました。忘れもしないことですが、最初の授業で僕が座っているのをみて先生が読んでみろと言う、読めませんよ。アルファベットは同じでも読み方は全然違いますから……。皆さんは勉強してきていて、わかっているんですからすらすら読むんですよ。訳してみろと言われても無理ですよ。それで、苦労して苦労して授業を受けたんです。それから漢文の授業になって『論語』、江戸時代の木版活字みたいな本で、中学で習ったことのないようなところを読め、と言うんですよ。でも読めない。読めないと立たされたりして、一言いわれたり、本当に苦労しましたね。

そんなこともありましてね。成績が悪くても人の三倍やっていけばいいとやる気になったんです。解らないところは同級生もいますから、親切に教えてくれますから、なんとかやっているうちに追いつける自信がついてきましたけど。それも足を引っ張る要因になったんだと思います。後から考えれば……。それでも、今、海軍ではなにをしているだろうと思ったりしていた。そういったときに山本五十六元帥が戦死（一九四三年・昭和一八年四月四日、ブーゲンビルで撃墜され戦死）と新聞にでかでかと出ていましてね。三年かけて論語を読めるようになり、大学に行けるようになった頃には、日本はどうなっているかと思うと考えちゃいましたね。こんなことしている間に日本は負けそうじゃないですか。負けたとはいっていないけれど、危ない。みんなお国のために身を捧げるといっているのでないか。お前はのんびりしていて、いいのかという声がなんとなくどこからか聞こえてくるような気がするんです。わからないんです、それが自分でも、まだ一七歳の少年ですから。ここで、高等学校三年やって大学でどういうことを勉強していいのか。都会のインテリの知識階級の子弟ならわかっているでしょうけど、とにかく百姓生まれであって、親戚縁者に難しいことを知っている人も、教えてくれる人もいない。東京のことなど何も知らない家庭で育って、東京に行って勉強なんかしているよりも、こうしてはいられないと、人のことなんか考えちゃいられないと。やめちゃおうと決心し、田舎へ帰っちゃったんです。

もう、親父もすっかり諦めていました。海軍は陸軍より危ないと、陸軍は危ない所にいくかもしれないが、戦争のやり方一つで、一人の軍人が死んでしまうことがあるけれど、軍艦に乗っていて軍艦に弾があたって沈んだら乗組員全員が死ぬんだと、将校だから安全とか、そういうことはないと。部下は助かっても艦長だけは死ぬんだと、お前は人より先に死ぬんだと、しょうがないと。そういうことになるんだと諦めたんですね。それで海兵にいくことになるんですが、意気揚々でもないけれどもね。

五、海兵での勉強、訓練

それで、海兵に行ったのはいいんですけれども、覚悟はしていましたが、最初の一ヶ月は準備教育訓練です。生徒は皆一号、二号、三号と番号で呼ばれる。一年生（三号生徒）から三年生（一号生徒）まで生活をともにして、授業だけは別でしたが、寝室と自習室は一緒でした。そこに入って、兵隊としての訓練をする。きくところによると、陸軍と似たりよったりなんです。床、窓の掃除から、靴箱整理からなにからなにまでやります。陸軍では上役の靴磨きが当たり前でしたが、それはありませんでした。

共通のことは一年生に全部やらせるんです。二年生は自分達が一年間やらされていましたから、今度は一年生にやらせる。三年生が一番上で、教えつつ怒り、怒りつつ殴り、殴りつつ教えるということです。なんか、悪口を言うのはいやですけど、同じクラスの生徒はほぼ同齢の二〇人くらいで、なかにはのろまな奴もいるし、すばしっこい奴とかずるい奴もいますし、駒ネズミみたいに、ちゃちゃといやなことは知らん顔する奴もいる。のろまな奴がのたのたやっていると殴られるでしょう。要領のいい奴はさっとやって逃げちゃう。東北、北陸、信州にはのろまな奴が多かったので、いつも殴られていましたね。

ぱっとしない同級生は拭き方が悪いとか怒られる。二段づつ階段を上がれと、これは軍艦生活に慣れるためですけど。自習室は一階から四階の寝室まで駆け上がらなくてはならない。四階まで駆け上がると息が切れて。のたのた走って上ると、一番上で見ていて「やり直し、もう一度下まで行って上がってこい」と言うわけです。三回くらいやらされ、へとへとになる。そこに教官が回ってきたりすると、何やってるんだ、ということになるから、三年生もいい加減なところでやめさせる。

それから正月明けになると一般教養、理科なんかを勉強しますが、午後には訓練や相撲、銃剣道、鉄砲担ぎ、棒倒し、匍匐前進をやります。そんなことをやっていると午前中に習った勉強を忘れてしまうんです。次の時間の復習の時間がないですから。ぱっと覚えて、ぱっとできる頭のいい人はいいですけど。戦闘は、教えたことを応用したから戦いに勝てるということではなく、教えたことをすぐに六割でも八割でもできたら勝つんでね。一〇割できるために一〇回もかかるのを兵隊に連れて行ったら勝てません。そういう教育でしたから、僕には全く性に合いませんでした。

僕の場合は訓練の成績が悪く、海軍の気流信号、手旗も習いましたね。手旗くらいは覚えられました。モールス信号もやりました。これは大丈夫でしたが。黄色に青じの旗、ご存知でしょう。Z旗が上がれば開戦、〇〇あげろといえば、〇〇。そんなの使うのは、日露戦争の東郷元帥のころですよ。そんなの覚えたってしょうがないんです。三〇〇種類の手旗信号の組み合わせを覚えなくてはならない。それはつなぐ順番で意味が変わります。旗がずらっと並べてあって、たとえば二〇人に二〇人分の旗を使って、ある信号をやらせるとすると、同じものを一〇〇種類、二〇通り揃えてやらせることになる。一斉に学生を駆けださせて、問題信号を覚えさせて旗を順番通りにやらせる。探し方の違いもあって、早いのと遅いのでは五分くらいの違いがでるんですよね。たとえ間違っていても、旗をあげていればそっちの方が点がいいわけです。それで、性が合わなくてこれはだめだと思いましたね。

二年生になった時、数学の教科書の公式が二ページにわたってでていた。どのような過程でこのような公式ができて、だからこういう答えが出るという数学の基本を教えてくれることが大切だと思う。だから、数学の基本の考え方さえしっかりしていればいいと思うのに、そんなことはまるで考えず、ただ公式を暗記すればよいという。周りの連中はあんなものは簡単で、公式さえ覚えていたらいいというんです。私はその時の数学の点は悪かったですね。性に合わなかったというか。

六、海軍兵学校の教育

翌年、昭和一九年の五、六月でしょうか。ある少佐が来て言った。天皇陛下のために死ぬのだと。私は、男子たるもの銃をとって敵が攻めてきたら国民を守る。第一線で敵弾にあたっても背後を守って、大勢いる兵隊の指揮をとりアメリカ兵、イギリス兵に負けないよう戦う。天皇の御楯じゃなくて、国の御楯にならなくてはならないと思ってきたのに、天皇陛下のために死ねという。それでは天皇のために死んでも、他の国民はどうなるんだと、思いましたね。これは絶対に言えませんが。なんとなく疑問を感じました。なんでも疑問に思ったら直せとくるんですね。それまでは上級生が「佐賀の葉隠れ武士」を印刷したのを持っていて、それには「武士道とは死ぬことと見つけたり」とあって、そのような精神でなくてはいけないというのですが、まあ武士らしい覚悟をしなくてはいけないんでしょうが。疑問を持ってみると、武士道とは、軍人とは、死ぬこととみつけたりと読むと、ただ死ぬだけで国のためになるのかと考えました。ませていたんでしょうね。私も……。だんだんわけがわからなくなりました。これは人には言えません。海軍にも日本国民にも言えません。非国民といわれる時世でしたから。そして三年生になって、下級生を殴ることができるようになったんですが、僕は殴りはしませんでした。けれども、新入生がのこのこ入ってきて見ちゃいられないですよ。だらしなくて。小突きたくなりましたが、殴る気にはなりませんでした。私も入った時はそうでした、みんなそうだったんだからと。かといって自分を騙すわけにもいきません。三年生があまり殴り方がひどかったから、校長と生徒会幹事に言って、これから下級生に制裁をくわえるのをまかりならんと禁止してもらいました。通達が出ましたが、見えないところではありましたね。自分たちがやられたから、やってやろうという人もいました。

海兵の学生数についても触れておきましょう。前にも言いましたが、昭和一〇年から一七、八年ごろまで、諏訪中学から海兵にいくのは毎年一人で、私は卒業してから行きましたから七五期生です。海兵がはじまったのは明治五、六年で、第一期生がでています。東郷平八郎は日本の海軍の親のようにいわれていますが、彼はイギリスの海軍兵学校を出た人です。諏訪中学では七四期までは海兵に行くのは一人か二人でしたが、七五期には諏訪中学から一〇人行っています。その時、海兵は三六〇〇人を合格させましたから、海兵の定員を三倍増にしたんです。インターネットでは三三〇〇人とありますが。その前の七四期は一二〇〇人くらい、七三期は七〇〇人です。海軍将校が足りなくなって急に増やしたんですね。ですから、僕が行ったころには教育棟、寝室、自習室、校舎を増築中でした。それから普通は一二月に入学しますが、七六期は一〇月に入ってきました。次の七七期は四月に入ってきました。七八期には予科というのを作って、校舎も間に合わないうち三〇〇〇人とか、三五〇〇人とった。はやく我々上級生を卒業させて送り出して、そこに予科生をいれ、それを本科生にするという、それが一九四五年の四月の話です。昭和二〇年八月に戦争が終わり、海兵は、この七八期生で終わりになりました。ですから、最後の半年でどんどん定員を増やしたのです。ところが校舎が足りない。もう前の年あたりから足りなくなっていて、私の時でも一二〇〇人しかはいらないところに三六〇〇人いれたので、分校を作ったり、木造三階建てをつくったりしました。昭和一九年から空襲が始まって、あそこはめったに空襲を受けませんが、広島爆撃の通り道になりますから残った爆弾を落としていくんです。それで危ないので防空壕を作り、校舎の疎開というのがあった。それで海軍兵学校の前に作った校舎の破壊作業があります。第一班は授業をして、二班は防空壕掘りをやり、第三班は校舎の解体作業を一週間交代でやるんです。ですから、教育の施設もなく、次から次に送り出して、死んだら補給するという戦略を始めたんですね。飛行機がもうないので、キャンパスは廃墟みたいなもんです。一九四五年に入りましたら、午前中三週間に一週間は基本科目も軍事授業をしていました。そのかわり、防空壕の穴掘りとかありました。いよいよひどくなったころ、避難するだけではこんなにいらないというくらい深く沢山掘りましたね。今あの穴はどうなったかわかりませんけれど、太い木をたてて、コンクリートなんてありませんよ。つるはしで掘って、スコップで削って、壁をつくって、中に教室がいくつも入るような穴をつくりましたが、結局使わずじまいで終わりました。食べ物は昭和二〇年になると雑炊で、米に麦を混ぜてどろどろになったものです。その前はパン半斤とみそ汁と黄色いたくあんが付いていました。本当に腹が減るんですよ。三食とも雑炊でしたから。昭和二〇年の初めから本当に腹がへっていましたね。

棒倒しはいいんですが、海軍魂、負けじ魂、飛行機なんてなくても気力と精神力でしっかりせいという、最後にはそうならざるを得なかったんですね。空襲が来て、軍艦もなくなって、日本は戦艦も弾丸もなくなって、その頃には敵にやられないように瀬戸内海のある湾に戦艦、重巡洋艦は隠しているんです。重巡洋艦は日本の大きな河の名前をつけるんです。ところがむこうはレーダーがあるから爆撃されて、浅瀬なので赤い腹をだして浮いているんです。だから軍艦ももうない、「特攻隊」をつくっても乗る飛行機もないという状況です。あとは「回天」ですね。行くだけの爆弾をつんで、直進しかできずに、帰ることもできない。敵艦にぶつかって、大破させれば大成功というやつです。さらにひどいのは「回天」もつくれない状況になった。

そうなると敵の本土上陸です。どこに上がってくるかわからないけれども迎え撃つ作戦でやるしか仕方がない。アメリカ軍がやってくると三〇、四〇人で陣地を張り、背後から手榴弾を投げ込む。だけど手榴弾は早く投げても遅くてもだめで、タイミングと距離が難しいです。そういう訓練を受けました。手榴弾を一つづつ持って、藪の中に潜んで待つ。夜間に何回もやらされました。短剣と疑似手榴弾をもって、一〇人くらい部下をつれて、ばらばらにならないように紐を持ってそっと行くんです。山の上に陣地があるという設定で下士官や一等水兵さんが陣地にいるんです。見つかったらやり直しです。白い旗を見つけたら疑似手榴弾を投げて、斬り込んでいくんです。真夜中にその訓練を一〇回くらいやらされました。みんな海軍学校を卒業したら将校になるんだけど、俺たちは歩兵、突撃大将だねと。そうやってでも勝とうとしたんです。こんなことやってアメリカ軍を追い返せるかとおもったんですけれども。短剣は戦争に使えるほどのものではありませんでした。あれは飾りですよ。

もう一つ集団訓練がありました。自我と自己を尊重することをさせまいとさせることです。最初の頃は、生徒を日曜日に校外に出してくれました。あの格好で遊びに行っていいと言われましたが、江田島からは出てはいけないことになっていました。一人で自由行動をなるべくするなと、数名以上がまとまって行動しなさいと言われました。それは危ないからではなく、一人はぐれてストレイシープになったり、脱走したりするのを防ぐためだと思います。実際に手首を切って自殺しそこなった人もいます。自習時間の後、午後九時くらいに全員起立して、五分間ほど瞑目する時間がありました。自分にかえる五分間なんです。自分を反省するいい時間といえばいい時間でした。日曜の外出までなるべく一人にならないようにと言われました。自分というものを何か考えたいという時にも、自分の時間がありません。日曜くらい一人にさせてくれよと何回思ったかしれません。それが「おい、みんな一緒に行こう」と、皆ついてくるんですね。

手紙の検閲はありました。ですからたいしたことは書けません。いとこからでも女性からだととりあげられましたからね。家のものからの手紙でも検閲したという判子がおされてきます。

江田島から出ることは夏休みに出来ました。陸戦の演習で、広島に行きました。厳島神社に参拝にいきましたが、みんな集団でした。昭和一九年に二週間も夏休みがありましたから、普通の学校では考えられませんね。その時は自由でした。信州まで夜行で帰りました。

註1

御園先生は、海兵時代に自分が殴られた話は全くしなかった。しかし、奥様の一子さんのお話によると、第一高等学校を中退して、海兵に首席で入ったということで、上級生に眼をつけられ、猛烈に殴られたため歯がガクガクになったということである。一高の秀才連中の教養のたかさ、才能の凄さを、たった三ヶ月とはいえ、寮生活の中で日夜みてきた御園生徒には、海兵生徒の粗野な言動と粗末な知識には最後まで馴染めなかったものと想像される。また、陸士では同時期、海兵のような「修正」（殴打）は全くなく、日本は八か月後に必ず負けるなどと公然と講義中にいう教官がいたという。

註2

御園大介『八ヶ岳』（第三部「怒りの大地」）の中で、江田島で見た広島原爆投下の瞬間は次のように記されている。「夏の真っ盛りを迎え、連日課業と訓練と防空壕拡幅に明け暮れていた六日・月曜日のこと。この日の午前中は鷹介らは課業で、第一時限は流体力学だった。第一限の課業開始は午前八時一五分。十教室程並んだ講義棟の一室に、五十余人が着席して教官を待っていた。定刻には必ず姿を現す教官の靴音が、廊下の向こうに聴こえて来た。班長の号令で一同起立し、教官の入室を待った。その一瞬――。左側の南面ガラス窓全体、その全面が、眼もくらみそうな凄まじい閃光を吸い込んだ。高圧電流のショートか、落雷か、ともあれ空全面を蔽うこんな光景は、今まで一度も見たことがない。咄嗟に一同は、狭い机の下に身を伏せた。あたりはシーンと静まり、物音は消えている。二、三分もしたろうか？　もっと短く、もっと長かったかもしれない。快晴で風のないむし暑い陽光が、何事もなかったように室内まで挿し込み、防空用の黒カーテンが突風に煽られて水平になびいた。ふと気づくと、講義棟の外で、蝉がまた喧しく騒ぎだしている。広島の原爆だった。その閃光が狭い広島湾を越えて古鷹山を越えて、この江田島の空をも一瞬蔽ったのだ。古鷹山の肩から頂上の向こうにモクモクと膨れあがってきたきのこ雲が、その日から丸一日以上拡散しつづけていた。広島に特殊爆弾が投下された――という噂は、生徒間にただちに広まった」（頁一〇八〜九）。

註3

御園喜博（海兵二年時代）「自啓録」に書かれた決意書
（これは、御園先生逝去の後、二〇一七年三月に御園一子さんから頂戴したコピー文書から紹介するものである）
当時、海兵では、「五省」が最高の徳目とされていた。次の五つである。
1、至誠に悖るなかりしか
2、言行に恥ずるなかりしか
3、気力に缺くるなかりしか
4、努力に憾みなかりしか
5、不精に亘るなかりしか

あるインターネットの文章によると、「五省は昭和七年、第三四代海軍兵学校長「松下元《はじめ》少将」の発案により、生徒各自の行為を反省させて明日の修養に備えさせるため、五か条の反省事項を考え生徒に実施させました。海軍兵学校では、夜間「自習止め五分前」のラッパが鳴り響くと、生徒は素早く書物を机の中に収めて、粛然と姿勢を正し、その日の当番生徒が、「五省」の各項目に問いかけ、その他の生徒は瞑目し、心の中でその問いに答えながらその日一日の自分の行動について自省自戒していました。ここ江田島で学んでいる海上自衛隊第1術科学校及び海上自衛隊幹部候補生学校の学生たちは、旧海軍時代の伝統を受け継ぎ、現在でも兵学校時代と変わらぬスタイルで毎晩自習終了時刻の五分前になると、五省の唱和により自分を顧みて、日々の修養に励んでおります」と書かれている。

註4

昭和一九年、海兵の二号生徒（二年級）になった時の日記『自啓録』に次のように記されている。奥様の一子さんによると、海兵入学時の日記は、引きちぎられて、ないという。その時の「決意書」を紹介する。

・愈々中堅タルベキ秋ハ来タレリ　大いに慄然興起シテ　絶エズ自己ヲ警醒スルニ非ズンバ一瞬ニシテ彼ラ後輩ノ追抜ク所トナラン　二号ノ時期ハ内省自立克己ノ時期ナリ　今ニシテ三号時代に於ケルガ如ク小ナル我ニ執着シ眠レル自己ノ悪心ニ心ヲ蔽ワレ　自己ヲ詐リテ行動センカ　堕落ソノ極ミに達シ立派ナル海軍軍人ト人ハ言フモ更ナリ　畜生ニモ及バザル人間ニ終始セン　嗚呼自律セザルベカラズ　内省シ絶エズ自己ヲ鞭撻セザルベカラズ　彼等ニ追抜カレンコトヲ懼レヨ！

・積極的敢闘精神、猛烈果敢ナル攻撃精神、体当タリ精神、負ケジ魂、負ケヌ氣、何糞！ト云う意地、何ヲ！ト云ウ気慨、気迫　斯カル猛烈果敢ナル精神コソ極メテタイセツナモノハナシ　海軍軍人ノ特質ハ唯此ノ一事ニ在ルノミ　此ノ気魄ナクシテ海軍軍人タル得ベカラズ　然レドモ　予未ダ此ノ精神　此ノ気魄ニ乏シク……然モ甚ダ缺クルトコロ多ヲ極メテ遺憾トスル　余ハ退嬰的ナラザリシカ　意気地無ナラザリシカ　何糞！何ヲッ卜云ウ気慨気魄ニ缺クルコトナカリシカ？　噫　余ハ海軍軍人ノ特質トナリキ海軍軍人タルノ資格ナキナリ！　頑張レ、頑張レ！　総ベテヲ忘却シテ驀地ニ突入セヨ　猛烈果敢体当リヲ以テ激突セヨ

・噫　余未ダ攻撃精神ニ缺ケタリ　猛烈果敢ナル体当ノ精神　極メテ肝要ナリ　総テヲ忘却シテ「ガン！」ト突入スル猛烈ナル気魄ヲ持テ「何糞！」テフ気慨ヲ以テ驀地ニ突入セヨ　精神的ナレ　率先果敢第一番ニ飛ビ出シテ第一番ニコトニ当タレ　余未ダ消極的ニ過ギタリ　退嬰的ナリ引込ミ思案ナリ　尻込ミスルナ！怖気ヲ持ツ勿レ！

・八方美人タラントスル勿レ　アラユル人ノ意ニ満ツルガ如キ処置ハ所詮無キモノナリ　一部少数者ノ反対不満ヲ意ニ介シテ総テノ満足シ得ル如ク事物ヲ定メテ之ヲ行ヒ処置スル到底不可能ナリ　自己ノ信ジル処置ヲ断乎一定セヨ　アラユル人ヲ満足セン様ニト心ヲ配レバ却テ処置不定　動揺シテ不明瞭「頼リ」無ク人ニ軽視サラルルニ到ル　思惑不要気兼ネスルナ　自己ノ所信ヲ一貫セヨ　八方美人タラントスル勿レ！　厳ニ所信ヲ断行スレバソノ断乎タル所ニヨリ却テ信頼ヲ得ル一ノ処置依リテ一時不満ヲ抱ク者一部ニ生ジルモ　斯ノ如キハ

直チニ氷解シ畢竟明確断乎タルニ心服スルモノナリ　八方美人タル勿レ！

七、江田島の校庭で聴いた「玉音放送」

「玉音」とは言いたくないけど、玉音放送を聞いた時は雑音が多くて良く分からなかったんです。敗戦の直前に替わった校長は、切り込み作戦で失敗して左遷させられた人、第三艦隊司令長官で失敗して校長に来た人です。彼は一言しかいいませんでした。「ただいま陛下の御命令でもう戦争はこれ以上やらないことになった」とそれだけです。その後将軍だった副校長が「残念ながら、本日の行動はこれをもってとりやめ、後は自習時間にする。心を落ち着けて静かに待て、決して取り乱してはいけない」と言って、解散となったんです。

その時は「反宇宙」にいるようでした。今思えば、まさに反宇宙でした。天皇の放送の話を聞かせてくれると、五分まえに整列した時は、兵学校の卒業が早められて、もしかしたら、早くどこかへ連れて行かれるのかと覚悟をしていました。ところが戦争は終わってもうやらないとなった。これから我帝国や軍隊の運命は我々にもわからないから、待っていろと言われても……。これは全く現実と反対の世界であった。兵学校があって、山があって、神社があってと、同じものが見えているのにこれは江田島じゃない、日本じゃないと、正反対のものがあると思いました。まるで違うところに別の人間になって、来たような気分でしたね。

あれーと思いました。なんと表現したらいいのか、嬉しかったとも言えない、悲しかったとも言えない。全部ひっくり返ったような。今までの自分はなくなった、しかし、自分はここにいるというような気持ちになりましたね。しばらく、一〇分だったか、三〇分だったか分かりません。

註

御園大介『続・八ヶ岳』では次のように書かれている。

玉音放送を聴き、校長（井上成美ではない。井上は、前年、海兵校長を解任されていた）は言った。この時は、栗田建男（レイテ沖海戦で「謎の反転」を命じた長官）が敗戦時の校長だったが、彼は、戦争は終わったと言った。ええ、戦争は終わった――日本は負けた――これは本当なのか！？――現のことなのか！？――。うわの空で分隊に「別れ（解散）」の号令を掛け、ふっと我に還って見ると、一瞬、あたりが不意に別世界に変わっている――変わっているような気が突如湧き上がった。眼に映るもの、そのすがた、かたち、存在する風物いっさい、空間全体が、外見上はこれまでとそっくりのままなのに、まるきり別世界のもの、異次元のもの、裏返しにひっくり返ったもののような、そんな異様な感覚だった（『続・八ヶ岳』頁一一一〜一一二）。

八、ここで、小島晋治先生が発言し、「海軍予備学生」の話をする

「海軍予備学生」だった人の話では、大和魂、天皇陛下も海軍魂も一言も聞いたことがない。彼は、一年間いたが、二つ、三つ上の先輩から殴られるような学生はいなかった。同じ大学の同級だけだったから。教官はえらい教官で、高貴な生まれの人であった。穏便で部下を大事にする軍人らしからぬ人でしたから。その人が所長だったので、軍人教育というものは一切やらなかった。斎藤仁さんは、海軍魂といっても反発をくらうだけだ、どうせ消耗品なんだから早く卒業させて押し出してしまおうと、余計なことは教えなかったのかもしれないと言っていました。「海軍予備学生」で特攻隊に志願して生き残った人の話では、六〇期までは知識人、七〇期以降は軍国主義的で野蛮だったということです。

「海軍予備学生」とは、旧日本海軍の予備士官養成制度の一。昭和九年（一九三四）に発足した海軍航空予備学生を、同一七年に一般兵科にも拡大適用したもので、大学・高専在学中の志願者の中から採用し、実務教育を施したのち予備士官に任用した。石井和夫さんは東京大学出版会をつくって大きくした人です。その話をした人は陸士六〇期でね。東京生まれ、仙台の幼年士官学校から陸軍士官学校に入り、それから航空士官学校に入った方なんです。

石井和夫さんの話では、陸士（陸軍士官学校）では、なぐりっこなど一度もなかったという。ただ、一度だけ同級生を殴ったことがあると聞きました。石井さんの話では、陸士はとても開明的で、中国人、朝鮮人も一割くらいは学校に入れるし、兵隊上りで成績優秀なら士官学校に入れて、教育して卒業させるということがあったそうですが、海軍はそういうことはしない。だから陸軍の方がはるかに開明的で、戦争の話を大っぴらにしていたようです。（以上、小島先生の御話終わり）

九、敗戦直後のこと（翌日・二〇〇八年九月五日より御園先生の御話・開始）

昨日話した私の第一の人生は敗戦を以って終わりということです。第二の人生の話になりますが、敗戦のショックが大きく、新しい価値観を持った第二の人生を見つけるというのは激しい苦悩をともないました。二〇歳くらいの若者ですから、もつのは当然です。価値観も人生観もろくなものができておらず、ただ外から煽られてやってきた人生、人生観、自分のものだと思い込んでいたものが、実は違ったものであった。いかに生きるべきか、と青年の一番悩むときにぶつかってしまいました。そして廃校になった海兵から帰ってきたとき、自分はこれからどう生きたらいいのかという問題です。

身の回りで日本国民が飢えに悩み、我が家は米や麦などでは飢えないくらいはあるけれども、他の物資はすべて不足でした。国破れて山河あり、という感じではなく、山河も何もない世の中という感じでした。あの当時は、この諏訪一帯はものすごい食料不足で米がなく、笹の実を農家の人でもみんなで取りにいって食糧にした。農家の米は自分たちの分しかないという状況で、そんなときに私が帰ってきたわけです。私の家ではなんとか食べるだけの米はありましたけれども、あとはなにもない。みれば農家でありながら飢えた人たちばっかりでした。まず食糧というものを考えなければ日本はダメだろうと思った。東京は焼け野原で、浮浪者同様の人たちが集まっていて、その人たちも食っていかなくちゃいけないという状況でした。まわりをみると農業をやらなくてはいけないと、幸いここは耕作すれば実る田畑がありました。

日本人として、どう生きるかと悩む中で、どのような価値観で生きるかといつも自分の将来を考えざるを得なくなっていました。考えてみると、これまで青春らしいことは何もやっていません。中学二、三年くらいから、軍国少年教育を受けて、煽られて世の中はそういうもんだと思って暮らしていましたから。

天皇や日本のためじゃなく、生きている人の一員として若い自分にできることはないかと思ったのです。自分には知識もなにもなく、中学で習ったこと、海軍兵学校で習った銃の撃ち方、奇襲戦法、これしかなく世の中に何の役にも立たない。親父のあとをついで、百姓をやってできないことはないけれども、それより、なにか意義のあることをやりたいと考えていました。それで大学の農学部に行って、日本の農業のことを学び、農業立国にしたらと思っていたりしていました。

幸いにして、海兵を仮卒業ということにされ、高等専門学校の卒業資格は与えられたんです。大学受験の資格ができ受験はできるが試験勉強はなにもやっていません。農学部の受験は生物が必要でしたが、生物は中学の一年と二年にやっただけです。ちゃんとした教科書もありませんから、中学の教科書だけを勉強してそれが出なかったらアウトだということで。

十、敗戦後、東京大学農学部に進む

翌年、昭和二一年の正月過ぎに東京大学の農学部を受けることにしたんです。幸い近くに「八ヶ岳修練農場」というのがあって、そこに久保先生という農学博士の偉い先生がいました。息子も諏訪中学だったので顔みしりでした。その先生に大学受験のことを相談に行きました。そこにいた人々が、農業をやるのなら農業経済なんかじゃやだめだよと、農学科を出ているから技術、経営ができる、こういう人じゃないと今の農業経済は役にたたない。今の日本は農業技術をしらなくてはだめだから、農学科を受けなさいと言われました。それで農学科を受けたら、受かりました。英語や数学がよかったんですね。入ったら、どういう勉強したらいいかわからないんです。高等学校に行っていませんから、ドイツ語、フランス語が解りませんし、生物もわからない。それよりなにより社会を知らない。哲学、社会学の知識が全然ないんです。高等学校の知識を知らなければ、なんにも始まらないんです。ただ作物とは、という話を聞いてもつまらないんです。土壌とは微粒子で、なんとかかんとかと聞いても、面白くないんです。そんな講義はつまらなくてすっかりいやになってしまいました。

自分で思った高等学校の学生が読んだであろう、文科系の本を手当たり次第、朝も夜も読んでいたことがありました。当時は食糧難で、他の学生はまともに授業に出る人は少なくて、アルバイトに出て稼いでいました。当時タバコの「新生」が、生協で一本三〇円で売っていましたけれども、一本づつしか買えません。ばら売りしていました。みんな大学食堂の安い飯を食べて、そしてアルバイトに行っていましたね。また、代返してくれと頼まれ、出席の紙に名前を書いてだしていました。先生も休講が多かったですね。ドイツ語も始め、フランス語も始めましたら、こんがらがってしまいました。大学の学部三年間は高等学校の三年間をやったようなものです。理科系文科系を一緒にして。フランス語もやっていないから知らないという高等学校卒の人もいたから大丈夫だとおもいました。二年生になると専門で栽培学教室というところに入って、川田信一郎先生のところに配属されることになりました。

（以下、御園先生の東大入学以降のお話は、省略する。このお話のテープをおこして下さったのは、佐々木恵子さんである。ここに記して感謝したい。）

■小林の感想

御園義博氏について

私が御園先生に御会いしたのは、もう退職されて生家のある富士見高原に夏期に住むようになった、二〇〇七年頃であり、七〇歳を超えた氏の晩年のことであった。

御園先生は、落合村（現・諏訪郡富士見町）の出身で、標高一二〇〇mほどの八ヶ岳南麓・中腹に生まれた。小学校は、二年生まで新田の分教場へ、三年生からは往復一〇キロ歩いてそばを釜無川が流れる、谷合にある落合小学校に旧坂を下って通った。諏訪中学へは、昭和一三年（一九三八）に入学した。成績抜群で、首席を通し、五年生の時には学友会長をつとめた。亡くなられてから、奥様の一子さんから諏訪中学時代の成績表を見せてもらったところ、一〇数科目の平均点が、九六・五ほどで、大部分が満点だった。当時は、軍国主義の時代であり、また校風も戦時色一色になっていたから、諏訪中学伝統の自治と自由な校風は一掃されていた。

御園少年は、海軍兵学校に憧れていたが、首席であったから周囲の圧力で一高を受験し、合格してしまった。しかし、まったく一高に行く気がなく、入学手続きをしなかった。実家で夏の終わりに行われる海軍兵学校の入学試験を待っていた。そこに、すでに一高に在学していた一年先輩の北原道雄ともう一人の諏訪中学の先輩が、わざわざ東京から夜行列車で説得に来た。牛山伝蔵先生も頭を下げた。この圧力に屈して、御園少年はかなり遅れて一高に入ったが、もうフランス語や漢文の授業は全く分からず、総てが肌に合わなかった。そこで大いに煩悶し、一高を退学した。この年の夏、海軍兵学校を受験して首席で合格し、秋に入学し新入生を代表して入学式で答辞を読んだ。海兵では模範的な生徒だったらしいが、上級生がやたらに下級生を殴るなどして、期待は裏切られた。三年生の時に、広島に原爆が投下され、教室の窓から強烈な光ときのこ雲がみえたという。

敗戦後は、故郷の落合村に帰り、煩悶しつつ農業の重要性に目覚め、東京大学の農学部の農学科に進んだ。学生時代に故郷の落合村の同級生だった五味一子さんと結婚し、一児をもうけたが、昭和二〇年代の東京での生活は貧窮を極めた。在学中、皇居前の「血のメーデー事件」（一九五二年）では、逮捕寸前だったという。約一〇年弱の苦学の後、やっと大阪府立大学に職を得た。その後、岐阜大学農学部に移り、ここで永く勤めた。この間、日本の農業を巡る「流通、市場、価格、農業構造、小農経営、地域農業」等々のテーマで、岩波書店や東大出版会から多くの著書を上梓し、農業経済系の学会の会長もつとめた。

さて、敗戦で故郷に帰ってみると、先に記した諏訪中学の先輩・北原道雄（高遠出身）は、学徒出陣で沖縄戦に投入され敗戦の直前に戦死していた。北原の兄・北原文雄（一高、東京帝大卒、工学部、東京理科大名誉教授）は、不憫な弟の死を憐れみ、沖縄の戦跡を何回も訪ね、弟の戦死した状況を調べ歩き、『学徒兵　北原道雄と沖縄戦』（増補版、平成一八年版）を上梓した。それに次のように記されている。

「弟は、昭和一六年旧制一高の文科に進み、在学中、寮の撃剣部（一高では、剣道部のことをこう称した）の部屋に所属して、毎日放課後は剣道に励んでいた。前年から、戦争の影響で大学、高校などは卒業が半年繰り上げとなっていたので、彼は十八年九月、一高を卒業し、東大法学部に進学した。しかし、同年初秋に決定したいわゆる〝学徒出陣〟の法令により、十八年十二月郷里の松本第五十連隊に入隊した。その後、幹部候補生として豊橋第一予備士官学校において教育を受けた。その教育中、志願か選抜か、そのいずれかは今となっては知るよしもないが、陸軍海上挺身戦隊（一人一艇に乗り、爆薬と共に敵艦に体当たりする、三〇〇〇人を集めて、江田島などで特訓を重ねたという）という、一種の特攻隊に入り、訓練を受けた。昭和二十年一月〜二月頃、沖縄に配属されて、五月那覇近郊にて戦死した」。

仮定の話であるが、御園少年が海兵に行かず、昭和一七年に一高に入学して三年生まで在学したとすれば、原口統三、宇田博、中村稔、いいだもも、清岡卓行、日高晋、大野晋、今道友信、太田一郎等々の綺羅星のような文学的才能のある俊英たちと出会ったことであろう。おそらく、農村出身の諏訪中学で秀才であった連中とは、生まれも育ちも、もちろん教養も全く違う都会の秀才連中がうようよしていたのである。一高の生徒は、もちろん全寮制であったから、御園青年は、彼らの言動に一大ショックを受けたに相違ない。ここは、自分のような信州の百姓の小せがれのいる場所ではないと心から感じたであろう。一高で体験した精神的ショックと、かねてから憧れていた海兵生徒への憧れが、御園少年の頭脳を同時に襲ったに相違いない。こうした体験があるので、海兵でも、いつも「海兵や日本軍は、こんなことでいいのか」というささやき、疑念を完全には払しょくできなかったであろう、というのが先生の話を聞いているときに私が感じたことであった。

御園少年が一高に入った昭和一七年に、清水健二郎は下記の寮歌「運ぐるもの星とは呼びて」を作詞した。この寮歌は、当時の学生達の魂を揺さぶったものとして名高い。この作詞者清水健二郎は、東大仏文科に進んだが、学徒出陣で出征し、二〇年七月一八日、横須賀の戦艦長門の艦上にて、米軍飛行機の攻撃を受けて戦死したという。「一　運《めぐ》るもの星とは呼びて、罌粟《けし》のごと砂子《すなご》の如く、人の住む星は轉《まろ》びつ。二　運命《いのち》ある星の轉べば、青き月赤き大星《おぼし》も、人の子の血潮浴びけん。三　紫に血潮流れて、ふたすぢの劔と劔、運命とはかくもいたまし。四いたましき運命はあれど、この星の正義《まこと》呼ばはん、陽《ひ》の民ら命《みこと》かしこみ。五　大君の命かしこみ、島傳ひゆくとうたはん」。以下省略。この歌は、すこし凝り過ぎ、ベダンテックでどうも、当時の青年というか、少年というか、彼らの心情がはっきりしない。

当時の御園少年の日夜煩悶をくり返す心情を「寮歌」で再現し歌えば、私は、昭和一九年に作られた旧制松高寮歌『若き力に』が一番ぴったりするのではないかと思っている。グーグルで「松高寮歌　若き力に　緑咲香澄」と入力して、ぜひお聴きいただきたい。

一　若き児よ今立つか、心のまことひしと抱き、生き立ちし若き白樺、まぼろしは強く振り捨て

二　邂逅《わくらば》に相い見し、面影忘れざらめ、空を行く望の流れ、あゝ友よ命は知らず、なべて今胸に抱きて微笑めよ仰ぎ見よ、秋たけし信濃の空に、王ヶ鼻紅に映ゆ。

三　見はるかす高嶺の群れ、行き行きて倒れ伏すとも、踏み破る誠ぞあらん、涙さえ祖国に捧げて、夕やみの県《あがた》の丘、いざ歌えいざ舞えや、やみ難き力に酔いて、打ち振るう男子《おのこ》なれやも。

キャンパス一帯を指す。「王ケ鼻《おおがばな》」は、松高からよく見える王様の鼻のように出張った嶺のこと。「県ケ丘《あがたのおか》」とは、森に囲まれた松高キャンパス一帯を指す。

晩年に私が蓼科のホテルでお会いした御園先生は、「生家にも一族にも、旧制高校とか帝大卒の人が全くいなかったので、そうした世界を全く知らなかった」と語った。しかし、たった三ヶ月でも、「第一高等学校・寮生活」を経験したからには、この軍国少年は海軍兵学校の教官や生徒たちに大いに違和感を持ったに違いない。なぜなら、当時一高生は知と理を探究する最極北を目指す人びの群れ集うところだった。中村稔の証言によれば、後の国際的に活動する倫理思想家、学者になった今道友信とは、教練には一切参加せず、平然と校庭を横切っていた。「俺は、一高に人殺しを学びに来たのではない」と公言していたという。それとは逆に、海軍兵学校は「修正」と称する鉄拳制裁が横行する蛮族の地であった。御園先生は、戦後、諏訪中学から海軍兵学校に進んだ人びとの、海兵時代をただ懐かしむ親睦会に出ず、彼等と一切縁を断ってしまったが、その気持ちは理解できるように思う。

以下は、私の想像であるが、御園先生は長男でありながら、八ヶ岳南麓の山中にある旧家を継がず、東京に出て大学教授となり、長く他郷で暮らした。定年後、家と故郷を去った悔恨の情やみがたく、退職後の六〇歳代から、農山村である故郷の人々、その近現代史を書くことに没頭し、合計五冊の大著を上梓した。ペンネーム「御園大介」の著作『八ヶ岳』（第一部、二部、三部）、『怒りの大地――続・八ヶ岳』、『釜無川』である。

これらの本には故郷・富士見町（旧・落合村、富士見村、境村、本郷村が合併して生まれた町）に生きた、明治以降の人々の激動の近代史、現代史が、小説の形態をとって克明に語られている。これらの著作には、古くて大きな農家の長男として生を受けながら、先祖の期待を裏切り、故郷と家業を捨てざるを得なかった青年の悔恨の情と、すでに亡き祖父母、両親や故郷の人びとへの哀惜の念が溢れている。古い農家の長男として生まれながら、農と家を捨てるという、同じような人生行路を辿ったが故に、私には御園先生のお気持ちがよく分かるような気がするのである。

先生は、死去に際しては葬儀・思い出の会など一切行わず、遺体は信州大学医学部に解剖用に献体するよう遺言しており、遺族によりその通りに実行された。また、病床で死の直前に妻一子さんに対して自筆の遺書を書き残し、感謝の意を書き残したという。

■付録1

御園少年とほとんど年齢が同じで、東京から松高に入った有名な作家・辻邦夫の回想録を読むと、山村に生まれた御園少年と対極にある都会秀才の精神状況がわかる。辻は、中学生時代から親戚の学生の教えや読書から河上肇、尾崎秀実等の本も読んでいたため、反戦・反軍思想をもつようになり、今度の戦争は、独占資本主義国家同士の醜い世界争奪戦争であるとし、こんな野蛮な戦争で死ぬことなどはまっぴらごめんというわけで、徴兵を逃れるためにわざわざ松高の理科を選択した、という。本当は、文科を志望していたが、徴兵を逃れるために理科を選択し、医学部を志望する可能性を残したのであった。が、結局、トーマス・マンなど西洋文学にのめり込み、松高の五年間(文学にのめり込み学校に行かず、落第二年)を過ごした。彼は、在学期間、ひたすらドイツ語とトーマス・マンの文学に没頭した。そして、敗戦後、東大の仏文科に「ドイツ語」で受験して入学した。

・辻邦生「**若い日の私**」

戦争が始まった年、私は旧制中学の四年だったから、青春前期に当たる歳月は、すべて軍国主義一色に塗りつぶされていた。一番困ったのは、浪人して、受験勉強をしている昭和一八年秋に、徴兵延期制度が打ち切りになったことだった。私は文科志望だったから、徴兵を回避するためには、延期のきく理科に志望変更しなければならなかった。当時、比較的早くから河上肇、野呂栄太郎、尾崎秀実などを読んでいたので、軍国少年の多かった当時、私は、少数派の戦争批判組に属していた。兵隊にとられれば、そのまま戦場に駆りたてられることは決まっていた。生き残るには、何としても物理・数学・化学を、付け焼刃ででも勉強しなければならなかった。召集令状と競争して勉強したのは、あとにも先にも、あの時だけだった。何とか旧制松本高校の理科乙類に入り、医者志望ということで、やっと戦争末期の暗い日々を耐えしのぶことができた。戦争中の松本は、空襲もなく、アルプスの高原の緑も純粋な美しさで輝いているような感じがした。松本に着いた最初の朝、霧の流れる近くの森から、郭公の声がきこえてきた。東京を出たことがなかった私は、真実、アルカディアにきたのではないか、と、感動のあまり、息がつまりそうだった。旧制高校は自由放任で、中学の軍国主義の教育に反発しながら暮らしてきた私には、まことに有り難い環境だった。戦争末期になってか、幾分軍国調になったものの、学生の気分には、自由主義的な文化主義が最後まで残っていた。（中略）一年先輩にK君というのがいて、ヘッセなどを愛読していた。彼は、刻々と徴兵の時期が近づくのにおびえていた。「死にたかねいな」と、K君は、酒を一緒に飲む折、口癖のように私に言った。その言葉は、胸をえぐるように聞こえた。K君は満州で戦病死したと、戦後になって聞いた。思えば、私たちは戦争の〈死〉の体験の中に生きた世代である。（『全集』一六巻、所収）

■付録2

戦争中の海兵や陸士の生徒たちは、いったいどのような生活をしていたのか、どのような心情にあったのか、彼らの青春をただ「戦争好きの軍国少年」の一言で否定することはできない。彼等が何を願い、何を悩み、何に失望し、何を反省したのか、こうした問題を深く追求することは「国家と個人」、「戦争と人間」の関係という問題の本質を理解する上で最も大切なことである。戦争の時代をより一般化し、より普遍的な問題に高めるために、戦時中に将校養成学校にいった人びとの証言と戦後を、参考として以下に紹介する。

山田充彦（陸士）、沖松信夫（陸士）、石井和夫（航士）の三人の証言である。

(A) 山田充彦氏の御園喜博先生宛ての「文書」

山田充彦：諏訪中学・第四七回生、昭和一九年一一月、「陸軍士官学校」（略称、陸士）入学、六一期。敗戦後、東大文学部社会学科入学。氏が、御園先生に送った文章に次のようにある。

（一）『私の敗戦記』（一九八〇年代中ごろ、掲載誌・日付不詳）

あの八月一五日、日本の降伏を告げる昭和天皇の放送が終わった時、私は待ちに待ったその日がついに来たと心から喜んだ。区隊の皆が下を向いて泣いているのに、私は思わずニッコリとしてしまった。たちまち「日本が負けたというのに喜ぶとは何事だ」とぶんなぐられた。私も皆と同じように一刻も早く戦争にはせ参じたいと陸士に入ったのだが、入学してすぐに戦争の実態がわかり、敗戦必至と判断せざるを得なかった。それはすぐれた教官に教えられたからであった。

私に最大の影響・衝撃を与えたのは教授部の地政学教授だった。この文官教授は参謀本部の命によりレイテ島戦争を調査し、報告書を提出した。その結論部分を地政学の講義でまことに率直に話してくれたのだった。……日本陸軍はガダルカナルとレイテで初めて米軍と戦ったが、米軍は圧倒的に強力で、日本軍は戦闘力で太刀打ちできず敗北の連続だった。米軍は兵器、航空機の性能や補給（食料を含む）で日本軍と段違いであるうえ、戦略・戦術ですぐれており、日本はとうてい勝てない。お前達は陸軍将校を志して来たのだろうが、戦争はあと数か月で終わる……と断言したのだった。日本軍のあいつぐ玉砕、Ｂ52の本土爆撃で私も戦局の悪化は分かっていたが、ここまで明確に敗戦を断定されたのは衝撃だった。同時に私は戦争の敗北を判断するにはどのようなデータをどのように集めて評価すべきか、ということを学んだ。これは後にワシントン特派員のときベトナム戦争の終局を判断するとき非常に役立った。

またニューギニア戦線で戦ったあと本土に戻り、陸士の他の中隊の中隊長になった少佐の方が、教練の時間を利用して、我々に戦闘の実情を話してくれたことがあった。その話では、日本陸軍は南方の植民地軍と戦っていたときには圧倒的に強かったが、英豪軍は全く異なり、日本軍は食料や武器が補給されず惨憺たる状況だと話された。ニューギニアでの「戦死者三〇万人のうち餓死・病死が八割」と後で知った。

このような率直な話を聞いて、私は敗戦必至と判断せざるをえなかった。とはいっても一六歳になったばかりの私にはいつ、どのようにして敗戦になるのか全く分からなかった。だが、本土決戦とか一億特攻といったスローガンは日米の戦力の絶対格差から無意味であり、一億玉砕と日本亡国を防ぐには、日本が一刻も早く降伏して戦争をやめるしかないと思い詰めることになった。私は「敗戦主義者」になった。ただし、私はこのことを自分の心の中に秘め、オクビにも出さないことにした。そして普通の陸士学生と同じように行動し、勉強していた。私は数学、物理学、化学といった理科系の科目が楽しかったし、東大を出たばかりの若い教官にあこがれた。それだけに四月の空襲で物理学講堂が爆撃され、直前まで我々を教えてくれていた物理学教官が防空壕内で窒息死されたのを掘り出したときは、泣いてしまった。（中略）

男衾（埼玉県の一村）に移ると朝霞時代と比べのんびりとした日常になった。学科は削減され、教練もゲリラ戦に切りかえられて航空は夢となったが、本田区隊長のもとで結構楽しいこともあった。荒川の水泳、花園への夜襲、秩父の炭焼きなど。しかし、艦載機があんな田舎までやって来て機銃掃射を加えるなど、戦争は末期的になっていた。その中で私にとって大きな驚きだったのは、牟田口校長の巡察だった。我々を小学校の校庭に坐らせて、「葉隠」を読み上げて、この精神でやれと訓示したのであった。日本が軍事的に追い詰められ絶望的状態になっているのに相変わらずの精神主義とは！　勿論この校長がインパール作戦の責任を問われて左遷されてきたなどということは知らなかったが、私はあきれ果てた。我々の敬愛する区隊長や中隊長とは全く異質の人物である。同時に私はこのていたらくでは断末魔……敗戦の到来はごく近いと感じた。

男衾の末期には学科もほとんどなくなり、穴堀ばかりやらされていた。八月は我々の卒業試験だったが、広島・長崎の原爆攻撃（白衣を着ていれば比較的安全と教えられた）、ソ連参戦で事態急転し、ようやく、日本は降伏した。日本の敗戦は数ヵ月後という地政学教官の御教えの通りだった。終戦となると陸軍内に反乱がおこるのではないかと心配したが、幸い我々の中隊長、区隊長は冷静、合理的思考の人たちだったので何事も起こらなかったのは幸せだった。（中略）

八月末に信州の生家に帰ってみると、海兵七五期の次兄がもう帰っていた。長兄は金沢の師団でベトナムにおり、二一年夏に復員。戦争末期に東大理学部が村に疎開しており、我が家は数学科の教授や学生のたまり場になっていた。教授たちとすぐ親しくなり、高校を出たらぜひ数学科へおいでと勧められた（小林註。後にフィールズ賞を受賞した世界的に有名な数学者小平邦彦氏も、このとき父小平権一の実家がある茅野に疎開しており、長地にある数学科まで遠距離往復をしていたと、昔、藤原正彦氏のエッセーで読んだ記憶がある）。私は陸士で化学に非常に興味を覚え、戦争が終わったら有機化学の技術者になろうと夢想していた。数学にしろ、化学にしろ、高校の理科に入ればよいと考え、松本高校の理科に転入学願いを出すつもりだった。ところが直前に文科にいる中学の先輩に「文科に入れば自分の好きなことが自由にやれるからぜひ来い」と誘惑され、理科を文科に書き直して提出してしまった。

旧制高校は私にはぴったりの学校だった。すばらしい教授がおり、欧州の哲学、文学から資本論まで文化と教養を学ぶことができた。当時は占領軍指令で、高校は陸士・海兵の生徒だった者は入学生の一割までと制限されていたが、松本高校はこれを無視してクラスを増設して私たちを迎えてくれた。有難いことだった。

翌年春、私は丸山真男（当時、東大法学部助教授）が『世界』（総合月刊誌・岩波書店）に執筆した「超国家主義の論理と真理」という論文を読んで、強烈な刺激を受けた。日本がなぜあのような狂気のイデオロギーに凝り固まって戦争に突入したかを、政治思想史的に分析したすばらしい論文で、私は目が覚めたような気持ちになった。そして大学では社会学をやろうと決心した。そこで東大では法、経ではなく文学部の社会学科に入学した。そして大学では米国の経営学から入り、アメリカ研究を中心にやったが、ここで図らずも終戦実現のために苦労したふたりの人物と知り合った。南原総長と三笠宮である。……南原総長は丸山真男さんの直接の恩師であった。総長の入学式や卒業式における式辞は、敗戦で混迷する日本の民主化と近代化を明示するすばらしいもので、私もこころから感動した。卒業式の後、安田講堂の芝生で総長からお祝いのビールをついでもらったことは今も忘れない。これで私の敗戦記は終わりだが、南原家との関係は終わりではない。総長の息子の南原晃君は私より七年後に法学部に入り、日銀に入ったが、アメリカ駐在を経て調査統計局長になった。そのころ私はシンクタンクで米国経済専門家になっていたが、南原二世と議論することとなって奇縁を感じた。（終わり）

（二）山田充彦「修羅より平和へ」（「清陵同窓会報」掲載、一九八七年五月三〇日付け）

私たちが諏訪中学へ入学したのは昭和一六年、つまり太平洋戦争が始まった年であった。同級生の多くは昭和三年の生まれであるから、私たちは世界恐慌の直前に生まれ満州事変に始まる戦争の時期に育ち、学ぶという運命にあった。そして私たちの学年は戦争のため一年短縮され、敗戦五か月前に四年生で卒業している。とはいうものの、最後の学年の大半は勤労動員で、工場で働かされたので、勉強する中学生らしい生活を送ったのは三年間だけであった。私自身も一九年秋、北山の鉄鉱石焼結工場から皆に送られて、陸軍予科士官学校へ入学した。入校式の一一月一日はＢ29の東京初空襲の日でもあった。

陸士の一〇カ月間は、空襲に明け暮れた生活だったが、私はここで貴重な学習をした。ある文官教官が、レイテ作戦を視察した結果を講義し、日本軍は南方で徹底的に米軍に負けており、あと半年で戦争は終わると述べ、なぜ日本が負けるかを体系的に分析してみせた。その講義そのものも、極めて衝撃的であったが、私は一国が戦争で勝つか負けるかを判断するにはどのようなデータを収集し、どのように分析すればよいかということを学んだ。これは貴重な学習であった。二〇年後、私はワシントン特派員として米国のベトナム戦争の報道に当たったが、ゲリラ戦の本質からみて、兵員、武器弾薬、補給力で圧倒的な米軍もベトコンの戦術には太刀打ちできず、米軍は結局軍事的にも、経済的にも（インフレ高進、ドル動揺で）お手上げになるだろうと、早くから予測することができた。実に持つべきものはすぐれた先生である。

戦争が終わってすぐ、旧制松本高校へ転入でき、その後は東大と、極めて恵まれた学生生活を送ることができたのは幸せであった。卒業後、共同通信で外信畑を中心に一九年働いたあと、七〇年に設立されたシンクタンク、日興リサーチセンターに移り、国際的調査研究に一七年間たずさわって現在に至った。

私の経験から得た史的教訓は「軍人は国を滅ぼす」ということである。日本陸軍の侵略戦争は第二次大戦で日本を亡国の一歩手前まで追い詰めた。日本から軍部が消えて、ようやく平和の中で繁栄と成長を遂げることができた。米国も軍部の野望のためベトナム戦争を始め、その結果は屈辱的な敗北を喫したばかりでなく、国内は戦争の賛否で分裂し、経済はガタガタとなり、社会は大混乱を来した。そして敗戦は米国人の心に深い傷跡を残した。またレーガン政権は強いアメリカをめざして軍拡を強行したが、その結果は今日見られるような財政の大赤字、民間産業の弱体化と空洞化、そしてドルの暴落である。

ソ連もアフガニスタンへの侵入で米国のベトナム戦争とよく似た打撃を受けた。経済的に行き詰まり、国際政治上は孤立し、お手上げとなった。ソ連もついにアフガニスタンから徹兵せざるをえなくなり、またソ連経済のお先まっくらという状況の中で、米国との間で核軍縮を真剣に進めざるをえなくなった。

第二次大戦の敗戦後、独がまず戦争の愚かさをさとって軍人を制御したが、戦勝国の米・ソ共苦い経験をしたあと軍人を抑えて、本格的軍縮を進めざるをえなくなったということである。その貴重な経験を学ぶまでに、多数の生命と巨額なカネが失われた。陸士では私たちの四期先輩が多数特攻隊長として死んでいる。同時に私は二〇年前にベトナム第一線から休養でハワイに来ていた米軍兵士たちの絶望的表情や放心状態、一方でのランチキ騒ぎをみて、心から軍部というものは恐ろしいものだと考えたことを思い出す。

また、「おごれる平家は久しからず」である。四〇年間にわたって世界を支配した米ソ両大国も歴然と衰退期に入ってきた。今日のドル安、核軍縮交渉の進展こそ如実に物語るものである（日興リサーチセンター取締役）。

(B) 沖松信夫『一下級将校から見た日本陸軍』

（『わだつみのこえ』、二〇一二年七月一五日、掲載）の紹介。

沖松氏は、一九二五年生まれ、柳条湖事件が起こった年に小学校入学、蘆溝橋事件が起こった年に中学入学、太平洋戦争が始まった年に陸士に入学。一九四五年八月一五日の午後三時に、特攻出撃の命令を受ける。しかし、その三時間前の「天皇の無条件降伏宣言」で、中止になり、一命をとりとめたという数奇な体験をした。戦後は、東大法学部に入り、一九六一年以降、「日中友好元軍人の会」の中心的活動を続けていた。

以下は、沖松氏の「不戦の集い、戦争体験を伝える」集会（二〇一二年一二月一日の）での講演の一部。

「戦争が終わったのは、私が二〇歳の時でした。私は、他の子どもと同じように、小さいときから軍人志望でした。当時の子どもの一〇人中八、九人は軍人志望でした」。「明治時代から、国家は軍人になることを奨励してきました」。「陸軍大将・参議の西郷隆盛の俸給は月八〇〇円で、現在の八〇〇〇万に相当すると言われています。……昭和になっても陸軍大将の俸給は八〇〇円余り、……今ですと月五〇〇万円かそれに近いです」。「将軍や政治家や官僚になることを大いに奨励し、高い待遇を与え、日本中の少年を奨励したのです。軍備を増強して戦争に備えるという道は、当然徴兵制度を覚悟しなければなりません。誰であろうと、どんな事情があろうと、有無を言わせず、戦場に駆り出すのが徴兵制です。戦争が始まり、徴兵制が施行されれば、あらゆる情報は、あらゆるニュースは、総て国家と軍部によって偽造され、統制され、隠蔽され、戦果だけが勇ましく宣伝され、国民の自由な声は抹殺されます」。

沖松氏の日本陸軍、陸軍士官学校教育、及び日本人に対する批判点は、次のようなものである。

・戦争報道は、徹底的な虚偽報道であった。一九三七年九月一九日付けの『東京朝日新聞』は、柳条湖事件を報じて、「暴戻なる支那兵が満鉄線を爆破し我が守備隊を攻撃したので、我が守備隊は時を移さずこれに応戦し大砲をもって北大衛の支那兵を砲撃し、北大衛の一部を占領した」とした。これは全くのウソの記事であった。三三年の第一次上海事件のとき、敵の鉄条網を破るために、決死隊の三人の兵は爆弾を抱いて自爆攻撃を敢行して勇敢に戦死した、と全く嘘の報道をした。これは全くの事故死だった。これを「爆弾三勇士」という、自己犠牲の日本人魂を示した「英雄」に仕立てた。真珠湾攻撃をした「特殊潜航艇」の突撃では、一人が捕虜になったが、皆壮烈な戦死を遂げたと英雄譚に仕立てた。日本人として飛行機で地球早回りを行って英雄になった飯沼飛行士は、ベトナムの飛行場で地上にいた時プロペラにはねられて死んだ。ところが新聞は「操縦桿を朱に染め、壮烈なる戦死を遂げた空の英雄」に仕立てて讃美した。

・陸士の教育は、将校養成のために「皇国史観に基づく天皇絶対主義で精神的に武装させること」で、毎日「朝夕軍人勅語を読ませる」、「そうするとふしぎなことに、お経と同じでありがたい気がしてくる。われわれ軍人は天皇の股肱である。天皇に信頼されている、天皇に最も近い名誉ある存在であるという意識が生まれてくるから不思議です」。

・陸士では「いつでも死ねる覚悟を持つことが求められました」。一方では、「実務教育」が徹底的に叩きこまれた。「理論ではなく、実際に体験させる教育でした」。「例えば、手紙や弔問の文章の書き方を何回も練習させる。実際に測量をやらせ、地図を書かせる、実際にガスマスクをつけて、窒息性のガスが充満している部屋に入れて実験させる」とか、「ものの本質を究明する教育をしない」、「小説を読ませない、想像力を重視しない」規則重視だけの教育であった。自動車も、飛行機も、総合力と技術力で完全に遅れていた。

・輜重兵、輜重部門を徹底的に馬鹿にし、補給計画なき大作戦を平気で立て、多くの将兵を餓死させ、病死させた。「白兵戦神話」を作り出し、中国人やアメリカ人を劣等人種として馬鹿にして、科学的・合理的な作戦を立てず、捕虜もむやみに虐待した。

・成算なき特攻精神だけ。「航空士官学校に入学したものは、地上兵科一二〇〇名、航空兵一二〇〇名と、ちょうど半々になりました。卒業して一年三、四ヵ月の間に八〇〇名が戦死しました。同期生の三分の一が戦死したことになります。航空兵科では二分の一が戦死しております」。これでは、「自分は、特攻を志願しない」と言えるわけがない。以上沖松氏の引用は終わり。

このような話を詳しく記した沖松氏の結論は、「軍の首脳は怠慢であり、戦争哲学をもっている人がいなかった」。福島第一原発の事故を見ても、日本は大いに遅れている。大局を見ずに、夜郎自大になり、変な愛国心をふりまき、他国人、特に朝鮮人、中国人などアジア人を馬鹿にし、日本は優れている、日本人ほど優しく、日本ほど美しい国はない、などと自己宣伝し、自慢している日本人に己惚れることを戒め、歴史的教訓を忘れないことを、氏は大いに強調している。

(C)　石井和夫氏の「回想」

石井和夫氏は、東京大学出版会の創立者の一人であり、著名な編集者であった。氏は、陸軍航空士官学校の出身で、敗戦直後の東京大学哲学科に入学したので、同じく軍官学校の海兵から、昭和二一年に東大農学部に入った御園先生とは、大いに気が合い、助け合った間柄であった。御園先生は、旧制高校生の教養に追いつくために、自分に兵学校式の気合を入れて、中央図書館に閉館まで籠り、日夜哲学書、社会科学書を読みまくった。それに三年間かかったという。石井和夫氏は、敗戦直後の「焼け跡、闇市」ばかりであった絶対的窮乏下で、惨憺たる東京に於いて、父母・妹三人・弟一人の六人もの大家族を守るために、カツギ屋、ヤミ屋、ペンキ屋、波止場の労務者、その他現金を稼げる肉体労働ならどんな仕事でもやった。そして、まだ小さな、社員が七人以下しかいなかった無名の角川書店の小僧のような仕事もやった。そこで林達夫、社長の角川源蔵両氏から見込まれて、大学に行って本格的に勉強して一人前の編集者になる気なら、休みをあげると言われた。そこで東大の試験を受け、二四年に入学したのだということである。

両氏とも、旧制高校を出ていなかったので、一般教育の知識がなかった。両者とも、高校卒業生との知識の落差に驚愕した点において共通していた。石井氏の終戦時から大混乱の敗戦直後の時代にかけての波乱万丈の物語は、「人形劇団ポポロと東大生協出版部」(『一九会文集』第一集、一九九七年一月九日発行)に詳しい(「ポポロ」は、イタリア語で「大衆」の意味)。ここには、敗戦時の陸軍航空士官学校、敗戦直後の東京大学での苦労話、日本共産党細胞の強力な存在、わだつみ会、『わだつみ』の販売、生協から独立した東大出版会の発足時のエピソード等々がある。

(1)石井和夫「一士官候補生の体験」(『わだつみのこえ』一二二に掲載、二〇〇五年七月二五日発行)

そのとき私は一八歳だった。ガタンと列車が止まり、ホームの向い側に一升瓶をかかえた兵士たちが見えた。「おーい、戦争は終わったぞ」。彼らは口々に叫んだ。上衣も着ていない現地召集の年配者ばかりである。そこは奉天(瀋陽)の手前、満鉄の操車場、蘇家屯駅であった。状況のわからぬまま漫然と時は過ぎ、「乗車!」の号令とともに列車は反対の方向にゴトリと動き始めた。

(これより一ヶ月前のこと)渡満の命令が布達されたのは昭和二〇年(一九四五)七月、東京が焼け野原にされたあと、豊岡陸軍航空士官学校から疎開した秩父の小学校校庭だった。内地では兵器も食料もほとんど壊滅的ながら、満洲にはなお豊かな生産機構が確保されている。それを舞台に日本帝国の起死回生が行われる。架空の想定とはいえ、「新京(長春)を策源地とし、釜山を前進基地として東京に侵攻したアメリカ軍を爆撃する」という課題が戦術の講義で与えられた。「浜松以東は敵の制圧下にあり、住民はすべて敵意を有す」と。異様なその想定に衝撃を受けたものの、荒唐無稽とも考えなかった。すでにガダルカナル以後、「死に場所をさがせ」が航士候補生にとって暗黙の諒解となっていたのである。それだけに「満洲で操縦訓練」は、当面する閉塞状況を超える素晴らしいものに思われた。

とはいえ、現実は厳しかった。七月二六日に出港した搭乗船は前夜Ｂ29が投下した機雷に触れて沈没し、八月六日夜半の再出発は海防艦の甲板にごろ寝してのものだった。それは派遣というよりも脱出に近かった。北朝鮮の雄基（先鋒）に上陸したのは八日の午後。小学校に仮泊、寝について間もなくの九日未明、耳慣れぬ爆音に耳を破られた。ソ連機の空襲であった。埠頭は重爆撃にさらされて混乱し、北東の工場地・松鶴にはソ連軍装甲車が侵入、火の手が上がっていた。……指揮官は西方山地を越えて会寧への転身を決意した。夜行軍で約百キロを踏破、一一日早暁には会寧に着き、前線から下ってきた有蓋貨車に乗り込み、京城《ソウル》、新義州をへて満洲に入ったのである。しかし、到達した蘇家屯の駅頭で待っていたのは敗戦の報であった。

そのまま反転南下、「非情ノ処置ヲ以テ時局ヲ収拾セントスル」詔書を知ったのは八月一七日、平壌駅頭であった。「新型爆弾、広島に投下」と「ポッタム宣言を受諾」の大見出しが躍る一六日付けの新聞による。……鉄道大隊の列車により釜山へ直行、出港間際の関釜連絡船にとびのって八月末には航空士官学校に帰着。この間約三週間。……（朝鮮半島南下の際見た、朝鮮民衆の姿。彼ら彼女らは）手に手に赤と黒を巴に染めわけ、易占の卦を配した小さな旗――日の丸を描き改めた朝鮮国旗と察しはついたが――を持ち、口々に聞き慣れぬ言葉でわめきたてる。それは日本兵に対する罵声であり嘲笑であったにちがいない。しかし、それ以上に、民族の光復、独立の誇らかな言挙げであったろう。歓喜にあふれ手の舞い足の踏むところを知らずといった風情で、われわれの軍装などまったく意に介するさまもなかった。逞しい若者も壮者もいない、小旗を持つだけの群衆は無力そのものであったが、意気はあくまで軒昂。私も仲間もただ見つめるばかりであった。……心の中で、なにかがガラガラと崩れてゆくのがわかった。……（以下省略）

(2)石井和夫「人形劇ポポロと東大生協出版部」(『一九会文集』に掲載、一九九七年一月九日発行)

注、御園氏と石井氏は、学生時代から生涯を通じて親交を結んだ(小林記)。

(前略)私が東大文学部に入ったのは、一九四八年四月。哲学科を志望したのですが、私は高等学校に行っていませんから、まわりに知った顔は一人もおりません。何にもわからず、新入生のガイダンスがあるというので研究室に参りました。出隆先生、池上鎌三先生、岩崎武雄助教授を前に助手の竹下さんからひとしきり説明があったあと、出先生がやおら「諸君のアンビションを聞こうではないか」と切り出されました。まず第一高等学校からの秋間実君を皮切りに二高、三高、四高とつづきました。ヘーゲル、キルケゴール、ハイデガー……私はびっくりしました。もう皆一人前なんですね。高校出身が終わると女子大生。その次が傍系の私です。なんと言ったのか覚えていませんが、「私は戦争が終わって今まで二〇年の人生が全否定されてしまった。これからどう生きて行くかわからないんで哲学科に来たのだけれど、どうも場違いだったようです。行く先を間違えました」と言って研究室を失礼しました。かなり憂鬱でした。そうした私を憐れんでくれたのだと思いますが、陸軍航空士官学校の先輩だった三宅惇さん(戦闘機乗りの大尉、哲学科三年生)が後を追って出てこられて、私を陸士の先輩たちに合わせてくれました。その人たちの励ましで教室に行きましたが、忽ち授業料不払い同盟、ストライキ、そして東宝争議支援でしょう。びっくりしました。せっかく大学に入ったのに、講義も聴けないなんて、とがっかりしました。(以上、長文が続くが省略)

第二章　小島晋治「陸軍経理学校」生徒の戦中・戦後の彷徨

紹介

小島晋治（一九二八〜二〇一七年）茨城県古河に生まれる。旧制浦和中学、陸軍経理学校、水戸高校を経て、東京大学文学部東洋史学科を卒業。以後、横浜市立大学、東京大学教授、同名誉教授となる。研究は、中国近現代史の研究。

主要な著書は『太平天国革命の歴史と思想』研文出版、『中国の英傑⑽洪秀全　ユートピアをめざして』集英社、『洪秀全と太平天国』岩波現代文庫。共著共編［編集］には、『絵で見る世界史⑺近世のアジア』小山正明共著　国民図書刊行会、『アジアからみた近代日本』亜紀書房、『いまアジアを考える』鶴見良行、森弘之、片倉もとこほか共編　三省堂選書、『アジアの差別問題』西順蔵共編　明石書店（世界差別問題叢書）、『中国近現代史』丸山松幸共著　岩波新書等々多数。

小島先生の故郷・茨城県古河の歴史と、自身の生い立ちについては、「故郷――茨城県古河――の戦没者を悼む」（『わだつみのこえ』第一三六号、二〇一二年七月一五日発行）に詳しい。また私家版の自伝に『振り返って今二十世紀を生きて』（二〇〇二年）がある。

■小島晋治先生の御説　二〇〇八年九月四日、五日　蓼科高原にて。出席者は、御園喜博先生の時と同じ。

一、旧制浦和中学校時代の話

僕の中学校は旧制浦和中学で、僕の小学校からは五人くらいが進学した。一学期の成績は五五人中一八番でした。旧制中学は工作があって、僕は大変不器用で、工作が苦手でした。浦和中学は優等生が多かったから、それで順位を落としちゃう。近くに器用な子がいて彼の作った本立てをそのまま出したら、彼の名前が書いてあった（笑い）。僕は浦和中学があまり好きになれなかった。個性的なものがなかった。浦和は東京の郊外でしたから、僕なんか田舎っぺですから……。それに方言がない。だから不良少年とよくつきあっていた。中学二年でアメリカとの戦争が始まりました。工作の時間に放送があって、みんなも先生も「うわー、アメリカとやって勝った」と喜んだ記憶があります。あの頃に書いたものをみると、当時インテリは、中国との戦争のときはこの戦争はおかしいんじゃないか、と思っていたが、アメリカとの時は喜んで、ふっきれたという感想を残していますね。竹内好先生は昔の一中、大阪高校、東大というコースですが、このコースから官僚がたくさん出た。東京府立四中（後の戸山高校）が一番軍国主義だったようで、作家の加賀乙彦が『帰らざる夏』（講談社文芸文庫）という自伝的小説で書いています。幼年学校は中学一年から二年で入れます。将来の将校を養成する学校で、精神的なかたわになる人が多かった。四中と六中が多いですね。僕は一年の時に受けたけど、勉強しなかったからだめで、二年の時は近眼で入れなかった。入っていたら、大変なことになっていたと思います。

二、満蒙開拓青少年義勇軍の話

僕の小学校時代のクラス五五人中、四人が満蒙開拓青少年義勇軍に入りました。僕の先生が茨城県の農村の出身で、まじめな先生でしたが、生徒の貧しさをみていたせいか、影響力があり、カリスマ性も持っていた。農村の二男、三男に生まれた人びとに、少年義勇軍入りを勧めていました。みんな真面目な男の子でしたが、四人中二人が死にました。一人は一八歳で髪がすっかりなくなり、悲惨な姿で帰ってきました。僕の先生は奥さんと養子の息子と満州に行き、栄養失調になって帰ってきて、その翌年に亡くなりました。僕の先生は行かした生徒と同じ苦労をしたけれども、先生たちのなかには行かせて県から褒美をもらったくせに、戦後、墓まいりもしない先生がいて、そういう先生を恨んでいる人もいました。クラスのなかには、ソ連軍に連行され、ウズベキスタンへ連行されて行った人もいました。シベリアよりも気候が良かったようですが……。僕は昨年、彼らの足跡を尋ねてウズベキスタンに行ってきました。そこには、二〇〇くらいの墓が残っていました。

もう一人の別の同級生は六人兄弟の末っ子だから、進学できなくて海軍少年兵を志願した。海軍のつらさを父親に訴えていたが、一八歳で亡くなった時、彼の親父さんは大変後悔したようです。一七歳で戦争が終わりましたが、中学と予科練に進んだ人で死んだ級友は一人もいなかった。戦争というのは、下のほうの人から死んで行くんだなと思いますね。

三、陸軍経理学校に入学

僕は、子供の頃愛国少年だった。お爺さんが陸軍の経理将校でしたし、叔父さんが海軍兵学校出身で、対米戦に備えて、パイロットを養成する航空科へ転科していた。海軍兵学校では飛行機事故で死ぬ人が多くて、叔父さんも事故で亡くなりました。彼は大変やわらかい人で軍歌もうたわない……。僕は好きでしたね。同期生の回想録をみると、叔父は柔らかいひとだったけど訓練は勇敢だった、と書かれていました。僕は短剣にあこがれていて、戦争が厳しくなって飛行機乗りになって死んでいきたいと思っていました。僕は視力が悪くてとても「海兵」には入れない。それで図々しく陸軍の経理学校を受けることになって……。ここは中学、一定の専門学校を卒業した人が経理将校になる学校でした。軍人精神を持った人を育てるのを目的にすることになって、僕は一〇期に入学し、同期は三五〇人でした。あまり殴られた経験がなくて、一度、将校をめざす生徒なのに「長崎物語」を歌ったのがみつかって殴られたくらいで……あとは対抗びんたでお互いを殴りあうのを一、二回したくらいでした。昭和一九年一〇月頃は、他の学校は奉仕活動で勉強がなかったけど、ここでは午前中は授業がありました。外国語は英語、中国語、ロシア語、フランス語があって、僕はなぜか中国語を選びました。民法概論もあった。おとなしい先生だった。こっそりと岩波文庫の「経済学入門」などを持ち込んでいる人がいました。一〇ヶ月間、ルソーの民約論だけをやる授業もあり、おもしろかった。経済原論は、後に人民大学（敗戦後生まれた民間大学）でマルクス経済学を教えた佐々木先生が教えていました。

四、敗戦後の状況、台湾の留学生たちの状況

経理学校の学生の大部分は東京、京都、神戸から来ましたが、一人だけ長野県から来た人がいて、彼は最後まで国粋主義者で国鉄に就職しましたね。後に、半数以上は旧制高校に入りなおしました。経理学校の生徒はできるはずだということで、一番多いのは一橋で、当時は東京商大といっていた。ここには台湾からの学生が一人いました。彼は浦高を受けたけど、口頭試問の時に尊敬するひとを蔣介石と言ったので落ちたらしい。おそらくこれは彼の本音だったと思います。彼は商大を受けようと思ったらしいが、結局台湾大の工学部に入った。弟も工学部出身で電信の研究で有名な人です。このころ、国民党の弾圧がひどくなり、「二・二八事件」の時には司法書士の彼の父親が捕まりました。台湾の白色テロとして有名な「二・二八事件」です。台湾の白色テロの時は台湾大学では、反逆罪で随分殺されました。台湾のある作家も処刑されたが、のちに彼の「幌馬車の歌」という小説が出版されています。京都大学へ入った李登輝は、戦後、台湾大学へ編入しましたが、一時、中国共産党に入党したことがあります。戦後帰国した留学生の多くが入党したんじゃないかな……。作家の○○さんの弟は日本人の差別に反対するため、広東に渡り抗日に参加しましたが、中国人は台湾人に猜疑心を持っていたので、台湾人は本土でも台湾と同じようにスパイ扱いされて差別されたということです。

註（整理者小林の註、以下同じ）

「二・二八事件」と「幌馬車の歌（唄）」について。この歌は、昭和七年（一九三二）、日本で作られた歌だが、台湾でもはやり、「送別の歌」としてよく唄われた。戦後、台湾は中華民国に支配され、蔣介石政権は、左翼系の人々を中心に日本統治時代に教育を受けたエリート層を弾圧し、侯孝賢の映画『非情城市』で国際的に有名になった、一九四七年の「二・二八事件」を起こした。この事件では無辜の人々が裁判はおろか、その罪状さえも無いまま処刑された。その数は一・八万〜二・八万人と言われる（この数字は、一九九〇年の「行政院」の発表）。「幌馬車の唄」は、映画『非情城市』のなかでも唄われている。台湾北部の基隆市の高校の校長の鐘浩東氏（元、日本の大学生だった）は、「光明日報」という新聞の主筆であったが、ある嫌疑で突如学生数名と共に逮捕された。自らの死を覚悟していた鐘校長は同じ政治犯刑務所の中で学生達に、僕が呼ばれたら獄内の人達に「幌馬車の唄」を唄って送ってくれるよう伝えて欲しい、と頼んだ。名前を呼ばれると、それはすなわち処刑の意味だ。そして、その日が来ると、鐘校長は従容として死に赴いた。獄中の人々は鐘校長の願いどおり「幌馬車の唄」を唄って見送った。それ以降この歌は死に赴く人々の為に獄中で唄い続けられたという（インターネット上の情報による）。

五、中国共産党への共感、そして失望

僕は一九四九年に東大に入りました。この頃、エドガー・スノーの『中国の赤い星』の影響が大きかった。竹内好先生（長野県生れ、一九一〇〜一九七七）の『現代中国』、『日本の近代と中国の近代』は日本がヨーロッパのような抵抗のない近代化の道を辿ったのに対し、中国は抵抗しつつ自ら変わっていく近代化だと強調していました。大いに感銘を受けて、東大へ入ってから「中国研究会」をつくりました。

註

竹内好について。『世界大百科事典・第2版』の記載。中国文学研究者。長野県臼田町に生まれ、東京府立一中、大阪高校をへて東京大学文学部支那文学科を卒業。戦前に中国文学研究会を結成し、在野の中国研究団体の一員として、当時の日本政府とはちがう中国観を育てた。このことは当然に日本の近代化の道に対する批判になる。その後、魯迅研究に大きな影響を与えた戦時下の『魯迅』（一九四四）、第二次大戦後の『現代中国論』

（一九五一）を発表した。これらの著作は，日本の文化を中国の文化と比較して、日本は西洋を真似る「優等生文化」であり、中国は「自前の中国独自の近代文化」を生みだしていると位置づけ、日本の近代化の道を批判した。竹内の『現代中国』での、中国革命と学生運動の歴史に対する「手ばなしの絶賛」（今思うと大いに問題がある）は、当時の日本の左翼はもとより、学生・知識人全体に大きな影響を与えた。

東大には中国からの留学生もいて、中国革命史、イデオロギーなどの資料を中国語で勉強し始めた。竹内実先生（中国の青島生まれ）が京都大学の人文研から東大へきました。彼は親の一方が中国人なので中国語ができる。研究会で訳した本を販売したりしました。留学生の孫さんは山東省出身で、旧制一高の留学生寮で一年間教育を受けて、入学しました。彼は戦時中には特高につけ回されていたという。東大で、彼から魯迅、毛沢東のことを教えてもらった。チェロが上手で、またよく餃子を作ってくれた。外国人管理令が出て、留学生がメーデーに中国の国旗を掲げたことで、捕まり獄中に入ることになった。貨物船に乗って中国に逃げる留学生が多く、彼もそれで帰国しましたが、翌年残念なことに亡くなった。大学ではしばらく中国革命の幻想が残っていました。「歴史学研究会」では歴史と民衆というテーマを取り上げて、中国革命についてやれといわれて、毛沢東の翻訳などをやりました。一九三〇年代、広東の海陸豊ソヴィエト区をつくった彭湃は、大地主の息子で早稲田に入学したこともあり、東大で彼のことも知りました。そうしたことが重なり、中国農民革命に大いに感銘を受けて……まあ当時は非常に大胆不敵でしたね。

今思えば、恥ずかしいかぎりですが、あるところで、ほとんど全面的に毛沢東の考えに従って、それを肯定的に述べた報告を書きました。今読むと少し恥ずかしくなります。その頃特に深く中国革命に共感した一つの理由は、旧満州から日本の戦犯が釈放されてもどってきたことです。その前にソ連から溥儀と溥傑が釈放されて、市民になる。日本の戦犯もごく少数を除いて帰ってくる。遠藤三郎さんという、陸軍士官学校の校長をしていた人にも感化をうけました。この人は戦犯で巣鴨から釈放された後、周恩来に招待されて中国へ行きました。周恩来に「非武装」を勧め、周から「貴方は、私より左だ」と評されたとか。斎藤さんが感心したことの一つは、中国の靴は戦犯の足に合わせてつくっていたこと。そこには東洋的な道徳があったと言っていました。遠藤さんは、「憲法九条」は絶対まもるべきだという考えをもっていて、埼玉県入間というところで「日中友好旧軍人の会」をつくった。

僕もそれに入って、一九七六年に初めて中国へ行きました。会の中心は士官学校のトップクラスの人たちだった。また、満州から引き上げてきた人たちが、日中友好運動の献身的なメンバーになりました。その頃好きだった評論家の埴谷雄高さんの、後の評論集『幻視のなかの政治』（未来社、一九六〇年）に収められた論稿に、これまでの政治運動とか戦争、革命闘争、階級闘争では「やつは敵だ、敵は殺せ」というのが、中国革命、アルジェリア民族解放戦線から変わる動きがでて、敵を味方にかえるという新しい動きができたと述べています。当時、僕は埴谷さん、竹内さんとかを尊敬していました。そういうことから、中国革命というものに大いに関心を持ちましたね。

註

遠藤三郎、青年将校時代にヨーロッパに留学した西洋的知性に溢れた人、一九四二年陸軍中将となり航空士官学校長に就任。さらに、陸軍航空本部総務部長、軍需省航空兵器総局長官などを歴任し、兵器産業の国営化と航空機の規格統一に尽力した。一九四七年二月から約一年間、戦犯容疑により巣鴨プリズンに入所した。その後、埼玉県入間郡入間川町（現在の狭山市）の陸軍航空士官学校跡地に入植、農業に従事した。戦後は、護憲運動と反戦運動に参加し、一九五三年には片山哲元首相とともに憲法擁護国民連合結成に参加した。一九五九年の第五回参議院議員通常選挙に全国区から無所属で立候補したが落選した。「日中友好元軍人の会」を創設し、中国に行き周恩来などに会い、意見を交換した。一九七四年、『日中十五年戦争と私――国賊・赤の将軍と人はいう』を上梓した。遠藤の薫陶を受けた沖松信夫は、「一下級将校から見た日本陸軍」という講演をおこなった。記録は「わだつみ会」主催の「戦争体験を伝える」二〇一一年一二月一日の、次の集会記録『わだつみのこえ』（一三六頁に掲載）にある。沖松氏は「日中友好元軍人の会」の二代目の代表である。氏は、自分が特攻隊員として出撃するはずの八月一五日、出撃直前に「無条件降伏」の「玉音放送」があり、数時間の差で命拾いをしたという。遠藤やこの沖松らの旧日本軍やその首脳部に関する批判は、きわめて「科学的な、合理主義的な分析」に満ちており、軍国主義化しつつある今日こそ、示唆に富む。

その当時、同期で東大出身の近代文学が専門の丸山昇先生が、中国の著名な女性作家・丁玲が反革命分子としてやられたのをみて、中国はおかしいという考えを卒業論文でとりあげました。その後文革があって、彼は批判的な論文を書いています（代表的著作の一つは『文化大革命に到る道』岩波書店刊）。当時の中国の毛沢東派は、スターリン時代と変わらない階級敵に対する残酷な扱いがあって、階級闘争の残酷な面があきらかになったのは、この四、五年くらいじゃないでしょうか。かなり信頼できる李鋭という中国人が書いているものにそうある。中国革命も、「プロレタリア階級の敵は絶滅せよ」というスターリンの「クラーク絶滅」と同じことだといっています。

註

文革時代の「武闘」の激化を指摘したのは、日本の全国紙の新聞と日本共産党である。川添登・犬丸義一『中国の文化大革命――その根源と矛盾――』（青木書店、一九六八年一月）は、日共系が出した最も早い「文革批判」の出版物であった。犬丸は昭和二〇年代に一時中国に「亡命、脱出」しており、初期共産中国の実態をかなり見て知っていた。しかし、この書は「武闘」の激化に少しふれているだけである。その頃は、世界でも日本でも、ベトナム戦争を中心に戦争、暴力、赤色テロ、党派闘争が蔓延している時代であり、日共・反日共両派の学者、学生達は「文革の武闘の悲惨」の実態、民衆の悲惨な情況など、全く知らなかったし関心もなかった。カストロとゲバラが、絶対的英雄だった時代である。私（註の筆者小林）も共感していた世界の新左翼諸党派は、みな革命的暴力を肯定している時代だった。文革の庶民・市民レベルでの凄まじい実態が、香港を拠点にした出版物（例えば、月刊誌の『争鳴』・『七〇年代』等）により、更にまた有名人の悲惨な運命を中心にして次第に明らかになったのは、一九八〇年代からである。また第二次天安門事件で海外に逃亡した「民主派」の人々が、更に詳しい実態を明らかにしていった。日本では、馮驥才『庶民が語る中国文化大革命』（講談社、一九八八年。原書は、一九八六年刊）が、民衆レベルの悲惨な実話を紹介した初めての著書であった。しかし、この馮驥才の書では、登場人物の実名・地名・固有名詞は、みな臥せられている。厳家祺・高皋『文化大革命十年史』が岩波書店から出たのは一九九六年であり、原書が出たのは一九九五年だった。中国書店の『中国文化大革命事典』は、一九九七年出版であり、王友琴女史の『文革受難者』が、世に出て来たのは、二〇〇〇年紀に入ってからである。こうして文革讃美は日本でほぼ消滅した。

草思社から山口盈文という人が書いた『僕は八路軍の少年兵だった』（一九九四年）という本が出ています。彼は岐阜県から、満蒙開拓青少年義勇軍に入って黒竜江省ではソ連の大戦車軍に攻撃され、散り散りになって逃げまどい、数奇な運命に翻弄されて、いつの間にか八路軍（正確には「東北民主連軍」と称する）の少年兵になる。林彪将軍麾下の正式な解放軍の一員になって、海南島にまで遠征する。また朝鮮戦争にも出征した。彼は、満州土地改革の凄まじい残酷な実態とその他の解放軍や中国人社会の知られざる実態まで赤裸々に書いている。また、一九四八年、人民解放軍が長春にこもった国民党軍を攻撃するために、三月から一〇月までの数ヶ月間、長春を完全に包囲し、無数の市民・民衆を餓死させた事実も詳しく書いている。彼は、中国全体では数十万人の地主・反革命分子を殺しているだろうとも述べている。事実上は反革命分子鎮圧運動の時、朝鮮戦争の時に、毛沢東は一〇〇万以上殺している。自分でこう言っている。だから我が国の犯罪率を低くすることができたとも言っている。僕らが想像した以上に、その階級闘争の打撃はすごいと思う。近年、ヨーロッパの元の左翼の人たちが『共産主義黒書――犯罪・テロル・抑圧』の「コミンテルン・ヨーロッパ編」を出した。これはソ連と東ヨーロッパのもので、去年か一昨年か、その「アジア編」（高橋武智訳、恵雅堂出版、二〇〇六年）が出ました。これを翻訳したのは、ベトナム戦争の際のアメリカ軍脱走兵を救援する運動をしていた高橋武智（東大仏文卒、「べ平連」で活躍、大学教授を辞めて、ベトナム戦争で脱走した兵隊を逃がす運動で活躍、後に翻訳を多くした）さんで、彼が中国の地名などがわからないということで、私も手伝ったんです。ナチスが行ったのは民族虐殺でした。ソ連スターリン、毛や北朝鮮、カンボジアの共産主義者たちがやったのは階級虐殺でしたね。

註

山口盈文著『僕は八路軍の少年兵だった』には、満州国の首都「長春包囲作戦」のことが、包囲している解放軍の側から書かれている（頁一七〇～一七二）。ここは「敗戦時は人口が五〇万人になっていた。人民解放軍の長春の本格的包囲作戦は、一九四八年の三月から始まった。敵には「勺水半粒も与えず」、つまり水一滴、米一粒も与えないという徹底的なもので、これが同年の一〇月まで実行された」。その為、あらゆるものを食い尽くし、燃やし尽くし、犬でも猫でも食い尽くし、あるいは人間の肉でさえ食ったという。この時、長春市内にいた遠藤誉（筑波大学教授）は、『卡子』（読売新聞社）を書いて、長春では三〇万人以上が餓死させられたと主張し、中共が犯したこの犯罪的な蛮行を批判して来た。山口の証言は、遠藤誉の『卡子』の記述が、包囲網の外にいた人物によってなされた証言である。

六、茨城県の一世代前の旧制高校の人々、宇都宮・水田両先輩のこと

戦前、茨城各地で農民運動が活発化したことがあった。僕が「茨城農民運動史」を読む発端になったのは、次のようなことがあったからです。旧制水戸の高等学校では、一九三〇年前後に「社会科学研究会」ができました。二〇人くらいのメンバーで、中には、国会議員になった宇都宮徳馬（一九〇六～二〇〇〇年、東京生まれ、一中か

ら陸軍幼年学校、水戸高から京大へ、河上肇に師事、治安維持法で投獄、戦後国会議員、日中友好に尽力、反戦平和で終始一貫していた）さん、水田三喜男（一九〇五～一九七六年、千葉出身、水戸高、京大、日本共産党、投獄、京大中退、戦後自民党議員、池田内閣の蔵相として活躍した）さんなどがいました。農民運動の出発点は夜になると農民と酒を酌み交わして農民の生活を理解する、というのが茨城農民運動史には載っています。これに参加したある私の友人は党活動で逮捕され、服役後、日中戦争に動員され、武漢攻略作戦に参加しました。日本軍の中でコレラが流行して、そこで戦病死しました。僕の同窓生のなかの最初の戦死者のひとりになりました。宇都宮さんはこんなりっぱな男はいないと、追悼文をだしました。宇都宮さんはその頃京都の河上肇教授を尊敬しており、河上教授を慕って宇都宮さんと水田三喜男は京大へ行くのですが、それで捕まった。

宇都宮さんのお母さんは、陸軍大将の妻で、これからはこれで生きて行きなさいと二〇〇円を持たせた。宇都宮さんは、それで株を買ってかなり儲けたようです。宇都宮さんの一周忌のとき、水戸高出身の後藤田正晴（一九一四～二〇〇五年、福島県生まれ、水戸高、東大、内務官僚、台湾で陸軍将校として敗戦、警察官僚、国会議員、中曽根康弘内閣の官房長官、海外派兵に断固として反対した）さんの挨拶から、彼は軍事訓練には草鞋ばきで参加して、短剣を逆につきさして、せせら笑っていたという話がありました。宇都宮さんは京大の薬学部に行って相談し、ミノファーゲンという肝臓薬の製薬会社をつくりました。宇都宮さんが一番尊敬していたのは石橋正嗣（陸軍幼年学校、戦後、社会党の委員長になった）さんで、宇都宮さんは戦争中からスターリニズムや岸信介の国家社会主義を批判していました。それにたいして、石橋さんの考えも同じで、共鳴していました。自民党の中でも、水田三喜男さんはずっとそうした思想傾向だったと思います。僕らが水戸高に入った頃にはその左翼的伝統はなく、もう新しくなっていました。どこの旧制高校でも父親が左翼で捕まったという息子が何人かはいました。最初に関わったのが、水戸近辺の農地改革で、日本共産党があれはいんちきだと反発した。封建制が残っていて、地主が土地を持っている、山林解放をすべきだということと徹底して地主の土地を分配すべきだと主張したんです。

僕の故郷の古河でも当時満鉄から引き揚げてきた人、陸軍士官学校をでて陸軍中尉だった人、経理学校の先輩で僧侶の息子とか、若いインテリで、かつては青年協議会運動をしていた人や天皇制への疑問がある人々が、水戸市の近辺の農村に行きました。私は、彼らと一緒になって、土地を地主から全部取り上げることに反対していました。地主といっても小さな家で、なんでこんな小さな家から土地を取り上げなければいけないのかと思いました。むしろ小作の農家から白米のおにぎりをもらったりして、僕は、農民運動に関わったという意識があまりなくて、でもそれが最初の関わりでした。水戸で民主主義科学者協会というのができて、これは昔のプロレタリア学校で、中心となったのが、梅本克己先生で戦争中は講義を取り上げられたりして、戦後、旧来のマルクス主義の公式的な科学では人間の実践的な定義がでてこないというところから、「主体性論」を展開し、先生は自ら実践的運動をやられた。

次に、逸見重雄先生について話しておきたい。僕は、戦後、逸見重雄さんが中心となっていた茨城県の民科（民主主義科学者協会）の仕事をしました。僕は逸見さんの講演会を準備したり、町の人たちと普通の町工場の労働者の人たちとおつきあいをしたり、初めて在日朝鮮人と接触したりして、非常によかったと思います。戦後、逸見さんは法政大学の教授、学部長になった。僕の水戸高校のある先輩が、東大を出て日立高校の先生をやめて共産党から立候補しました。僕らも飛び回って運動したのですが、落選してしまいました。昭和二四年、僕が大学受験の年に片山政権がつぶれて、総選挙がありました。農村への選挙の動員を受けるのですが、入学試験が近いのでみんな、行かないんですよ。でも僕は「馬車馬」ですから、今いかなくてはいけないんだと言って行ったわけです。茨城県北部地区のくまくら平和委員会日教組の反主流派と一軒一軒家を回って運動しました。そこの共産党候補は沼田秀郷さん、戦前から唯物論研究で有名な学者でした。彼の家はでっかい家でふかふかの布団に白米を食べさせてもらいました。沼田さんは落ちてしまいましたが、池田峯雄（一九一一〜一九九八年、茨城県の農民運動家）さんは、茨城から初めて当選した共産党員議員でした。

註1

逸見重雄、一八九九～一九七七年、社会運動家、経済学者。戦前の非合法政党時代最末期の日本共産党中央委員・政治局員。戦後は中央労働学園大学、法政大学教授となり教鞭を執った。

註2

沼田秀郷、本名、武田武志。一九三八年、治安維持法による「唯物論研究会事件」で、当時、他の著名な進歩的な学者三〇余人とともに逮捕された。この「唯研事件」（「唯物論研究会関係者治安維持法違反被告事件」）とは、一九三八年（昭和一三）一一月二九日早朝、雑誌『唯物論研究』改め『学芸』にかかわる主要メンバーが一斉検挙されたことに始まる弾圧。このときとその前後に検挙されたのは、岡邦雄、戸坂潤、永田広志、森宏一（本名、杉原圭三）、伊藤至郎、伊豆公夫（赤羽寿）、武田武志（沼田秀郷）、服部之総《しそう》、信夫《しのぶ》清三郎《せいざぶろう》、古在由重ら三〇余人、映画「母べえ」のモデルとなった新島繁（野上巌）もその一人だという。

七、「大学に入学してから」

東大に入ってから朝鮮戦争があって、戦争反対運動、レッドパージ反対運動をしていたら、共産党組織が四〇人くらいにひろがりました。あのころはどこの旧制高校でもいっぱい共産党に入党しましたね。戦争に反対したのは共産党だけでしたから。実際は反対したのは少数でしたが、それでもひかり輝いていた。大学では、就職があって多くは党をやめちゃうんですけど。水戸では、警察の幹部まで共産党に入っていました。流行のようでしたね。東京では東芝と東宝と東大が一番共産党員の数が多かった。東大総長の南原繁さんは、レッドパージにたいして俺は教師を守る、と言っていました。そのためには、学生をおとなしくさせなくてはいけないけれど、みんなやめない。僕をふくめて三人の水戸出身の学生がストライキをやって退学になりそうでしたが、文学部長の辻直四郎先生（インド古典学者）は停学にはするけど、退学にはしなかったので、僕は退学を免れることができました。

僕は、あるところにトロツキーを引用したりした文章を書いた。それで「赤旗」で散々やられたが、日高六郎さんからは、ものすごく褒められたのです。「これは非常にユニークなアイデアだ」と。けれども、その後の状況を見ていてね、毛沢東のもっているスターリンと共通の要素を無視して、竹内好さんが言うように毛沢東とスターリンとは別だという主張は、あまりにも思い込み過ぎであった、という反省があります。もっとよく調べて書くべきだったという思いがありますね。それで共産党から離れて、距離をおくようになりました。

註

日高六郎、一九一七～二〇一八年。戦後、著名な社会学者、思想家。「べ平連」で活躍、一九六九年、東大への機動隊導入に反対して東大教授を辞職。その時、「戦後も変わらなかったのはお相撲と東大だった」と発言。自由な発想と評論と活動で有名だった。

八、戦没学生記念会の話

学生時代に「戦没学生記念会」というのができました。僕たちが学生の時に「きけわだつみのこえ」という遺稿集が作られ、また映画もできました。去年、一昨年かな、ようやく記念会館が東大の前にできまして、赤門と正門の間です。僕の同級生が大金を寄附してくれた。子供がいないからと。それから、哲学者・柳田謙十郎（一八九三～一九八三年）さんの娘さんの柳田節子（一九二一～二〇〇六年。著作『宋元社会経済史研究』、『宋代庶民の女たち』共に汲古書院刊）さんも大金を寄付してくれた。節子さんは六年に亡くなった。謙十郎さんは、初代の「わだつみ会」の理事長をやった人。その息子さんの柳田陽一さんが京大の文学部東洋史を出て徴兵で亡くなっている。ところで、記念館には、若い人は全く来ませんから、今後どう運営してゆくか問題ですね。でも昨年の八月一五日には、両国の江戸東京博物館で、戦没学生の遺稿集、手紙などを、それと映画「ひめゆり」の上映をやりました。柴田昌平さんという人のドキュメンタリー映画で、非常に感動的な映画です。江戸東京博物館には、ものすごくたくさんの人が来た。特に遺稿集にある学生の縁者を含めて。ちょっとびっくりしました。ただ、若い人は少ない。若い人に戦争を伝えるというのは、非常にむずかしい。総じて若い人たちが少ないので、いかに戦争を伝えたらいいのか、本当にむずかしいですね。僕らのありきたりのやりかただけではだめだと思いつつ、これからも関わっていきたいと思っています。（終）

註1

柳田陽一は、一九四二年二月に入営し、同年一〇月、千葉県木更津で軍の仕事中に事故により死去。『きけわだつみのこえ』（頁六八）に昭和一六年七月一二日に書いた手稿が掲載されている。「いよいよ非常時を思う。一刻一刻が奈落への転落の刹那にある。何時か、今がその瞬間かも知れない。大きな、眼に見えぬあらしがかける。かける。かける。わけのわからないものが渦巻きのごとく身をとりまく。それが私を未知の世界にふき上げる。何ていう時だ。人間とは、歴史とは、世界とは、いったい何なのだ。誰が歴史を動かすのだ。はげしい怒涛にもまれているような。幻の馬車のわだちがきこえる。眼に見えぬわだちの音が聞える。歴史とは何だ。人間とは何だ。一体俺をどうしようというのだろう」と書かれていた（昭和一六年七月一二日記）、享年二三歳。

註2

柴田昌平監督の「ひめゆり」は、二〇〇七年三月二三日から公開された日本の映画作品である。太平洋戦争末期の沖縄戦を背景に、従軍看護活動にあたった沖縄師範学校女子部・沖縄県立第一高等女学校の女学生ら、通称「ひめゆり学徒隊」の生存者達の証言を基にした、ドキュメンタリー映画。

■小島晋治先生回顧談について（二〇一二年記）

小島先生は、私（筆者・小林）より九歳年上で、現在八四歳。今はかなり身体が衰えた状態ですが、精神はなお饗饌たるもので、「李鋭評論集」の解説と論評を書いて、日本への紹介に尽力されています。小島先生は、戦争中は戦死を覚悟で生きる軍国少年でしたが、戦後、旧日本軍の非人間的行為、人命を全く無視した作戦、現地人の虐殺、日本による朝鮮・中国・東南アジア等における野蛮な植民地支配の実態に驚き、敗戦後は「反戦平和」の左翼に転向しました。新制の東京大学の文学部に入学した後は、自由・民主・反戦平和の理想を追求して、日本共産党に入党（後に脱党）した経歴があります。先生は、世界の社会主義勢力の発展と中国革命に感激して、大学では学生運動と中国史研究に没頭し、戦後日本における中国近代民衆運動史研究の軌道を定めた代表的な人物です。小島晋治先生の足跡を知ることは、日本の戦後史の歩みを知る最も良い事例なのです。いま日本の七〇歳代、八〇歳代の大学人、知識人だった人々は、元共産党員、学生運動の指導者だった人たちが沢山います。

しかし、熱血漢であった戦後左翼学生も、大学に地位を得たり、有名になったりすると、次第におとなしい普通の学者、官僚、ジャーナリストになり、青年時代の覇気を次第に失ってゆきました。これが一般的傾向です。小島先生は、私立高校、水戸短期大学、横浜市大の教師を経て東京大学教授となり、岩波書店から沢山著書を出す有名人となりましたが、しかし、反戦平和を掲げる「わだつみ会」（戦没者の霊を慰め、反戦の運動をする民間組織）の理事や、民間の「中国研究所」の理事長等を歴任し、また中国の民主主義の発展のために発言をされてきました。共産党を出てからも「戦闘的自由主義者」の道を貫いていると言ってよいだろうと思います。

この小島先生のお話は、テープ録音がきわめて悪かったので、かなり小林が補い、又（　）内と註を私が付した。最初のテープ起しは佐々木恵子さんにして頂いた。末筆ながら感謝申し上げます。

第三章　（付録）坂本健彦——敗戦後、左翼学生から「汲古書院創業者」へ

私が坂本さんに御会いしたのは、一九六〇年代の初めだった。大学院に入ってからである。しかし、坂本さんは、私と同じ信州諏訪郡の、山梨県との境を流れる釜無川の源流にある落合村の出身であり、小・中・高の先輩筋に当たるから、高校時代から噂を聞いていた。坂本さんの御尊父は私の父親と知り合いで、よく酒席で会うと、「東京に行った大学生の息子が、アカになって困っている。今は行方不明なんだよ」と嘆いていたと父から度々聞いていた。坂本さんは、私より一〇歳年上だから、敗戦の一九四五年には、一七歳ほどであったと思われる。後、一、二年で日本軍兵士になり、戦死に直面したはずである。高校卒業後、東大の入試に失敗し、二期校の東京外大のドイツ語科に入った。私は東京に出て大学院に入ってから、初めてその健彦氏に勤め先の神田にあった大安書店でお会いした。この書店は、神保町の交差点から水道橋方面に約一〇〇メートル先の左側にある、二階建て木造の建物だった。私は、一応、中国史を勉強するということになったので、一週間に一度は神田古書街に行く度に、必ず大安に立ち寄って中国書を覗いた。

ドイツ語出身の人が、中国書を売っていると聞き、ちょっと驚いた。坂本さんは、大学では学生運動ばかりやっていて、ついに東京都学連の副委員長になった。あの「血のメーデー事件」が起こった一九五二年の都学連のトップの一人だった。だから、逮捕の恐れがあり、東大の駒場寮に逃げ込んでしばらく隠れていたそうだ。逮捕状は出ていなかったので運よくつかまらなかった。この話は、数十年も後に直接私がお聞きしたことである。まあこんな赤い活動家だったから、普通の会社員や高校教師などの業界に就職できるわけはない。いや、それどころか大学を中退させられて無職、いろいろな仕事をやったらしい。当時は、有名会社や出版社、都市銀行などは「アカ」かどうか身元調べを普通にやっていた。おそらく、日共関係者が、社会主義中国と連携、連帯しようとし、小林

実弥氏が社長になって、中国書輸入店「大安」を創立した時、就職口がない学生運動活動家だった坂本さんを雇ったのだろう。一九五六年のことだった。こうしてドイツ語専攻だったはずの大学生が、中国語書籍の輸入・販売店の従業員へと一八〇度転換したのである。

この大安書店時代に転機が訪れたのは、文化大革命が日本に波及して、日本共産党内で「親中国派＝文革賛成派」と「日共派＝文革否定派」の抗争が激化したことによる。それ以後、一九六〇年代の後半、学生運動が激化し、左翼運動諸派は「代々木派」VS「全共闘派」を主軸とする武装闘争にまで発展した。以後、新左翼諸派の分裂と武装闘争は激化し、それが頂点に達した一九六九年、東大安田講堂攻防戦が戦われた。

この頃、大安の経営も完全に行きづまっていた。一九六六年の文化大革命以来、中国からロクな本が出版されず、また両国の関係悪化によって中国書自体が輸入できなくなっていた。また、日本でもゲバ棒を持った諸党派が殴り合い、学園紛争は全国化し、大学封鎖が始まったので、大学図書館も、教授・先生方や院生も本を全く買わなくなった。こうして大安の売り上げは激減し、大安は倒産の危機に陥った。

私は、当時は、こうした大安の苦境を詳しく知らなかった。後年、山根幸夫先生が書かれた『古典研究会小史』（汲古書院、一九九九年）によって知ったのである。これより先、大安社長の小林実弥著、山根幸夫編で『日中の架け橋――中国事情紹介の四〇年――』（一九九五年、非売品）も出ている。前著で山根先生は、次のように書いている。

「一九六九年、もうこれ以上大安で仕事をつづけることは不可能であると判断した坂本健彦氏は、小林社長に退社を申し入れた。坂本氏の意向を知った嵯峨弘、大胡健一の両氏も坂本氏と行動を共にすることになった。坂本氏が自分の心情を、古典研究会代表の長澤（規矩也）氏に話した処、長澤氏は（古典研究会を大安から切り離す。それで）これを母体として、新会社を設立してみてはどうか、自分も出来る限り援助するからと坂本氏を励まされた」。こうして「長澤氏の力強い支援を受けて、一九六九年五月一五日『汲古書院』が発足した……会長は長澤、社長は坂本」であった。

昔、私は、坂本さんに大安時代には「どちらの派に属していたのか」と訊いたことがある。その答えは、「どちらでもない」とのことだった。坂本さんは、先に記したように一九四九年ころに大学に入学し、都学連副委員長までやった人、長い学生運動、政治運動の体験と知見があり、「新中国派」対「日共派」といった政治抗争の不毛性を知っていたのであろう。もう三〇歳代にもなり、子ども二人、しかも下は身体がわるかったから、この小さな書店内の両派閥間の抗争などには初めから冷めていたのであろう。ある時、坂本さんが、「この出版社・事務所は、練馬の自宅を担保に入れて銀行から資金を借りて作ったのだから、汲古がつぶれたら俺は路頭に迷うのだよ」と、心配そうに語ったことがある。私も本当に心配したのだった。

坂本さんの持つ信州人特有の真面目さ、律義さ、一途な真剣さが、古典研究会会長で万巻の和漢書を所蔵し、且つ古典籍については日本の最高権威である長澤規矩也氏の目にとまり、その知遇を得る結果になったのであろう。しかし、その出発は多事多難だったらしい。大安からは退職金なし、そのかわりに「古典研究会叢書」の在庫の一部をもらったが、それは売り歩かなければ一文にもならないのだった。自転車やオートバイで、風呂敷に包んだ「和漢書」を汗みどろになって都内各所で売り歩いたそうだ。その頃であろうか、大安書店の近所にテンプラ定食の大衆食堂があった。ある時、私が昼時間にはいると、カウンターの隅で坂本さんが定食を食べていた。こっそり眺めていると、どんぶり飯のお替りをした。本売り、本配達、売り上げ金の回収と、連日の重労働、肉体労働だけでさぞお腹が空いていたのであろう。年二回の大学教授のボーナス支給日には、貸金の回収のために東大や教育大学の正門に待っていて、現金袋を持って出て来る先生から、年に二回貸金を回収したそうだ。今の人には想像もできない苦労の仕事だったのである。

「汲古書院」発足の頃について編集と営業を担当した坂本さんは、次のように書いている。

「大安から、退職金代わりにもらった古典研究会叢書を売りながら、新しい出版を始めました。長澤先生所蔵の漢籍を影印した『唐話辞書類集』第一巻が最初で、次に戦前の『書誌学』影印版を出しました。全一〇巻二箱入りの本を風呂敷に背負い神保町の書店や取次店に持ち込んだのが昨日のように思い出されます。早く資金を貯めて車を買いたいと思ったことでした。続いて何を出すかということになり、これも長澤先生ご提案の『和刻本正史』を恐る恐る出したところが、大先生方が真っ先に予約されてきて驚きました。後に、「和刻本シリーズ」は正史についで随筆、経書、漢詩等次々に出して、汲古書院の基礎は固まりました」（「汲古書院の三〇年を振り返って」より）。

『和刻本正史』は、田中角栄首相が中国を訪問した時に、毛沢東にお土産に持って行き、大いに評判になった。また、「和刻本」（「和刻本」とは、日本で日本の職人が版木に掘り、印刷製本した漢籍）は、日本式に返り点のレ点、一、二などの記号がついていたので、漢文が読めない日本人にも人気があり、大いに売れたのである。かく言う私も例外ではなかった。しかし、中国人には返り点がごちょごちょ付いて居て、実に鬱陶しいらしい。吉川幸次郎大先生は、京都で「中国文学を研究する時には、中文で読み、中文で書き、中文で考えるべきだ」という原則を打ち建てたというが、関東では主流にならなかった。私は、中文を「日本式漢文読み」で習ったので、中途半端な「一見学者風」の人間になったのである。戦後の新制大学（東京教育大学は、東京高等師範と東京文理大が合併して戦後できた大学。教員養成の伝統が引き継がれた大学である）で学んだものは、中国史・中国文化を日本式読み方で読み、また一方西洋の出来合いの理論で解釈するという位置に置かれていたので、どうしても戦前の漢学をきちんと学んだ学者たちのような「中国学者、漢学者」にはなれなかった。京大で本格的に中国史・中国文学を学んだ人々には、及ばないところが多々ある。これは私にとっていささか利点にもなり、また逆に大きな弱点にもなった。

さて、これからは中国史研究なるものを始めた私の研究歴から、坂本さんとの思い出を二、三書いておきたい。一九六九年に発足した汲古書院は、一九七三年、我々東京教育大学東洋史グループの論文集『中国近代化の社会構造』、『中国近代農村社会史研究』（共に東京教育大学アジア史研究会編）を出版してくださった。その翌年に、私が持ち込んだ『中国民衆反乱の世界』（青年中国研究者会議編）などという、いささか跳ねあがった論文集も引き受けてくださった。私が熱に浮かされて編集し、「青年中国史家会議」などという会名を勝手に名乗って作った論文集であり、今は懐かしくも大いに恥ずかしい思い出になっている。坂本さんは、同郷の好であったろうか、二つ返事で出してくれた。出ると、にやにやして「内容が赤いので、本体は赤い色にしたよ」と言った。後に御聞きしたところによると、長澤会長がこの本をみて、「こんなものを出して……」と御叱りを受けたとのことだった。おそらく長澤会長は、もっといろいろ苦言を呈したのであろうが、坂本さんは、私にそれ以上のことは何も言わなかった。私は、汲古書院発足の事情などよく知らなかったし、また「長澤規矩也」大先生とかいう人物の偉さも全く知らなかったので、何とも思わなかった。かつては学生運動の闘士、マルクスボーイだったこともある坂本さんには、古典研究会の言いなり、長澤大先生の小間使い、只の番頭になるのは御免だという気持ちもあったのであろうと、今になって想像する。

私は、それ以降、ずうずうしく、いろいろ御願いして以下のような著作を持ち込んだ。が、一度も考えて置こうなどと言われたことはない。『続中国民衆反乱の世界』（一九八三）、『義和団戦争と明治国家』（一九八六）、『東アジア世界史探究』（一九八七）、『わが心の家郷、わが心の旅』（二〇〇六。これは私家版のつもりで依頼したのに、最後はおかしなことになった）、『（増補）義和団戦争と明治国家』（二〇〇八）、『中華世界の国家と民衆』（上・下、二〇〇八）。このように列挙すると、汲古書院の値打ちをさげ、洛陽の紙価をさげて大変な御迷惑をおかけしたのではないかと、今更のように申し訳なく思うのである。

特に『東アジア世界史探究』などという本は、全部で四三名ほどの論文、論稿を集めたが、その執筆者の半分は、一九八〇年代の初期に五大学を巡ったときに会っただけのよく知らない中国人歴史家たちが書いた論文であり、しかも五つほどの大学に及んでいた。中国人の論文も、原稿を郵送してもらった後、みな誰かに翻訳を押し付け、その上、小島晋治・久保田文次両氏と私の座談会も大酒を飲みながら板橋にあった妻光子の家でやり、その録音テープを起こして鼎談のような体裁に整えて一本にして掲載した。今のようにインターネットやWordはなく、文章をメールに添付したり、PDFにしたりしてやり取りすることもできなかった時代に、手書きの手紙で中国人と交渉し、論稿の入った郵便物をやり取りし、奥崎裕司、相田洋氏等とともに翻訳・校正と、よくもまああのような面倒な大仕事をやったものだと、自分でも驚く。私は、この本に梶村秀樹氏や広松渉氏のような有名人にも論文を無理やり書いてもらった。当時は実にあつかましい人間だったと思うのである。御詫びを言っても、すでに空しいことではあるが、一言お詫びを書かずにはおられない。

この事務的に煩雑で、人間関係も複雑極まる出版物を、よく坂本さんが引き受けてくれ、また社員も協力してくれたものだと思う。今の時代には考えられない大仕事だった。ここに記して、坂本さん始め汲古書院の皆様に御礼を申し上げたいと思う。

しかし、これも坂本さんの長澤路線からの「脱線」だったかもしれないが、一九八〇年代は、日中合作が実に新鮮な冒険だった時代だったのである。特に、もう少し歳上なら戦争で必ず戦場に消える運命だったかもしれない、坂本さん達の世代特有の心情が反映されていたのであろう。坂本さん達のような戦中世代は、同世代の戦争で兵士になって死に、あるいは日本人に殺された中国人等々に原罪を感じて生涯を送った世代である。

さて、八ヶ岳南麓に生まれた坂本さんは、信州諏訪が産んだ出版人、岩波書店の岩波茂雄、みすず書房の小尾俊人と並んで諏訪出版人の三羽烏となった。岩波は旧制一高中退、小尾は勤労学徒で、昼間は神田の羽田書店に勤めながらの明治学院大学夜間部の英文科の出身、坂本さんは東京外国語大学ドイツ語科退学である。小尾・坂本の両氏は戦中戦後の悲劇と混乱と窮乏を体験した世代であった。また、諏訪盆地の中心地から遠く離れた、諏訪郡下のなかでも特にひどい辺境（上諏訪の人々から「山浦」と呼ばれた山間僻地）に生まれたという共通点がある。出版のような地味な世界に生きるには、世界の文化に対する畏敬の念と、文化の最先端を切り開く理想と気概、さらには貧窮をものともしない辺境人がもつ孤高の精神と根性が必要であろう。岩波茂雄、小尾俊人、坂本健彦の三氏は、そういう意味において諏訪人の誇りである。今や汲古書院は三井久人氏が新社長に就任しておられるが、やはり元々長野県諏訪郡富士見の生まれの方、おおいに志高く、気張って、汲古書院の益々の御発展に尽力されることを祈る。

平成元年（一九八九）一一月、汲古書院創立二〇周年記念を市ヶ谷の私学会館で行ったが、これには次のような事情があった。溝口雄三さんが奥崎裕司さんに「汲古書院は創業してから二〇年になるので、坂本社長を囲む食事会をやりたいが、君も参加してほしい」と言ったという。奥崎さんが「小林さんも行かないか」と私を誘った。私は、とんでもない、盛大にやって日頃のご恩をお返ししようと思い、坂本さんには内緒で山根先生に相談し、奥崎さんの三人で、青山学院内で食事をとりながら詳しい打ち合わせをした。そして偉い人々へのご連絡を山根先生に、また呼びかけ文も山根先生に依頼した。参加者の返事は、青山学院の奥崎研究室気付け。その他、私学会館との交渉、名簿作成、会場設定・設営、記念時計二点の購入、贈呈花束の用意、当日の受付と参加費の徴収、支払い等々、みな平田光子と二人でやることにした。最終結果だけ、坂本さんに報告した。総て私が勝手にやったので、こんな適当なことで本当に汲古書院の創立記念祝賀会が出来るものかと大いに不安であった。ところが、当日、汲古書院、古典研究会の盛名と坂本さんの二〇年間の御尽力、御人柄、それに山根、奥崎両先生の人徳、人脈によって、呼びかけ人代表・中嶋敏とする、一〇〇名を越える著名な研究者が参集され、私は心からホッとしたのであった。山根先生の『古典研究会小史』の一〇四～一〇五頁に紹介されている「呼びかけ文」は、実は山根先生が自身で書かれたものである。この山根先生の『古典研究会小史』には私の名前は全く書かれていないが、これがたった一つの、ささやかな汲古書院へのお返しだった。

最後に山根幸夫先生について触れておきたい。S女士の東京女子大時代の恩師は山根先生である。といっても、山根先生に師事した同期生三人によると、歴史理論、歴史哲学を話されずに、直接専門研究の「中国史学」の話ばかりする先生の講義は面白くなかったという。皆、先生と飲んで食べて話す機会はなく、もちろん酒席などには一度も誘われたこともないという。S女士によると、英文科のような誰でも好み、行きたがるような普通の人気学科に行くのは面白くもない。それで東洋史学という全く未知の、古めかしく、得体の知れない深淵さを漂わせている、この珍奇な学科に行った方が面白かろうという、ただのへそ曲がり根性でこの山根先生を選んだという。

ところが主任教授・山根先生の御話は、漢籍書誌学、明代史の専門研究の話だけで「東洋とは何か、歴史とは何か、中国学とは何か」、こうした根本的な御話は全くなく、あまり面白くなかったそうだ。それで東大の大学院に行きたいと言ったところ、教育大に行けと強く勧められて仕方なく私たちのいた大学院に来たのだという。教育大には、毎回、念仏のようにマルクスの『フォルメン』(マルクスの論文『資本制生産に先行する諸形態』の略称。当時の歴史学を学ぶ若手研究者には、必読書だった。ここでは野本氏を指している)としか言わない院生や、雑学と博覧強記の久保田氏、文学青年めいた多田氏などがいて、なかなか面白かったそうだ。

山根先生は、自分は東大出身なのに東大きらいは徹底的であり、教育大とか早稲田大学の学生といえば大いにひいきしていた、と私には思えた。山根先生は、私の非常勤講師、大学就職にも一役絡んでいたようであるが、一切こうしたことを漏らさない人だったから、未だによく分からない。一度、一九八〇年代だったか、東大正門前の何かの会合の際、説教めいたことを言われたことがある。「小林君、いま琳琅閣に台湾からでた明清時代の民間宗教の史料集が二、三〇万円で出ている。これを買って勉強したら」とのことだった。私は、返事をしなかった。「冗談でしょう。あんな中国の邪教信仰、民間宗教の史料を一生涯読み続けて、この人生が終わりになったらたまらないね」と実は言いたかった。私は、私立大学の一般教育の「世界史」担当教員という位置が、自由気ままな性格に一番当てはまり、今もって恩人・山根先生の御忠告に従わなかったことが正解であったと大いに満足している のである。山根先生は、酒席には絶対に付き合わない堅い人物であった(久保田兄によると、たまには付き合ってくれて恐縮したことがあったという)が、実に思いがけない知識と情報と人脈をもっており、なぜか学術会議委員の選挙の時だけは熱心に勧誘していた。いまだによくわからない先生であるが、懐かしい気持ちが消えない恩人である。

山根先生は、旧制姫路高校で里井彦七郎先生の後輩だった。「里井さんは、卒業式の翌日に特高から逮捕されたんだよ」と、かなり畏敬の念をもっておられるような口ぶりで話されたことがあった。又ある時、東京都立大に来ていた里井先生から、昔「京大の助手時代には、宮崎先生はいつも朝七時に研究室に来られていた。助手の私はいつも九時過ぎに、やっとのことで、東洋史研究室に駆けこんでいた。ある時、宮崎先生が大いに怒って、自分の机をもって研究室にきたまえ勉強を教えてやる、と叱られた」と、京大助手時代のエピソードを語ってくれたことがあった。里井先生は、パルタイの「活動家」だったのであろう。あちこち飛び歩いて忙しかったのであろう。

旧制姫路高校の卒業生には、戦後、本格的な「孫文研究」を始めて有名になった藤井昇三先生がおられる。藤井先生には、今年（二〇一八年三月）東京府立五中の校長伊藤長七先生の思い出話をうかがった。ある教師が授業中に生徒を叩いた。上田哲（戦後、社会党の有名な代議士になった）などの生徒が、校長室に抗議に行き状況を話すと、伊藤校長は、即刻その教師をクビにしたらしく、その教師は翌日から学校にこなかったということである。また、東大教養部の学生だった時、教授から学生は必ず二か国語はマスターせよ、と言われて英語とフランス語をかなり学んだという。高校教師を目指す学生が圧倒的な東京教育大生との違いを、今更のように感じたのであった。青年時代に藤井先生が、あるフランス人女性の学習院大での研究会において通訳をされたことがあった。フランス語ができるとは、とびっくりした。私は、八〇歳になって、この差異が生まれる理由が初めて分かったのである。藤井先生は、近年、「原発反対」のデモに毎週のように行っていたが、身体の自由が利かなくなった。早く国会図書館に通い、デモにも行きたいというお話を伺って感動した。

さて、古典研究会最後の書誌学者・明代史専門家の山根先生から見れば、私などは、一知半解のマルクス主義を振り回す、少し元気がよいが軽率な人間であると、その前途を大いに危惧してくださっていたのであろう。山根先生と言えば坂本さんが、坂本さんと言えば山根先生が、いつも頭に浮かんでくるのである。山根先生は、手書きで『明代史研究』（汲古書院発売）という雑誌を長期にわたって刊行された。野沢豊先生発行の雑誌『近きに在りて』（汲古書院発売）と並ぶ、個人が独力で発行する専門学術雑誌の双璧だった。頂戴するたびに、いつこんな仕事をされるのだろうかと、不思議に思った。いまもって分からない。

最後に、汲古書院の古典研究会以外の出版業績として、中国史関係の出版物としては、次の出版物を挙げることができよう。『汲古叢書』（一九九三年創刊、現在一五〇冊）、同じく『汲古選書』（一九九三年創刊、現在七五冊）、『中国史学の基本問題』（全四巻）、『殷周秦漢時代史の基本問題』（一九九七年刊）、『魏晋南北朝隋唐時代史の基本問題』（一九九七年）、『宋元時代史の基本問題』（一九九六年）、『明清時代史の基本問題』（一九九七年）等々。これらは、日本の中国史研究の研究成果と研究水準を、中国はもとより、世界に発信、紹介した業績だと言うことができる。汲古書院は戦後に信州の山村から東京に出てきた一左翼学生が、後世に残した出版文化遺産として、大いに評価されるべきだと信ずる。

補遺1

インターネット・グーグルで「坂本健彦」と検索しても、なにも出てこない。実に日本人は薄情な連中だと思っていたら、ただ一つ中国人学者が書いた以下の記事が見つかった。なかなか興味深い記事である。御参考までに。

■「去日本买中国书：〝古典研究会〞如何打造影印古籍的金字招牌」（2016-07-08 18:22 来源：澎湃新闻 尹敏志。分享）

初来日本的两个月里，除了学日语外，几乎每周末，我都会从横滨坐电车去一次东京，流连在神保町、早稻田大学、东京大学这三大旧书店聚集地。既为自己，也为在北京的师友购买各种中国史研究著作，尤其是明清史方面的资料。日本的古书店现在很多都有网站，但图书登记并不完全，亲自来店里，常常能有意外斩获，其中就有台湾或大陆出版社出版，后来流散到日本的图书。

为什么大老远跑日本来买中国书，再辗转寄回去呢？　因为像《日本藏中国罕见地方志丛刊》那样的书，虽然是大陆出版，但在国内书市已经难见，在孔夫子网的价格甚至是被炒上了天，反而是在东京相对容易买到。日本的东洋史研究近年呈退化之势，和二十世纪的高峰期不可同日而语，很多藏书亦流向古书市场。再加上赴日中国留学生和访问学者渐多 套用一九二九年陈寅恪先生的诗 现在的情况真可以说是〝群驱东邻购国史〞了。

（以下省略。このインターネットの文章には、汲古書院の社屋の写真がある）――この文の作者によると、山根先生を最後にして、本格的な「日本の漢籍学者」は、後を絶ったということ、長澤規矩也先生たちが汲古書院から出した漢籍影印版の書籍は実に立派な、いまでも価値を失わない大仕事だったということ、こうした評価を、実は私は初めて知った次第である。

補遺2

「大安書店」については、『大安社史（一九五一～一九六九）』（山根幸夫編、多くは専務だった大山茂氏執筆、一九九八年刊）に詳しい。この社史には、坂本さんの「私の〈大安社史〉に寄せて」なる一文が最後に載せられており、長澤規矩也、吉川幸次郎、山本達郎、小野忍、森鹿三、倉石武四郎、中嶋敏、その他大先生方との興味深いエピソードが沢山語られている。私は、中国文学や東洋史学の泰斗とお付き合いしたことがなかったので、大変面白く読ませていただいた。

坂本さんが大安書店に入ったのは、一九五六年であったそうだ。当時は今のようになにごとも大変不便な時代、貧乏生活の時代であったから、有名教授も本屋の小僧も皆一緒に騒いだり、飲んだり、旅行したりして濃密に付き合った時代だった。例えば、坂本さんは、次のようなエピソードを書いている。「当時は、大学の先生方は、本代は盆暮れのボーナス時にのみ支払うというのが一般的でした。この時に貰い損ねると半年待たねばなりません。そこでボーナス支給日には東大や東京教育大の入り口で待ちかまえていて、やってくる先生方をつかまえてはボーナスの袋を開けてもらうのが毎度のことになりました。まったく因果な商売でしたが、お互いによく知り合った仲でしたから会えばにやにやするだけで不快感はなかったように思います」と。

一九四〇年代、五〇年代は、このエピソードが語るように、人間関係が濃密な時代だった。だから、「汲古書院」の発足に当たって、多くの大家が坂本さんと酒を飲み、気心が分かっていたので、気安く付き合い、協力を惜しまなかったのであろう。各大学の教師や学生が、いろいろの社会運動や学生運動で顔を合わせて騒いだ時代、一九四五年の敗戦と焼け野原、それに飢えていた貧乏時代であったから、「碩学」も、一九六〇年代までは本屋の小僧と一緒に酒を飲み、大いに語ったり、怒ったりしていたのである。後に、ノーベル物理学を受賞した小柴昌俊青年が、東京教育大の学長だった朝永振一郎先生を訪ね、毎度朝永先生が戸棚に隠していたウイスキーを学長室で飲んで駄弁ったのも、坂本さんが先生方への貸金の回収に正門で見張っていた時代、あの時代であった。今は、メールやツイッターやいろいろ通信器具・手段は発達したが、逆に真の人間関係は極めて薄く淡くもろくなっているように思える。あの時代は、身体を運び酒を一緒に飲まなければ何事もできない時代だった。

補遺3

『東方学』（平成二六年五月発刊）掲載の座談会「学問の思い出」（創立六五周年記念）の中に、戸川芳郎（東京大学名誉教授）の次のような発言がある。

「私が学生時代、坂本健彦さんは東京外大におって、「都学連」（東京都学生自治会連合会）の副委員長をやっていた。我々と同じころにパージになってしまったんです。その頃は「都学連」をやっていた連中は、みんな全学連もそうだけれど、ストライキを打つと大学ではパージに、その頃、都学連の委員長は、（裕雄）さんで、復学して経済を卒業し、学研に行って管理職になってしまったけれども、……。坂本さんは外大の出身で、彼はドイツ語だと言っていた。諏訪清陵高出身（諏訪清陵高校50回生――引用者）で。そして馘になったから卒業してないのだけれども、いろんな仕事をしておって、やっと大安に拾われた。おまえいるのかというわけで、お互いに、その頃に、はっきり覚えていますけど、『毛沢東選集』の一巻（一九五一年刊）、二巻（一九五二年刊）が出てきたのです。そのころ、ストを起こして皆馘になっているわけでしょう。一九五四年だ。私は五五年の三月に卒業して放り出されてしまいましたから、私は彼等と分かれて、大阪に帰るんだ、と言った。……」、「坂本さんとは学生時代からの付き合いですし、大安書店以来の親友でしたから、ひとことでは話せません。亡くなってしまったので、追悼集がほしいです。……」（本書のこの座談会は、平成二五年七月二五日に行われた。坂本氏は、同年九月二〇日に逝去された）。

補遺4

大安書店が破産した後、ここにいた社員らが燎原書店、満江紅、朋友書店、横田書店、汲古書院などを設立した。小林実弥氏が大いに期待していた大久保賢児は、燎原の名古屋支店の責任者になった。私は、名城大学にいた一四年間、大久保氏には大変お世話になった。毎月一、二回は研究室に本を届けに来てくれたが、それ以外に一九八〇年代、名古屋大学に来た中国人留学生と一緒にいろいろ遊んだ思い出がある。初めて日本に来た中国人留学生はまだ珍しい時代であり、大久保氏と一緒に、高速道路で、車二台に留学生数名を載せて安土城跡に上り、天守閣のあった場所で琵琶湖を見下ろしながら、宴会をやった思い出は、忘れることができない。大久保氏は、ある名古屋大学にきた物理研究者に、自由に自分の借りている部屋と、冷蔵庫の食料を提供したりして、大いに日中友好に励んでいた。若くして急逝された。誠に残念なことであった。

御園喜博 (海兵時代、夏服と冬服にて）

旧制諏訪中学（現・諏訪清陵高校）全景。1895（明治 28）年より
右の３校舎から始まる。前方（上）に諏訪湖を臨む

2008年秋、蓼科高原にて合宿時の記念撮影。
右より、小島晋治、御園喜博、加々見一郎の三先生

左より、多田、御園（喜博）、著者、坂本、御園（一子）、坂本（慶子）、嶋本、久保田
2008年秋、蓼科高原にて合宿時の記念撮影

中国の任明先生（1980年から30年以上ご指導を賜った山東大学の元教授。1990年代、北京）

右より、高世瑜（『唐代婦人』の著者）、董国良（人民大学）、著者、任明（山東大学）、阮芳紀（「歴史研究」編集）、程蕭（人民大学）の諸先生（1992年頃、北京にて）

北京の親しい友人たちと（1990 年頃）

歴史研究所を表敬訪問（1988 年、北京）
前列右より久保田文次、次は著者

復旦大学の先生方と共に（2009 年）

左から廖梅先生（第三部の中国の留日学者の歴史を調べて頂いた）、
妻の信子、著者

右は坂本健彦氏（汲古書院創業者）、左は著者

伊藤千代子の顕彰碑を訪ねる著者（2018 年 7 月）

長年に渡り著者の研究、出版などにご尽力を賜った先輩、学友たち
（2017 年秋、学士会館にて）

あとがき

小林一美

今年の夏七月中旬、信州諏訪市真志野の背後の、南アルプスの一端が切り立ったように迫る山裾の、その又急坂の上にある伊藤千代子（東京女子大生、一九二九年、治安維持法により逮捕、二四歳で獄死）の墓・記念碑を初めて訪ねた。杖を頼りによたよたしながら登り、中央高速道路に分断されている道を越え、傾斜度三〇度もある危険きわまる共同墓地の狭い坂道を、さらに又その上部にまで腰痛をこらえて、何とか這いあがった。大雨の直後で、山道の墓道の舗装は多くが剥げ落ちて危険極まりない。やっと写真で見慣れた記念碑迄たどり着いて碑文をのぞいた。土屋文明の弔問歌は小さくて老眼ではよく字が見えない。狭い上に急なだんだん墓地の片隅なので、感傷に浸っている余裕もない。

そこから、振り向いて諏訪盆地全体を見下ろすと、千代子が通った諏訪高女や有賀勝が学んだ諏訪中学（今は、私が三年在学した諏訪清陵高校）があった丘が、反対側の霧ケ峰高原に続く大地の麓にかすかに望まれた。八ヶ岳山系が右前方に高く聳えている。八ヶ岳の蓼科山の山麓は、みすず書房を創った小尾俊人やスケートの女王小平奈緒さんの生地である。この墓地の墓の真下の、やや南側に諏訪神社があるはずだ。その又やや右側に岩波茂雄、平林たい子、千代子の生家があったであろうが、高速道路と木々に遮られよく見えない。目を中央に戻すと、諏訪盆地を諏訪湖に流れる六斗川が、右から諏訪湖に流れている。その向こうの上諏訪の町に、昔は藤森成吉や永田鉄山が生まれた生家があったであろう。高嶋小学校、永明小学校があった場所も、大体の見当はつく。

この小さな百基ほどの墓碑が、急坂に段々畑のように積み重なった墓地全体を見回すと、金子姓の墓碑が四割ほど占めている。わが祖母は、この真志野部落の金子姓の生まれである。私が子供の頃、よくこの部落に住む親戚の人々が、冠婚葬祭の際、我が家に来ていた。彼ら、彼女ら、そしてもしかしたら千代子の御先祖も沢山ここに眠っているのであろう。私と千代子の共通の先祖もおられるかもしれない。

妻の運転で以前から何回も諏訪盆地を通り抜けたことがあるが、諏訪盆地は私が知っている敗戦直後の昭和二〇年代とは、全く姿を変えていた。一九二〇年代、諏訪高女の英語の教師であった土屋文明が「あい共にありし三年のいつの日か、柳の絮のいたく飛びにき」などと詠って、教え子の千代子などと歩いた昔を懐かしんだ、あの静かで素朴な街の雰囲気も、時代の面影も、今やもうまったく失われて何処にもない。

松本では旧制松本高校があった「県の森」で、治安維持法で弾圧され投獄された後に殺された多くの若者を偲んだ。そしてこの短い信州の旅から帰ってくると早速、その記念館で買って来た「ザグレブ弦楽四重奏団」が松本公演で演奏した「春寂寥」(この演奏は、グーグルに「ザグレブ弦楽四重奏　春寂寥」と入力すれば、この時の演奏のユーチューブ動画が、美しい風景と共に出て来る)を聴いた。また、そこで買って来た松高の名物教授であった蛭川幸茂著『落伍教師』(上、下)を、あちこちパラパラとめくって読んでみた。まさに、破天荒な教師であり、昔の高校生の独特の生態、生活を活写していた。この本で、旧制高校生が作った寮歌の内で、一高寮歌が一番多くて三百数十曲あり、九番目にできた松高生の寮歌は全部で六二曲であったことを知った。

こんなことをしながら、本書の初校の校正を一ヶ月続けた。本書には、日本の治安維持法(この法案を議会に提出した司法大臣小川平吉も、わが故郷富士見村の生れの諏訪人である)で弾圧された中国人留学生や、日中戦争の大陸侵略に抗議して帰国した中国人が沢山出て来る。この愛国・憂国の中国青年達に、母国で待ち構えていた悲惨な運命を改めて強く感じざるを得なかった。新中国の毛沢東時代の約三〇年間弱の間、建国前にアメリカや日本に留学した経歴をもつ人々は、男女を問わずほとんど全員が「アメリカ・日本」の「スパイ(特務分子)」とされたのだった。本書に出て来る張定釗、謝光珍、張京先、陳信徳、朱紹文、董国良(彼は、満州建国大学卒業生)等々は、特に文革時代に猛烈な迫害を受けて、陳信徳(北京大学の先生)のように獄中死したものさえ出た。彼らの他に、中国留学生や中国人の結婚した子供たちでさえ、文革地獄を免れることはできなかった。また、アメリカから母国を再建する一助になろうとして、建国後に帰国した多くの中国人学者、知識人も、ほとんど全員が、「アメリカ帝国主義のスパイ」とされ、残酷非道の迫害を受けた。何という、運命の皮肉であろうか。

私は、この数年、本書の諸論文を書きながら、一方で「文革受難者」の歴史、毛沢東時代の「人民迫害」の歴史を調べたり、シカゴ大学の王友琴先生の『文革受難者』中の人物の略伝を作ったりしてきたので、日本から戦前に帰国した沢山の中国人元留学生たちの「悲劇」にも、複雑な気持ちを持たざるを得なかった。民国時代にシカゴ大学に留学した経歴のある中国人学者・知識人の内一三人が「文革犠牲者」となって死んだという(王友琴女史の資料による)。

本書の第三部の中心人物である張定釗(南昌出身の留日学生、旧制高校、京都帝大、東京帝大大学院卒、戦前の上海自然科学研究所の研究者、新中国の著名な希少鉱物学者)も、文革時代に猛烈な拷問を加えられ、大声で悲鳴をあげていたという証言も、本書に紹介した。奈良女高師にいた張佩芬さんは、文革後まで生存されていたようである。が、彼女は日本軍が南昌を占領した時、両親や子供を連れて桂林まで流浪していた。彼女は、日中戦争を生き延びて、さらに又文革を生きぬいたらしいが、いったい彼女と家族は、この問いかなる運命に翻弄されたのか、ぜひ知りたい。いつか、どなたか調べてくれたら嬉しい。それにしても、「満州国」や日本の傀儡政権にされた「汪兆銘政府」で官吏になった人びとや警察官、さらに日本が作った学校の教師や中国人・モンゴル人学生までもが、後に毛沢東時代、「日本の特務」とか、「歴史反革命分子」とか、「地方分裂主義者」とかいうレッテルを張られ、想像を絶する迫害、虐待を受けたことを日本人は知っておく必要がある。

本書の写真に、奈良女高師にいた中国人女子留学生たちの記念写真(一九三七年)が掲げてある。この写真を一人ひとり見てゆくと、皆気品のある聡明な顔をしている。しかし、この写真が撮られた一九三七年は、日中戦争が始まり、年末にはあの「南京大虐殺」が日本軍によって行われた年である。また、この年の七月に、わたくしは生まれた。この写真の中で、私が以後の悲劇的運命を知っている学生は、謝光珍と関秀蓮の二人だけである。というわけで、第三部の校正は、実に憂鬱だった。おそらく張佩芬も、その他の奈良女高師に留学した多くの女子留学生も、日中戦争から文革時期まで、多くの苦難と迫害を経験したに相違ない。彼女らの人生は、実に悪戦苦闘の連続だったことであろう。せっかく日本まで勉強しに来ていただいたのに、真に残念なことであった。歴史を法則化し、社会を段階化し、人間を差別化し、国家を絶対化して、個々の人間を「〇〇人」「〇〇階級」「〇〇分子」「〇〇民族」等々と区別し、差別し虐殺する左右の全体主義、独裁体制の「恐怖」を改めて感じたのである。

本書の自慢は、第二部で田辺利宏兵士の従軍日記『夜の春雷』を、また第三部で鈴木英夫・岡村俊彦両軍医の従軍日記『戦陣秘帖』、『椙火』を詳しく紹介できたことである。それらによって、私は日本軍の生態と戦争の実態を詳しく知ることができたのであった。田辺の詩の数々は、これから長く、多くの中国人や日本人に読まれ続ける価値があると信じている。

最後に、第四部に思い出深い御園喜博、小島晋治、坂本健彦の三人の方々の評伝、といってもごく短いものであるが、それを掲載できたことは嬉しいことであった。いくらか、御恩返しができたものと思っている。

最後に後世の人々にお願いしたいことを書いておきたい。本書を終わるに当たって、一番残念なことを二つ書いておく。一つは、元軍医・鈴木英夫の『趙君瑛の日記』(本名は「趙中瑛」)の主人公の「趙中瑛さん」の消息である。張家・謝家の御子孫には、知っておられる方があるようであるが、残念ながらまだ教えてもらっていないのである。戦前に日本に留学していた方々の「歴史」は、「日本特務・漢奸」とされた文革時の迫害を経て、まだその子孫の方々に迄、大きな心の傷を残しており、未だにわだかまりを持って黙している人々が沢山おられるのである。戦前の日本人との個々の繋がりについても、言いたくもなく、まだ恥であり、恐ろしいのだと。だから、簡単には真実を話してもらえないのである。

もう一つ、鈴木軍医が、南昌から持ち帰った女学生の日記帳、南昌の張家・謝家の家にあった書簡集の束、これは二〇一〇年鈴木氏がなくなったのちに、どうなったかという問題である。小生もいくらかアプローチしたが、どうもよく分からない。本書を、鈴木家の関係者、縁者が読まれたら、ぜひ知らせてほしい。

私は、本書を通じて「治安維持法」体制下の「日中戦争」の実態と、中国人留学生の過酷で悲劇的な生涯、日本人青年の苦闘苦難の歴史を発掘し再現しようとしてきた。その中で、自由・民主・人権・平和こそがいかに大切なものか、またそれを守るためには、国家権力の強大化、軍人軍隊の台頭、一党独裁の進展、監視社会化、治安維持法の強化等々に絶えず警戒し、反対することが大切であると強く思った次第。かかる方向で、本書が少しでも寄与できればとおもっている。普通の人々は、国家と国、政府と権力、国民と人民とを一体化してみて、区別をしない。私は、一党独裁の党と「国家」と、三〇〇〇年の文明を受け継ぐ「国」と、独裁政治の「政府」と、「中国人民」と「漢民族・モンゴル民族・チベット民族・ウイグル民族等々」は、皆それぞれ異なった次元のものだと考えている。それぞれの次元で好き嫌いの感情は異なる。

同じ日本人でも、福島原発に大津波を防ぐ大防波堤を作らなかった政府と電力会社の人々、「ナチスの手法を学んだら」といった元総理・現副総理、私利私欲を謀る取り巻きを優遇する首相、文書改ざんを指示して部下を自殺に追い込みながら平気でウソの答弁をしている財務官僚、独立法人にした大学に大量に天下る文部科学省等々の役人、巨額な国家予算の配分を受け学閥の頂点に立ち、政官財学の各界に於いて縁故関係を張りめぐらせ私利私欲を謀る特権大学卒業生などには、同じ日本人でも大いに嫌悪感を感じる。

今や、世界中に監視カメラは溢れ、ニセ情報が飛び交い、独裁者が続出する時代、難民続出の世界にあって、全くの役立たずの身であるけれど、最後に一言、本書の総括をしよう。年甲斐もないという勿れ、年寄りの冷水と嗤う勿れ。我が身の卑小を顧みず、恥じらいを隠し、老骨に鞭打ち、むりやり蛮声を振り絞って――(しかし、その先に何が起こるのかと問われれば不安と恐怖におののくのだが)

「国家至上主義・軍国主義反対！」「新帝国主義・新植民主義反対！」
「世界連邦共和国万歳！」「自由・民主・人権・平和万歳！」

最後になりましたが、本書の刊行を引き受けて下さった集広舎社長の川端幸夫氏と編集を担当して下さった麻生水緒さんに心から感謝を申し上げます。いつもながら本当に有難うございました。

二〇一八年晩夏　筆者

小林一美（こばやしかずみ）

1937年長野県諏訪郡落合村に生れる。諏訪清陵高校・東京教育大学文学部史学科卒業。同大学文学研究科博士課程単位取得満期退学、中国史専攻、神奈川大学名誉教授。

主要著書に『増補・義和団戦争と明治国家』（汲古書院、2008年）、『中華世界の国家と民衆』（上下、汲古書院、2008年）、『M・ヴェーバーの中国社会論の射程』（研文出版、2012年）、『中共革命根拠地ドキュメント』（御茶の水書房、2013年）、『わが昭和史、わが歴史研究の旅』（鳥影社、2018年）等々がある。

主要共著に『中国文化大革命「受難者伝」と「文革大年表」──崇高なる政治スローガンと残酷非道な実態──』（集広舎、2017年）。

日中両国の学徒と兵士　**定価：（本体：3,900円＋税）**

平成30年（2018年）11月30日初版刊行

著者　小林一美
発行者　川端幸夫
発行所　集広舎
〒812-0035
福岡県福岡市博多区中呉服町5番23号
電話：092-271-3767　FAX：092-272-2946
http://www.shukousha.com
装丁　design POOL
印刷・製本　モリモト印刷株式会社

落丁本、乱丁本はお取替えいたします。

ISBN　978-4-904213-64-3　C0021